Florian Schwinger

Schicksale jüdischer Rechtsanwälte in Bayerisch-Schwaben zur Zeit des Nationalsozialismus

Augsburger Schriften zur Rechtsgeschichte

Herausgegeben von

Dr. iur. utr. Christoph Becker

Universitätsprofessor
in Augsburg

Band 40

LIT

Florian Schwinger

Schicksale jüdischer Rechtsanwälte in Bayerisch-Schwaben zur Zeit des Nationalsozialismus

LIT

∞

Gedruckt auf alterungsbeständigem Werkdruckpapier entsprechend
ANSI Z3948 DIN ISO 9706

Bibliografische Information der Deutschen Nationalbibliothek
Die Deutsche Nationalbibliothek verzeichnet diese Publikation in der Deutschen Nationalbibliografie; detaillierte bibliografische Daten sind im Internet über http://dnb.dnb.de abrufbar.

ISBN 978-3-643-14885-8 (gb.)
ISBN 978-3-643-34885-2 (PDF)
Zugl.: Augsburg, Univ., Diss., 2021

Verlagskontakt:
Fresnostr. 2 D-48159 Münster
Tel. +49 (0) 2 51-62 03 20
E-Mail: lit@lit-verlag.de https://www.lit-verlag.de

Auslieferung:
Deutschland: LIT Verlag, Fresnostr. 2, D-48159 Münster
Tel. +49 (0) 2 51-620 32 22, E-Mail: vertrieb@lit-verlag.de

Meiner Familie

Vorwort

Die Juristische Fakultät der Universität Augsburg hat die vorliegende Arbeit im Wintersemester 2020/ 2021 unter dem Titel „Entrechtete Anwälte Schicksal jüdischer Rechtsanwälte in Bayerisch-Schwaben zur Zeit des Nationalsozialismus“ angenommen.

An dieser Stelle möchte ich mich bei all denen, die mich während der Bearbeitung meiner Dissertation tatkräftig unterstützt haben, bedanken. Mein besonderer Dank gilt meinem Doktorvater Professor Dr. Christoph Becker für die hervorragende Betreuung und dass er mir stets geduldig mit Rat und Tat beiseite stand. Herrn Professor Dr. Georg Kirchhof danke ich vielmals für die schnelle Erstellung des Zweitgutachtens.

Bei der Juristischen Gesellschaft Augsburg e.V. bedanke ich mich herzlichst für die Einladung zur Vorstellung meines Projektes im Rahmen der Wanderausstellung „Anwalt ohne Recht“ am 28. Januar 2019 in Augsburg und die finanzielle Förderung meiner Arbeit. Herzlich bedanken möchte ich mich bei all den hilfsbereiten Mitarbeitern des Hauptstaatsarchivs München, des Staatsarchivs München, des Staatsarchivs Augsburg, des Stadtarchivs Augsburg, des Landesamts für Finanzen Bayern, des Landesamts für Bürger- und Ordnungsangelegenheiten Entschädigungsamt Berlin, des Jüdischen Kulturmuseums Augsburg sowie bei Herrn Gernot Römer für ihre freundliche Unterstützung bei der Zusammentragung des Archivmaterials.

Großer Dank geht außerdem an meine Familie und Freunde, die in all den Jahren stets ein offenes Ohr für mich hatten. Insbesondere möchte ich meinen Eltern, Ursula und Johannes Schwinger, danken, welche mir meine Ausbildung, die Grundstein für diese Arbeit war, ermöglicht haben. Der größte Dank geht an meine Ehefrau Sonja und meine Kinder, ohne deren Unterstützung die Vollendung der Arbeit nicht möglich gewesen wäre, da sie mich trotz der vielen Stunden, in denen sie auf mich verzichten mussten, stets motiviert und beigestanden haben.

Nordendorf, 20. Januar 2021

Inhaltsverzeichnis

Abbildungsverzeichnis

Abkürzungsverzeichnis

AG	Aktiengesellschaft/ Amtsgericht
BayHStA	Bayerisches Hauptstaatsarchiv
BEG	Bundesgesetz zur Entschädigung für Opfer der nationalsozialistischen Verfolgung (Bundesentschädigungsgesetz)
BGH	Bundesgerichtshof
BNSDJ	Bund Nationalsozialistischer Deutscher Juristen
BVerfG	Bundesverfassungsgericht
BRüG	Bundesgesetz zur Regelung der rückerstattungsrechtlichen Geldverbindlichkeiten des Deutschen Reichs und gleichgestellter Rechtsträger (Bundesrückerstattungsgesetz)
DB	Der Betrieb
Dr.	Doktor
DStR	Deutsches Steuerrecht
DV	Durchführungsverordnung
LAfF	Landesamt für Finanzen
LG	Landgericht
MDR	Monatsschrift für Deutsches Recht
MRG 59	Militärregierungsgesetz Nummer 59
NSDAP	Nationalsozialistische Deutsche Arbeiterpartei
Nr.	Nummer
OFD	Oberfinanzdirektion
OLG	Oberlandesgericht
Rn.	Randnummer
RRAO 1936	Reichsrechtsanwaltsordnung 1936
S.	Seite
SA	Sturmabteilung
SPD	Sozialdemokratische Partei Deutschland
SS	Schutzstaffel
Str.	Straße
USEG	Gesetz zur Wiedergutmachung nationalsozialistischen Unrechts
WiGBl.	Gesetzblatt der Verwaltung des Vereinigten Wirtschaftsgebietes

A. Einleitung

Das Thema der vorliegenden Arbeit ist das Schicksal jüdischer Rechtsanwälte in Bayerisch-Schwaben in der Zeit des Nationalsozialismus.

Die Arbeit gliedert sich in einen allgemeinen Teil (Teil B), in einen Hauptteil (Teil C), der die Einzelschicksale aller identifizierten jüdischen Rechtsanwälte in Bayerisch-Schwaben darstellt, und in ein Fazit (Teil D) im Schluss der Arbeit.

Der allgemeine Teil legt zu Beginn die allgemeine Situation der Rechtsanwälte und die der jüdischen Bevölkerung im Deutschen Reich vor dem und zu Beginn des Nationalsozialismus dar. Des Weiteren stellt Teil B die erheblichen Auswirkungen der „Machtergreifung" durch die Nationalsozialisten auf jüdische Rechtsanwälte und besondere Verfolgungsmaßnahmen dar. In diesem Zusammenhang geht er auch auf die Rechtsgrundlage des Entzugs der Rechtsanwaltszulassungen ein. Der allgemeine Teil endet mit Ausführungen über das für die in dieser Arbeit dargestellten Rechtsanwälte maßgebliche Entschädigungsrecht nach dem Zweiten Weltkrieg.

Auf den allgemeinen Teil folgt der Hauptteil der Arbeit (Teil C), der in alphabetischer Reihenfolge die einzelnen Schicksale der identifizierten in der Zeit des Nationalsozialismus in Bayerisch-Schwaben tätigen jüdischen Rechtsanwälte erläutert. Zur besseren Vergleichbarkeit und zur besseren Lesbarkeit hat der Verfasser bei der Darstellung der Schicksale der einzelnen Rechtsanwälte jeweils möglichst den gleichen Aufbau verwendet. Dabei hat er sich jeweils am Leben der einzelnen Rechtsanwälte vor der Verfolgung, an den Auswirkungen der Verfolgung durch die Nationalsozialisten und an der Entschädigung nach dem Zweiten Weltkrieg orientiert.

Der Schluss (Teil D) stellt verschiedene sich aus der Arbeit ergebende Thesen zusammen.

B. Allgemeiner Teil

I. Errungenschaft der freien Rechtsanwaltschaft

1. Ausgangslage der Rechtsanwaltschaft im Deutschen Reich

Bei der Gründung des Deutschen Reichs am 18. Januar 1871 bestanden auf vielen Rechtsgebieten Ungleichheiten zwischen den Gliedstaaten, die es in einer gemeinsamen Rechtsordnung einzubinden galt. Auch über den Anwaltsstand bestanden Differenzen.[1] Anders als in der heutigen Zeit, in der der Beruf des Rechtsanwalts ganz selbstverständlich eine freiberufliche Tätigkeit ist, fand der Gesetzgeber zum Zeitpunkt der Reichsgründung in fast allen Mitgliedstaaten einen zumindest beamtenähnlichen Status der Rechtsanwälte vor.[2] Die bayerischen Rechtsanwälte, die als Staatsdiener im weiteren Sinne galten, diskutierten eine freie Rechtsanwaltschaft eher zurückhaltend und lehnten sie auf den Anwaltstagen von 1862 und von 1868 ab.[3] Weite Teile des restlichen Reichs – insbesondere in Preußen[4] – forderten intensiver eine Loslösung der Rechtsanwaltschaft vom Staat.[5]

Mit der geforderten Freiheit der Rechtsanwaltschaft ging ein freier Wettbewerb zwischen den Rechtsanwälten einher. Dieser freie Wettbewerb, den Rudolf von Gneist als *„Lebensluft für den Advocatenstand"*[6] bezeichnete, bot jedoch nicht nur Vorteile für die einzelnen Rechtsanwälte, sondern führte auf der anderen Seite auch zu einem Wegfall der sicheren Besoldung durch den Staat zugunsten monatlich schwankender Einnahmen.

2. Freigabe der Rechtsanwaltschaft

Die im Zusammenhang mit den Reichsjustizgesetzen erlassene und am 1. Juli 1878 im Reichsgesetzblatt verkündete Rechtsanwaltsordnung (RAO 1878) gab nach intensiver Diskussion die Rechtsanwaltschaft in dem Deutschen Reich frei.[7] Mit der ersten *„einheitlichen Verfassung der deutschen Rechtsanwaltschaft"*[8] gehörte die Rechtsanwaltschaft fortan zu den freien Berufen.[9]

Neben der Aufgabe des berufsrechtlichen (Quasi-)Beamtenstatus war der gesetzlich normierte Anspruch auf Zulassung zur Rechtsanwaltschaft, bei Erfüllung der gesetzlich definierten Voraussetzungen die bedeutendste Änderung. Zuvor hatte

---

1 Weißler, Geschichte der Rechtsanwaltschaft, S. 424 ff.

2 Weißler, Geschichte der Rechtsanwaltschaft, S. 430 f; Mayen, Freiheit der Advokatur im Spiegel des Verfassungsrechts, S. 405.

3 Weißler, Geschichte der Rechtsanwaltschaft, S. 573.

4 Weißler, Geschichte der Rechtsanwaltschaft, S. 573.

5 Mayen, Freiheit der Advokatur im Spiegel des Verfassungsrechts, S. 405; Weißler, Geschichte der Rechtsanwaltschaft, S. 573; von Gneist, Freie Advocatur, S. 55.

6 Von Gneist, Freie Advocatur, S. 57.

7 Weißler, Geschichte der Rechtsanwaltschaft, S. 597 ff.

8 Weißler, Geschichte der Rechtsanwaltschaft, S. 597.

9 Weißler, Geschichte der Rechtsanwaltschaft, S. 597.

der Staat die Zahl der notwendigen Rechtsanwälte nach einer Bedürfniskontrolle festlegen und unliebsame Bewerber für die Rechtsanwaltschaft ablehnen können, auch wenn diese die sachlichen Voraussetzungen erfüllten.[10] Eine solche Ablehnung war fortan nicht mehr möglich. Gemäß § 4 RAO 1878 bestand ein Anspruch auf Zulassung zur Rechtsanwaltschaft für jeden, der die zum Richteramt befähigenden Prüfungen bestanden hatte. Im Ergebnis setzte dies – ähnlich wie heute (§ 4 der Bundesrechtsanwaltsordnung von 1959 in Verbindung mit § 5 Absatz 1 des Deutschen Richtergesetzes von 1961) – voraus, dass man mindestens drei Jahre Rechtswissenschaften studiert, drei Jahre Vorbereitungsdienst absolviert und zwei Prüfungen bestanden haben musste (§ 2 des Gerichtsverfassungsgesetzes von 1877). Beim Nachweis dieser Befähigung durften die zuständigen Behörden die Rechtsanwaltszulassung nur noch aufgrund bestimmter, im Gesetz abschließend geregelter Fälle (§ 5 RAO 1878) versagen, die auf eine Unwürdigkeit für die Ausübung des Rechtsanwaltsberufs schließen ließen.

Trotz vieler Vorteile war die erreichte freie Berufsausübung noch nicht in allen Bereichen so weitreichend, wie Teile der Rechtsanwaltschaft und der Anwaltvereine sie forderten. Zum Beispiel blieb der Lokalisierungszwang für Rechtsanwälte bestehen, wonach ein Rechtsanwalt nur an dem Gericht zugelassen sein durfte, an dem er auch seinen Wohnsitz hatte.[11]

3. Bedeutung der freien Rechtsanwaltschaft für den Rechtsstaat

Die Loslösung der Rechtsanwaltschaft vom beamtenähnlichen Status zugunsten der Ausübung einer freiberuflichen Tätigkeit ist bis heute eine der wichtigsten Errungenschaften für den Berufsstand der Rechtsanwälte geblieben. Durch die errungene Freiheit können Rechtsanwälte im Rahmen des gesetzlich Zulässigen frei von staatlichen Zwängen agieren und sind bei hoheitlichem Fehlverhalten in der Lage, für ihre Mandanten gegen den Staat vorzugehen, ohne andere Aspekte als die Mandanteninteressen – insbesondere keine staatlichen Weisungen – berücksichtigen zu müssen.

Insgesamt ist eine freie Rechtsanwaltschaft für einen Rechtsstaat und für das Vertrauen der Staatsbürger in diesen unerlässlich. Das Bundesverfassungsgericht hat dies erkannt und den Schutz der Freiheit der Rechtsanwaltschaft durch das Grundgesetz bereits mehrmals festgestellt und betont.[12]

---

10 Mayen, Freiheit der Advokatur im Spiegel des Verfassungsrechts, S. 407 mit weiteren Nachweisen.

11 Weißler, Geschichte der Rechtsanwaltschaft, S. 598.

12 BVerfG, Beschluss vom 16.7.2003, 1 BvR 801/03, Rn. 8 mit weiteren Nachweisen; BVerfG, Beschluss vom 15.3.2007, 1 BvR 1887/06, Rn. 13 mit weiteren Nachweisen.

II. Jüdischer Glaube in Deutschland

Die jüdische Emanzipation begann in Europa in der zweiten Hälfte des 18. Jahrhundert mit der Französischen Revolution und war in Deutschland mit der bürgerlichen Gleichstellung der Juden in der Bismarckschen Reichsverfassung von 1871 abgeschlossen.[13] Mithin erstreckte sich dieser Prozess in Deutschland über etwa ein Jahrhundert.

Jahrhundertelang stigmatisierten Christen Menschen jüdischen Glaubens als *„Volk der Gottesmörder“*[14], betrachteten sie in Europa und Deutschland als Menschen minderen Rechts und behandelten sie entsprechend.[15] Insbesondere standen Juden keine Bürgerrechte zu.[16] Sie mussten in Judenvierteln leben[17] und Schutzgelder sowie zahlreiche weitere, hohe Sonderabgaben zahlen.[18]

Ihre Ansiedlung in Augsburg und anderen Städten zeigt sich noch heute unter anderem an Namen von Straßen und Orten wie zum Beispiel dem Judenberg in der Innenstadt von Augsburg, der Judengasse in Thannhausen bei Günzburg oder dem Judenweg in Tapfheim bei Donauwörth.

Die wirtschaftliche Lage der Juden überstieg in der Folgezeit überwiegend kaum das Existenzminimum.[19] Der jüdischen Bevölkerung war mit wenigen Ausnahmen weder die Arbeit als Landwirte, noch die Aufnahme in den Handwerkszünften erlaubt, sodass sich die jüdische Unterschicht durch Kleinsthandel und Hausieren durchbringen musste, während die kaum vorhandene jüdische Oberschicht aus Bankiers, Finanzexperten und Großkaufleuten die Kriege und die Hofhaltung ihrer Landesherren finanzierte.[20] Der schmalen Mittelschicht blieb ebenfalls nur der Handel oder eine Tätigkeit als Pfandleiher.[21]

1. Erste Emanzipationsversuche deutscher Aufklärer

Nach erfolglosen Appellen deutscher Aufklärer änderte sich im Jahr 1791 die diskriminierende Behandlung der Juden in Europa erstmals in Frankreich mit der weitge-

---

13 Reinke, Geschichte der Juden in Deutschland 1781–1933, S. 8, 71.

14 Grab, Der deutsche Weg der Judenemanzipation, S. 9.

15 Erb/Bergmann, Die Nachtseite der Judenemanzipation, S. 15; Grab, Der deutsche Weg der Judenemanzipation, S. 9.

16 Erb/Bergmann, Die Nachtseite der Judenemanzipation, S. 19 f.; Reinke, Geschichte der Juden in Deutschland 1781–1933, S. 10 ff.

17 Erb/Bergmann, Die Nachtseite der Judenemanzipation, S. 19 f.

18 Reinke, Geschichte der Juden in Deutschland 1781–1933, S. 10 ff.; Grab, Der deutsche Weg der Judenemanzipation 1789–1938, S. 9 f; Ried, Jüdisches Leben auf dem Land im Wandel, S. 159 f.;

19 Reinke, Geschichte der Juden in Deutschland 1781–1933, S. 11 f.

20 Reinke, Geschichte der Juden in Deutschland 1781–1933, S. 11 ff.; Grab, Der Deutsche Weg der Judenemanzipation 1789–1938, S. 9 f.

21 Reinke, Geschichte der Juden in Deutschland 1781–1933, S. 12 f.; Grab, Der deutsche Weg der Judenemanzipation 1789–1938, S. 9 f.

henden Gleichstellung von Menschen jüdischen Glaubens mit Menschen christlichen Glaubens.[22] Anschließend diskutierte die Bevölkerung die Frage der Judenemanzipation in vielen europäischen und somit auch in den deutschen Staaten immer heftiger.[23]

In Preußen erließ König Friedrich Wilhelm III. am 11. März 1812 das „Edikt betreffend die bürgerlichen Verhältnisse der Juden im preußischen Staate“, das eine zumindest annähernde Gleichstellung von Juden und Christen in Preußen vorschrieb.[24]

2. Situation in Bayerisch-Schwaben

Im Königreich Bayern erließ der Minister Maximilian von Montgelas am 10. Juni 1813 das „Edikt über die Verhältnisse der jüdischen Glaubensgenossen im Königreiche Baiern“. Das Bayerische Judenedikt von 1813 brachte den in Bayern lebenden Juden zwar Religionsfreiheit, den Zugang zu fast allen Gewerbezweigen und die Berechtigung, Grundbesitz zu erwerben.[25] Dennoch war das Edikt im Vergleich zu dem preußischen Edikt von 1812 weniger liberal.[26]

a. Judenmatrikel

Gemäß § 2 des Bayerischen Judenedikts waren Juden verpflichtet, sich in die bei den örtlichen Polizeibehörden geführten Judenmatrikel eintragen zu lassen. § 3 des Bayerischen Judenedikts sah hierzu vor, dass sich innerhalb von drei Monaten nach der Veröffentlichung des Edikts alle im Königreich Bayern lebenden Juden unter Vorlage ihrer Aufenthaltsbewilligungen, Schutzbriefe oder sonstigen Konzessionen, die ihnen jeweils den Aufenthalt im Königreich Bayern erlaubten, bei den örtlichen Polizeibehörden melden mussten.

Die Eintragung in die jeweiligen Judenmatrikel war folglich kein Automatismus, sondern das Generalkommissariat musste sie nach der Weiterleitung durch die örtliche Polizeibehörde gemäß § 6 des Bayerischen Judenedikts bewilligen. Wer nicht innerhalb von drei Monaten eine Aufenthaltsbewilligung vorlegen konnte, galt fortan als *„fremder Jude“* (§ 10 des Bayerischen Judenedikts). Diese Klassifizierung hatte gemäß § 11 des Bayerischen Judenedikts die Folge, dass die Einwanderung ins, aber auch die Niederlassung im Königreich Bayern ausdrücklich verboten war. Gemäß § 12 des Bayerischen Judenedikts durfte sich die Zahl der ansässigen jüdischen Familien (Matrikelstellen) nicht vergrößern, sondern *„sie soll[te] vielmehr nach und nach vermindert werden“*. Juden durften nach § 14 des Bayerischen Judenedikts daher nur

---

22 Erb/Bergmann, Die Nachtseite der Judenemanzipation, S. 16 mit weiteren Nachweisen; Reinke, Geschichte der Juden in Deutschland 1781–1933, S. 15 f.

23 Reinke, Geschichte der Juden in Deutschland 1781–1933, S. 15.

24 Grab, Der deutsche Weg der Judenemanzipation 1789–1938, S. 17 f.; Reinke, Geschichte der Juden in Deutschland 1781–1933, S. 16.

25 Weis, Montgelas, S. 603 ff.

26 Weis, Montgelas, S. 604 f.

heiraten, wenn sie darlegen konnten, dass sich die gemäß § 12 des Bayerischen Judenedikts festgelegte Zahl ansässiger jüdischer Familien nicht vergrößerte.

In Augsburg gab es auf der Grundlage des § 12 des Bayerischen Judenedikts im November 1814 insgesamt 13 jüdische Matrikelstellen.[27] Somit waren 1814 in Augsburg nur 13 jüdische Familien zugelassen, was zu dieser Zeit 126 Einwohnern entsprach.[28] Anderen Familien war es gemäß § 11 des Bayerischen Judenedikts verboten, sich in Augsburg niederzulassen. Die Anzahl der Matrikelstellen erhöhte sich 1818 auf 14.[29]

Nur aufgrund einer eng begrenzten Ausnahmeregelung in § 13 des Bayerischen Judenedikts konnten Juden über die Matrikelzahl hinausgehende Ansässigmachungsgesuche stellen. Solche Ausnahmegesuche scheiterten in Augsburg jedoch bis 1850 regelmäßig am Widerstand der ortsansässigen christlichen, aber auch der bereits zugelassenen jüdischen Geschäftsleute, die eine wachsende Konkurrenz befürchteten.[30]

b. Zugang zu Berufen

Wenn sich mit dem Bayerischen Judenedikt auch keine vollständige Gleichstellung von Juden und Christen in Bayern erreichen ließ, brachte es zumindest eine teilweise Verbesserung der Lage der jüdischen Bevölkerung. § 15 in Verbindung mit §§ 18 und 19 des Bayerischen Judenedikts stellte sie vor allem beim Zugang zu vielen Gewerbezweigen sowie bei dem Erwerb und der Bewirtschaftung von Grund und Boden (§ 16 des Bayerischen Judenedikts) zumindest teilweise der christlichen Bevölkerung gleich. Der Zugang zum Staatsdienst und zu dieser Zeit somit auch der Zugang zum Beruf des Rechtsanwalts blieben ihr jedoch weiterhin verwehrt.[31]

c. Zugang zu Schulen und Universitäten

Schließlich durften Kinder jüdischer Herkunft auch öffentliche Schulen besuchen, in denen sie – mit Ausnahme des Religionsunterrichts – den gleichen Unterricht wie ihre christlichen Mitschüler hatten (§ 32 des Bayerischen Judenedikts). Für die Zulassung zu einem akademischen Studium bedurfte es für Juden jedoch gemäß § 34 des Bayerischen Judenedikts der gesonderten Ausstellung eines *„günstigen Zeugnisses […] einer öffentlichen Studienanstalt des Königreichs"*.

27 Schönhagen, Die zweite jüdische Gemeinde von Augsburg 1861–1943, S. 226; Fassl, Die wirtschaftliche und soziale Stellung der Juden in Augsburg im 19. und beginnenden 20. Jahrhundert, S. 132; Hirsch, Juden in Augsburg, S. 139.

28 Schönhagen, Die zweite jüdische Gemeinde von Augsburg 1861–1943, S. 226.

29 Schönhagen, Die zweite jüdische Gemeinde von Augsburg 1861–1943, S. 226; Fassl, Die wirtschaftliche und soziale Stellung der Juden in Augsburg im 19. und beginnenden 20. Jahrhundert, S. 132; Hirsch, Juden in Augsburg, S. 139.

30 Schönhagen, Die zweite jüdische Gemeinde von Augsburg 1861–1943, S. 226.

31 Weis, Montgelas, S. 604.

d. Auswirkungen des Bayerischen Judenedikts

Von 1830 an war aufgrund der vorgenannten Matrikelregelung des Bayerischen Judenedikts eine verstärkte Emigration von Juden festzustellen, die sich jedoch in Bayerisch-Schwaben weit weniger stark auswirkte als in den restlichen Teilen des Königreichs Bayern.[32]

3. Einschränkungen des Emanzipationsprozesses

Die Entwicklung der Gleichstellung von Juden und Christen stagnierte nach dem Ende der napoleonischen Herrschaft und nach der Gründung des Deutschen Bundes im Jahr 1815. Nach dem Ende der napoleonischen Zeit machte der Deutsche Bund die erreichte Gleichstellung in den einzelnen deutschen Staaten teilweise wieder rückgängig.[33] Zudem kam eine antisemitische Stimmung auf, die 1819 in den sogenannten Hep-Hep-Unruhen gipfelte.[34]

Diese antisemitischen Aufstände hatten ihren Ursprung in Würzburg und breiteten sich rasch in ganz Bayern und auch in den restlichen Mitgliedstaaten des Deutschen Bundes aus.[35] Die Unruhen unter dem Hetzruf *„Hep-Hep! Jud' verreck!"*[36] lösten zahlreiche gewalttätige Ausschreitungen gegen jüdische Mitbürger aus.[37] Sie spiegelten die in der Bevölkerung teilweise tief verwurzelten antisemitischen Vorurteile gegen die jüdische Bevölkerung zu dieser Zeit wider.

In der Märzrevolution von 1848 kam es in Deutschland erneut zu schweren, gewalttätigen Ausschreitungen gegen und Plünderungen bei Menschen jüdischen Glaubens.[38] Dennoch regelte § 144 der am 28. März 1849 in Kraft getretenen Verfassung des deutschen Reichs (Paulskirchenverfassung) das Grundrecht, dass *„jeder Deutsche volle Glaubens- und Gewissensfreiheit hat"*. Diese durch die Paulskirchenverfassung gesicherte Religionsfreiheit galt auch für die in Deutschland lebenden Juden, weil diese gemäß Artikel 131 Deutsche im Sinne dieses Gesetzes waren. Die Einfügung dieser Regelungen überrascht angesichts der oben genannten antijüdischen Stimmung in einigen Bevölkerungsteilen.

Auch nach der Kodifizierung der oben genannten Grundrechte regte sich jedoch erheblicher Widerstand gegen die vollständige Gleichstellung der Juden.[39]

---

32 Ried, Jüdisches Leben auf dem Land im Wandel, S. 158 ff.

33 Ben-Sasson, Geschichte des jüdischen Volkes, S. 989.

34 Reinke, Geschichte der Juden in Deutschland 1781–1933, S. 20; Erb/Bergmann, Die Nachtseite der Judenemanzipation, S. 22, 218 ff. mit weiteren Nachweisen; Vogt, Gibt es einen Deutschen Antisemitismus?, S. 21.

35 Reinke, Geschichte der Juden in Deutschland 1781–1933, S. 20; Erb/Bergmann, Die Nachtseite der Judenemanzipation, S. 22, 218 ff.

36 Reinke, Geschichte der Juden in Deutschland 1781–1933, S. 18 ff.

37 Reinke, Geschichte der Juden in Deutschland 1781–1933, S. 20; Erb/Bergmann, Die Nachtseite der Judenemanzipation, S. 22, 218 ff.

38 Reinke, Geschichte der Juden in Deutschland 1781–1933, S. 45 f.; Ben-Sasson, Geschichte des jüdischen Volkes, S. 992; Brenner, Zwischen Revolution und rechtlicher Gleichstellung, S. 288 ff.

39 Brenner, Zwischen Revolution und rechtlicher Gleichstellung, S. 298.

Insbesondere die ländlichen, konservativ christlich geprägten Regionen des Königreichs Bayern waren gegen die Gleichstellung der jüdischen Bevölkerung.[40]

4. Abschluss des Emanzipationsprozesses

Die Gleichberechtigung der in Deutschland und Bayerisch-Schwaben lebenden Juden war jedoch trotz der dargestellten Rückschläge nicht mehr aufzuhalten. Die in der Zwischenzeit erzielten Erfolge führten zu einem neuen Selbstverständnis der jüdischen Bevölkerung, das vom Stolz auf das Erreichte geprägt war und das Selbstvertrauen immer weiter stärkte.[41]

Nach der Abschaffung von § 11 des Bayerischen Judenedikts im Jahre 1861 stieg die Zahl der in Augsburg lebenden Menschen jüdischen Glaubens rasch an.[42] 1861 lebten in Augsburg noch 283 Juden.[43] Sechs Jahre später waren es 449 und 1875 bereits 889 Menschen jüdischen Glaubens, sodass sich die jüdische Gemeinde in Augsburg innerhalb von weniger als 15 Jahren mehr als verdreifachte.[44]

Die Juden im Norddeutschen Bund erhielten bereits am 3. Juli 1869 mit dem Erlass des „Gesetzes, betreffend die Gleichberechtigung der Konfessionen in bürgerlicher und staatsbürgerlicher Beziehung“ durch König Wilhelm von Preußen die Gleichberechtigung mit den Christen, die Juden in Bayern hingegen erst nach der Gründung des Deutschen Bundes.

Bayern übernahm als letzter Mitgliedstaat des ehemaligen Deutschen Bundes erst am 22. April 1871 durch § 1, § 2 Ziffer 1 und § 10 des „Gesetzes, betreffend die Einführung Norddeutscher Bundesgesetze in Bayern“ das „Gesetz, betreffend die Gleichberechtigung der Konfessionen in bürgerlicher und staatsbürgerlicher Beziehung“.[45]

Die Gleichstellung der Religionen war der Abschluss eines langen Emanzipationsprozesses in Bayern und den anderen Mitgliedstaaten des Deutschen

---

40 Brenner, Zwischen Revolution und rechtlicher Gleichstellung, S. 298.

41 Reinke, Geschichte der Juden in Deutschland 1781–1933, S. 60.

42 Schönhagen, Die zweite jüdische Gemeinde von Augsburg 1861–1943, S. 226; Hirsch, Juden in Augsburg, S. 140.

43 Schönhagen, Die zweite jüdische Gemeinde von Augsburg 1861–1943, S. 227; Fassl, Die wirtschaftliche und soziale Stellung der Juden in Augsburg im 19. und beginnenden 20. Jahrhundert, S. 133.

44 Schönhagen, Die zweite jüdische Gemeinde von Augsburg 1861–1943, S. 227; Fassl, Die wirtschaftliche und soziale Stellung der Juden in Augsburg im 19. und beginnenden 20. Jahrhundert, S. 133.

45 Die Verfassung des Deutschen Bundes erklärte das Gesetz über die Gleichberechtigung der Konfessionen in bürgerlicher und staatsbürgerlicher Beziehung zunächst gemäß Artikel 2 in Verbindung mit Abschnitt II § 26 Nr. 19) des Vertrags, betreffend den Beitritt Bayerns zur Verfassung des Deutschen Bundes vom Zeitpunkt der Wirksamkeit der Verfassung und somit vom 1.1.1871 für das gesamte Bundesgebiet zum Bundesgesetz. Abschnitt III § 8 Satz 2 des Vertrags, betreffend den Beitritt Bayerns zur Verfassung des Deutschen Bundes klammerte die Einführung für Bayern aufgrund der *„fortgeschrittenen Zeit“* aus und ließ die Einführung durch Bundesgesetzgebung vorbehalten.

Reichs. Sie bedeutete für Juden erstmals die Zusicherung der vollen Staatsbürgerrechte.

5. Bedeutung der Freiheit der Rechtsanwaltschaft für jüdische Rechtsanwälte

Trotz der Gleichstellung der verschiedenen Religionen und der Zusicherung der vollen Staatsbürgerrechte war die berufliche Diskriminierung der deutschen Juden noch nicht vollständig beseitigt. Zum Beispiel lehnten die zuständigen Behörden Bewerber für die Richterschaft häufig wegen ihres jüdischen Glaubens ab.[46]

Infolge des schwierigen Zugangs zur Richterschaft und zum juristischen Staatsdienst auf der einen und der Freiheit der Rechtsanwaltschaft auf der anderen Seite ergriffen jüdische Juristen fortan vermehrt den Beruf des Rechtsanwalts.[47] Dies führte dazu, dass der Anteil jüdischer Rechtsanwälte an der Rechtsanwaltschaft wesentlich höher als der Anteil der Juden an der Bevölkerung war.[48]

---

46 Weißler, Geschichte der Rechtsanwaltschaft, S. 438.

47 Ben-Sasson, Geschichte des jüdischen Volkes, S. 978.

48 Zum Beispiel in Württemberg, wo 1876 ein Achtel der Rechtsanwaltschaft jüdisch war, siehe Weißler, Geschichte der Rechtsanwaltschaft, S. 438.

III. Auswirkungen des Ersten Weltkrieges auf die Situation der Juden in Deutschland

1. Jüdische Kriegsteilnehmer im Ersten Weltkrieg

Eine 1911 durchgeführte Volkszählung ergab, dass 615.000 Juden im Deutschen Reich lebten, von denen man annahm, dass 65.000 ausländischer Herkunft waren.[49] Von den somit insgesamt 550.000 deutschen Juden kämpften mehr als 96.000 auf deutscher Seite im Ersten Weltkrieg, was 17,3 % der jüdischen Bevölkerung entspricht.[50]

Verglichen mit dem Anteil der christlichen Kriegsteilnehmer von 18,7 %, war der Anteil der jüdischen Kriegsteilnehmer nur unwesentlich geringer.[51] Von den mehr als 96.000 jüdischen Kriegsteilnehmern auf deutscher Seite kämpften mindestens 75.000 an der Front, wo 10.089 starben.[52] Das teilweise im und nach dem Ersten Weltkrieg verbreitete antisemitische Vorurteil, dass Juden Fronteinsätze gemieden hätten, lässt sich damit widerlegen.

2. Folgen des Ersten Weltkrieges als Nährboden für Hitlers Propaganda

Am 11. November 1918 endete der Erste Weltkrieg mit dem Waffenstillstand von Compiègne. Nach langwierigen Friedensverhandlungen schlossen die Siegermächte am 7. Mai 1919 mit Deutschland den Versailler Friedensvertrag.[53] Das Deutsche Reich akzeptierte die Bedingungen des Versailler Vertrags, nicht zuletzt weil es anderenfalls den Einmarsch der alliierten Truppenverbände in das Deutsche Reich und dessen mögliche Teilung befürchtete. Entgegen dem im 14-Punkte-Plan des Präsidenten der Vereinigten Staaten, Woodrow Wilson, zunächst in Aussicht gestellten Verständigungsfrieden handelte es sich letztlich um einen Diktatfrieden, den seit seiner Unterzeichnung weite Teile der deutschen Bevölkerung als *„offene Rechnung"* empfanden, sodass der Versailler Vertrag seit seiner Unterzeichnung als *„schwere Hypothek"* für die junge deutsche Demokratie galt.[54]

Zusätzlich führten die Hyperinflation von 1923, die Weltwirtschaftskrise von 1929 und eine hohe Arbeitslosigkeit zu einer wachsenden Unzufriedenheit in der Bevölkerung. Auch in Augsburg stieg die Arbeitslosigkeit immer weiter an. Auf ihrem Höhepunkt 1932 waren mehr als 18.000 Augsburger, mehr als jeder zehnte Einwohner von Augsburg, arbeitslos.[55]

---

49 Segall, Die deutschen Juden als Soldaten im Krieg 1914–1918, S. 11.
50 Segall, Die deutschen Juden als Soldaten im Krieg 1914–1918, S. 11.
51 Segall, Die deutschen Juden als Soldaten im Krieg 1914–1918, S. 12.
52 Segall, Die deutschen Juden als Soldaten im Krieg 1914–1918, S. 27, 30 f.
53 Kolb, Der Frieden von Versailles, S. 41 ff; Drabkin, Die Entstehung der Weimarer Republik, S. 303 ff., 351.
54 Kolb, Der Frieden von Versailles, S. 91; Drabkin, Die Entstehung der Weimarer Republik, S. 442.
55 Filser/Thieme, Hakenkreuz und Zirbelnuß, S. 10.

3. Folgen für die Rechtsanwaltschaft

Innerhalb der Rechtsanwaltschaft wuchsen die Existenzsorgen ebenfalls. Einerseits führte die schwierige wirtschaftliche Situation in der Wirtschaftskrise von 1929 dazu, dass die lukrativen Unternehmensmandate zurückgingen. Andererseits wuchs die Konkurrenz zwischen den Rechtsanwälten dadurch, dass infolge der Freiheit der Rechtsanwaltschaft mehr Absolventen des Studiums der Rechtswissenschaften Rechtsanwälte wurden. 1905 waren im Deutschen Reich insgesamt nur 7.835 Rechtsanwälte zugelassen, und somit kamen statistisch 7.194 Einwohner auf einen Rechtsanwalt; 1921 sank die Zahl auf 5.397 Einwohner pro Rechtsanwalt und 1933, als im Deutschen Reich insgesamt 19.276 Rechtsanwälte zugelassen waren, auf nur noch 3.374 Einwohner pro Rechtsanwalt.[56] Als Lösung dieses wirtschaftlichen Problems, das für manche Rechtsanwälte existenzbedrohend war, galt ein Zulassungsstopp. Die Abgeordnetenversammlung des Deutschen Anwaltvereins beschloss Ende 1932, von der Politik die Einführung eines Numerus clausus für die Neuzulassung von Rechtsanwälten zu fordern.[57] Dies war eine Forderung, die die Freiheit der Rechtsanwaltschaft erheblich eingeschränkt hätte, jedoch vor allem von dieser selbst kam.

---

56 Reifner, Die Zerstörung der freien Advokatur, Rn. 386.
57 Reifner, Die Zerstörung der freien Advokatur, Rn. 387.

IV. „Machtergreifung“ durch die Nationalsozialisten im Januar 1933

Während der Weltwirtschaftskrise 1929 nahmen die Erfolge der linken und der rechten Parteien mit der ansteigenden Arbeitslosigkeit und der wachsenden Unzufriedenheit in der Bevölkerung zu. Nachdem die Nationalsozialistische Deutsche Arbeiterpartei (NSDAP) noch bei der Reichstagswahl am 20. Mai 1928 nur 2,6 % der Stimmen erhalten hatte, konnte sie ihr Wahlergebnis bei der Reichstagswahl am 14. September 1930 auf 18,3 % deutlich verbessern.[58]

Insgesamt führten die Propaganda der sogenannten Dolchstoßlegende, die Schmach des Versailler Vertrags, die verfehlte Politik in der Weimarer Republik während der Weltwirtschaftskrise 1929 und die steigenden Arbeitslosenzahlen im Deutschen Reich bei der Wahl zum sechsten Reichstag der Weimarer Republik am 31. Juli 1932 zu dem Ergebnis, dass die NSDAP mit 37,4 % der Stimmen erstmals als stärkste Partei in den Reichstag einzog.[59] Dennoch ernannte Reichspräsident Paul von Hindenburg Adolf Hitler erst am 30. Januar 1933 zum Reichskanzler.

Hitler, der sich als Reichskanzler einer Minderheitsregierung auf NSDAP, Deutschnationale Volkspartei (DNVP) und weitere parteilose Rechtskonservative stützte, hatte sein Ziel erreicht; er war mit „legalen“ Mitteln an die Macht gekommen[60] und begann, die parlamentarische Demokratie im Deutschen Reich abzuschaffen und die in Deutschland lebenden Juden zu bekämpfen. Innerhalb weniger Wochen nach der „Machtergreifung“ durch die Nationalsozialisten setzten die ersten Verfolgungen und „Schutzhaft“-Inhaftierungen politischer Gegner und einflussreicher Juden durch SA und SS ein.[61] Das Regime stützte sich bei den Inhaftierungen auf die Reichstagsbrandverordnung[62] als gesetzliche Grundlage.[63]

Am 5. März 1933 fanden Reichstagswahlen statt, die aufgrund der soeben genannten Ereignisse nicht mehr als demokratische Wahlen zu bezeichnen sind. Dennoch verfehlte die NSDAP mit 43,9 % der Stimmen die angestrebte absolute Mehrheit.[64] Die NSDAP hatte zusammen mit ihren Koalitionspartnern DNVP und Stahlhelm, Bund der Frontsoldaten, jedoch die parlamentarische Mehrheit und war mithin nicht mehr auf von Hindenburg angewiesen[65]; Hitlers „Machtergreifung“ war somit abgeschlossen.

In Augsburg war die NSDAP 1929 mit drei von insgesamt 50 Sitzen als viertstärkste Partei im Stadtrat vertreten.[66] Am 31. März 1933 trat das „Vorläufige Gesetz

---

58 Kolb, Deutschland 1918–1933, S. 181.
59 Bauer, Nationalsozialismus, S. 182.
60 Kolb, Deutschland 1918–1933, S. 163 f.
61 Bauer, Nationalsozialismus, S. 200 f.
62 Siehe hierzu B. V. 1.
63 Bauer, Nationalsozialismus, S. 200 f.
64 Brechtken, Die nationalsozialistische Herrschaft 1933–1939, S. 24.
65 Brechtken, Die nationalsozialistische Herrschaft 1933–1939, S. 24.
66 Amtsblatt der Stadt Augsburg 1929, S. 149–151; weitere Parteien des Augsburger Stadtrats zu diesem Zeitpunkt: BVP (17 Sitze), SPD (14 Sitze), KPD (4 Sitze), DNVP (3 Sitze), Reichspartei des deutschen Mittelstandes (Wirtschaftspartei) (3 Sitze).

zur Gleichschaltung der Länder mit dem Reich“ in Kraft. § 12 Absatz 1 des „Vorläufigen Gesetzes zur Gleichschaltung der Länder mit dem Reich“ löste die kommunalen Selbstverwaltungskörperschaften auf, und § 12 Absatz 2 bildete sie nach dem Ergebnis der Reichstagswahl am 5. März 1933 im jeweiligen Wahlbezirk neu, wobei die Stimmen für die KPD unberücksichtigt blieben. In Augsburg bildete sich der Stadtrat am 23. April 1933 im folgenden Verhältnis neu:

- NSDAP 14 Sitze
- Bayerische Volkspartei (BVP) 11 Sitze
- Sozialdemokratische Partei Deutschlands (SPD) 9 Sitze
- DNVP 2 Sitze[67]

---

[67] Filser/Thieme, Hakenkreuz und Zirbelnuß, S. 17.

V. Allgemeine Verfolgungsmaßnahmen

1. „Schutzhaft"-Inhaftierungen

a. „Reichstagsbrandverordnung"

Als Reaktion auf den Brand des Reichstagsgebäudes in der Nacht vom 27. zum 28. Februar 1933 erließ Hindenburg die „Verordnung des Reichspräsidenten zum Schutz von Volk und Staat" – die in der Literatur als „Reichstagsbrandverordnung" bekannt ist. Auffallend ist an der Reichstagsbrandverordnung, dass Hindenburg sie bereits am 28. Februar 1933 und somit bereits am Tag nach dem Brand erließ.

b. Gesetzliche Grundlage der „Schutzhaft"

Die Reichstagsbrandverordnung reichte noch weiter als die nur fünf Tage nach Hitlers Ernennung zum Reichskanzler erlassene „Verordnung des Reichspräsidenten zum Schutze des deutschen Volkes". § 1 Satz 2 der Reichstagsbrandverordnung sah unter anderem vor, dass Freiheitsbeschränkungen, Hausdurchsuchungen, Beschlagnahmen und Eigentumsbeschränkungen außerhalb der gesetzlichen Grenzen zulässig waren. § 1 Absatz 2 der Reichstagsbrandverordnung ermöglichte es den Nationalsozialisten durch die gesetzliche Möglichkeit der Beschränkung der persönlichen Freiheit fortan, „Schutzhaft"-Inhaftierungen anzuordnen.

c. „Schutzhaft" in Augsburg

Die „Schutzhaft" vollstreckten die Nationalsozialisten in Augsburg im Gefängnis am Katzenstadel. Das ursprüngliche Amts- und Landgerichtsgefängnis, das die Geheime Staatspolizei im „Dritten Reich" betrieb, zerstörte 1944 ein Bombenangriff der Alliierten.[68] Heute steht an dieser Stelle unter der Adresse „An der blauen Kappe 18" ein Verwaltungsgebäude der Stadt Augsburg.[69] Das für 500 Insassen ausgelegte Gefängnis am Katzenstadel, das bereits im März 1933 überfüllt war, war für die meisten Insassen nur eine Durchgangsstation auf dem Weitertransport in das Konzentrationslager Dachau.[70]

2. Judenboykott am 1. April 1933

a. Antijüdische Ausschreitungen

Neben der Verfolgung von Kommunisten und Sozialdemokraten durch die Nationalsozialisten nahmen die gewalttätigen Ausschreitungen gegen Juden durch die Par-

---

68 Häußler, Gedenktafeln erzählen Augsburger Geschichte, S. 51; Nerdinger, Bauten erinnern, S. 53.
69 Häußler, Gedenktafeln erzählen Augsburger Geschichte, S. 51; Nerdinger, Bauten erinnern, S. 53.
70 Nerdinger, Bauten erinnern, S. 53.

teibasis der NSDAP seit dem Wahlsieg der Nationalsozialisten am 5. März 1933 erheblich zu.[71] Die antijüdischen Ausschreitungen brachen im Rheinland aus und breiteten sich von dort im gesamten Reich aus, woraus die Literatur schlussfolgert, dass die jeweiligen Gauleiter und nicht die Parteiführung der NSDAP die Ausschreitungen organisierten.[72]

Die gewalttätigen Übergriffe richteten sich vor allem gegen jüdische Gewerbetreibende, aber auch gegen jüdische Ärzte und Rechtsanwälte.[73] In Breslau stürmte die örtliche SA am 11. März 1933 das Gerichtsgebäude, misshandelte jüdische Rechtsanwälte und Richter körperlich und nahm sie teilweise in „Schutzhaft", bis wenige Tage darauf der Präsident des Oberlandesgerichts verkündete, dass künftig nur noch 17 der 384 ansässigen jüdischen Rechtsanwälten Zutritt zum Gericht hätten.[74]

Ähnliche Szenen spielten sich im gesamten Reich ab. In Berlin und Königsberg jagten SA-Truppen zum Beispiel am 30. März 1933 jüdische Rechtsanwälte und Richter gewaltsam aus den Gerichtsgebäuden.[75] In Köln jagten sie die jüdischen Rechtsanwälte nicht nur aus dem Justizgebäude Reichenspergerplatz, sondern luden sie auch gewaltsam auf offene Müllwagen, um sie durch die Innenstadt zu fahren.[76] Aus Bayerisch-Schwaben sind solche Ausschreitungen nicht bekannt.

b. Boykott innerhalb der Rechtsanwaltschaft

Auch innerhalb der Rechtsanwaltschaft regte sich Widerstand gegen die jüdischen Kollegen. Dieser Widerstand beruhte zum einen auf rassenideologischen Gründen und zum anderen auf Konkurrenzdenken – weil in der Rechtsanwaltschaft – wie dargestellt[77] – traditionell besonders viele Juden waren. Der Bund Nationalsozialistischer Deutscher Juristen (BNSDJ), der zu jener Zeit hauptsächlich aus Rechtsanwälten bestand, forderte bereits am 14. März 1933 auf einer Versammlung, Juden aus der Rechtsanwaltschaft zu entfernen.[78] Dieses Ziel sollte zunächst durch eine unverzügliche Zulassungssperre für „Rechtsanwälte fremder Rasse" bei deutschen

---

71 Longerich, Politik der Vernichtung, S. 26.

72 Longerich, Politik der Vernichtung, S. 27 f. unter zusätzlichem Verweis auf einen Aufruf Hitlers, die Einzelaktionen zu unterbinden.

73 Barkai, Vom Boykott zur Entjudung, S. 25; Janetzko, Die „Arisierung" mittelständischer jüdischer Unternehmen in Bayern 1933–1939, S. 52.

74 Wrobel, Der deutsche Richterbund im Jahre 1933, S. 157, 160; Longerich, Politik der Vernichtung, S. 29.

75 Longerich, Politik der Vernichtung, S. 38 mit weiteren Nachweisen.

76 Longerich, Politik der Vernichtung, S. 38 mit weiteren Nachweisen.

77 Siehe oben die Ausführungen unter B. II. 5.

78 Barkai, Vom Boykott zur Entjudung, S. 25; Rücker, Das Ende der Rechtsberatung durch jüdische Juristen, S. 802.

Gerichten und langfristig durch ihren Ausschluss aus der Rechtsanwaltschaft innerhalb von vier Jahren sowie durch die Neubesetzung der Rechtsanwaltskammern erreicht werden.[79]

Anders als die Ausschreitungen gegen jüdische Geschäftsleute, die in der zweiten Märzhälfte auf Anweisung der Parteiführung der NSDAP deutlich zurückgingen, dauerten die Angriffe gegen jüdische Juristen an.[80] Hinsichtlich der Gründe dafür, dass die Kampagne gegen jüdische Juristen nicht endete, ist der Einschätzung von Peter Longerich[81] zuzustimmen, dass bei der „Entjudung" der Justiz die Koalitionspartner der Nationalsozialisten – auf die diese bis zum Erlass des Ermächtigungsgesetzes Ende März 1933 angewiesen waren – sie unterstützt hätten. Bei den Geschäftsblockaden und den damit einhergehenden öffentlichen Unruhen befürchtete die Parteiführung der NSDAP stärkere Vorbehalte im bürgerlichen Lager.[82]

c. Organisation des Judenboykotts

Das Ermächtigungsgesetz vom 24. März 1933 erlaubte der Reichsregierung gemäß Artikel 1, außerhalb des verfassungsrechtlichen Verfahrens eigenmächtig, das heißt ohne Zustimmung des Reichstags, Gesetze zu erlassen, die gemäß Artikel 2 nicht mehr mit der Weimarer Verfassung übereinstimmen mussten. Sein Erlass war für die Nationalsozialisten ein wesentlicher Schritt hin zur Diktatur. Die Nationalsozialisten mussten von diesem Zeitpunkt an auf die Belange des bürgerlichen Lagers keine Rücksicht mehr nehmen. Am 26. März 1933 bereiteten sie nach einer Unterredung Hitlers mit dem Reichspropagandaminister Joseph Goebbels einen Judenboykott vor.[83] Goebbels notierte hierzu am 31. März 1933 in sein Tagebuch: *„Der Boykott läuft an. Morgen wird die Welt ein Wunder sehen."*[84]

Die Parteiführung der NSDAP ordnete am 1. April 1933 einen Boykott von jüdischen Geschäften, Kanzleien jüdischer Rechtsanwälte und Praxen jüdischer Ärzte im ganzen Reich an.[85] Vor allem in den Großstädten des Deutschen Reiches erfolgte die Organisation des Boykotts ähnlich: Am Morgen des 1. April 1933 postierten sich Angehörige der SA und der SS mit Warnschildern vor den Geschäften, Kanzleien und Praxen von Juden und versuchten, die Kunden, Mandanten und Patienten vom Eintreten abzuhalten.[86] In Augsburg listete der nationalistische Augsburger Lokalanzeiger insgesamt 42 jüdische Unternehmen, bei denen Deutsche nicht einkaufen sollten, öffentlich auf.[87] Am 1. April 1933 sorgten bewaffnete SA-

---

79 Barkai, Vom Boykott zur Entjudung, S. 25; Rücker, Das Ende der Rechtsberatung durch jüdische Juristen, S. 802.

80 Longerich, Politik der Vernichtung, S. 30.

81 Longerich, Politik der Vernichtung, S. 30.

82 Longerich, Politik der Vernichtung, S. 30.

83 Longerich, Politik der Vernichtung, S. 34 ff.

84 Fröhlich, Die Tagebücher von Joseph Goebbels, Teil I, Band 2/III, S. 159.

85 Barkai, Vom Boykott zur Entjudung, S. 27; Döscher, Reichskristallnacht, S. 11.

86 Barkai, Vom Boykott zur Entjudung, S. 28; Longerich, Politik der Vernichtung, S. 37.

87 Janetzko, Die „Arisierung" mittelständischer jüdischer Unternehmen in Bayern 1933–1939, S. 55; Schönhagen, Zur Situation der Augsburger Juden nach der „Machtergreifung", S. 152.

Wachen vor den Läden, Kanzleien und Praxen jüdischer Inhaber in Augsburg für die Einhaltung des Boykotts und versuchten, die Kunden, die dennoch eintreten wollten, davon abzuhalten.[88] In Augsburg waren vier jüdische Rechtsanwälte von den Boykotten in Form von „Schutzhaft"-Inhaftierungen besonders betroffen: Die Geheime Staatspolizei inhaftierte Ludwig Dreifuß, Dr. Robert Neumark, Stefan Oberbrunner und Dr. Paul Rosenberg am 23. März 1933 in dem Gefängnis „Katzenstadel".[89] Aus standesrechtlichen Gründen musste die Rechtsanwaltskammer Augsburg Vertreter für die inhaftierten Rechtsanwälte finden. Die Suche nach Vertretern gestaltete sich aufgrund der politischen Lage schwierig. Arische Rechtsanwälte mussten befürchten, selbst bei den Nationalsozialisten in Ungnade zu fallen, wenn sie freiwillig einen jüdischen Kollegen vertraten. Dies führte in Rosenbergs Fall dazu, dass der Vorstand der Rechtsanwaltskammer Augsburg mangels Freiwilliger jemanden bestimmen musste und den dienstjüngsten Rechtsanwalt im Kammerbezirk zu Rosenbergs Vertreter ernannte.[90]

d. Ende und Folgen des Boykotts

Am 3. April 1933 verkündeten die Nationalsozialisten, dass der Boykott aufgrund der *„geschlossenen Haltung der Deutschen"* erfolgreich gewesen sei und man ihn daher beenden könne.[91] Die Propagandamaßnahme *„Deutsche, kauft nicht bei Juden"* lief jedoch weiter – nunmehr allerdings nicht mehr durch SA-Truppen vor den Eingängen der Geschäfte, Kanzleien und Praxen – und traf viele Juden in ihrer wirtschaftlichen Existenz.[92]

In der Folge kam es zu einem *„schleichenden Boykott"*.[93] Dieser ging mit verschiedenen örtlichen Maßnahmen der Gauleiter einher, wie zum Beispiel der Unterbindung von Anzeigen jüdischer Geschäfte in lokalen Zeitungen, dem Anschreiben von Kunden und Mandanten jüdischer Geschäfte und Rechtsanwälte unter dem Hinweis auf die *„Schädlichkeit ihres Handelns"* und dessen mögliche Konsequenzen, sofern sie die jüdischen Geschäfte oder Kanzleien weiter aufsuchen würden.[94]

Über die Gründe für den Boykott diskutiert die Literatur viel.[95] Im Ergebnis sind die Ursachen für den Boykott[96] für die vorliegende Arbeit unerheblich. Der

---

88 Schönhagen, Zur Situation der Augsburger Juden nach der „Machtergreifung", S. 152 f.

89 BayHStA, MJU 21521, Vorstand der Rechtsanwaltskammer Augsburg, Schreiben an den Präsidenten des OLG München vom 24.3.1933. Die nicht offizielle, aber gängige Bezeichnung der Haftanstalt ergab sich aus dem Namen der Straße („Am Katzenstadel"), an der sich das Gefängnis in Augsburg befand. Siehe auch oben B. V. 1. c.

90 BayHStA, MJU 21521, Präsident des OLG München, Schreiben an das Staatsministerium der Justiz vom 27.3.1933.

91 Longerich, Politik der Vernichtung, S. 37.

92 Schönhagen, Zur Situation der Augsburger Juden nach der „Machtergreifung", S. 153.

93 Longerich, Politik der Vernichtung, S. 39 ff.

94 Longerich, Politik der Vernichtung, S. 39 f.

95 Vergleiche den Sachstand bei Barkai, Vom Boykott zur Entjudung, S. 30.

96 Barkai, Vom Boykott zur Entjudung, S. 31.

Judenboykott am 1. April 1933 war für die Nationalsozialisten der erste große Schritt hin zur Bekämpfung der wirtschaftlichen Existenz der Juden.

3. Nürnberger Gesetze

Als weiterer Schritt der Judenverfolgung folgte im September 1935 das Inkrafttreten der Nürnberger Gesetze. Goebbels berief für den Zeitraum vom 10. bis zum 16. September 1935 die Mitglieder der NSDAP zum Reichsparteitag nach Nürnberg ein, der unter dem Motto *„Parteitag der Freiheit“* stand.[97] Obwohl der Erlass der Nürnberger Gesetze auf der Grundlage des Ermächtigungsgesetzes auch durch die Reichsregierung möglich gewesen wäre, hatte Hitler den Reichstag in Nürnberg zu einer Sondersitzung zusammenkommen lassen, um die Gesetze einstimmig beschließen zu lassen.[98] Dieser Vorgang zeigt, wie wichtig der Erlass dieser Gesetze den Nationalsozialisten war.[99]

Die Nürnberger Gesetze enthielten neben dem Reichsflaggengesetz auch das „Gesetz zum Schutze des deutschen Blutes und der deutschen Ehre“ und das Reichsbürgergesetz.

a. „Gesetz zum Schutze des deutschen Blutes und der deutschen Ehre“

Das „Gesetz zum Schutze des deutschen Blutes und der deutschen Ehre“ enthielt insgesamt nur sieben Paragrafen. § 1 verbot Eheschließungen zwischen Juden und „Staatsangehörigen deutschen oder artverwandten Blutes“ und ordnete die Nichtigkeit von dennoch geschlossenen Ehen an (§ 1 Satz 2). Darüber hinaus untersagte § 2 den außerehelichen Geschlechtsverkehr zwischen Juden und „Staatsangehörigen deutschen oder artverwandten Blutes“. Bei einem Verstoß gegen eine der beiden Regelungen drohte § 5 Zuchthaus oder Gefängnis an.

b. Reichsbürgergesetz

Das Reichsbürgergesetz enthielt insgesamt nur drei Paragrafen. Es bestimmte in § 2 Absatz 1, dass nur „Staatsangehörige deutschen oder artverwandten Blutes“ Reichsbürger sein durften. Gemäß § 2 Absatz 3 standen nur Reichsbürgern die vollen gesetzlichen Rechte zu.

Auf der Ermächtigungsgrundlage für den Erlass von Verordnungen (§ 3 des Reichsbürgergesetzes) erließ der Reichsminister des Inneren insgesamt 13 Verordnungen zum Reichsbürgergesetz.

4. Novemberpogrome am 9. und 10. November 1938

Die Novemberprogrome am 9. und 10. November 1938 waren die nächste große Verfolgungsmaßnahme gegen Juden und zugleich der Beginn der Schoah. Als Anlass

---

97 Koop, Wer Jude ist, bestimme ich, S. 36.

98 Faupel, Gesetzliches Unrecht in der Zeit des Nationalsozialismus, S. 12 f.

99 Faupel, Gesetzliches Unrecht in der Zeit des Nationalsozialismus, S. 12 f.

zu den Novemberpogromen diente das Attentat des deutsch-polnischen Juden Herschel Grynszpan auf den deutschen Botschafter in Paris, Ernst Eduard vom Rath, am 7. November 1938. Nachdem vom Raths Tod am 9. November 1938 bekannt geworden war, wies Goebbels nach Rücksprache mit Hitler die Polizei an, nichts gegen den aufkommenden *„Volkszorn"* zu unternehmen.[100]

Um den *„Volkszorn"* zu entfachen, hielt Goebbels bei einer Gedenkfeier für den gescheiterten Hitlerputsch vom 8. und 9. November 1923 eine antisemitische Rede vor hochrangigen Partei- und Gauführern, welche unmittelbar nach der Versammlung die örtlichen Gauleiter verständigten, die wiederum die Anweisung im Sinne der NSDAP interpretierten und in Zivil gegen Juden vorgingen.[101] Die Literatur nimmt an, dass das Attentat auf vom Rath nur ein willkommener Anlass zu einer bereits seit Längerem geplanten Großmaßnahme gegen Juden im gesamten Reich war.[102] Das Ziel war es, die noch im Reich lebenden Juden endgültig zur Auswanderung zu bewegen.

Der Ablauf der Novemberpogrome war im gesamten Reich ähnlich. SA- und SS-Truppen, verstärkt durch Mitglieder der Hitlerjugend, stürmten in Zivil Synagogen, zerstörten und plünderten die Gegenstände und zündeten anschließend die Gotteshäuser an.[103] Die Feuerwehren waren gehalten, die Brände nicht zu löschen beziehungsweise erst dann mit dem Löschen zu beginnen, wenn die Gefahr bestand, dass das Feuer auf Nachbargebäude übergriff.[104]

Darüber hinaus drangen SA und SS gewaltsam in die Wohnungen und Häuser von Juden ein, zerstörten Möbel und misshandelten, inhaftierten und ermordeten die Bewohner.[105] Insgesamt kam es in der Pogromnacht zu 25.000 bis 30.000 „Schutzhaft"-Inhaftierungen.[106] Auch die Geschäfte, Praxen und Kanzleien jüdischer Inhaber verwüsteten die Nationalsozialisten und zündeten sie teilweise an – sofern sichergestellt war, dass „deutsches" Eigentum nicht zu Schaden kam.

5. Judenvermögensabgabe

Nach den Novemberprogromen erließen die Nationalsozialisten am 12. November 1938 die „Verordnung über eine Sühneleistung der Juden deutscher Staatsangehörigkeit". Die Verordnung enthielt nur zwei Paragraphen. Gemäß § 1 mussten Juden deutscher Staatsangehörigkeit in ihrer Gesamtheit als Sühneleistung eine Judenvermögensabgabe in Höhe von einer Milliarde Reichsmark leisten. § 2 der „Verordnung über eine Sühneleistung der Juden deutscher Staatsangehörigkeit" sah den Erlass

100 Longerich, Politik der Vernichtung, S. 198 ff.; Döscher, Reichskristallnacht, S. 11; Fröhlich, Die Tagebücher von Joseph Goebbels, Teil I, Band 6, S. 180.

101 Longerich, Politik der Vernichtung, S. 198 ff.; Fröhlich, Die Tagebücher von Joseph Goebbels, Teil I, Band 6, S. 180; Kropat, Reichskristallnacht, S. 81 ff.

102 Longerich, Politik der Vernichtung, S. 198 ff.; Kropat, Reichskristallnacht, S. 81 ff.

103 Longerich, Politik der Vernichtung, S. 202.

104 Longerich, Politik der Vernichtung, S. 202.

105 Longerich, Politik der Vernichtung, S. 203 f.

106 Longerich, Politik der Vernichtung, S. 206 f.

einer Durchführungsverordnung vor, was am 21. November 1938 mit der „Durchführungsverordnung über die Sühneleistung der Juden“ erfolgte. Gemäß § 3 Absatz 1 dieser Durchführungsverordnung war die Bemessungsgrundlage der Judenvermögensabgabe der Gesamtwert des Vermögens eines Juden deutscher Staatsangehörigkeit oder eines staatenlosen Juden (§ 1 Absatz 1 der „Durchführungsverordnung über die Sühneleistung der Juden“) nach dem Stand vom 12. November 1938 (§ 3 Absatz 2 der „Durchführungsverordnung über die Sühneleistung der Juden“). Diesen Stand des Vermögens hatte jeder Jude im Deutschen Reich zuvor aufgrund § 4 Satz 1 der „Verordnung über Anmeldung des Vermögens von Juden“ vom 26. April 1938 „bis zum 30. Juni 1938 gegenüber der für den Wohnsitz des Anmeldenden zuständigen höheren Verwaltungsbehörde“ anzugeben gehabt.[107] Eventuelle in der Zwischenzeit eingetretene Veränderungen an dem Vermögen des Abgabepflichtigen waren gemäß § 3 Absatz 2 der „Durchführungsverordnung über die Sühneleistung der Juden“ bei der Vermögensermittlung zu berücksichtigen.

Die Judenvermögensabgabe betrug gemäß § 4 Absatz 1 der soeben genannten Durchführungsverordnung 20 % des Vermögens, aufgeteilt auf vier Raten zu je 5 %. Die nur aus drei Absätzen bestehende „Zweite Durchführungsverordnung über die Sühneleistung der Juden“ vom 19. Oktober 1939 regelte die Erhöhung der Judenvermögensabgabe um eine weitere Rate von 5 % des Vermögens des Abgabepflichtigen auf insgesamt 25 % (1. und 2. Absatz[108] der „Zweiten Durchführungsverordnung über die Sühneleistung der Juden“), da das Ziel der Einnahme von einer Milliarde Reichsmark (siehe oben § 1 „Verordnung über eine Sühneleistung der Juden deutscher Staatsangehörigkeit“) anders nicht erreichbar erschien.[109] Die erste Rate war zum 15. Dezember 1938, die zweite am 15. Februar 1939, die dritte am 15. Mai 1939, die vierte am 15. August 1939 und die fünfte Rate am 15. November 1939 zur Zahlung fällig (§ 4 Absatz 1 „Durchführungsverordnung über die Sühneleistung der Juden“, 2. Absatz[110] der „Zweiten Durchführungsverordnung über die Sühneleistung der Juden“).

Zuständig für den Einzug der Judenvermögensabgabe war das Finanzamt, in dessen Bezirk der Abgabepflichtige seinen gewöhnlichen Aufenthalt hatte. Bei Juden, die im Deutschen Reich weder einen Wohnsitz noch ihren gewöhnlichen Aufenthalt hatten, war das Finanzamt Berlin Moabit-West zuständig (§ 6 der „Durchführungsverordnung über die Sühneleistung der Juden“).

---

107 Kuller, Bürokratie und Verbrechen, S. 153; Buchheim/ Basta, Steuerrecht und Finanzverwaltung als Instrumente der Judenverfolgung und -enteignung im Nationalsozialismus, DStR 2016, S. 708.

108 Die „Zweite Durchführungsverordnung über die Sühneleistung der Juden“ bestand nur aus drei Absätzen.

109 Kuller, Bürokratie und Verbrechen, S. 160; Buchheim/ Basta, Steuerrecht und Finanzverwaltung als Instrumente der Judenverfolgung und -enteignung im Nationalsozialismus, DStR 2016, S. 708.

110 Die „Zweite Durchführungsverordnung über die Sühneleistung der Juden“ bestand nur aus drei Absätzen.

6. „Dritte Anordnung auf Grund der Verordnung über die Anmeldung des Vermögens von Juden“

Am 21. Februar 1939 trat die „Dritte Anordnung auf Grund der Verordnung über die Anmeldung des Vermögens von Juden“ in Kraft. Gemäß § 1 Absatz 1 dieser Anordnung mussten alle Juden innerhalb von 14 Tagen nach Inkrafttreten der Anordnung, das heißt bis zum 7. März 1939, alle in *„ihrem Eigentum befindlichen Gegenstände aus Gold, Platin oder Silber sowie Edelsteine und Perlen“* bei einer von dem Deutschen Reich eingerichteten Ankaufstelle abliefern.

VI. Auswirkungen der „Machtergreifung“ durch die Nationalsozialisten auf die freie Rechtsanwaltschaft und besondere Verfolgungsmaßnahmen gegen jüdische Rechtsanwälte

Eine freie Rechtsanwaltschaft stimmte nicht mit den Vorstellungen der NSDAP von einem totalitären Staat überein. Die Nationalsozialisten waren nicht an einer weisungsfreien Rechtsanwaltschaft interessiert, die gegebenenfalls dem Aufbau einer Diktatur im Wege stehen könnte. Vielmehr sollten die Rechtsanwälte ein Organ der nationalsozialistischen Rechtspflege sein, dem ähnlich wie einem Beamten Treuepflichten gegenüber dem Staat obliegen sollten.[111] Die Rechtsanwälte sollten als Kooperationspartner der Richter die Mandanten nicht am effektivsten beraten, sondern zur Kooperation mit dem Gericht anhalten.[112]

Die Propaganda der Nationalsozialisten richtete sich rasch gegen die freie Rechtsanwaltschaft. Insbesondere die Tatsache, dass die Rechtsanwälte keine Besoldung vom Staat erhielten, sondern Gebühren von ihren Mandanten erhoben, werteten die Nationalsozialisten als Geldgier gegenüber dem Volk.[113]

1. „Gesetz über die Zulassung zur Rechtsanwaltschaft“

Am 7. April 1933 erließen der Reichskanzler Hitler und der Reichsminister der Justiz, Franz Gürtner, das „Gesetz über die Zulassung zur Rechtsanwaltschaft“ (Rechtsanwaltszulassungsgesetz), das am 10. April 1933 in Kraft trat. Das Gesetz war auf die Verdrängung jüdischer und kommunistischer Rechtsanwälte aus dem Berufsstand gerichtet.

a. § 1 Absatz 1 des Rechtsanwaltszulassungsgesetzes als Kannvorschrift

Gemäß § 1 Absatz 1 des Rechtsanwaltszulassungsgesetzes konnte das jeweils zuständige Staatsministerium der Justiz die Zulassungen von Rechtsanwälten, die „nicht arischer Abstammung“ waren, bis zum 30. September 1933 entziehen. § 1 Absatz 1 des Rechtsanwaltszulassungsgesetzes war eine Kannvorschrift, anders als zum Beispiel Artikel 1 Absatz 1 der „Verordnung über die Zulassung von Ärzten zur Tätigkeit bei den Krankenkassen“ (*„Die Tätigkeit von Kassenärzten nicht arischer Abstammung […] wird beendet.“*) und § 3 Absatz 1 des „Gesetzes zur Wiederherstellung des Berufsbeamtentums“ (*„Beamte, die nicht arischer Abstammung sind, sind in den Ruhestand (§§ 8 ff.) zu versetzen; soweit es sich um Ehrenbeamte handelt, sind sie aus dem Amtsverhältnis zu entlassen.“*).

b. „Arische Abstammung“ und Ausnahmetatbestände

§ 1 des Rechtsanwaltszulassungsgesetzes in Verbindung mit § 3 Absatz 1 und § 17 des „Gesetzes zur Wiederherstellung des Berufsbeamtentums“ sowie § 3 Absatz 1

---

111 Mayen, Freiheit der Advokatur im Spiegel des Verfassungsrechts, S. 407.
112 Reifner, Die Zerstörung der freien Advokatur im Nationalsozialismus, S. 384.
113 Reifner, Die Zerstörung der freien Advokatur im Nationalsozialismus, S. 383 f.

der „Ersten Verordnung zum Gesetz zur Wiederherstellung des Berufsbeamtentums“ definierte den Begriff der „arischen Abstammung“ wie folgt negativ: *„Als nicht arisch gilt, wer von nicht arischen, insbesondere jüdischen Eltern oder Großeltern abstammt. Es genügt, wenn ein Elternteil oder ein Großelternteil nicht arisch ist. Dies ist insbesondere dann anzunehmen, wenn ein Elternteil oder ein Großelternteil der jüdischen Religion angehört hat.“* Ausnahmen von dieser Regelung bestanden gemäß § 1 Absatz 2 des Rechtsanwaltszulassungsgesetzes für sogenannte Altanwälte oder für Frontkämpfer. Altanwälte waren Rechtsanwälte, die ihre Rechtsanwaltszulassung bereits vor dem 1. August 1914 erhalten hatten (§ 1 Absatz 2 Alternative 1 des Rechtsanwaltszulassungsgesetzes). Das Frontkämpferprivileg galt demgegenüber für Rechtsanwälte, die im Ersten Weltkrieg für das Deutsche Reich an der Front gekämpft hatten, oder für Rechtsanwälte, die einen Sohn oder ihren Vater an der Front verloren hatten (§ 1 Absatz 2 Alternative 2 des Rechtsanwaltszulassungsgesetzes).

Die Ausnahmetatbestände galten nur für die Beurteilung der Frage des Entzugs bestehender Rechtsanwaltszulassungen, jedoch nicht für Neuanträge auf Rechtsanwaltszulassung (§ 2 Satz 2 des Rechtsanwaltszulassungsgesetzes). Die Neubeantragung der Zulassung zur Rechtsanwaltschaft konnten die Nationalsozialisten mithin vom 10. April 1933 an bei Bewerbern ablehnen, die „nicht arischer Abstammung“ waren, auch wenn kein Ablehnungsgrund nach der Rechtsanwaltsordnung vorlag und auch wenn der Bewerber Frontkämpfer im Ersten Weltkrieg war.

c. Entzug der Rechtsanwaltszulassung kommunistisch tätiger Rechtsanwälte

§ 3 des Rechtsanwaltszulassungsgesetzes regelte die Entziehung der Zulassung von Rechtsanwälten, die sich kommunistisch betätigt hatten. § 3 des Rechtsanwaltszulassungsgesetzes war eine Istvorschrift. Für kommunistische Rechtsanwälte galt weder die Ausnahmeregelung für Altanwälte noch das Frontkämpferprivileg. Es zeigt sich eine Differenzierung zwischen Kommunisten und „Nichtariern“ innerhalb der Ideologie der Nationalsozialisten. Der Hauptgrund für die Unterscheidung ist auf den Reichspräsidenten Hindenburg zurückzuführen, der die Einführung des Frontkämpferprivilegs für „Nichtarier“ im „Gesetz zur Wiederherstellung des Berufsbeamtentums“ gefordert hatte.[114]

2. „Gesetz zur Verhütung von Missbräuchen auf dem Gebiet der Rechtsberatung“

Am 13. Dezember 1935 erließen die Nationalsozialisten das „Gesetz zur Verhütung von Missbräuchen auf dem Gebiet der Rechtsberatung“ (Rechtsberatungsgesetz). Das Gesetz untersagte Personen, die keine ausdrückliche Erlaubnis hatten, die haupt- oder nebenberufliche gewerbsmäßige Besorgung fremder Rechtsangelegenheiten – inklusive der allgemeinen Rechtsberatung (§ 1 Absatz 1 des Rechtsbera-

[114] Longerich, Politik der Vernichtung, S. 42; Koop, Wer Jude ist bestimme ich, S. 35.

tungsgesetzes). Eine solche Erlaubnis war nur bei persönlicher und sachlicher Eignung des Antragstellers zu erteilen (§ 1 Absatz 2 des Rechtsberatungsgesetzes). Der Hintergrund dieser Regelung war, dass aufgrund der „Gewerbeordnung für den Norddeutschen Bund 1869" bisher jedermann zur Rechtsberatung berechtigt war.[115] Die nicht anwaltliche Tätigkeit als Rechtskonsulent unterlag somit keinen gesetzlichen Beschränkungen, sondern der Gewerbefreiheit. Dies bedeutete, dass Rechtskonsulenten bis zum Erlass des Rechtsberatungsgesetzes bei der allgemeinen Rechtsberatung in unmittelbare Konkurrenz zu Rechtsanwälten treten konnten – die gemäß § 3 Ziffer 2 des Rechtsberatungsgesetzes von der ausdrücklichen Erlaubniserteilung ausgenommen waren.

Vordergründig bewahrte das Rechtsberatungsgesetz mithin zum einen die Mandanten vor unqualifiziertem Rechtsrat und stärkte zum anderen die Rechtsanwaltschaft, weil es die Rechtsanwälte vor Konkurrenten schützte, die nicht die erforderliche Ausbildung absolviert hatten.[116]

Ein weiteres Ziel des Gesetzes war, dass ehemalige jüdische Rechtsanwälte, Richter und Beamten, die man aus ihren Berufen verdrängt hatte, auch nicht mehr als Rechtsberater tätig sein durften.[117] Dies machte § 5 der Verordnung zum Rechtsberatungsgesetz deutlich, der ausdrücklich regelte, dass Juden die Erlaubnis gemäß § 1 Absatz 1 des Rechtsberatungsgesetzes nicht zu erteilen war.

Das Rechtsberatungsgesetz galt nach dem „Dritten Reich" – ohne seine antijüdischen Regelungen – fort, das Bundesverfassungsgericht bestätigte es mehrmals[118], und es blieb – von 1964 an unter der Überschrift „Rechtsberatungsgesetz" – bis zum 30. Juni 2008 gültig. Seither regelt das „Rechtsdienstleistungsgesetz", welches zum 1. Juli 2008 in Kraft trat, die Befugnis der Erbringung von außergerichtlichen Rechtsdienstleistungen in der Bundesrepublik Deutschland (§ 1 Satz 1 „Rechtsdienstleistungsgesetz").

3. Reichsrechtsanwaltsordnung von 1936

Die Reichsrechtsanwaltsordnung von 1936 (RRAO 1936) erließen die Nationalsozialisten am 25. Februar 1936 auf der Grundlage von Artikel VII des „Zweiten Gesetzes zur Änderung der Rechtsanwaltsordnung". Die Bekanntmachung der RRAO 1936 begann mit den folgenden Worten des Reichsministers der Justiz Gürtner: *„Die Rechtsanwaltschaft so zu erhalten, daß sie ihre hohe Aufgabe erfüllen kann, erachtet die Reichsregierung für ihre erste Pflicht. Sie sieht in dem jedes Bedürfnis übersteigenden Zustrom zur Anwaltschaft eine schwere Gefahr für den Berufstand und darüber hinaus für die gesamte Rechtspflege."*[119]

---

[115] Kleine-Cosack, Rechtsberatungsgesetz, S. 38, II B RN. 3.

[116] Kleine-Cosack, Rechtsberatungsgesetz, S. 42, II B RN. 11, S. 45 f., II B RN. 18.

[117] Kleine-Cosack, Rechtsberatungsgesetz, S. 38, II B RN. 2.

[118] BVerfG, Beschluss vom 20.10.2004, 1 BvR 1356/02, Rn. 7 mit weiteren Nachweisen.

[119] Bekanntmachung der neuen Fassung der Rechtsanwaltsordnung vom 21. Februar 1936, RGBl. 1936 I, S. 107.

Die Folge der RRAO 1936 war, dass kein Anspruch auf Zulassung zur Rechtsanwaltschaft mehr bestand, sondern dass der Reichsminister der Justiz im Einvernehmen mit dem Reichsführer des BNSDJ nach einer entsprechenden Bedürfniskontrolle die Entscheidung über einen Antrag auf Zulassung zur Rechtsanwaltschaft traf (§§ 15, 16 RRAO 1936).

Darüber hinaus erhielt die BRAO 1936 das Selbstverwaltungsrecht der Rechtsanwaltskammern zwar aufrecht; jedoch stand die Aufsicht über die Kammern nunmehr dem Reichsminister der Justiz zu (§ 46 Absatz 3 RRAO 1936).

Auch die Präsidenten der Reichsrechtsanwaltskammer und der in den jeweiligen Oberlandesgerichtsbezirken angesiedelten Rechtsanwaltskammern (§§ 50, 55 Absatz 1 RRAO 1936) sowie das Präsidium der Reichsrechtsanwaltskammer (§ 51 RRAO 1936) wählten nicht mehr die Kammermitglieder, sondern der Reichsminister der Justiz berief sie im Einvernehmen mit dem Reichsführer des BNSDJ.

Schließlich sah § 19 RRAO 1936 eine abgewandelte Eidesformel bei der Zulassung zur Rechtsanwaltschaft vor. Auch die Rechtsanwälte mussten nunmehr Hitler Treue schwören.

4. Entzug aller Rechtsanwaltszulassungen jüdischer Rechtsanwälte aufgrund der Fünften Verordnung zum Reichsbürgergesetz

Die am 27. September 1938 erlassene Fünfte Verordnung zum Reichsbürgergesetz bedeutete für Juden das endgültige Ende einer Berufsausübung als Rechtsanwalt. Die bis zu dieser Zeit aufgrund der Ausnahmeregelungen für Frontkämpfer oder Altanwälte (§ 1 Absatz 2 des Rechtsanwaltszulassungsgesetzes) noch tätigen jüdischen Rechtsanwälte verloren gemäß § 1 Buchstabe a) der Fünften Verordnung zum Reichsbürgergesetz bis zum 30. November 1938 die Rechtsanwaltszulassungen. Juden waren somit ohne Ausnahmen nicht mehr zur Besorgung fremder Rechtsangelegenheiten für deutsche Reichsbürger berechtigt. Ausdrücklich nahm § 4 der Fünften Verordnung zum Reichsbürgergesetz Bezug auf das Rechtsberatungsgesetz[120] und wies darauf hin, dass den aus der Rechtsanwaltschaft ausscheidenden Juden keine Besorgung fremder Rechtsangelegenheiten mehr zustehe.

Trotz der oben genannten Regelungen waren auch nach dem 30. November 1938 noch Juden als Rechtsberater tätig. Die Beratung beschränkte sich jedoch auf andere Juden. Dadurch sollte kein Rechtsanwalt, der „deutscher Reichsbürger“ war, Juden vertreten müssen. Gemäß § 8 der Fünften Verordnung zum Reichsbürgergesetz stand die rechtliche Beratung und Vertretung von Juden jüdischen Konsulenten zu. Eine Zulassung als Konsulent war gemäß § 9 Absatz 1 der Fünften Verordnung zum Reichsbürgergesetz nur zu erteilen, wenn ein entsprechendes Bedürfnis bestehe. Ausdrücklich sah § 9 Absatz 3 vor, dass die jüdischen Konsulenten bevorzugt der Gruppe der nach § 1 aus dem Beruf des Rechtsanwalts ausscheidenden Juden kommen sollten.

---

[120] Siehe oben B. VI. 2.

Die jüdischen Konsulenten mussten für ihre Tätigkeit Gebühren erheben, von denen sie gemäß § 14 Absatz 1 der Fünften Verordnung zum Reichsbürgergesetz Abgaben an die Reichsrechtsanwaltskammer abzuführen hatten. Außer Reisekosten stand den jüdischen Konsulenten nur ein geringer Anteil an den erhobenen Gebühren selbst zu (§ 14 Absatz 2 der Fünften Verordnung zum Reichsbürgergesetz).

VII. Entschädigungs- und Rückerstattungsrecht

Bald nach dem Ende des Zweiten Weltkrieges infolge der bedingungslosen Kapitulation des Deutschen Reichs am 8. Mai 1945 setzte eine Diskussion über die Entschädigungen für die Opfer des Nationalsozialismus ein.

1. Militärregierungsgesetz Nr. 59

Die unterschiedlichen Interessenlagen der Siegermächte spielten bei den Entschädigungs- und Rückerstattungsrecht eine große Rolle. Die Amerikaner befassten sich früh mit der Entschädigungsgesetzgebung, sodass in der amerikanischen Zone und somit auch in Bayerisch-Schwaben das Militärregierungsgesetz Nr. 59 zur „Rückerstattung feststellbarer Vermögensgegenstände an Opfer der nationalsozialistischen Unterdrückungsmaßnahmen" (MRG 59) gemäß seinem Artikel 59 bereits am 10. November 1947 in Kraft trat.

Gemäß Artikel 1 MRG 59 war der Gesetzeszweck die *„Rückerstattung feststellbarer Vermögensgegenstände an, in dem Zeitraum vom 30. Januar 1933 bis zum 8. Mai 1945, aus Gründen der Rasse, Religion, Nationalität, Weltanschauung oder politischer Gegnerschaft"* Verfolgte.

2. „Gesetz zur Wiedergutmachung nationalsozialistischen Unrechts"

Das am 26. April 1949 vom Länderrat des amerikanischen Besatzungsgebiets erlassene „Gesetz zur Wiedergutmachung nationalsozialistischen Unrechts" (Entschädigungsgesetz – USEG) galt ebenfalls nur in der amerikanischen Besatzungszone und sah erstmals auch Ansprüche auf Entschädigung für Personen- und Vermögensschäden vor, die keine Rückerstattungsansprüche nach dem MRG 59 begründeten. Daher bezeichnet es die Literatur zu Recht als *„Schrittmacher der Entschädigungsgesetzgebung"*.[121] In Bayern trat das am 12. August 1949 verkündete USEG gemäß § 53 Absatz 1 rückwirkend zum 1. April 1949 in Kraft.

3. Bundesergänzungsgesetz zur Entschädigung für Opfer der nationalsozialistischen Verfolgung

Erst am 18. September 1953 schuf der Gesetzgeber mit dem „Bundesergänzungsgesetz zur Entschädigung für Opfer der nationalsozialistischen Verfolgung" eine einheitliche, in der gesamten Bundesrepublik Deutschland geltende Entschädigungsregelung.[122] Das Bundesergänzungsgesetz trat gemäß seinem § 113 am 1. Oktober 1953 in Kraft.

Das Bundesergänzungsgesetz übernahm die Regelungen des USEG als

---

121 Winstel, Verhandelte Gerechtigkeit, S. 43; Bundesministerium der Finanzen, Entschädigung NS-Unrecht, S. 6.

122 Lehmann-Richter, Auf der Suche nach den Grenzen der Wiedergutmachung, S. 35 f.

Bundesgesetz und ergänzte es sowohl räumlich *„auf den Geltungsbereich des Grundgesetzes“* (Artikel I Bundesergänzungsgesetz) als auch inhaltlich.[123]

4. Bundesgesetz zur Entschädigung für Opfer der nationalsozialistischen Verfolgung[124]

Am 29. Juni 1956 erließ der Gesetzgeber das Bundesgesetz zur Entschädigung für Opfer der nationalsozialistischen Verfolgung (Bundesentschädigungsgesetz, BEG), welches rückwirkend zum 1. Oktober 1953 (§ 241 BEG) in Kraft trat und das Bundesergänzungsgesetz vollständig ersetzte. Das BEG übernahm viele Vorschriften des USEG und des Bundesergänzungsgesetzes, wobei es zu Gunsten der Verfolgten über die Regelungen des Bundesergänzungsgesetzes und des USEG hinausging.[125] Insbesondere die Definition des Begriffs des Verfolgten, sowie die Systematik der einzelnen Entschädigungsansprüche war stark an das USEG und das Bundesergänzungsgesetz angelehnt.

a. Definition des Verfolgten

§ 1 BEG definierte den Begriff des Verfolgten wie folgt:

> *„Opfer der nationalsozialistischen Verfolgung ist, wer aus Gründen politischer Gegnerschaft gegen den Nationalsozialismus oder aus Gründen der Rasse, des Glaubens oder der Weltanschauung durch nationalsozialistische Gewaltmaßnahmen verfolgt worden ist und hierdurch Schaden an Leben, Körper, Gesundheit, Freiheit, Eigentum, Vermögen, in seinem beruflichen oder in seinem wirtschaftlichen Fortkommen erlitten hat (Verfolgter).“*

b. Entschädigungstatbestände

Das BEG sah einen Ersatz der folgenden Schäden vor:

- Schaden am Leben (§§ 15 bis 27 BEG)
- Schaden an Körper und Gesundheit (§§ 28 bis 42 BEG)
- Schaden an Freiheit (§§ 43 bis 50 BEG)
- Schaden an Eigentum (§§ 51 bis 55 BEG)
- Schaden am Vermögen (§§ 56 bis 58 BEG)
- Schaden durch die Zahlung von Sonderabgaben, Geldstrafen, Bußen und Kosten (§§ 59 bis 63 BEG)
- Schaden im beruflichen Fortkommen (allgemein, §§ 64 und 65 BEG)
- Schaden im wirtschaftlichen Fortkommen (§§ 127 bis 139)

---

123 Lehmann-Richter, Auf der Suche nach den Grenzen der Wiedergutmachung, S. 35 f; Bundesministerium der Finanzen, Entschädigung NS-Unrecht, S. 8.

124 In der Praxis bezeichnete man sowohl das USEG und das Bundesergänzungsgesetz als auch das Bundesentschädigungsgesetz als „BEG“. In der vorliegenden Arbeit wird zur Vermeidung von Missverständnissen ausschließlich das Bundesentschädigungsgesetz als „BEG“ bezeichnet.

125 Bundesministerium der Finanzen, Entschädigung NS-Unrecht, S. 8.

5. Bundesrückerstattungsgesetz

Am 19. Juli 1957 trat das „Bundesgesetz zur Regelung der rückerstattungsrechtlichen Geldverbindlichkeiten des Deutschen Reichs und gleichgestellter Rechtsträger“ (Bundesrückerstattungsgesetz, BRüG) gemäß § 48 am Tag seiner Verkündung (am 19. Juli 1957) in Kraft. Anders als das BEG regelte das Bundesrückerstattungsgesetz keine Entschädigungsansprüche, sondern Rückerstattungsansprüche.[126]

§ 2 Bundesrückerstattungsgesetz definierte Rückerstattungsansprüche wie folgt:

„Rückerstattungsrechtliche Ansprüche im Sinne dieses Gesetzes sind Ansprüche, die nach den Rechtsvorschriften zur Rückerstattung feststellbarer Vermögensgegenstände (§ 11 Ziffer 1) oder nach den Vorschriften dieses Gesetzes Rückerstattungsberechtigten oder deren Rechtsnachfolgern zustehen und auf einen Geldbetrag oder auf Schadensersatz gerichtet sind.“

§ 11 Ziffer 1 Bundesrückerstattungsgesetz verwies hinsichtlich des Begriffs Rechtsvorschriften zur Rückerstattung feststellbarer Vermögensgegenstände auf das MRG Nr. 59 (§ 11 Absatz 1 Buchstabe a)) sowie auf die entsprechenden Regelungen in dem Britischen und Französischen Kontrollgebiet. Darüber hinaus war nach der Definition des § 2 Bundesrückerstattungsgesetz nach dem Bundesrückerstattungsgesetz auch Schadensersatzansprüche möglich, sofern eine Rückerstattung in natura nicht (mehr) möglich war.

6. „BEG-Schlußgesetz“

Gemäß § 189 BEG musste ein Antragsteller seine Entschädigungsanträge spätestens bis zum 1. April 1958 bei der zuständigen Entschädigungsbehörde eingereicht haben; spätere Anträge waren verfristet. Das „Zweite Gesetz zur Änderung des BEG“ („BEG-Schlußgesetz“) vom 18. September 1965 fügte § 189a BEG in das BEG ein. Diese Norm verlängerte – sofern ein Antragsteller seinen Antrag nach § 189 BEG wirksam gestellt hatte – für Ansprüche, die er ursprünglich nicht mitangemeldet hatte, die soeben genannte Ausschlussfrist bis zum 31. Dezember 1965. Jedoch musste der Antragsteller – wie dargestellt – überhaupt einen wirksamen und fristgerechten Antrag gestellt haben.

§ 189 a BEG verhinderte, dass Verfolgte vor dem Ablauf der Frist in § 189 BEG sämtliche möglichen Schadensansprüche nach dem BEG, auch wenn diese im Einzelfall offensichtlich unbegründet waren, vorsorglich stellten, um sie nicht verfristen zu lassen. Das Zweite Gesetz zur Änderung des BEG nannte der Gesetzgeber gemäß § 189a BEG „BEG-Schlußgesetz“, um dessen abschließenden Charakter zu betonen.[127]

---

[126] Bundesministerium der Finanzen, Entschädigung NS-Unrecht, S. 6.
[127] Bundesministerium der Finanzen, Entschädigung NS-Unrecht, S. 6.

7. Auf der Grundlage des USEG, Bundesergänzungsgesetzes, BEG und Bundesrückerstattungsgesetzes geleistete Entschädigungszahlungen

Bis Ende 2017 leisteten die Bundesrepublik Deutschland und die Bundesländer auf der Grundlage des USEG, des Bundesergänzungsgesetzes und des BEG insgesamt Entschädigungszahlungen in Höhe von 48,15 Milliarden Euro an Verfolgte und deren Erben. Von diesem Betrag leistete die öffentliche Hand 2017 noch 191 Millionen Euro.[128] Weitere 2,02 Milliarden Euro zahlte sie bis Ende 2016 auf der Grundlage des Bundesrückerstattungsgesetzes an Geschädigte aus (2017 erbrachte sie keine Leistungen mehr).[129]

128 Bundesministerium der Finanzen, Entschädigung NS-Unrecht, Anlage 1.
129 Bundesministerium der Finanzen, Entschädigung NS-Unrecht, Anlage 1.

C. Einzeldarstellungen über jüdische Rechtsanwälte in Bayerisch-Schwaben in der Zeit des Nationalsozialismus

Insgesamt gab es 16 Juden, die in der Zeit des Nationalsozialismus an einem Gericht in Bayerisch-Schwaben als Rechtsanwalt zugelassen waren. Die Einzelschicksale dieser 16 Rechtsanwälte stellt der Verfasser in diesem Teil der Arbeit in alphabetischer Reihenfolge ihrer Nachnamen dar. Bei der Darstellung der Rechtsanwälte hat er einen chronologischen Aufbau gewählt.

I. Dr. iur. und rer. pol. Siegfried Adler (31. Januar 1897 bis 19. Dezember 1956)

1. Leben vor der Verfolgung

Dr. Siegfried Adler war am 31. Januar 1897 im unterfränkischen Haßfurt als Sohn eines Kaufmannes geboren.[1]

a. Studium und Fronteinsatz während des Ersten Weltkrieges

Sein Studium der Rechtswissenschaften absolvierte Adler in München und Würzburg.[2] Er musste es wegen seines Kriegsdiensts für das Deutsche Reich im Ersten Weltkrieg unterbrechen.[3] In den Jahren 1916 bis 1918 kämpfte Adler an der Front, wofür er das Eiserne Kreuz II. Klasse, das bayerische Militärverdienstkreuz III. Klasse mit Krone und Schwertern sowie das Ehrenkreuz des Weltkrieges erhielt.[4]

Für die durch die Kriegsteilnahme verlorene Studienzeit bekam Adler durch Anrechnung eines Kriegsnotsemesters (1919) nur teilweise einen Ausgleich, sodass er einen Antrag auf Verkürzung des Vorbereitungsdiensts als Referendar beim Bayerischen Staatsministerium der Justiz stellte.[5] Dem Antrag, den der Präsident des Landgerichts Augsburg unterstützte, gab das Bayerische Staatsministerium der Justiz statt und verkürzte Adlers Vorbereitungsdienst um ein halbes Jahr.[6] Adler schloss

---

1 Stadtarchiv Augsburg, MK 2, Siegfried Adler; BayHStA, MJU 20265, Siegfried Adler Erhebungsbogen, undatiert.

2 BayHStA, MJU 20265, Siegfried Adler, Erhebungsbogen, undatiert.

3 BayHStA, MJU 20265, Siegfried Adler, Erhebungsbogen, undatiert; Römer, An meine Gemeinde in der Zerstreuung, S. 175; Weber, Schicksal jüdischer Rechtsanwälte in Bayern nach 1933, S. 220.

4 BayHStA, MJU 20265, Siegfried Adler, Erhebungsbogen, undatiert; Römer, An meine Gemeinde in der Zerstreuung, S. 175; Weber, Schicksal jüdischer Rechtsanwälte in Bayern nach 1933, S. 220.

5 BayHStA, MJU 20265, Präsident des LG München I, Schreiben an den Präsidenten des OLG München vom 16.6.1921; BayHStA, MJU 20265, Staatsministerium der Justiz, Bescheid vom 9.6.1921.

6 BayHStA, MJU 20265, Präsident des LG München I, Schreiben an den Präsidenten des OLG München vom 16.6.1921; BayHStA, MJU 20265, Staatsministerium der Justiz, Bescheid vom 9.6.1921.

den Vorbereitungsdienst 1920 ab und promovierte in demselben Jahr zum Doktor der Rechts- und Staatswissenschaften.[7]

Abbildung 1: Bild von Dr. Siegfried Adler[8]

b. Rechtsanwaltszulassung und beruflicher Werdegang

Nach dem Vorbereitungsdienst und dem Bestehen des Assessorexamen ließ das Bayerische Staatsministerium Adler im September 1923 als Rechtsanwalt beim Landgericht Augsburg zu und nahm ihn im Dezember 1923 in die Liste der bei dem Landgericht Augsburg zugelassenen Rechtsanwälten auf.[9] Darauf folgten 1929 die gleichzeitige Rechtsanwaltszulassung (Simultanzulassung) beim Oberlandesgericht Augsburg und nach der Auflösung des Oberlandesgerichtsbezirks Augsburg mit Wirkung zum 1. April 1932 die Rechtsanwaltszulassung beim Oberlandesgericht München.[10]

---

7 BayHStA, MJU 20265, Siegfried Adler, Erhebungsbogen, undatiert.

8 Jüdisches Kulturmuseum, Ordner Jüdische Rechtsanwälte.

9 BayHStA, MJU 20265, Erhebungsbogen, undatiert; BayHStA, MJU 20265, Staatsministerium der Justiz, Bescheid vom 21.12.1923.

10 BayHStA, MJU 20265, Staatsministerium der Justiz, Bescheid vom 19.6.1929; BayHStA, MJU 20265, Präsident des OLG Augsburg, Mitteilung an das Staatsministerium der Justiz vom 22.6.1929.

Adler, den der in dieser Arbeit noch darzustellende Dr. Ludwig Mayer[11] als besonders gut aussehenden Mann beschrieb, der stets *„etepetete"*[12] gewesen und vor Gericht nicht immer kollegial aufgetreten sei, betrieb als Juniorpartner gemeinsam mit dem in dieser Arbeit ebenfalls noch darzustellenden Rechtsanwalt Dr. Eugen Strauß[13] eine Kanzlei.[14] Die Kanzlei Strauß-Adler vertrat vor allem Wirtschaftsunternehmen in wirtschaftlichen und steuerrechtlichen Angelegenheiten und war in Augsburg äußerst angesehen und erfolgreich.[15] Darüber hinaus war Adler Vorstands- und Aufsichtsratsmitglied vieler Unternehmen (zum Beispiel die der Familie Ludwig Friedmann[16] gehörende Vereinigte Wäschefabriken AG), wo er gesellschaftliche Kontakte knüpfen und vor allem neue Mandanten akquirieren konnte.[17]

c. Privatleben

Siegfried Adler war mit Margaret Adler, geboren am 8. August 1902 in Charlottenburg, verheiratet.[18] Die Eheleute Adler wohnten in Augsburg in der Beethovenstraße 6.[19] Die Ehe blieb kinderlos.

---

11 Siehe unten, C. VIII.

12 Jüdisches Kulturmuseum Augsburg, Ordner „Jüdische Rechtsanwälte", Auskünfte Ludwig Mayer an Gernot Römer, 1993, S. 2.

13 Siehe unten, C. XV.

14 Jüdisches Kulturmuseum Augsburg, Ordner „Jüdische Rechtsanwälte", Auskünfte Ludwig Mayer an Gernot Römer, 1993, S. 2; LAfF, EG 73052, Siegfried Adler, Anlage zu Adlers Antrag (Formblatt E) an das Bayerische Landesamt für Wiedergutmachung vom 8.3.1950, S. 1.

15 LAfF, EG 73052, Siegfried Adler, Anlage zu Adlers Antrag (Formblatt E) an das Bayerische Landesamt für Wiedergutmachung vom 8.3.1950, S. 1; LAfF, EG 73052, Vorstand der Rechtsanwaltskammer OLG München, Schreiben an das Bayerische Landesentschädigungsamt vom 4.4.1956, S. 1.

16 Die Familie Ludwig Friedmann war eine angesehene Augsburger Unternehmerfamilie. Die Familie war Teilhaber des Textilunternehmen Friedmann & Dannenbaum, welches sich mit der Firma Lammfromm und Biedermann zu den Vereinigten Wäschefabriken AG zusammenschloss. Nach dem Zusammenschluss fertigte die Vereinigte Wäschefabrik AG in Augsburg jeden Tag mit über 100 Beschäftigten mehr als 1.000 Hemden. Die Familie Friedmann musste 1938 die Anteile an der Vereinigten Wäschefabrik AG für einen geringen Preis veräußern. Einen Tag vor der drohenden Deportation aus Augsburg nahm sich das Ehepaar Ludwig und Selma Friedmann das Leben (Kießling, Rolf, Jüdische Geschichte in Bayern, S. 542).

17 LAfF, EG 73052, Siegfried Adler, Anlage zu Adlers Antrag (Formblatt E) an das Bayerische Landesamt für Wiedergutmachung vom 8.3.1950, S. 1.

18 Stadtarchiv Augsburg, MK 2, Siegfried Adler.

19 Stadtarchiv Augsburg, MK 2, Siegfried Adler.

2. Leben während der Verfolgung

a. Kein Entzug der Rechtsanwaltszulassung 1933 aufgrund von § 1 Absatz 2 Alternative 2 des Rechtsanwaltszulassungsgesetzes

Adler erfüllte, da er im Ersten Weltkrieg für das Deutsche Reich gekämpft hatte, das Frontkämpferprivileg des § 1 Absatz 2 Alternative 2 des Rechtsanwaltszulassungsgesetzes[20]. Das Altanwaltprivileg des § 1 Absatz 2 Alternative 1 des Rechtsanwaltszulassungsgesetzes erfüllte er nicht, weil er vor dem 1. August 1914 noch keine Rechtsanwaltszulassung hatte, sondern erst neun Jahre später seine Zulassung erhielt.

b. Auswanderung in die Vereinigten Staaten

aa. Auswanderung am 4. Mai 1936 und Rückgabe der Rechtsanwaltszulassung

Adler wanderte zusammen mit seiner Ehefrau am 4. Mai 1936 über Hamburg per Schiff nach New York und anschließend per Überlandfahrt nach San Francisco (Kalifornien) aus.[21] Kurz vor der Auswanderung war Adler alleine nach San Francisco gereist, um die Auswanderung des Ehepaars vorzubereiten.[22] Das Mobiliar ließ sich Adler in die Vereinigten Staaten per Liftvan[23] schicken.[24] Seine Rechtsanwaltszulassung gab er wenige Tage vor der Auswanderung dem äußeren Anschein nach freiwillig zurück.[25]

Adlers Entscheidung, nach San Francisco auszuwandern, hing offenbar mit seinem Onkel zusammen, der zuvor ebenfalls dorthin emigrierte und Adler zu einer Anstellung bei der Anglo-California National Bank verholfen hatte.[26]

---

20 Siehe oben B. VI. 1. a. b.

21 Stadtarchiv Augsburg, MK 2, Siegfried Adler; LAfF, EG 73052, Max Pagener, Schreiben an das Bayerische Landesentschädigungsamt vom 21.2.1955.

22 LAfF, EG 73052, Max Pagener, Schreiben an das Bayerische Landesentschädigungsamt vom 21.2.1955.

23 Ein Liftvan ist ein hölzerner Container, welcher bei Umzügen über weite Strecken und bei Überseefrachten als Transportbehältnis dient.

24 LAfF, EG 73052, Max Pagener, Schreiben an das Bayerische Landesentschädigungsamt vom 21.2.1955.

25 LAfF, EG 73052, Rechtsanwälte Strauß und Adler, Schreiben an den Präsidenten des OLG Augsburg vom 25.4.1936. (Das Datum ist auf dem Brief fälschlicherweise mit 25.4.1935 angegeben).

26 Jüdisches Kulturmuseum Augsburg, Ordner „Jüdische Rechtsanwälte", Auskünfte Ludwig Mayer an Gernot Römer, 1993, S. 2.

Am 15. Dezember 1940 haben die Nationalsozialisten Adler die deutsche Staatsangehörigkeit entzogen.[27] Adler erhielt später[28] die Staatsangehörigkeit der Vereinigten Staaten, welche er bis zu seinem Tod behielt.[29]

bb. Einkommen in der Emigration

Bei seiner neuen Tätigkeit in den Vereinigten Staaten verdiente Adler als Bankangestellter 1937 1.412,50 US-Dollar jährlich und somit 117,71 US-Dollar pro Monat.[30] Dieses Gehalt konnte Adler steigern, bis er 1945 etwa das Doppelte, nämlich 2.834,77 US-Dollar pro Jahr verdiente.[31] Bis 1954 stieg Adlers Jahreseinkommen auf insgesamt 5.084,37 US-Dollar.[32]

3. Tod

Adler litt seit Anfang 1955 an einem starken Herzleiden.[33] Er starb am 19. Dezember 1956 im Alter von 59 Jahren in San Francisco an einen Herzinfarkt.[34] Seine Frau Margaret verstarb am 30. Juni 1988 ebenfalls in San Francisco.[35]

4. Entschädigung

a. Schaden im beruflichen Fortkommen

aa. Einreichung des Antrags

Am 8. März 1950 stellte Adler, der als Jude Verfolgter im Sinne des § 1 Absatz 1 USEG war, gemäß §§ 21 - 34 USEG bei dem Bayerischen Landesentschädigungsamt

---

27 Stadtarchiv Augsburg, MK 2, Siegfried Adler.

28 Das Datum wann Adler die amerikanische Staatsangehörigkeit erlangte, ergibt sich aus den vorliegenden Akten nicht.

29 LAfF, EG 73052, Amtsgericht München, Nachlassgericht, Erbschein vom 26.11.1957; LAfF, EG 73052, Siegfried Adler, Antrag auf Grund des Gesetzes zur Wiedergutmachung nationalsozialistischen Unrechts vom 8.3.1950, S. 1.

30 LAfF, EG 73052, Siegfried Adler, Anlage zu Adlers Antrag (Formblatt E) an das Bayerische Landesamt für Wiedergutmachung vom 8.3.1950, S. 2; LAfF, EG 73052, Anglo-California National Bank, Schreiben an das Bayerische Landesentschädigungsamt vom 15.9.1953.

31 LAfF, EG 73052, Anglo-California National Bank, Schreiben an das Bayerische Landesentschädigungsamt vom 15.9.1953.

32 LAfF, EG 73052, Crocker-Anglo Bank, Schreiben an das Bayerische Landesentschädigungsamt vom 31.5.1956.

33 LAfF, EG 73052, Max Pagener, Schreiben an das Bayerische Landesentschädigungsamt vom 21.8.1956; LAfF, EG 73052, Alfred Kandel, Ärztliche Begutachtung vom 9.3.1961.

34 LAfF, EG 73052, Amtsgericht München, Nachlassgericht, Erbschein, vom 26.11.1957.

35 LAfF, EG 73052, State of California, Public health and local registrar, Certificate of Death vom 5. Juli 1988.

(vormals Bayerisches Landesamt für Wiedergutmachung)[36] einen Antrag auf Entschädigung für seinen durch die Verfolgung während des „Dritten Reichs" im beruflichen Fortkommen erlittenen Schaden.[37] Adler meldete seinen Schaden mit dem Formblatt E beim Bayerischen Landesentschädigungsamt an. Das Bayerische Landesentschädigungsamt stellte den Antragstellern für die Antragstellung der verschiedenen Schadensarten nach dem USEG oder später nach dem BEG unterschiedliche Formblätter zur Verfügung. Die Verwendung von Formularen erleichterte der Entschädigungsbehörde die Bearbeitung aufgrund einer einheitlichen, übersichtlichen Aufbereitung der einzutragenden Daten.

Adlers Entschädigungsantrag war auch nach dem (rückwirkenden) Inkrafttreten des BEG zum 1. Oktober 1953 wirksam. Ein Geschädigter musste gemäß § 231 Absatz 1 Satz 1 BEG keinen (neuen) Entschädigungsantrag auf Grundlage der Vorschriften des BEG stellen, sofern er seinen Schaden bereits nach bisher geltenden Vorschriften angemeldet hatte. Die Regelungen des USEG waren bis zum Inkrafttreten des BEG beziehungsweise des Bundesergänzungsgesetzes geltendes Recht in Bayern, so dass ein neuer Entschädigungsantrag entbehrlich war.

bb. Begründung des Antrags

Adler fügte dem Formblatt E eine Anlage mit einer gesonderten Begründung seines Antrages auf Entschädigung des Schadens im beruflichen Fortkommen bei. In der Begründung des Antrags legte Adler seine gute berufliche und gesellschaftliche Ausgangslage vor 1933 dar.[38] Insbesondere sei er seit 1926 Teilhaber der Kanzlei Strauß-Adler gewesen, in der er angesehene Augsburger Unternehmen wie zum Beispiel die

---

36 Die Bayerische Staatsregierung erließ am 3.11.1948 die Verordnung über die Organisation der Wiedergutmachung. Gemäß § 1 dieser Verordnung war mit sofortiger Wirkung das Bayerische Landesamt für Wiedergutmachung mit Sitz in München zu errichten. Gemäß § 1 Absatz 1 Satz 1 der Zweiten Verordnung über die Organisation der Wiedergutmachung vom 22.11.1949 führte das Bayerische Landesamt für Wiedergutmachung fortan den Namen Bayerisches Landesentschädigungsamt. Der Sitz der Behörde war weiterhin München (§ 1 Absatz 2 Satz 1 der Zweiten Verordnung über die Organisation der Wiedergutmachung vom 22.11.1949). Der Antrag von Adler, zeigt als Adressaten dennoch das Bayerische Landesamt für Wiedergutmachung.

37 LAfF, EG 73052, Siegfried Adler, Antrag (Formblatt E) an das Bayerische Landesamt für Wiedergutmachung vom 8.3.1950, S. 4.

38 LAfF, EG 73052, Siegfried Adler, Anlage zu Adlers Antrag (Formblatt E) an das Bayerische Landesamt für Wiedergutmachung vom 8.3.1950, S. 1.

„Aktienbrauerei zum Hasen“[39] in zivil- und steuerrechtlichen Angelegenheiten vertreten habe.[40] Unterlagen über seine Einkünfte unmittelbar vor der „Machtergreifung“ hatte Adler zwar nicht mehr; er schätzte diese Einkünfte jedoch für den Zeitraum von 1930 bis 1932 auf 20.000 Reichsmark pro Jahr.[41]

Adler führte in der Begründung seines Antrags weiter aus, dass er 1933 zwar seine Rechtsanwaltszulassung habe behalten dürfen, dass jedoch viele Mandanten aus Angst, als „judenfreundlich“ zu gelten, keine jüdischen Rechtsanwälte mehr konsultiert hätten.[42] Somit habe sich sein Einkommen seit 1933 erheblich verringert und sei ihm ein Schaden entstanden, für den er eine Entschädigung verlange.[43]

Zahlen des Steueramts der Stadtverwaltung Augsburg, die das Bayerische Landesentschädigungsamt angefragt hatte, belegten das sinkende Einkommen von Adler nach der „Machtergreifung“ durch die Nationalsozialisten. Das Steueramt gab Adlers Einkommen von 1932 mit 17.000 Reichsmark pro Jahr an.[44] In den Folgejahren sanken Adlers Einkünfte 1933 auf 14.000 Reichsmark jährlich, 1934 weiter auf 12.500 Reichsmark pro Jahr, bis sie 1935 nur noch 8.500 Reichsmark jährlich und somit exakt die Hälfte der Einkünfte von 1932 betrugen.[45]

Neben den soeben genannten Zahlen bestätigte auch Adlers ehemaliger Kanzleipartner Strauß, dass Adlers berufliche Existenz 1936 vernichtet und Adler gezwungen gewesen sei auszuwandern.46

cc. Erlass eines Bescheids über die Entschädigung für Schaden im beruflichen Fortkommen durch das Bayerische Landesentschädigungsamt

(1.) Verworfener Bescheidentwurf

In Adlers Entschädigungsakte befindet sich der Entwurf eines Bescheids über die Entschädigung für den Schaden im beruflichen Fortkommen.[47] Der Entwurf, den

---

39 Die Aktienbrauerei zum Hasen gehört zu den ältesten Bierbrauereien in Augsburg. Die Brauerei besteht bis heute (mittlerweile unter der Firmierung Hasen-Bräu Brauereibetriebsgesellschaft GmbH) fort.

40 LAfF, EG 73052, Siegfried Adler, Anlage zu Adlers Antrag (Formblatt E) an das Bayerische Landesamt für Wiedergutmachung vom 8.3.1950, S. 1.

41 LAfF, EG 73052, Siegfried Adler, Anlage zu Adlers Antrag (Formblatt E) an das Bayerische Landesamt für Wiedergutmachung vom 8.3.1950, S. 1.

42 LAfF, EG 73052, Siegfried Adler, Anlage zu Adlers Antrag (Formblatt E) an das Bayerische Landesamt für Wiedergutmachung vom 8.3.1950, S. 2.

43 LAfF, EG 73052, Siegfried Adler, Anlage zu Adlers Antrag (Formblatt E) an das Bayerische Landesamt für Wiedergutmachung vom 8.3.1950, S. 2.

44 LAfF, EG 73052, Stadtverwaltung Augsburg, Schreiben an das Bayerische Landesentschädigungsamt vom 6.4.1956.

45 LAfF, EG 73052, Stadtverwaltung Augsburg, Schreiben an das Bayerische Landesentschädigungsamt vom 6.4.1956.

46 LAfF, EG 73052, Bayerisches Landesentschädigungsamt, Schreiben an Eugen Strauß, vom 16.7.1953; LAfF, EG 73052, Eugen Strauß, Schreiben an das Bayerische Landesentschädigungsamt vom 24.7.1953.

47 LAfF, EG 73052, Bayerisches Landesentschädigungsamt, Entwurf eines Bescheids vom 18.6.1956.

das Bayerische Landesentschädigungsamt am 18. Juni 1956 angefertigt hatte, sah vor, dass Adler eine Entschädigung in Höhe von 22.746 Deutsche Mark erhalten sollte, wovon das Bayerische Landesentschädigungsamt einen Betrag in Höhe von 10.000 Deutsche Mark sofort an Adler auszuzahlen hatte.[48]

Das Bayerische Landesentschädigungsamt fertigte den Entwurf jedoch nie aus, sondern verwarf den Entwurf zu einem nicht bekannten Zeitpunkt.[49] Der Hintergrund der Verwerfung des Entwurfs war offensichtlich, dass wenige Tage nach der Anfertigung des Entwurfs das BEG in Kraft trat und das Bayerische Landesentschädigungsamt dieses Inkrafttreten abgewartet hatte. Statt einen Entschädigungsbescheid zu erlassen, zahlte das Bayerische Landesentschädigungsamt Adler am 16. Juli 1956 eine Vorschussleistung auf den Schaden im beruflichen Fortkommen in Höhe von 5.000 Deutsche Mark aus.[50]

Adler, der sich zunächst bei allen Entschädigungsansprüchen selbst vertreten hatte, beauftragte am 22. Februar 1956 Rechtsanwalt Dr. Max Pagener, der am Oberlandesgericht Köln als Rechtsanwalt zugelassen war, jedoch seinen Kanzleisitz in San Francisco hatte, mit der rechtlichen Vertretung im Entschädigungsverfahren.[51] Pagener bat unter Verweis auf das starke Herzleiden seines Mandanten[52] um eine rasche weitere Bearbeitung der Angelegenheit durch einen Teilbescheid und zeigte sich bezüglich der Höhe der Entschädigungssumme vergleichsbereit.[53] Den Ausgang des Verfahrens erlebte Adler nicht mehr. Bis zu seinem Tod am 19. Dezember 1956 erließ das Bayerische Landesentschädigungsamt keinen Bescheid über den Schaden im beruflichen Fortkommen.

(2.) Lange Verfahrensdauer bis zum endgültigen Erlass des Bescheids

Erst eineinhalb Jahre nach Adlers Tod am 28. Mai 1958 erging zugunsten von Adlers Witwe, die als seine Alleinerbin das Verfahren weiterbetrieb, ein Bescheid des Bayerischen Landesentschädigungsamtes über die Entschädigung für den Schaden ihres Ehemannes im beruflichen Fortkommen.[54] Der Weg bis zum Erlass dieses

---

48 LAfF, EG 73052, Bayerisches Landesentschädigungsamt, Entwurf eines Bescheids vom 18.6.1956, S. 1.

49 LAfF, EG 73052, Bayerisches Landesentschädigungsamt, Entwurf eines Bescheids vom 18.6.1956.

50 LAfF, EG 73052, Bayerisches Landesentschädigungsamt, Verfügung vom 16.7.1956, S. 1; LAfF, EG 73052, Bayerisches Landesentschädigungsamt, Schreiben an Max Pagener, vom 1.8.1956.

51 LAfF, EG 73052, Siegfried Adler, Vollmacht zu Gunsten von Max Pagener, vom 28.2.1955; LAfF, EG 73052, Max Pagener, Schreiben an das Bayerische Landesentschädigungsamt vom 21.2.1955 (Pagener kündigte in seinem Schreiben an, dass Adler die auf ihn lautende Vollmacht selbst bei dem Bayerischen Landesentschädigungsamt einreichen wird. Die Vollmacht folgte wenige Tage später. Den zeitlichen Unterschied des Schreibens von Pagener und der zeitlich erst später von Adler unterschriebenen Vollmacht hat das Bayerische Landesentschädigungsamt nicht problematisiert).

52 Siehe oben C. I. 3.

53 LAfF, EG 73052, Max Pagener, Schreiben an das Bayerische Landesentschädigungsamt vom 21.8.1956.

54 LAfF, EG 73052, Bayerisches Landesentschädigungsamt, Bescheid vom 28.5.1958, S. 4.

Bescheids war für Adlers Witwe weit gewesen. Pagener, den Adlers Witwe nach Adlers Tod ebenfalls beauftragt hatte,[55] hatte dem Bayerischen Landesentschädigungsamt am 18. Januar 1957 mitgeteilt, dass Adler gestorben sei.[56] Pagener hatte diesem Schreiben vorsorglich bereits das Testament beigefügt, das Adlers Witwe als Alleinerbin benannte.[57] Das Bayerische Landesentschädigungsamt forderte daraufhin die Übersendung eines Erbscheins und einer Lebensbestätigung für Adlers Witwe bei Pagener an.[58] Pagener reichte die angeforderten Dokumente unmittelbar nach der Aufforderung des Bayerischen Landesentschädigungsamtes ein.[59] Jedoch bedurfte es zweier weiterer anwaltlicher Erinnerungsschreiben mit der Bitte um Beschleunigung des Verfahrens, bis das Bayerische Landesentschädigungsamt am 28. April 1958 nachfragte, ob die Anspruchstellerin nach dem Tod ihres Ehemannes in den Vereinigten Staaten keine Rente beziehe.[60] Erst nachdem Pagener für Adlers Witwe die Frage nach einer Rente in den Vereinigten Staaten verneint hatte, erließ das Bayerische Landesentschädigungsamt am 28. Mai 1958 den oben genannten Bescheid.[61]

dd. Entscheidungsgründe des Bayerischen Landesentschädigungsamts

(1.) Begründetheit des Anspruchs dem Grunde nach

Gemäß § 64 Absatz 1 Satz 1 BEG hatte ein Verfolgter *„Anspruch auf Entschädigung für Schaden im beruflichen (...) Fortkommen, wenn er im Zuge einer im Reichsgebiet nach dem Stande vom 31. Dezember 1937 (...) begonnenen Verfolgung in seinem beruflichen (...) Fortkommen nicht nur geringfügig benachteiligt worden ist.“* Dieser Grundsatz galt allgemein sowohl für selbstständige (§§ 66 bis 86 BEG) als auch für nicht selbstständige Berufe (§§ 87 bis 112 BEG). Der Begriff des Verfolgten bestimmte sich nach § 1 Absatz 1

---

55 LAfF, EG 73052, Margaret Adler, Vollmacht zu Gunsten von Max Pagener, vom 28.1.1958.

56 LAfF, EG 73052, Max Pagener, Schreiben an das Bayerische Landesentschädigungsamt vom 1.1.1957; LAfF, EG 73052, Siegfried Adler, Testament vom 10.12.1954; LAfF, EG 73052, Bayerisches Landesentschädigungsamt, Schreiben an Max Pagener vom 29.1.1957.

57 LAfF, EG 73052, Max Pagener, Schreiben an das Bayerische Landesentschädigungsamt vom 1.1.1957; LAfF, EG 73052, Siegfried Adler, Testament vom 10.12.1954; LAfF, EG 73052, Bayerisches Landesentschädigungsamt, Schreiben an Max Pagener vom 29.1.1957.

58 LAfF, EG 73052, Max Pagener, Schreiben an das Bayerische Landesentschädigungsamt vom 1.1.1957; LAfF, EG 73052, Siegfried Adler, Testament vom 10.12.1954; LAfF, EG 73052, Bayerisches Landesentschädigungsamt, Schreiben an Max Pagener, vom 29.1.1957.

59 LAfF, EG 73052, Max Pagener, Schreiben an das Bayerische Landesentschädigungsamt vom 25.11.1957; LAfF, EG 73052, Generalkonsulat der Bundesrepublik Deutschland, Lebensbescheinigung vom 22.11.1957; LAfF, EG 73052, AG München – Nachlassgericht, Erbschein Siegfried Adler, vom 26.11.1957; LAfF, EG 73052, Max Pagener, Schreiben an das Bayerische Landesentschädigungsamt vom 13.1.1958 und vom 31.3.1958; LAfF, EG 73052, Bayerisches Landesentschädigungsamt, Schreiben an Max Pagener, vom 28.4.1958.

60 LAfF, EG 73052, Max Pagener, Schreiben an das Bayerische Landesentschädigungsamt vom 25.11.1957; LAfF, EG 73052, Generalkonsulat der Bundesrepublik Deutschland, Lebensbescheinigung für Margaret Adler, vom 22.11.1957; LAfF, EG 73052, AG München – Nachlassgericht, Erbschein Siegfried Adler, vom 26.11.1957; LAfF, EG 73052, Max Pagener, Schreiben an das Bayerische Landesentschädigungsamt vom 13.1.1958 und vom 31.3.1958; LAfF, EG 73052, Bayerisches Landesentschädigungsamt, Schreiben an Max Pagener, vom 28.4.1958.

61 LAfF, EG 73052, Bayerisches Landesentschädigungsamt, Bescheid vom 28.5.1958.

BEG.[62] Ein Schaden im beruflichen Fortkommen lag nach § 65 BEG vor, wenn der Verfolgte seine Arbeitskraft ganz oder teilweise nicht nutzen konnte. Für einen Schaden im beruflichen Fortkommen einer selbstständigen Tätigkeit gemäß § 66 Absatz 1 BEG musste eine Verdrängung des Verfolgten aus seiner Tätigkeit oder eine wesentliche Beschränkung in der Ausübung der Tätigkeit gegeben sein. Eine wesentliche Beschränkung lag gemäß § 66 Absatz 3 BEG in der Regel vor, wenn eine Einkommensminderung von mehr als 25 % bei dem Verfolgten vorlag. Sofern ein Schaden im beruflichen Fortkommen gegeben war, vermutete § 64 Absatz 2 BEG, dass dieser Schaden durch die Gewaltmaßnahmen der Nationalsozialisten eingetreten war, sofern der Verfolgte einem Personenkreis angehörte, den die Nationalsozialisten in seiner Gesamtheit aus dem wirtschaftlichen oder kulturellen Leben Deutschlands[63] ausschließen wollten.

In den Entscheidungsgründen seines Bescheids vom 28. Mai 1958 legte das Bayerische Landesentschädigungsamt Adlers Angaben zugrunde, die es durch die Bestätigungen von Adlers ehemaligem Kanzleipartner Strauß, von dem Präsidenten der Rechtsanwaltskammer Augsburg und von Adlers Arbeitgeber in den Vereinigten Staaten (The Anglo-California National Bank of San Francisco) für erwiesen hielt.[64]

Adler war als Jude Verfolgter im Sinne von § 1 Absatz 1 BEG. Der Schaden im beruflichen Fortkommen (§ 65 BEG) war bei Adler zuerst in Form der Beschränkung in der Ausübung der selbstständigen Tätigkeit – welche spätestens 1935 durch eine Einkommenseinbuße von 50 %[65] wesentlich im Sinne des § 66 Absatz 1 und 3 BEG war – und nach dem Entzug der Rechtsanwaltszulassung in Form einer Verdrängung aus dem Beruf gegeben. Das Bayerische Landesentschädigungsamt konnte die Kausalität zwischen Schaden im beruflichen Fortkommen und den Gewaltmaßnahmen der Nationalsozialisten gemäß § 64 Absatz 2 BEG vermuten und nahm zu Recht bei Adler einen Schaden im beruflichen Fortkommen gemäß §§ 1 Absatz 1, 64 Absatz 1 Satz 1, Absatz 3, 65, 66 Absatz 1, 3 BEG an.[66]

(2.) Einstufung als vergleichbarer Bundesbeamter des höheren Diensts

Für die Dauer der wesentlichen Beschränkung in der selbstständigen Erwerbstätigkeit oder der Verdrängung aus der Tätigkeit im Sinne des § 66 Absatz 1 BEG stand dem Verfolgten gemäß §§ 3, 74 BEG ein Anspruch auf Kapitalentschädigung (§§ 74 Satz 2 Alternative 1, 75 ff. BEG) oder die Zahlung einer lebenslangen Rente (§ 74 Satz 2 Alternative 2, 81 ff. BEG) zu.

Sowohl der Anspruch auf Kapitalentschädigung (§§ 75 bis 80 BEG) als auch der Anspruch auf Rente (§§ 81 bis 86 BEG) orientierte sich der Höhe nach gemäß § 76 Absatz 1 Satz 1 für die Kapitalentschädigung und § 83 Absatz 1 Satz 1 BEG

---

62 Siehe zur Legaldefinition die Ausführungen oben unter B. VII. 4. a.

63 Der Gesetzeswortlaut des § 64 Absatz 2 BEG verweist ausdrücklich auf Deutschland und nicht auf das Deutsche Reich.

64 LAfF, EG 73052, Bayerisches Landesentschädigungsamt, Bescheid vom 28.5.1958, S. 3.

65 Siehe C. I 4 a. aa.

66 LAfF, EG 73052, Bayerisches Landesentschädigungsamt, Bescheid vom 28.5.1958, S. 3.

für die Rente, an den Dienstbezügen eines vergleichbaren Bundesbeamten, die diesem im Zeitpunkt seiner Entlassung zugestanden hätten. Für die Einstufung in eine vergleichbare Beamtengruppe des einfachen, mittleren, gehobenen oder höheren Dienstes war die Berufsausbildung und die wirtschaftliche Stellung des Verfolgten maßgeblich (§§ 76 Absatz 1 Satz 3, § 83 Absatz 1 Satz 3 BEG). Das BEG nahm keinen Bezug auf eine bestimmte Besoldungsgruppe, sondern ging gemäß § 13 Dritte Verordnung zur Durchführung des BEG (3. DV-BEG) in Verbindung mit Anlage 2 der 3. DV-BEG für die Kapitalentschädigung oder gemäß § 22 DV-BEG in Verbindung mit Anlage 5 a bis c der 3. DV-BEG für die Rente, von dem durchschnittlichen Diensteinkommen eines vergleichbaren Beamten (Grundgehalt und Wohnungsgeld), gegliedert nach Lebensaltersstufen aus. Die Einreihung der Lebensaltersstufe erfolgte nach dem Alter des Verfolgten zu Beginn der Verfolgung (§§ 14 Absatz 1 Satz 3, 22 Absatz 2 3. DV-BEG).

Bei der Kapitalentschädigung waren gemäß § 76 Absatz 1 Satz 1 BEG drei Viertel der Dienstbezüge eines vergleichbaren Bundesbeamten anzusetzen und dieser Betrag um 20 % zu erhöhen, sofern *„der Verfolgte keinen Anspruch oder keine Anwartschaft auf lebenslängliche Versorgung nach beamtenrechtlichen Vorschriften oder Grundsätzen oder auf Ruhelohn sowie auf Hinterbliebenenversorgung“* hatte (§ 76 Absatz 3 BEG). Der Höchstbetrag der Kapitalentschädigung war gemäß § 123 BEG 40.000 Deutsche Mark.

Sofern der Verfolgte statt einer Kapitalentschädigung eine lebenslange Rente als Entschädigung für den Schaden im beruflichen Fortkommen wählte, war gemäß § 83 Absatz 1 BEG von zwei Dritteln der Versorgungsbezüge eines vergleichbaren Beamten auszugehen, der monatliche Höchstbetrag der Rente war bis zum 31. März 1957 600 Deutsche Mark (§ 83 Absatz 2 BEG). Der Gesetzgeber passte den Höchstbetrag der monatlichen Rente immer wieder an. Für die Zeit vor dem 1. November 1953 sah § 83 Absatz 3 BEG die Zahlung eines pauschalen Entschädigungsbetrages in Höhe der Rentenbezüge eines Jahres vor.

Das Bayerische Landesentschädigungsamt hatte Adler aufgrund seiner Berufsausbildung und seiner wirtschaftlichen Lage zu Beginn der Verfolgung gemäß § 76 Absatz 1 Satz 3 BEG in Verbindung mit § 14 Absatz 1 3. DV-BEG) wie einen vergleichbaren Bundesbeamten des höheren Diensts eingestuft.[67] Zu Beginn der Verfolgung hatte Adler das 35., aber noch nicht das 45. Lebensjahr vollendet, sodass das Bayerische Landesentschädigungsamt ihn in die zweite Lebensaltersstufe (bis zur Vollendung des 45. Lebensjahres) der Anlage 2 der 3. DV-BEG eingruppierte.[68]

Für die Berechnung der Kapitalentschädigung ergab sich die – gemäß § 76 Absatz 1 Satz 1 BEG auf drei Viertel gekürzte und da Adler keine Anwartschaften auf eine lebenslange Versorgung nach beamtenrechtlichen Vorschriften besaß, um 20 % erhöhte (§ 76 Absatz 3 Satz 1 BEG) – Besoldung eines vergleichbaren Bundesbeamten des höheren Diensts. Es ergab sich ein Betrag in Höhe von 8.376

67 LAfF, EG 73052, Bayerisches Landesentschädigungsamt, Bescheid vom 28.5.1958, S. 4.
68 LAfF, EG 73052, Bayerisches Landesentschädigungsamt, Bescheid vom 28.5.1958, S. 4.

Reichsmark pro Jahr (698 Reichsmark pro Monat) vor der Währungsreform und in Höhe von 8.376 Deutsche Mark pro Jahr (698 Deutsche Mark pro Monat) danach.[69]

(3.) Unterscheidung zwischen Verdrängung aus der Erwerbstätigkeit (§ 76 Absatz 1 BEG) und wesentlicher Beschränkung in der Ausübung der Erwerbstätigkeit (§ 76 Absatz 2 BEG)

Die Entschädigung unterteilte das Bayerische Landesentschädigungsamt in den Zeitraum, in dem eine Beschränkung von Adlers beruflicher Tätigkeit vorlag, und in den Zeitraum, von dem an er vollständig aus seiner beruflichen Tätigkeit verdrängt war.[70]

(a.) Keine wesentliche Beschränkung in der selbstständigen Erwerbstätigkeit bis zum 31. Dezember 1934

Das Bayerische Landesentschädigungsamt nahm an, dass bis zum 31. Dezember 1934 keine wesentliche Beschränkung in Adlers selbstständiger Erwerbstätigkeit vorgelegen habe, weil er bis zu diesem Zeitpunkt noch über eine ausreichende Lebensgrundlage im Sinne der § 75 Absatz 1 Satz 2, Absatz 2 BEG, § 12 in Verbindung mit Anlage 1 der 3. DV-BEG im Deutschen Reich verfügt habe.[71] Diese Annahme des Bayerischen Landesentschädigungsamt ist nachvollziehbar, da Adler im Jahr 1934 noch Einkünfte in Höhe 12.500 Reichsmark pro Jahr hatte und somit teilweise erheblich mehr als viele andere der in dieser Arbeit dargestellten Rechtsanwälte vor 1933 verdiente.

(b.) Wesentliche Beschränkung der selbstständigen Erwerbstätigkeit vom 1. Januar 1935 bis zum 30. April 1936 (§ 76 Absatz 2 BEG)

Das Bayerische Landesentschädigungsamt legte den Zeitraum der wesentlichen Beschränkung der Berufsausübung (§ 76 Absatz 2 BEG) vom 1. Januar 1935 bis zum 30. April 1936 (das Ende des letzten Monats vor Adlers Auswanderung) und somit auf ein Jahr und vier Monate fest.[72]Bei einer wesentlichen Beschränkung der selbstständigen Erwerbstätigkeit hatte der Geschädigte – anders als bei der Verdrängung aus der selbstständigen Tätigkeit – noch Einkünfte, welche aufgrund der Verfolgung gemindert waren. Die nach § 76 Absatz 1 Satz 1 BEG berechnete Kapitalentschädigung war in Fällen der wesentlichen Beschränkung der selbstständigen Erwerbstätigkeit gemäß § 76 Absatz 2 Satz 1 BEG nicht voll anzusetzen, sondern war *„in der Höhe [festzusetzen], die sich aus dem Verhältnis der durch die Beschränkung verursachten Einkommensminderung zu den erreichbaren Dienstbezügen eines vergleichbaren Bundesbeamten [ergab]"* (§ 76 Absatz 2 Satz 1 BEG). Der Hintergrund der Regelung des § 76 Absatz 2 BEG war, dass ein Geschädigter der während der Verfolgung (geminderte) Ein-

---

[69] LAfF, EG 73052, Bayerisches Landesentschädigungsamt, Bescheid vom 28.5.1958, S. 4.
[70] LAfF, EG 73052, Bayerisches Landesentschädigungsamt, Bescheid vom 28.5.1958, S. 4.
[71] LAfF, EG 73052, Bayerisches Landesentschädigungsamt, Bescheid vom 28.5.1958, S. 4.
[72] LAfF, EG 73052, Bayerisches Landesentschädigungsamt, Bescheid vom 28.5.1958, S. 4.

künfte hatte, aufgrund dieser Einkünfte besser stand, als ein Verfolgter, welcher aufgrund einer Verdrängung aus seinem Beruf keine Einkünfte mehr hatte. Diese Besserstellung berücksichtigte das Gesetz mit der Kürzung der Kapitalentschädigung. Sofern das Durchschnittseinkommen des Geschädigten in den letzten drei Jahre vor dem Beginn der Beschränkung höher war, als die erreichbaren Dienstbezüge eines vergleichbaren Bundesbeamten, erfolgte die Kürzung der Entschädigung gemäß § 76 Absatz 2 Satz 3 BEG indem die Kapitalentschädigung *„in der Höhe [festzusetzen war], die sich aus dem Verhältnis der durch die Beschränkung verursachten Einkommensminderung zu diesem Durchschnittseinkommen [ergab]"* (§ 76 Absatz 2 Satz 3 BEG). Adlers Einkünfte waren in den drei Jahren vor dem Beginn der wesentlichen Beschränkung der selbstständigen Erwerbstätigkeit (20.000 Reichsmark)[73] höher, als die Dienstbezüge eines vergleichbaren Bundesbeamten in Höhe von 8.376 Reichsmark pro Jahr (698 Reichsmark pro Monat)[74]. Die sich für Adler in dem Zeitraum der wesentlichen Beschränkung in seiner selbstständigen Erwerbstätigkeit vom 1. Januar 1935 bis 30. April 1936 gemäß § 76 Absatz 1 Satz 1, Satz 3 BEG ergebende Kapitalentschädigung war daher gemäß § 76 Absatz 2 Satz 3 BEG in dem Verhältnis der durch die Verfolgung verursachten Einkommensminderung zu Adlers Durchschnittseinkommen in den letzten drei Jahren vor Beginn der Beschränkung zu kürzen (§ 76 Absatz 2 Satz 3 BEG). Bei dieser Berechnung ergab sich ein Entschädigungsbetrag für die Zeit der Beschränkung der selbstständigen Erwerbstätigkeit in Höhe von 6.421,60 Reichsmark[75].[76] Im Verhältnis 10 : 2 auf Deutsche Mark umgestellt, ergab sich ein Betrag in Höhe von 1.284,32 Deutsche Mark.[77]

(c.) Verdrängung aus der selbstständigen Erwerbstätigkeit vom 1. Mai 1936 bis zum 31. Dezember 1948

Zusätzlich sprach das Bayerische Landesentschädigungsamt Adler eine Kapitalentschädigung für die Verdrängung aus seiner beruflichen Tätigkeit in Höhe von 17.868,80 Deutsche Mark zu.[78] Das Bayerische Landesentschädigungsamt nahm für den Beginn der Verdrängung den 1. Mai 1936 und für das Ende der Verdrängung den 31. Dezember 1948 an, als sich Adler im Exil eine neue, nach dem Gesetz (§ 75 Absatz 1 Satz 2 BEG in Verbindung mit § 12 und Anlage 1 der 3. DV-BEG) wieder ausreichende Lebensgrundlage für die Bestreitung seines Lebensunterhalts aufgebaut hatte.[79]

---

73 Siehe oben C. I. 4. a. bb.

74 Siehe oben C. I. 4. a. dd. (2.)

75 11.500 Reichsmark (Einkommensminderung 1935) : 20.000 Reichsmark (durchschnittliches Einkommen vor der Verfolgung) × 8.376 Reichsmark (zugrunde zu legende Jahresbesoldung eines vergleichbaren Bundesbeamten) : 12 Monate × 16 Monate (angenommener Zeitraum der Beschränkung im beruflichen Fortkommen).

76 LAfF, EG 73052, Bayerisches Landesentschädigungsamt, Bescheid vom 28.5.1958, S. 4.

77 LAfF, EG 73052, Bayerisches Landesentschädigungsamt, Bescheid vom 28.5.1958, S. 4.

78 LAfF, EG 73052, Bayerisches Landesentschädigungsamt, Bescheid vom 28.5.1958, S. 4.

79 LAfF, EG 73052, Bayerisches Landesentschädigungsamt, Bescheid vom 28.5.1958, S. 4.

Den Zeitraum vom 1. Juli 1941 bis zum 30. Juni 1945 hatte das Bayerische Landesentschädigungsamt gemäß § 9 Absatz 5 BEG herausgerechnet, weil Adler in diesem Zeitraum – ohne rassistische Verfolgung – Wehrdienst hätte leisten müssen.[80] Das Bayerische Landesentschädigungsamt führte diesbezüglich aus, dass Adler in diesem Zeitraum seiner anwaltlichen Tätigkeit nicht nachgehen hätte können.[81] Weiter führte das Bayerische Landesentschädigungsamt aus, dass *„die Vermögensvorteile, die er [Adler] ohne rassische Diskriminierung während der angenommenen Wehrdienstzeit erlangt hätte, (...) durch die Vermögensvorteile, die er auf Grund seiner Auswanderung in der fraglichen Zeit durch Ausübung einer Berufstätigkeit in den USA erlangt hat, aufgewogen [wurden], sodass für die Zeit vom 1. Juli 1941 bis 30. Juni 1945 gemäß § 9 Absatz 5 BEG eine Entschädigung entfällt.'*[82]

Die Nichtberücksichtigung des Zeitraums, in dem das Deutsche Reich Adler zum Militär eingezogen hätte, ist sachgerecht. Das BEG sollte die finanziellen Schäden ausgleichen, die durch die Verfolgung entstanden waren. Gemäß § 9 Absatz 5 BEG war eine Entschädigung für *„einen Schaden, der mit an Sicherheit grenzender Wahrscheinlichkeit auch ohne Verfolgung eingetreten wäre"*, nicht zu erstatten. Wirtschaftlich war der Schaden Adlers in den Vermögensvorteilen in Form von zu gewährenden Unterhaltssicherungen zu sehen, die Adler erhalten hätte, wenn er Wehrdienst geleistet hätte. Dieser Schaden war nach Auffassung des Bayerischen Landesentschädigungsamtes durch die tatsächlichen Einkünfte Adlers in den Vereinigten Staaten aufgewogen.

Das Bayerische Landesentschädigungsamt setzte die Zeiträume für die Entschädigung für die Verdrängung aus dem Beruf vom 1. Mai 1936 bis zum 30. Juni 1941 und vom 30. Juni 1945 bis zum 31. Dezember 1948 an.[83] Insgesamt ergab sich ein Entschädigungsbetrag für die Verdrängung aus dem Beruf für acht Jahre und zwei Monate in Höhe von 68.404 Reichsmark (98 Monate × 698 Reichsmark) vor der Währungsreform, was, im Verhältnis 10 : 2 umgerechnet (§ 18 3. DV-BEG), einem Betrag in Höhe von 13.680,80 Deutsche Mark ergab.[84] Für den Zeitraum nach der Währungsreform – das heißt vom 20. Juni 1948 bis zum 31. Dezember 1948, mithin für sechs Monate – sprach das Bayerische Landesentschädigungsamt Adler einen Betrag in Höhe von 4.188 Deutsche Mark (sechs Monate × 698 Deutsche Mark) zu. Insgesamt ergab sich für die Verdrängung aus seiner selbstständigen Erwerbstätigkeit der oben genannte Betrag in Höhe von 17.868,80 Deutsche Mark.[85]

---

80 LAfF, EG 73052, Bayerisches Landesentschädigungsamt, Bescheid vom 28.5.1958, S. 4.
81 LAfF, EG 73052, Bayerisches Landesentschädigungsamt, Bescheid vom 28.5.1958, S. 4.
82 LAfF, EG 73052, Bayerisches Landesentschädigungsamt, Bescheid vom 28.5.1958, S. 4.
83 LAfF, EG 73052, Bayerisches Landesentschädigungsamt, Bescheid vom 28.5.1958, S. 4.
84 LAfF, EG 73052, Bayerisches Landesentschädigungsamt, Bescheid vom 28.5.1958, S. 4.
85 LAfF, EG 73052, Bayerisches Landesentschädigungsamt, Bescheid vom 28.5.1958, S. 4.

(4.) Gesamtentschädigung für den Schaden im beruflichen Fortkommen

Insgesamt errechnete sich ein Gesamtentschädigungsbetrag für den Schaden im beruflichen Fortkommen in Höhe von 19.153,16 Deutsche Mark[86].

ee. Witwenrente

Adlers Witwe hatte Adler ausweislich des bei dem Bayerischen Landesentschädigungsamt eingereichten Erbscheines des Amtsgerichts München[87], welcher gemäß § 415 Absatz 1 Zivilprozessordnung alter Fassung[88] als öffentliche Urkunde amtliche Beweiskraft hatte, gemäß dem Recht des Staates Kalifornien beerbt.[89] Adlers Witwe stand daher auch das Recht aus § 82 Absatz 1 in Verbindung mit § 81, 84, 86 Absatz 2 BEG zu, sich zwischen der oben genannten Kapitalentschädigung[90] und der Zahlung einer lebenslangen Rente zu entscheiden.

Adlers Witwe entschied sich für die Rentenzahlung[91] und erhielt rückwirkend zum 1. Dezember 1956 eine Witwenrente wegen Schadens im beruflichen Fortkommen, die gemäß §§ 85 Absatz 2, 86 Absatz 2 und 3 BEG 360 Deutsche Mark pro Monat (60 % der Rente, die Adler gemäß § 83 BEG zugestanden hätte) betrug, sowie gemäß § 83 Absatz 3 BEG eine Einmalentschädigung für die Zeit vor dem 1. Dezember 1956 in Höhe eines vollen Jahresbetrags der Rente, die Adler selbst zugestanden hätte. Dies ergab einen Betrag in Höhe von 7.200 Deutsche Mark (zwölf Monate × 600 Deutsche Mark).[92] Die Vorschussleistung, die Adler in Höhe von 5.000 Deutsche Mark zu Lebzeiten erhalten hatte,[93] zog das Bayerische Landesentschädigungsamt von dem Betrag, der Adlers Witwe zustand, gemäß § 84

86 1.284,36 Deutsche Mark (Entschädigung für die Dauer der Beschränkung der selbstständigen Erwerbstätigkeit vom 1. Januar 1935 bis zum 30. April 1936) + 17.868,80 Deutsche Mark (Entschädigung für die Dauer der Verdrängung aus der selbstständigen Erwerbstätigkeit vom 1. Mai 1936 bis zum 30. Juni 1941 und vom 30. Juni 1945 bis zum 31. Dezember 1948).

87 LAfF, EG 73052, AG München – Nachlassgericht, Erbschein Siegfried Adler, vom 26.11.1957.

88 Fassung von 20. September 1950; In der aktuellen Fassung in § 417 Absatz 1 Zivilprozessordnung geregelt.

89 Das Bayerische Landesentschädigungsamt nahm in dem Bescheid vom 28.5.1958 an, dass Adlers Witwe ihren Mann gemäß dem Recht des Staates Kalifornien in Verbindung mit §§ 1922 ff. BGB beerbt hatte. Nacht Artikel 25 Satz 1 EGBGB alter Fassung kam es für die Beurteilung des anwendbaren Rechts bei einer Erbschaft auf die Staatsangehörigkeit des Erblassers zum Zeitpunkt seines Todes an. Adler war bei seinem Tod Staatsangehöriger der Vereinigten Staaten und lebte in Kalifornien, so dass es nicht auf §§ 1922 ff. BGB, sondern ausschließlich auf die Regelungen des Staates Kalifornien ankam. Die Frage des anwendbaren Rechts war außerdem von dem Amtsgericht München als Nachlassgericht bei der Erteilung des Erbscheins zu beantworten, so dass eine Beurteilung durch das Bayerische Landesentschädigungsamts nicht notwendig war. Die fehlerhafte Zitierung der Vorschriften des BGB in dem Bescheid des Bayerischen Landesentschädigungsamtes vom 28.5.1958 wirkte sich jedoch nicht aus, da das Bayerische Landesentschädigungsamt dem Ergebnis des Erbscheines des Amtsgerichts München vom 26.11.1957 gefolgt war.

90 Siehe oben C. I. a. cc.

91 LAfF, EG 73052, Max Pagener, Schreiben an das Bayerische Landesentschädigungsamt vom 20.6.1958.

92 LAfF, EG 73052, Bayerisches Landesentschädigungsamt, Bescheid vom 28.5.1958, S. 4 f.

93 Siehe oben C. I. 4. a. cc. (1.).

a BEG ab, und zahlte am 25. Juni 1958 an Adlers Witwe einen Betrag in Höhe von 7.600 Deutsche Mark[94] aus.[95]

Das Bayerische Landesentschädigungsamt passte die Rente in den folgenden Jahren mehrmals an.[96] Adlers Witwe erhielt bis zu ihrem Tod 1988[97] Rentenleistungen in einer Gesamthöhe von 322.951 Deutsche Mark.[98] Die Entscheidung für eine lebenslange Witwenrente war im Vergleich zu der Kapitalentschädigung in Höhe von 19.153,16 Deutsche Mark die wirtschaftliche sinnvollere Wahl.

Datum	Rentenbetrag	Datum	Rentenbetrag
01.12.1956	360 DM	01.01.1974	963 DM
01.04.1959	378 DM	01.01.1975	1012 DM
01.06.1960	396 DM	01.02.1976	1050 DM
01.01.1961	420 DM	01.02.1977	1093 DM
01.07.1962	441 DM	01.03.1978	1133 DM
01.10.1964	471 DM	01.03.1979	1170 DM
01.01.1966	600 DM	01.03.1980	1233 DM
01.10.1966	618 DM	01.03.1981	1279 DM
01.07.1968	640 DM	01.07.1982	1320 DM
01.04.1969	688 DM	01.07.1983	1343 DM
01.09.1969	714 DM	01.01.1985	1391 DM
01.01.1971	768 DM	01.01.1986	1434 DM
01.01.1972	825 DM	01.01.1987	1483 DM
01.01.1973	883 DM	01.03.1988	1518 DM

Tabelle 1: Entwicklung der Witwenrente für Schaden im beruflichen Fortkommen.[99]

[94] 7.200 Deutsche Mark (Einmalentschädigung) + 5.400 Deutsche Mark (Rentennachzahlung für 15 Monate á 360 Deutsche Mark/Monat) – 5.000 Deutsche Mark (Vorauszahlung).

[95] LAfF, EG 73052, Bayerisches Landesentschädigungsamt, Bescheid vom 28.5.1958, S. 1, 5.

[96] Siehe zu den genauen Anpassungen Tabelle 1, Entwicklung der Witwenrente für den Schaden im beruflichen Fortkommen von Dr. Siegfried Adler.

[97] Siehe oben C. I. 3.

[98] LAfF, EG 73052, Bayerisches Landesentschädigungsamt, Rentenänderungsbescheide vom 16.5.1960, vom 28.6.1961 und vom 3.9.1963; LAfF, EG 73052, Bayerisches Landesentschädigungsamt, Mitteilungen vom 21.1.1965, vom 15.8.1970, vom 16.8.1970, vom 29.12.1971, vom 28.12.1972, vom 17.7.1973, vom 20.8.1974, vom 20.8.1975, vom 19.10.1976, vom 21.11.1977, vom 21.11.1978, vom 22.11.1979, vom 12.12.1980, vom 17.11.1981, vom 19.1.1983, vom 20.9.1983, vom 17.4.1985, vom 16.6.1986 und vom 20.7.1987; LAfF, EG 73052, Bayerisches Landesentschädigungsamt, Änderungsbescheide vom 10.6.1966 und vom 3.10.1969; LAfF, EG 73052, Bayerisches Landesentschädigungsamt, Aktenvormerkungen vom 30.11.1988.

[99] LAfF, EG 73052, Bayerisches Landesentschädigungsamt, Rentenänderungsbescheide vom 16.5.1960, vom 28.6.1961 und vom 3.9.1963; LAfF, EG 73052, Bayerisches Landesentschädigungsamt, Mitteilungen vom 21.1.1965, vom 15.8.1970, vom 16.8.1970, vom

b. Schaden durch Entrichtung von Sonderabgaben

Das Finanzamt Berlin Moabit-West hatte am 24. Februar 1939 Adler an seine Adresse in San Francisco einen Bescheid über die Entrichtung der Judenvermögensabgabe nach der „Durchführungsverordnung über die Sühneleistung der Juden"[100] geschickt.[101] Das Finanzamt Berlin Moabit-West war örtlich zuständig, da Adler weder einen Wohnsitz noch seinen gewöhnlichen Aufenthalt im Deutschen Reich hatte (§ 6 der „Durchführungsverordnung über die Sühneleistung der Juden"[102]). Das Finanzamt Moabit-West nutzte für den Bescheid einen allgemeinen Vordruck, in welchen es nur noch die Werte des Abgabenpflichtigen eingetragen musste.[103] Dieser Vordruck sah standardmäßig vor, dass der Abgabepflichtige die zu entrichtende Judenvermögensabgabe, welche in dem Fall von Adler 1.600 Reichsmark betrug, in vier gleichen Raten zu je 400 Reichsmark (§ 4 Absatz 1 der „Durchführungsverordnung über die Sühneleistung der Juden") zu zahlen hatte.[104] Die erste Rate war zum 15. Dezember 1938, die zweite zum 15. Februar 1939, die dritte zum 15. Mai 1939 und die vierte Rate zum 15. August 1939 fällig (§ 4 Absatz 2 „Durchführungsverordnung der Sühneleistung der Juden").

Adler konnte gegenüber dem Bayerischen Landesentschädigungsamt durch Vorlage zweier Bankbelege vom 25. Mai 1939 und vom 12. Februar 1941 Überweisungen in Höhe von insgesamt 1.599 Reichsmark nachweisen.[105]

29.12.1971, vom 28.12.1972, vom 17.7.1973, vom 20.8.1974, vom 20.8.1975, vom 19.10.1976, vom 21.11.1977, vom 21.11.1978, vom 22.11.1979, vom 12.12.1980, vom 17.11.1981, vom 19.1.1983, vom 20.9.1983, vom 17.4.1985, vom 16.6.1986 und vom 20.7.1987; LAfF, EG 73052, Bayerisches Landesentschädigungsamt, Änderungsbescheide vom 10.6.1966 und vom 3.10.1969; LAfF, EG 73052, Bayerisches Landesentschädigungsamt, Aktenvormerkungen vom 30.11.1988.

[100] Siehe hierzu die Ausführungen unter B. V. 4.

[101] LAfF, EG 73052, Finanzamt Moabit-West, Abteilung für beschränkt Steuerpflichtige, Bescheid über Judenvermögensabgabe vom 24.2.1939.

[102] Siehe oben B. V. 4.

[103] LAfF, EG 73052, Finanzamt Moabit-West, Abteilung für beschränkt Steuerpflichtige, Bescheid über Judenvermögensabgabe vom 24.2.1939.

[104] LAfF, EG 73052, Finanzamt Moabit-West, Abteilung für beschränkt Steuerpflichtige, Bescheid über Judenvermögensabgabe vom 24.2.1939.

[105] LAfF, EG 73052, Max Pagener, Schreiben an das Bayerische Landesentschädigungsamt vom 28.3.1955; LAfF, EG 73052, Dresdner-Bank-Filiale Augsburg, Überweisungsbelege vom 25.5.1939 und vom 12.2.1941. Aus den Überweisungsbelegen geht nicht hervor, ob es sich bei den Konten, von welchen die Überweisungen erfolgten, um Sperrkonten von Adler handelte. Die Zahlungen erfolgten jedoch zu Zeitpunkten, als Adler bereits ausgewandert war, so dass davon auszugehen ist, dass Adler die Überweisungen nicht selbst getätigt hat, sondern das Deutsche Reich die Zahlungen von Sperrkonten von Adler eingezogen hatte.

Adler beantragte am 8. März 1950 mit dem Formblatt D auf der Grundlage der §§ 17, 18, 19 und 20 USEG[106] beim Bayerischen Landesentschädigungsamt (vormals Bayerisches Landesamt für Wiedergutmachung)[107], Entschädigung für die entrichtete Judenvermögensabgabe.[108] Nach Adlers Tod sprach das Bayerische Landesentschädigungsamt seiner Witwe eine Kapitalentschädigung in Höhe von 1.599 Reichsmark, gemäß § 11 Absatz 1 BEG im Verhältnis 10 : 2 auf 319,80 Deutsche Mark umgestellt, zu (§§ 3, 1 Absatz 1, 59 Absatz 1 Satz 1 BEG).[109] Das Bayerische Landesentschädigungsamt war aufgrund der vorgelegten Überweisungsunterlagen von der Tatsache überzeugt, dass Adler als Verfolgter (§ 1 Absatz 1 BEG) eine Sonderabgabe in Form der Judenvermögensabgabe in Höhe von 1.599 Reichsmark erbracht hatte, sodass ihm ein Anspruch gemäß §§ 3, 59 Absatz 1 Satz 1 BEG zustand.[110] Ein Verfolgter musste die Kausalität zwischen Verfolgung und Zahlung einer Sonderabgabe nicht nachweisen, sondern es galt die gesetzliche Vermutung der Kausalität, sofern ein Verfolgter im Sinne des § 1 Absatz 1 BEG die Sonderabgabe geleistet hatte. Dieser Anspruch war gemäß § 13 Absatz 1 BEG an seine Frau vererbbar.[111]

c. Auswanderungsschaden

Am 21. Februar 1955 beantragte Pagener für Adler per Schreiben an das Bayerische Landesentschädigungsamt die Erstattung von Adlers Auswanderungskosten.[112] Pagener stützte den Antrag auf keine konkrete Rechtsgrundlage, sondern machte nur Ausführungen zu den entstandenen Auslagen.[113] Die geltend gemachten Auswanderungskosten, die Adler größtenteils, jedoch nicht vollständig nachweisen konnte, umfassten auf der einen Seite die Kosten in Höhe von 231 US-Dollar für Adlers erstmalige Reise nach San Francisco, um seine Auswanderung vorzubereiten[114].[115] Zudem machte Pagener für Adler die Auslagen in Höhe von 596

[106] Siehe oben C. I. 4. a. aa., dass es gemäß § 231 BEG nach dem Inkrafttreten des BEG keiner neuen Antragstellung bedurfte.

[107] Siehe oben C. I. 4. a.

[108] LAfF, EG 73052, Siegfried Adler, Antrag (Formblatt D) an das Bayerische Landesamt für Wiedergutmachung vom 8.3.1950.

[109] LAfF, EG 73052, Bayerisches Landesentschädigungsamt, Bescheid vom 12.7.1960, S. 3.

[110] LAfF, EG 73052, Bayerisches Landesentschädigungsamt, Bescheid vom 12.7.1960, S. 3.

[111] Siehe hierzu die Ausführungen unter C. I. 4. a. dd.

[112] LAfF, EG 73052, Max Pagener, Schreiben an das Bayerische Landesentschädigungsamt vom 21.2.1955.

[113] LAfF, EG 73052, Max Pagener, Schreiben an das Bayerische Landesentschädigungsamt vom 21.2.1955.

[114] 131 US-Dollar (Kosten der Überfahrt von Hamburg nach New York inklusive der Landungsgebühren) + 100 US-Dollar (Kosten für die Überlandfahrt von New York nach San Francisco).

[115] LAfF, EG 73052, Max Pagener, Schreiben an das Bayerische Landesentschädigungsamt vom 21.2.1955.

US-Dollar[116] geltend, welche Adler als Reisekosten für die Auswanderung seiner Frau und ihm entstanden waren.[117] Schließlich forderte Pagener noch den Ersatz der Transportkosten für Adlers Mobiliar von Hamburg nach San Francisco in Höhe von 3.297 Reichsmark.[118]

Das Bayerische Landesentschädigungsamt sprach mit Bescheid vom 8. Oktober 1956 noch zu Adlers Lebzeiten ihm eine Entschädigung seines Schadens im Vermögen in Form seiner Auswanderungskosten gemäß §§ 3, 1, 57 Absatz 1 BEG mit insgesamt 1.072,90 Deutsche Mark zu, wobei es die Auswanderungskosten – da Adler nicht sämtliche Kosten hatte belegen können – teilweise geschätzt (§§ 191 Absatz 2 BEG, 287 Absatz 1 Satz 1 ZPO) hatte.[119]

Bei dieser Festsetzung ging das Bayerische Landesentschädigungsamt vollständig von den von Pagener geltend gemachten Kosten aus.[120] Die in US-Dollar vorgebrachten Beträge, waren gemäß § 57 Absatz 3 BEG zu dem Kurs der Fremdwährung zum Zeitpunkt der Entscheidung über die Entschädigung umzurechnen. Das Bayerische Landesentschädigungsamt rechnete den Betrag in Höhe von 827 (231 + 596) US-Dollar für die Reisekosten auf 2.067,50 Reichsmark um und legte diesen Betrag zusammen mit den von Pagener für Adler geltend gemachten 3.297 Reichsmark für die Transportkosten von Adlers Mobiliar dem Bescheid zugrunde.[121] Es errechnete sich eine Kapitalentschädigung für den Schaden an Vermögen in Form von Auswanderungskosten in Höhe von 5.364,50 Reichsmark, was einen gemäß § 11 Absatz 1 BEG im Verhältnis 10 : 2 in Deutsche Mark umgestellten Betrag in Höhe von 1.072,90 Deutsche Mark ergab.[122] Den Entschädigungsbetrag zahlte das Bayerische Landesentschädigungsamt nach Adlers Tod am 18. Januar 1957 auf das von Adler bis zu seinem Tode geführte Konto aus.[123]

d. Gesamtentschädigung

Das Bayerische Landesentschädigungsamt zahlte an Adler und nach seinem Tod an seine Witwe insgesamt 18.300 Deutsche Mark sowie eine lebenslange Witwenrente wegen Schadens im beruflichen Fortkommen aus. Die bis zu dem Tod von Adlers Witwe am 30. Juni 1988 monatliche Witwenrente betrug insgesamt 322.951 Deutsche Mark.

---

116 396 US-Dollar (Kosten für zwei Personen für die Überfahrt von Hamburg nach New York inklusive Landungsgebühren) + 200 US-Dollar (Kosten für zwei Personen für die Überlandfahrt von New York nach San Francisco).

117 LAfF, EG 73052, Max Pagener, Schreiben an das Bayerische Landesentschädigungsamt vom 21.2.1955.

118 LAfF, EG 73052, Max Pagener, Schreiben an das Bayerische Landesentschädigungsamt vom 21.2.1955.

119 LAfF, EG 73052, Bayerisches Landesentschädigungsamt, Bescheid vom 8.10.1956, S. 1.

120 LAfF, EG 73052, Bayerisches Landesentschädigungsamt, Bescheid vom 8.10.1956, S. 3.

121 LAfF, EG 73052, Bayerisches Landesentschädigungsamt, Bescheid vom 8.10.1956, S. 3.

122 LAfF, EG 73052, Bayerisches Landesentschädigungsamt, Bescheid vom 8.10.1956, S. 3.

123 LAfF, EG 73052, Bayerisches Landesentschädigungsamt, E-Konten-Buchhaltung, ohne Datum, S. 1; LAfF, EG 73052, Bayerisches Landesentschädigungsamt, Verfügung vom 8.1.1957.

II. Hans Auerbach (15. Mai 1894 bis 19. August 1993)

1. Leben vor der Verfolgung

a. Schulzeit

Der Bankierssohn Hans Auerbach ist am 15. Mai 1894 in München geboren.[1] Dort besuchte er das noch heute existierende Theresien-Gymnasium und bestand 1913 im Alter von 17 Jahren sein Abitur.[2]

b. Studium und Fronteinsatz während des Ersten Weltkrieges

Nach seinem Abitur studierte Auerbach an den Universitäten München und Genf jeweils ein Semester Rechtswissenschaften, bevor er vom Herbst 1914 bis zum November 1918 im Ersten Weltkrieg als Soldat für das Deutsche Reich an der Front kämpfte.[3] Für den Fronteinsatz erhielt er verschiedene Auszeichnungen wie zum Beispiel das bayerische Militärverdienstkreuz III. Klasse mit Krone und Schwertern.[4]

Auerbach diente im Ersten Weltkrieg zusammen mit Alfred Jodl[5], mit dem er bereits dieselbe Schule besucht hatte.[6] Der Batteriechef schlug Auerbach während seines Militärdiensts für den Offizierskurs vor, was der Regimentskommandeur jedoch mit der Begründung ablehnte, dass er keine Juden einlade.[7]

---

1 BayHStA, MJU 20299, Hans Auerbach, Antrag auf Abkürzung des Vorbereitungsdiensts an den Präsidenten des LG München I vom 12.2.1920; StA München, WB I/N 771, Erbengemeinschaft nach Louis Auerbach, Anmeldung bei der Wiedergutmachungsbehörde für Oberbayern vom 16.1.1958.

2 BayHStA, MJU 20299, Hans Auerbach, Antrag auf Abkürzung des Vorbereitungsdiensts an den Präsidenten des LG München I vom 12.2.1920; StA München, WB I/N 771, Erbengemeinschaft nach Louis Auerbach, Anmeldung bei der Wiedergutmachungsbehörde für Oberbayern vom 16.1.1958.

3 BayHStA, MJU 20299, Hans Auerbach, Antrag auf Abkürzung des Vorbereitungsdiensts an den Präsidenten des LG München I vom 12.2.1920; BayHStA, MJU 20299, Hans Auerbach, Erhebungsbogen, undatiert.

4 BayHStA, MJU 20299, Hans Auerbach, Antrag auf Abkürzung des Vorbereitungsdiensts an den Präsidenten des LG München I vom 12.2.1920; BayHStA, MJU 20299, Hans Auerbach, Erhebungsbogen, undatiert.

5 Alfred Jodl war während des Zweiten Weltkriegs – zuletzt als Generaloberst – Teil des Oberkommandos der Wehrmacht und als solcher unter anderem mit der Planung und Vorbereitung des Feldzuges gegen die damalige UdSSR beteiligt. Im Nürnberger Prozess gegen die Hauptkriegsverbrecher verurteilte der Internationale Militärgerichtshof Jodl zum Tode durch den Strang. Die Urteilsvollstreckung erfolgte am 16. Oktober 1946 in Nürnberg. (Siehe Knopp, Hitlers Manager, S. 179 ff., 194, 203 f.)

6 Jüdisches Kulturmuseum Augsburg, Ordner „Jüdische Rechtsanwälte", Gernot Römer, Notiz zum Gespräch mit dem Ehepaar Auerbach, April 1992.

7 Jüdisches Kulturmuseum Augsburg, Ordner „Jüdische Rechtsanwälte", Gernot Römer, Notiz zum Gespräch mit dem Ehepaar Auerbach, April 1992.

Nach dem Krieg absolvierte Auerbach inklusive Kriegsnotsemester noch vier Semester Rechtswissenschaften an der Universität München, bis er 1920 das Erste Staatsexamen ablegte, das zu jener Zeit „Staatskonkurs" hieß.[8] Da er bei einem regulären Studienverlauf ohne Kriegsteilnahme 1920 bereits das Assessorexamen absolviert hätte, stellte Auerbach 1920 einen Antrag bei dem Bayerischen Staatsministerium der Justiz auf Verkürzung des Referendariatsdiensts, um den kriegsbedingten Nachteil auszugleichen, seine juristische Ausbildung erst wesentlich später abgeschlossen zu haben.[9] Das Bayerische Staatsministerium der Justiz gab diesem Antrag statt und verkürzte Auerbachs Ausbildungszeit um sechs Monate auf dann noch 30 Monate.[10] Die Universität München erkannte später außerdem das Wintersemester 1916/17, in dem Auerbach viele Vorlesungen besucht hatte, noch als Semester an.[11] Durch diese Anerkennung verkürzte sich der Vorbereitungsdienst Auerbachs um drei weitere Monate, sodass es ihm möglich war, im Juni 1922 das Assessorexamen abzulegen.[12]

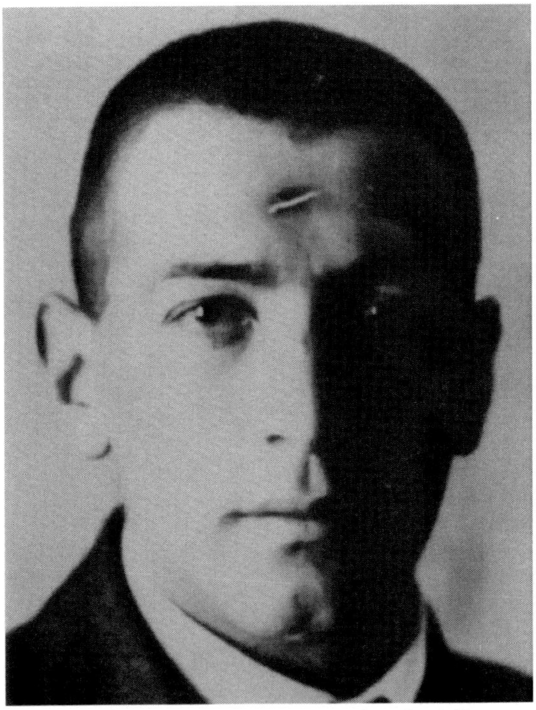

Abbildung 2: Bild von Hans Auerbach[13]

8 BayHStA, MJU 20299, Hans Auerbach, Antrag auf Abkürzung des Vorbereitungsdiensts an den Präsidenten des LG München I vom 12.2.1920.

9 BayHStA, MJU 20299, Bayerisches Staatsministerium der Justiz, Bescheid vom 25.2.1920.

10 BayHStA, MJU 20299, Bayerisches Staatsministerium der Justiz, Bescheid vom 25.2.1920.

11 BayHStA, MJU 20299, Bayerisches Staatsministerium der Justiz, Bescheid vom 1.8.1921.

12 BayHStA, MJU 20299, Bayerisches Staatsministerium der Justiz, Bescheid vom 1.8.1921.

13 Jüdisches Kulturmuseum, Ordner Jüdische Rechtsanwälte.

c. Rechtsanwaltszulassung und beruflicher Werdegang

Auerbach bestand in München das Assessorexamen und erhielt am 21. Dezember 1922 die Zulassung als Rechtsanwalt beim Landgericht München I, beim Landgericht München II und beim Oberlandesgericht München.[14] Im Dezember 1923 erhielt Auerbach seine Zulassung beim Landgericht Augsburg, nachdem er zuvor seine Rechtsanwaltszulassungen bei den Landgerichten München I und II und beim Oberlandesgericht München zurückgegeben hatte.[15] Der Hintergrund von Auerbachs Umzug nach Augsburg war offenbar, dass er 1923 eine Anstellung in der renommierten Kanzlei des Rechtsanwalts Leopold Rieser[16], der in dieser Arbeit ebenfalls noch darzustellen ist, bekam.[17] 1927 machte Rieser Auerbach zum Juniorpartner der Kanzlei Rieser-Auerbach (im Verhältnis von einem Teil für Auerbach zu zwei Teilen für Rieser).[18] Fachlich hatten Auerbach und Rieser die Mandate insofern aufgeteilt, dass Rieser vor allem Strafverteidigungen übernahm und Auerbach Mandate aus dem allgemeinen Zivilrecht, Handels- und Gesellschaftsrecht sowie Ehescheidungen bearbeitete.[19] Die Kanzlei in der Fuggerstraße war eine der angesehensten und renommiertesten Kanzleien in Augsburg und mit zwei angestellten Rechtsanwälten sowie sechs Bürokräften auch eine der größten der Stadt.[20]

Von 1925 bis 1931 ermittelte die Staatsanwaltschaft Augsburg in drei Fällen wegen Verstößen gegen das Berufsrecht gegen Auerbach und leitete zwei ehrengerichtliche Verfahren ein.[21] Die Verstöße reichten vom Nichtzurückweisen des Vorwurfs eines Kollegen vor Gericht, wonach Auerbach gewohnheitsmäßig lüge, bis

---

14 BayHStA, MJU 20299, Bayerisches Staatsministerium der Justiz, Bescheid vom 21.12.1922.

15 BayHStA, MJU 20299, Bayerisches Staatsministerium der Justiz, Schreiben vom 14.11.1923; BayHStA, MJU 20299, Präsident des LG Augsburg, Schreiben vom 26.11.1923.

16 Siehe hierzu unten C. XIII.

17 Jüdisches Kulturmuseum Augsburg, Ordner „Jüdische Rechtsanwälte", Gernot Römer, Notiz zum Gespräch mit dem Ehepaar Auerbach, April 1992; LAfF, EG 54586, Hans Auerbach, Antrag auf Entschädigung für den Schaden im beruflichen Fortkommen, S. 1.

18 BayHStA, LEA 2971, Berta Haas, Schreiben an das Bayerische Landesentschädigungsamt vom 18.11.1958; BayHStA, LEA 2971, Bayerisches Landesentschädigungsamt, Aktenvermerk vom 19.10.1961.

19 Jüdisches Kulturmuseum Augsburg, Ordner „Jüdische Rechtsanwälte", Ludwig Mayer Memorandum Rieser, undatiert; Jüdisches Kulturmuseum Augsburg, Ordner „Jüdische Rechtsanwälte", Erna Auerbach, Schreiben an Gernot Römer, vom 20.6.1991.

20 BayHStA, LEA 2971, Berta Haas, Schreiben an das Bayerische Landesentschädigungsamt vom 18.11.1958; BayHStA, LEA 2971, Staatsministerium der Justiz, Schreiben vom 14.11.1923.

21 BayHStA, MJU 20299, Oberstaatsanwalt beim OLG Augsburg, Schreiben an das Staatsministerium der Justiz vom 19.7.1926 und vom 21.3.1928; BayHStA, MJU 20299, Generalstaatsanwalt beim OLG Augsburg, Schreiben an das Staatsministerium der Justiz vom 19.10.1931 und vom 16.12.1931

hin zu schwerwiegenden Vorwürfen wie der Fälschung einer Vollmacht oder der Gläubigerbenachteiligung.[22] Zu einer Verurteilung kam es jedoch nie.[23]

d. Privatleben

Verheiratet war Auerbach mit Erna Auerbach, die am 6. Februar 1902 geboren war.[24] Das Ehepaar Auerbach hatte zwei Kinder, einen Sohn, der 1932 geboren war und eine Tochter, welche 1935 zur Welt kam.[25]

Im Januar 1933 zog das Ehepaar in die Bürgermeister-Fischer-Straße in die Innenstadt Augsburgs, wo Auerbach nur noch etwa fünf Gehminuten in die Kanzlei in der Fuggerstraße benötigte.[26]

2. Leben während der Verfolgung

a. Kein Entzug der Rechtsanwaltszulassung 1933 aufgrund von § 1 Absatz 2 des Rechtsanwaltszulassungsgesetzes

Als Frontkämpfer[27] konnte sich Auerbach auf das Privileg in § 1 Absatz 2 Alternative 2 des Rechtsanwaltszulassungsgesetzes[28] berufen, sodass er seine Rechtsanwaltszulassung 1933 behalten durfte.

b. Verhinderte Auswanderung nach Palästina und Flucht durch Europa

aa. Flucht in die Niederlande

Im August 1937 wanderte Auerbach gemeinsam mit seiner Ehefrau, seinem fünfjährigen Sohn und seiner zweijährigen Tochter in die Niederlande aus.[29] Auerbach

---

22 BayHStA, MJU 20299, Oberstaatsanwalt beim OLG Augsburg, Schreiben an das Staatsministerium der Justiz vom 21.3.1928.

23 BayHStA, MJU 20299, Oberstaatsanwalt beim OLG Augsburg, Schreiben an das Staatsministerium der Justiz vom 19.7.1926; BayHStA, MJU 20299, Oberstaatsanwalt beim OLG Augsburg, Schreiben an das Staatsministerium der Justiz vom 30.7.1928; BayHStA, MJU 20299, Generalstaatsanwalt beim OLG Augsburg, Schreiben an das Staatsministerium der Justiz vom 19.10.1931; BayHStA, MJU 20299, Generalstaatsanwalt beim OLG Augsburg, Schreiben an das Staatsministerium der Justiz vom 16.12.1931.

24 Römer, An meine Gemeinde in der Zerstreuung, S. 178.

25 Jüdisches Kulturmuseum Augsburg, Ordner „Jüdische Rechtsanwälte“, Gernot Römer, Notiz zum Gespräch mit dem Ehepaar Auerbach, April 1992; Römer, An meine Gemeinde in der Zerstreuung, S. 178.

26 LAfF, EG 54586, Hans Auerbach, Antrag an das Bayerische Landesentschädigungsamt vom 17.1.1950, S. 1.

27 Siehe oben C. II. 1. b.

28 Siehe oben B. VI. 1. a. b.

29 LAfF, EG 54586, Hans Auerbach, eidesstattliche Versicherung vom 4.10.1952, S. 1; LAfF, EG 54586, LG München I, Endurteil vom 4.3.1958, S. 3.

wollte in den Niederlanden nur solange bleiben, bis er und seine Familie eine Einwanderungserlaubnis nach Palästina oder in die Vereinigten Staaten bekam.[30] Aufgrund von Verzögerungen in der Erstellung der Visa verzögerte sich die Weiterreise jedoch.[31] Der Einmarsch der Deutschen in die Niederlande am 10. Mai 1940 überraschte die Familie Auerbach nach dreijährigem Warten in den Niederlanden.[32] Wenige Wochen nach dem Einmarsch mussten die Auerbachs ihre Wohnung in Rotterdam verlassen, um in das niederländische Landesinnere, in die Nähe von Utrecht, weiterzuziehen.[33]

Die Gefahren für Juden nahmen auch in den Niederlanden immer weiter zu, sodass Auerbachs Ehefrau an den früheren Kameraden ihres Ehemannes aus dem Ersten Weltkrieg Jodl schrieb, der zu dieser Zeit General der Artillerie war.[34] Sie bat Jodl um Hilfe, weil für die Familie die akute Gefahr einer Deportation bestand.[35] Jodl telegrafierte aus dem „Führerbunker", dass er sie gegenüber allen Dienststellen ermächtige, sich bei ihrer Auswanderung auf ihn zu berufen, und über die Familie Auerbach jederzeit Auskunft erteilen könne.[36] Auerbach trug dieses Telegramm als eine *„Art Lebensversicherung"* fortan immer bei sich, weil er sich mit dem Schreiben eines hochrangigen deutschen Generals sehr sicher fühlte.[37]

Seit Mai 1942 mussten auch alle in den Niederlanden wohnenden Juden, die älter als sechs Jahre waren, einen Judenstern tragen.[38] Auerbach musste außerdem sein Radio an die Geheime Staatspolizei abliefern und ein genaues Vermögensverzeichnis erstellen.[39]

1942 lud die SS in Amsterdam Auerbach vor, wo er dem Beamten Jodls Schreiben zeigte.[40] Der zuständige SS-Beamte legte das Telegramm seinem Vorgesetzten vor, jedoch schützte es das Ehepaar Auerbach nicht vor der Anweisung der SS, wenige Tage darauf erneut mit sämtlichen Habseligkeiten, insbesondere mit allen

---

30 LAfF, EG 54586, Hans Auerbach, eidesstattliche Versicherung vom 4.10.1952, S. 1; LAfF, EG 54586, LG München I, Endurteil vom 4.3.1958, S. 3.

31 LAfF, EG 54586, Hans Auerbach, eidesstattliche Versicherung vom 4.10.1952, S. 1; LAfF, EG 54586, LG München I, Endurteil vom 4.3.1958, S. 3.

32 LAfF, EG 54586, Hans Auerbach, eidesstattliche Versicherung vom 4.10.1952, S. 1.

33 LAfF, EG 54586, Hans Auerbach, eidesstattliche Versicherung vom 4.10.1952, S. 1.

34 Jüdisches Kulturmuseum Augsburg, Ordner „Jüdische Rechtsanwälte", Gernot Römer, Notiz zum Gespräch mit dem Ehepaar Auerbach, April 1992.

35 Jüdisches Kulturmuseum Augsburg, Ordner „Jüdische Rechtsanwälte", Gernot Römer, Notiz zum Gespräch mit dem Ehepaar Auerbach, April 1992.

36 Jüdisches Kulturmuseum Augsburg, Ordner „Jüdische Rechtsanwälte", Gernot Römer, Notiz zum Gespräch mit dem Ehepaar Auerbach, April 1992.

37 Jüdisches Kulturmuseum Augsburg, Ordner „Jüdische Rechtsanwälte", Gernot Römer, Notiz zum Gespräch mit dem Ehepaar Auerbach, April 1992.

38 LAfF, EG 54586, Hans Auerbach, eidesstattliche Versicherung vom 4.10.1952, S. 1; LAfF, EG 54586, Niederländisches Rotes Kreuz, Gutachten in Sachen Verpflichtung zum Tragen des Judensterns in den Niederlanden vom 20.7.1959.

39 LAfF, EG 54586, Hans Auerbach, eidesstattliche Versicherung vom 4.10.1952, S. 1.

40 Jüdisches Kulturmuseum Augsburg, Ordner „Jüdische Rechtsanwälte", Gernot Römer, Notiz zum Gespräch mit dem Ehepaar Auerbach, April 1992.

Wertgegenständen, wiederzukommen.[41] Auerbach erkannte die akute Gefahr und die drohenden Folgen für sich und seine Familie. Er wartete den neuerlichen Termin nicht ab, sondern floh Mitte Juni 1942 gemeinsam mit seiner Familie über Nacht aus den Niederlanden.[42]

bb. Flucht über Belgien und Frankreich

Die Familie Auerbach floh über Belgien nach Frankreich, weil Auerbach erfahren hatte, dass andere Juden über Marseille in die Vereinigten Staaten auswandern konnten.[43] Von Frankreich konnte die Familie aufgrund des Vormarschs der Deutschen jedoch nicht weiterreisen.[44] Auerbach hatte auch eine zwischenzeitlich angestellte Überlegung, über Spanien nach Portugal zu gelangen, aufgrund von Erkrankungen der Kinder und der Gefahr, in Spanien wegen der illegalen Durchreise in Gefangenschaft zu geraten, verworfen.[45] Die Familie reiste in Richtung der Schweizer Grenze weiter, wo sie Mitte August 1942 ankam.[46]

Den größten Teil der Strecke legte die Familie entweder zu Fuß oder mit dem Zug zurück, in dem sie ein französischer Schlepper führte und sie kein Wort miteinander sprechen durften, damit niemandem auffiel, dass sie keine Franzosen waren.[47]

cc. Flucht über die Schweizer Grenze

Als die Familie Auerbach an der Schweizer Grenze angekommen war, floh sie *„bei Nacht und Nebel zu Fuß über die Grenze"*[48]. In der Schweiz – wo Auerbach immer noch versuchen wollte, nach Übersee auszuwandern – erteilte die zuständige Behörde der Familie die Auflage, sich während der ersten drei Wochen in einem Hotel aufzuhalten.[49] Nach dieser Zeit nahmen die Schweizer Behörden Auerbach und, von ihm getrennt, seine Ehefrau mit den Kindern in unterschiedlichen Gefängnissen und Arbeitslagern, in welchem er täglich körperlich arbeiten musste, in Polizeigewahrsam.[50]

---

41 Jüdisches Kulturmuseum Augsburg, Ordner „Jüdische Rechtsanwälte", Gernot Römer, Notiz zum Gespräch mit dem Ehepaar Auerbach, April 1992.

42 LAfF, EG 54586, Hans Auerbach, eidesstattliche Versicherung vom 4.10.1952, S. 1.

43 LAfF, EG 54586, Hans Auerbach, eidesstattliche Versicherung vom 4.10.1952, S. 1; LAfF, EG 54586, LG München I, Endurteil vom 4.3.1958, S. 3.

44 LAfF, EG 54586, LG München I, Endurteil vom 4.3.1958, S. 4.

45 Römer, An meine Gemeinde in der Zerstreuung, S. 178; LAfF, EG 54586, Hans Auerbach, eidesstattliche Versicherung vom 4.10.1952, S. 1; LAfF, EG 54586, LG München I, Endurteil vom 4.3.1958, S. 3.

46 Römer, An meine Gemeinde in der Zerstreuung, S. 178; LAfF, EG 54586, Hans Auerbach, eidesstattliche Versicherung vom 4.10.1952, S. 1; LAfF, EG 54586, LG München I, Endurteil vom 4.3.1958, S. 3.

47 LAfF, EG 54586, Hans Auerbach, eidesstattliche Versicherung vom 4.10.1952, S. 1.

48 LAfF, EG 54586, Hans Auerbach, eidesstattliche Versicherung vom 4.10.1952, S. 1.

49 LAfF, EG 54586, Hans Auerbach, eidesstattliche Versicherung vom 4.10.1952, S. 2; LAfF, EG 54586, LG München I, Endurteil vom 4.3.1958, S. 3.

50 LAfF, EG 54586, Hans Auerbach, eidesstattliche Versicherung vom 4.10.1952, S. 2; LAfF, EG 54586, LG München I, Endurteil vom 4.3.1958, S. 3.

Erst im April 1944 erfolgte eine Verlegung zu seiner Ehefrau in ein Familienlager.[51] Auerbachs Kinder durften bereits im Juni 1943 das Gefängnis verlassen und kamen in einem Heim unter.[52]

dd. Israel

Erst nach dem Krieg entließ die zuständige Schweizer Behörde Auerbach und seine Ehefrau zu ihren Kindern und ließ sie nach Israel weiterreisen, wo Auerbach bis zu seinem Tod eine neue Heimat fand.[53]

ee. Berufliche Tätigkeiten in der Emigration

Während der Flucht nahm Auerbach viele Tätigkeiten auf, um das Überleben seiner Familie zu sichern. Unter anderem arbeitete er in einem Hühnerstall.[54] Im israelischen Exil in Pardess Hanna wurde er Verwaltungsangestellter der Gemeinde, was seiner Ausbildung als Rechtsanwalt eher entsprach.[55]

ff. Eingelagerte Wohnungseinrichtung

Seine Augsburger Wohnungseinrichtung hatte Auerbach in Vorbereitung seiner Flucht bei einem Spediteur einlagern lassen, bei dem sie die SS zwischen 1942 und 1943 beschlagnahmte, ins Deutsche Reich brachte und dort unter Wert versteigerte.[56]

3. Tod

Hans Auerbach verstarb am 19. August 1993 im Alter von 99 Jahren im Hilel Jaffe Krankenhaus in Hadera (Israel), was rund sieben Kilometer von Pardess Hanna entfernt ist.[57] Erna Auerbach starb vier Jahre später im Alter von 95 Jahren in Pardess Hanna.[58]

---

51 LAfF, EG 54586, Hans Auerbach, eidesstattliche Versicherung vom 4.10.1952, S. 2.

52 LAfF, EG 54586, Hans Auerbach, eidesstattliche Versicherung vom 4.10.1952, S. 2.

53 LAfF, EG 54586, Hans Auerbach, Antrag an das Bayerische Landesentschädigungsamt vom 17.1.1950; LAfF, EG 54586, Hans Auerbach, Antrag an das Bayerische Landesentschädigungsamt wegen des Schadens im wirtschaftlichen und beruflichen Fortkommen vom 17.1.1950.

54 Römer, An meine Gemeinde in der Zerstreuung, S. 178.

55 Römer, An meine Gemeinde in der Zerstreuung, S. 178.

56 LAfF, EG 54586, Hans Auerbach, eidesstattliche Versicherung vom 4.10.1952, S. 1; LAfF, EG 54586, Hans Auerbach, Anlage zu Auerbachs Antrag (Formblatt D) an das Bayerische Landesamt für Wiedergutmachung vom 17.1.1950.

57 LAfF, EG 54586, Staat Israel, Innenministerium, Sterbeurkunde (Übersetzung aus dem Hebräischen) vom 17.10.1993.

58 Römer, An meine Gemeinde in der Zerstreuung, S. 178.

4. Entschädigung

Auerbach stellte am 17. Januar 1950 einen Antrag gemäß §§ 21 – 34 USEG[59] an das Bayerische Landesentschädigungsamt (vormals Bayerisches Landesamt für Wiedergutmachung)[60] auf Entschädigung für den Schaden im beruflichen Fortkommen (Formblatt E)[61] in seiner Tätigkeit als Rechtsanwalt.[62] Darüber hinaus stellte Auerbach am 17. Januar 1950 mittels des Formblattes D auch einen Antrag zum Bayerischen Landesentschädigungsamt gemäß §§ 17, 18, 19 und 20 USEG auf Entschädigung des Schadens an Eigentum und Vermögen.[63]

Das Bayerische Landesentschädigungsamt reagierte auf diese Anträge nicht, sodass die United Restitution Organization[64], die Auerbach seit dem 24. Februar 1950 vertrat,[65] am 30. Juni 1952 Klage für Auerbach zu dem Landgericht München I erhob.[66]

a. Schaden im beruflichen Fortkommen

aa. Vergleich über Entschädigung im beruflichen Fortkommen in Form einer Kapitalentschädigung

Über den Schaden im beruflichen Fortkommen schloss Auerbach am 20. September 1953 offenbar[67] einen Vergleich mit dem Freistaat Bayern, vertreten durch das Bay-

---

59 Siehe oben C. I. 4. a. aa. dass es gemäß § 231 BEG nach dem Inkrafttreten des BEG keiner neuen Antragstellung bedurfte.

60 Siehe oben C. I. 4. a.

61 Siehe zu der Verwendung von Formblättern oben C. I. 4. a. aa.

62 LAfF, EG 54586, Hans Auerbach, Antrag (Formblatt E) an das Bayerische Landesamt für Wiedergutmachung vom 17.1.1950.

63 LAfF, EG 54586, Hans Auerbach, Antrag (Formblatt D) an das Bayerische Landesamt für Wiedergutmachung vom 17.1.1950.

64 Die United Restitution Organization war eine *„international tätige, gemeinnützige Rechtshilfeorganisation"* mit Sitz in London, an welche sich jüdische Verfolgte wenden konnten, um ihre Rückerstattungs- und Entschädigungsansprüche ohne Kostenrisiko geltend zu machen. Die United Restitution Organization finanzierte sich zum einen durch finanzielle Unterstützung verschiedener Sponsoren, zum anderen aus prozentualen Erfolgshonoraren der für ihre Mandanten erstrittenen Entschädigungszahlungen (siehe Hockerts, Anwälte der Verfolgten, Die United Restitution Organization, S. 251 ff, 260).

65 LAfF, EG 54586, Hans Auerbach, Vollmacht zu Gunsten der United Restitution Organization vom 24.2.1950.

66 LAfF, EG 54586, United Restitution Organization, Klageerhebung beim LG München I vom 30.6.1952.

67 Der Vergleich sowie der spätere Widerruf des Vergleichs befinden sich nicht (mehr) in der Entschädigungsakte, es wird jedoch mehrfach sowohl von der United Restitution Organization für Auerbach als auch von dem Bayerischen Landesentschädigungsamt sowie von dem Landgericht München I auf den Vergleich hingewiesen (LAfF, EG 54586, United Restitution Organization, Schreiben an Bayerisches Landesentschädigungsamt vom 16.9.1954; LAfF, EG 54586, Bayerisches Landesentschädigungsamt, Verfügung vom 10.12.1954; LAfF, EG 54586, Teilvergleich zwischen Hans Auerbach, und dem Freistaat Bayern, LG München I, Protokoll vom 9.8.1955).

erische Landesentschädigungsamt, in dem ihm das Bayerische Landesentschädigungsamt eine Entschädigung gemäß §§ 25, 26 Bundesergänzungsgesetz in Form einer Kapitalentschädigung in Höhe von 13.000 Deutsche Mark zugesprochen hatte.[68] Diesen Vergleich widerrief Auerbach später.

bb. Vergleich vom 9 August 1955 über Entschädigung im beruflichen Fortkommen in Form einer Rentenzahlung

Die United Restitution Organization einigte sich für Auerbach in einem neuen gerichtlichen Teilvergleich mit dem Freistaat Bayern auf eine Entschädigung in Form einer lebenslangen monatlichen Rente (§§ 30 Absatz 1 Alternative 2, 33 Absatz 1 und 2 Bundesergänzungsgesetz).[69] Die Rente war an Auerbach vom 1. November 1953 an auszuzahlen und betrug den nach § 33 Absatz 2 Satz 2 Bundesergänzungsgesetz monatlichen Höchstbetrag in Höhe von 500 Deutsche Mark.[70]

Das Bayerische Landesentschädigungsamt stufte Auerbach bezüglich der Höhe der Rente in die vergleichbare Besoldungsgruppe des höheren Diensts ein.[71] Für die Zeit vor dem 1. November 1953 vereinbarten die Parteien gemäß § 33 Absatz 3 Bundesergänzungsgesetz eine Einmalentschädigung in Höhe von 6.000 Deutsche Mark, was einem Jahresbetrag der Rente entsprach.[72] Das Bayerische Landesentschädigungsamt veranlasste am 7. Oktober 1955 die Auszahlung von 15.000 Deutsche Mark an Auerbach.[73] Der Betrag setzte sich aus einer Rentennachzahlung für den Zeitraum vom 1. November 1953 bis 31. Oktober 1955 in Höhe von 12.000 Deutsche Mark (24 Monate × 500 Deutsche Mark) und der Kapitalentschädigung in Höhe von 6.000 Deutsche Mark abzüglich einer Vorschussleistung in Höhe von 3.000 Deutsche Mark, welche das Bayerische Landesentschädigungsamt an Auerbach am 18. Januar 1955 bereits ausgezahlt hatte,[74] zusammen.

cc. Vergleich vom 22. September 1958 über Entschädigung im beruflichen Fortkommen in Form einer Rentenzahlung

Mit dem rückwirkenden Inkrafttreten des BEG zum 1. Oktober 1953[75] erhöhte sich der monatliche Rentenhöchstbetrag von 500 Deutsche Mark auf 600 Deutsche Mark

---

68 LAfF, EG 54586, Teilvergleich zwischen Hans Auerbach, und dem Freistaat Bayern, LG München I, Protokoll vom 9.8.1955.

69 LAfF, EG 54586, Teilvergleich zwischen Hans Auerbach und dem Freistaat Bayern, LG München I, Protokoll vom 9.8.1955.

70 LAfF, EG 54586, Teilvergleich zwischen Hans Auerbach und dem Freistaat Bayern, LG München I, Protokoll vom 9.8.1955, S. 2.

71 LAfF, EG 54586, Teilvergleich zwischen Hans Auerbach und dem Freistaat Bayern, LG München I, Protokoll vom 9.8.1955, S. 2.

72 LAfF, EG 54586, Teilvergleich zwischen Hans Auerbach und dem Freistaat Bayern, LG München I, Protokoll vom 9.8.1955, S. 2.

73 LAfF, EG 54586, Bayerisches Landesentschädigungsamt, Verfügung vom 7.10.1955.

74 LAfF, EG 54586, Bayerisches Landesentschädigungsamt, Verfügung vom 10.12.1954.

75 Siehe oben B. VII. 4.

(§ 83 Absatz 2 BEG), woraufhin die United Restitution Organization den oben genannten[76] Teilvergleich mit Schreiben vom 22. Mai 1958 in Auerbachs Namen anfocht.[77] Das Bayerische Landesentschädigungsamt und die United Restitution Organization einigten sich am 22. September 1958 erneut auf einen Vergleich, der die monatliche Rentenzahlung von 600 Deutsche Mark (§§ 81, 83 Absatz 2 BEG) vom 1. November 1953 an und eine Kapitalentschädigung für die Zeit vor dem 1. November 1953 in Höhe eines Rentenjahresbetrags (§ 83 Absatz 3 BEG) von 7.200 Deutsche Mark (zwölf Monate × 600 Deutsche Mark) vorsah.[78] Für die seit dem 1. November 1953 bis zum 31. August 1958 bereits vergangene Zeit erhielt Auerbach eine Nachzahlung in Höhe der Differenz zwischen der bisherigen und der neuen Rentenhöhe und den Unterschiedsbeträgen der Kapitalentschädigungen für die Zeit vor dem 1. November 1953.[79] Die Nachzahlung betrug insgesamt 7.000 Deutsche Mark[80] .[81] Das Bayerische Landesentschädigungsamt zahlte diesen Betrag am 1. Oktober 1958 an Auerbach aus.[82]

dd. Rentenanpassungen und Gesamtbetrag der Rentenleistungen

Das Bayerische Landesentschädigungsamt passte die Rente in den folgenden Jahren immer wieder an die gesetzlichen Änderungen an, bis sie zuletzt im August 1993 3.019 Deutsche Mark pro Monat betrug.[83] Insgesamt erhielt Auerbach aufgrund dessen, dass seine Rente gemäß § 81 Satz 2 BEG auf Lebenszeit zu zahlen war, bis zu seinem Tod einen Gesamtbetrag in Höhe von 722.510 Deutsche Mark.[84]

---

76 Siehe oben C. II. 4. a. cc.

77 LAfF, EG 54586, United Restitution Organization, Schreiben an das Bayerische Landesentschädigungsamt vom 22.5.1958, S. 1.

78 LAfF, EG 54586, Vergleich zwischen Hans Auerbach und dem Freistaat Bayern vom 19./22.9.1958, S. 1.

79 LAfF, EG 54586, Bayerisches Landesentschädigungsamt, Kontostand Auerbach, undatiert.

80 Nach neuer Rentenhöhe für den Zeitraum vom 1.11.1954 bis 31.8.1958 zustehender Betrag: 58 Monate (Zeitraum vom 1. November 1953 bis 31. August 1958) x 600 Deutsche Mark/Monat + 7.200 Deutsche Mark = 42.000 Deutsche Mark; bereits ausgezahlter Betrag: 58 Monate x 500 Deutsche Mark + 6.000 Deutsche Mark = 35.000 Deutsche Mark; Differenz: 42.000 Deutsche Mark ./. 35.000 Deutsche Mark = 7.000 Deutsche Mark.

81 LAfF, EG 54586, Vergleich zwischen Hans Auerbach und dem Freistaat Bayern vom 19./22.9.1958, S. 1.

82 LAfF, EG 54586, Bayerisches Landesentschädigungsamt, Kontostand Auerbach, undatiert.

83 LAfF, EG 54586, Bayerisches Landesentschädigungsamt, Mitteilung vom 20.6.1994.

84 LAfF, EG 54586, Bayerisches Landesentschädigungsamt, Rentenänderungsbescheide vom 14.6.1961 (zwei Bescheide), vom 18.7.1962, vom 14.6.1963, vom 3.9.1963 und vom 18.1.1965; LAfF, EG 54586, Bayerisches Landesentschädigungsamt, Mitteilungen vom 16.12.1969, vom 15.8.1970, vom 16.8.1970, vom 29.12.1971, vom 28.12.1972 (zwei Bescheide), vom 20.8.1974, vom 20.8.1975, vom 19.10.1976, vom 21.11.1977, vom 21.11.1978, vom 22.11.1979, vom 12.12.1980, vom 17.11.1981, vom 19.1.1983, vom 20.9.1983, vom 17.4.1985, vom 16.6.1986, vom 20.7.1987, vom 18.10.1988, vom 17.9.1990, vom 17.9.1991, vom 19.10.1992, vom 18.8.1993 und vom 20.6.1994.

b. Schaden durch Entrichtung von Sonderabgaben

Die United Restitution Organization machte mit der am 30. Juni 1952 zu dem Landgericht München I erhobenen Klage[85] auch den Anspruch auf Entschädigung des Schadens an Eigentum und Vermögen in Form der von Auerbach im August und September 1937 in Höhe von 16.000 Reichsmark entrichteten Reichsfluchtsteuer geltend.[86]

aa. Vergleich vom 28. Mai 1956

Am 28. Mai 1956 schloss Auerbach, vertreten durch die United Restitution Organization, mit dem Freistaat Bayern vor dem Landgericht München I einen Vergleich für die Entschädigung des Schadens durch von ihm an das Finanzamt Augsburg geleistete Reichsfluchtsteuer.[87] Der Vergleich sah eine Kapitalentschädigung in Höhe von 2.789,70 Deutsche Mark (§§ 3, 1 Absatz 1, 59 Absatz 1, Absatz 2 Ziffer 3 BEG) vor, die das Bayerische Landesentschädigungsamt an Auerbach am 5. Oktober 1956 ausbezahlte.[88] Der Entschädigungsbetrag entsprach einem Betrag in Höhe von 13.948,50 Reichsmark, den das Landgericht München I gemäß § 11 Absatz 1 BEG im Verhältnis 10 : 2 auf 2.789,70 Deutsche Mark umgestellt hatte.[89]

bb. Vergleich vom 27. September 1956

Auerbach hatte außerdem am 27. September 1956 mit dem Freistaat Bayern vor dem Landgericht München I einen Teilvergleich über die Entschädigung (§§ 3, 1, 59 Absatz 1, 59 Absatz 2 Ziffer 2 BEG) für einen im Rahmen der Auswanderung erlittenen Transferschaden in Höhe von 461,25 Deutsche Mark abgeschlossen.[90] Dieser Transferschaden war Auerbach durch den Entzug von Wertpapieren von seinem Wertpapierdepot und deren Verkauf unter Wert durch die Golddiskontbank, welche für die Verwertung von Wertpapieren zuständig war, am 21. Februar und 5. März 1938 zur Bezahlung der restlichen Reichsfluchtsteuer an das Finanzamt

---

85 Siehe oben C. I. 4.

86 LAfF, EG 54586, United Restitution Organization, Klageerhebung beim LG München I vom 30.6.1952.

87 LAfF, EG 54586, Teilvergleich zwischen Hans Auerbach und dem Freistaat Bayern, LG München I, Protokoll vom 28.5.1956, S. 1; LAfF, EG 54586, Bayerisches Landesentschädigungsamt, Auszahlungsverfügung vom 5.10.1956.

88 LAfF, EG 54586, Teilvergleich zwischen Hans Auerbach und dem Freistaat Bayern, LG München I, Protokoll vom 28.5.1956, S. 1; LAfF, EG 54586, Bayerisches Landesentschädigungsamt, Auszahlungsverfügung vom 5.10.1956.

89 LAfF, EG 54586, Teilvergleich zwischen Hans Auerbach und dem Freistaat Bayern, LG München I, Protokoll vom 28.5.1956, S. 1.

90 LAfF, EG 54586, Teilvergleich zwischen Hans Auerbach und dem Freistaat Bayern, LG München I, Protokoll vom 27.9.1956, S. 2.

Augsburg in Höhe von 2.306,28 Reichsmark entstanden.[91] Der Betrag des Transferschadens ergab umgestellt im Verhältnis von 10 : 2 (§ 11 Absatz 1 BEG) einen Betrag in Höhe des Vergleichsbetrages von 461,25 Deutsche Mark.

Der in dem Verfahren vor dem Landgericht München I von den Parteien eingereichte Schriftverkehr ist in der überlieferten Akte nicht enthalten. Es ist aber davon auszugehen, dass die United Restitution Organization den ursprünglich von Auerbach als Schaden durch Zahlung der Reichsfluchtsteuer geltend gemachten Betrag in Höhe von 16.000 Reichsmark auf 16.254,78 Reichsmark berichtigt hatte. Dieser Betrag setzte sich aus dem in bar gezahlten Betrag in Höhe von 13.948,50 Reichsmark[92] und den durch Einzug von Wertpapieren gezahlten Betrag in Höhe von 2.306,28 Reichsmark zusammen.

c. Schadensersatz für an die Golddiskontbank übergebene Wertpapiere

Erst 1969 erhielt Auerbach außerdem eine Entschädigung für die Wertpapiere, die er bei seiner Ausreise in die Niederlande an die Golddiskontbank hatte verkaufen müssen und deren Erlös die Golddiskontbank einem Ausländersperrkonto gutgeschrieben hatte.[93] Auerbach hatte von der Golddiskontbank im Dezember 1937 (zu diesem Zeitpunkt war er mit seiner Familie bereits in den Niederlanden)[94] die Genehmigung erhalten, die Hälfte seines Wertpapierbestands in die Niederlande zu bringen unter der Auflage, dass er die andere Hälfte an die Golddiskontbank (unter Wert) verkaufte.[95] Das Legal Aid Department[96], welche Auerbach in seinen Wiedergutmachungsverfahren vertrat, meldete für Auerbach am 29. Januar 1965 einen Anspruch auf Rückerstattung der an die Golddiskontbank von Auerbach am 30. Dezember 1937 verkauften Wertpapieren an.[97] Im Wiedergutmachungsverfahren vor der Wiedergutmachungsbehörde für Oberbayern lehnte das Deutsche Reich eine Entschädigung ab, weil keine sachenrechtliche Verfügung über das Vermögen erfolgt sei.[98] Vor der Wiedergutmachungsbehörde für Oberbayern ließ sich kein Vergleich zwischen den Parteien erzielen, sodass die Wiedergutmachungsbehörde das

---

91 StA München, WB I/N 6811 I WKN 150/65, Bankhaus H. Aufhäuser, Schreiben an Hans Auerbach vom 22.12.21959; StA München, WB I/N 6811 I WKN 150/65, Wiedergutmachungsbehörde Oberbayern, Niederschrift nichtöffentliche Verhandlung vom 20.9.1965.

92 Siehe oben C. II. 4. b. aa.

93 StA München, WB I/N 6811 I WKN 150/65, Wiedergutmachungsbehörde für Oberbayern, Niederschrift vom 20.9.1965, S. 2.

94 Siehe oben C. II. 2. c.

95 StA München, WB I/N 6811 I WKN 150/65, Bankhaus H. Aufhäuser, Schreiben an das LG München I vom 14.3.1966, S. 1.

96 Das Legal Aid Department war die Rechtshilfeabteilung der Jewish Restitution Successor Organization, welche die US-Militärregierung in der von ihr verwalteten Besatzungszone als Nachfolgeorganisation jüdischen Vermögens einsetzte (siehe im Einzelnen Hockerts, Anwälte der Verfolgten, Die United Restitution Organization, S. 254).

97 StA München, WB I/N 6811 I WKN 150/65, Legal Aid Department, Anmeldung zur OFD München vom 29.1.1965.

98 StA München, WB I/N 6811 I WKN 150/65, Wiedergutmachungsbehörde für Oberbayern, Niederschrift vom 20.9.1965.

Verfahren gemäß § 28 Absatz 5 Bundesrückerstattungsgesetz an das Landgericht München I verwies, das Auerbachs Klage als unbegründet abwies.[99] Das Landgericht begründete seine Klageabweisung damit, dass zum Zeitpunkt von Auerbachs Auswanderung die Gesetzeslage nicht nur jüdische Auswanderer benachteiligt habe, sondern dass aufgrund der Devisenlage seit 1934 für alle Auswanderer gleichermaßen gegolten habe, dass sie Devisen nur in einem sehr geringen Anteil hätten mitnehmen dürfen.[100] Für einen Anspruch gemäß §§ 2 a Absatz 1, Absatz 5, 16 Absatz 1 Bundesrückerstattungsgesetz fehle es somit an dem Tatbestandsmerkmal des § 2 a Absatz 1 Bundesrückerstattungsgesetz, dass sich ein Rechtsträger entgegen rechtsstaatlicher Grundsätzen das Eigentum verschafft hätte.[101] Das Landgericht führte in seiner Urteilsbegründung weiter aus, dass erst der *„Allgemeine Erlass Nr. 64/38 (vertraulich)"*,[102] des Reichs- und Preußischen Wirtschaftsministers Walter Funk an die Oberfinanzpräsidenten (Devisenstellen) und den Leiter der Devisenstelle Wien vom 14. Mai 1938, jüdische Auswanderer aufgrund ihrer „Rasse" benachteiligt habe.[103]

Auerbach legte gegen den Beschluss des Landgerichts sofortige Beschwerde beim Oberlandesgericht München ein, welches den Parteien den Abschluss eines Vergleichs dahin gehend empfahl, dass das Deutsche Reich Auerbach die entzogenen Wertpapiere nach Maßgabe des Bundesrückerstattungsgesetzes zurückerstatte.[104] Das Oberlandesgericht schlug einen derartigen Vergleich aufgrund seiner Überlegung vor, dass die Golddiskontbank die Ablieferung der Wertpapiere angeordnet habe, obwohl nach dem Gesetz eine Ablieferungspflicht – anders als vom Landgericht dargestellt – noch nicht bestanden habe.[105] Zwar ließ sich die Anordnung der Golddiskontbank nicht nachweisen; jedoch sprach nach Ansicht des Oberlandesgerichts zum einen viel dafür, zum anderen war nach der Rechtsprechung des Oberlandesgerichts bei mehreren möglichen Varianten die für den Verfolgten günstigste anzunehmen.[106] Den Vorschlag des Oberlandesgerichts nahmen die Parteien an, sodass es in der mündlichen Verhandlung am 29. September 1969 vor dem Oberlandesgericht München zum Abschluss eines Vergleichs kam, in dem sich das Deutsche Reich, vertreten durch die Oberfinanzdirektion München, verpflichtete, Auerbach den Schaden in Höhe von 4.246,63 Deutsche Mark zu ersetzen (§§ 2 a Absatz

---

99 StA München, WB I/N 6811 I WKN 150/65, LG München I, Beschluss vom 13.7.1966, S. 1.

100 StA München, WB I/N 6811 I WKN 150/65, LG München I, Beschluss vom 13.7.1966, S. 5 ff.

101 StA München, WB I/N 6811 I WKN 150/65, LG München I, Beschluss vom 13.7.1966, S. 5 ff.

102 Abgedruckt in Lorenz/ Beremann, Die Hamburger Juden im NS-Staat, S. 33; Das LG München I nutzte in dem Beschluss vom 13.7.1966 den Begriff „Allgemeine vertrauliche Verfügung Nr. 64".

103 StA München, WB I/N 6811 I WKN 150/65, LG München I, Beschluss vom 13.7.1966, S. 7.

104 StA München, WB I/N 6811 I WKN 150/65, OLG München, Verfügung vom 3.9.1969, S. 1.

105 StA München, WB I/N 6811 I WKN 150/65, OLG München, Verfügung vom 3.9.1969, S. 1 f.

106 StA München, WB I/N 6811 I WKN 150/65, OLG München, Verfügung vom 3.9.1969, S. 2.

1, Absatz 5, 16 Absatz 1 Bundesrückerstattungsgesetz).[107] In dem vorgenannten Betrag war die Nutzungspauschale[108] gemäß § 16 Absatz 2 Satz 2 Bundesrückerstattungsgesetz für entgangene Zinsen enthalten.[109]

d. Auswanderungsschaden

aa. Auswanderungsschaden aus dem Deutschen Reich in die Niederlande

Am 18. Oktober 1957 schloss die United Restitution Organization für Auerbach einen weiteren Teilvergleich mit dem Freistaat Bayern ab.[110] Dieser Vergleich enthielt zum einen die Entschädigung für die Kosten für die Auswanderung in die Niederlande in Höhe von umgestellt (§ 11 Absatz 1 BEG) 700 Deutsche Mark (§§ 3, 1, 57 Absatz 1 BEG).[111] Zum anderen umfasste der Vergleich die Entschädigung für den Schaden, der Auerbach durch die Versteigerung[112] seines Mobiliars unter Wert in Höhe von umgerechnet 1.000 Deutsche Mark (§ 11 Absatz 1 BEG) entstanden war (§§ 3, 1 Absatz 1, 56 Absatz 1 BEG).[113]

Die Entschädigungsbeträge in Höhe von insgesamt 1.700 Deutsche Mark bezahlte das Bayerische Landesentschädigungsamt am 20. März 1958 an Auerbach aus.[114]

bb. Auswanderungsschaden für die Weiterreise aus den Niederlanden in die Schweiz

Für die weiteren Auswanderungskosten, die der Familie Auerbach durch die Reise von Deutschland über die Niederlande nach Frankreich und schließlich in die Schweiz entstanden waren, erhielt Auerbach erst durch Endurteil des Landgerichts München eine Entschädigung zugesprochen.[115]

(1.) Ablehnung des Anspruchs durch das Bayerische Landesentschädigungsamt

Das Bayerische Landesentschädigungsamt war der Ansicht, dass nur die Kosten für die Reise in die Niederlande zu ersetzen seien, weil die Kosten für die weitere Flucht

---

107 StA München, WB I/N 6811 I WKN 150/65, OLG München, Protokoll vom 29.9.1969, S. 2.
108 Siehe oben die Ausführungen unter C. II. 4. b.
109 StA München, WB I/N 6811 I WKN 150/65, OLG München, Protokoll vom 29.9.1969, S. 2.
110 LAfF, EG 54586, Teilvergleich zwischen Hans Auerbach und dem Freistaat Bayern, LG München I, Protokoll vom 18.10.1957, S. 1 f.
111 LAfF, EG 54586, Teilvergleich zwischen Hans Auerbach und dem Freistaat Bayern, LG München I, Protokoll vom 18.10.1957, S. 1 f.
112 Siehe oben C. II. 2. b. ff.
113 LAfF, EG 54586, Teilvergleich zwischen Hans Auerbach und dem Freistaat Bayern, LG München I, Protokoll vom 18.10.1957, S. 1 f.
114 LAfF, EG 54586, Bayerisches Landesentschädigungsamt, Auszahlungsverfügung vom 20.3.1958.
115 LAfF, EG 54586, LG München I, Endurteil vom 4.3.1958, S. 1.

nicht mehr auf dem ehemaligen Reichsgebiet entstanden und als reine Vermögensschäden nicht aufgrund von §§ 3, 1 Absatz 1, 57 Absatz 1 BEG zu ersetzen seien.[116] Der Hintergrund dieser Argumentation war, dass § 57 Absatz 1 BEG als Voraussetzung vorsah, dass der Verfolgte für die Geltendmachung eines Auswanderungsschadens aus dem Reichsgebiet in den Grenzen vom 31. Dezember 1937 geflohen sein musste. Die Deutschen besetzten die Niederlande jedoch erst 1940, sodass die Niederlande zum Stichtag des § 57 Absatz 1 BEG nicht zum Reichsgebiet gehörte. Sofern die Argumentation des Bayerischen Landesentschädigungsamts zutreffend gewesen wäre, wäre die Flucht der Familie Auerbach in den Niederlanden beendet gewesen. Die weitere Flucht wäre ein neuer Entschluss und somit nach der Argumentation des Bayerischen Landesentschädigungsamts eine neue Flucht gewesen, jedoch nicht mehr aus dem Reichsgebiet und somit nicht mehr von § 57 Absatz 1 BEG erfasst. Die Grundlage der Argumentation des Bayerischen Landesentschädigungsamts war ein Urteil des Bundesgerichtshofs aus dem Jahr 1957, in dem der Bundesgerichtshof weitere Auswanderungskosten für eine Flucht in die Vereinigten Staaten nach einem mehrjährigen Aufenthalt in der Schweiz ablehnte.[117]

(2.) Anerkennung des Anspruchs durch das Landgericht München I

Das Landgericht München I folgte der Argumentation des Bayerischen Landesentschädigungsamt nicht, sondern sah die Weiterreisekosten vom ursprünglichen Fluchtplan gedeckt, den Auerbach aufgrund der Verfolgung der Juden auf dem Gebiet des Deutschen Reichs gefasst habe.[118] Die Familie habe von Anfang an die Niederlande nur als Zwischenstation nutzen wollen, um nach Israel oder in die Vereinigten Staaten weiterzureisen.[119] Die Weiterreise sei nur an den fehlenden Genehmigungen zur Einreise in die geplanten Länder gescheitert, sodass Auerbach die Flucht durch den langen Aufenthalt in den Niederlanden nicht beendet, sondern aus von ihm nicht zu vertretenden Gründen nur unterbrochen habe.[120] Diese Planänderung durch die Weiterreise nach Frankreich habe an dem auf dem Gebiet des Deutschen Reichs gefassten Plan nichts geändert, weil auch Frankreich nur als Zwischenstation habe dienen sollen.[121] Dasselbe habe für die Weiterreise in die Schweiz entsprechend gegolten; das endgültige Ziel seien weiterhin die Vereinigten Staaten oder Israel gewesen, das die Familie Auerbach jedoch erst nach dem Krieg habe erreichen können.[122] Auerbach war kurz nach dem Krieg nach Israel weitergereist, was nach Ansicht des Landgerichts München ebenfalls dafür sprach, dass dies bis zum Schluss sein eigentliches Ziel gewesen sei.[123] Das Landgericht München I setzte sich in seinen Entscheidungsgründen auch mit dem zitierten Urteil des Bundesgerichtshofs

---

116 LAfF, EG 54586, LG München I, Endurteil vom 4.3.1958, S. 6.
117 BGH, Urteil vom 6.3.1957, IV ZR 306/56.
118 LAfF, EG 54586, LG München I, Endurteil vom 4.3.1958, S. 11 f.
119 LAfF, EG 54586, LG München I, Endurteil vom 4.3.1958, S. 11 f.
120 LAfF, EG 54586, LG München I, Endurteil vom 4.3.1958, S. 11 ff.
121 LAfF, EG 54586, LG München I, Endurteil vom 4.3.1958, S. 12 f.
122 LAfF, EG 54586, LG München I, Endurteil vom 4.3.1958, S. 12 f.
123 LAfF, EG 54586, LG München I, Endurteil vom 4.3.1958, S. 9 f.

auseinander.[124] Das Landgericht wies darauf hin, dass der dem Urteil des Bundesgerichtshofs zugrunde liegende Sachverhalt von dem Sachverhalt der Familie Auerbach abweiche.[125] Denn in dem vom Bundesgerichtshof entschiedenen Fall war der Verfolgte aus dem Gebiet des Deutschen Reichs in die Schweiz geflohen, hatte sich dort einen neuen Lebensmittelpunkt aufgebaut und war erst dann, als er befürchtete, dass die Deutschen auch die Schweiz besetzen könnten, in die Vereinigten Staaten emigriert.[126] Das Verhalten in dem der Entscheidung des Bundesgerichtshofs zugrunde liegenden Sachverhalt habe einen neuen Entschluss zur Auswanderung dargestellt.[127] Auerbach hingegen habe mithilfe der bereits gestellten Affidavits und des Nachweises, dass seine Möbel für die Weiterreise eingelagert geblieben waren, belegen können, dass er von Anfang an weiterreisen wollte und die Zwischenstation in den Niederlanden nicht freiwillig war.[128]

Mit dem BEG-Schlußgesetz endete die Diskussion, ob Schäden von Verfolgten durch Weiterreisen von § 57 Absatz 1 BEG erfasst waren. Der Gesetzgeber fügte mit dem Artikel I, Ziffer 38 Buchstabe b BEG-Schlußgesetz den § 57 Absatz 2 BEG ein, welcher eine Entschädigung für die Kosten der Weiterreise vorsah, sofern der Verfolgte aufgrund von ihm drohenden nationalsozialistischen Gewaltmaßnahmen weitergereist war.

(3.) Schadensberechnung des Entschädigungsanspruchs

Das Landgericht München I sprach Auerbach eine Entschädigung in Höhe von 18.856,40 Deutsche Mark zu.[129] Auerbach konnte keine Quittungen für seine Fluchtkosten vorweisen, was – wie das Landgericht München I in den Entscheidungsgründen anmerkte – für die damaligen Verhältnisse nicht ungewöhnlich war, sodass das Gericht den aufgewandten Betrag gemäß §§ 191 Absatz 2 BEG, 287 Absatz 1 Satz 1 ZPO schätzen musste.[130] Das Gericht ging bei seiner Schätzung im Wesentlichen von Auerbachs Angaben aus, die es aufgrund seiner Erfahrungen aus anderen Prozessen für realistisch hielt.[131] Insgesamt schätzte das Gericht die Kosten auf 17.000 Niederländische Gulden, die zum Umrechnungskurs zum Zeitpunkt der Entscheidung einen Betrag in Höhe von 18.856,40 Deutsche Mark ergaben.[132]

Der nach dem BEG zu erstattende Höchstbetrag für Fluchtkosten belief sich gemäß § 57 Absatz 4 BEG auf 5.000 Deutsche Mark pro Person, was bei vier

---

124 LAfF, EG 54586, LG München I, Endurteil vom 4.3.1958, S. 9 f.
125 LAfF, EG 54586, LG München I, Endurteil vom 4.3.1958, S. 9 f.
126 LAfF, EG 54586, LG München I, Endurteil vom 4.3.1958, S. 13 f.; BGH, Urteil vom 6.3.1957, IV ZR 306/56, Rn. 11.
127 BGH, Urteil vom 6.3.1957, IV ZR 306/56, Rn. 11; LAfF, EG 54586, LG München I, Endurteil, S. 14 f.
128 BGH, Urteil vom 6.3.1957, IV ZR 306/56, Rn. 11; LAfF, EG 54586, LG München I, Endurteil, S. 14 f.
129 LAfF, EG 54586, LG München I, Endurteil vom 4.3.1958, S. 1, 19.
130 LAfF, EG 54586, LG München I, Endurteil vom 4.3.1958, S. 17.
131 LAfF, EG 54586, LG München I, Endurteil vom 4.3.1958, S. 18.
132 LAfF, EG 54586, LG München I, Endurteil vom 4.3.1958, S. 19.

Personen wie im Fall der Familie Auerbach einem Betrag in Höhe von 20.000 Deutsche Mark ergab, sodass der errechnete Betrag in Höhe von 18.500 Deutsche Mark voll zuzusprechen war.[133] Die Auszahlung an Auerbach erfolgte am 15. Oktober 1958.[134]

e. Schaden an Versicherungen außerhalb der Sozialversicherung

Auerbach hatte im November 1929 jeweils eine Lebensversicherung bei der Karlsruher Lebensversicherung AG und bei der Allianz Lebensversicherungs-AG abgeschlossen, deren Auszahlung 1959 an ihn – im Alter von 65 Jahren – erfolgen sollte.[135] Kurz nach Auerbachs Ausreise in die Niederlande kündigte Auerbach die Verträge vorzeitig und stellte die Zahlungen der Versicherungsprämien jeweils am 31. Oktober 1937 ein.[136] Die geringen Rückkaufwerte, welche Auerbach für die Versicherungen von den Versicherungsunternehmen erhielt, verrechnete er im Fall der Lebensversicherung bei der Allianz Lebensversicherungs-AG in Höhe von 1.512 Reichsmark mit offenen Versicherungsbeträgen aus einer Versicherung seiner Ehefrau bei demselben Versicherungsunternehmen; im Fall der Karlsruher Lebensversicherung AG ließ er sich den Betrag in Höhe von 1.417,17 Reichsmark auf sein Ausländersperrkonto auszahlen.[137]

Für den Schaden in Form der Differenz zwischen den eigentlich zugesicherten Auszahlungsbeträgen und den niedrigeren Rückkaufswerten verlangte Auerbach gegenüber dem Bayerischen Landesentschädigungsamt eine Entschädigung. In seinem ursprünglichen Antrag vom 17. Januar 1950 fehlte der Antrag auf Entschädigung für die oben genannten Versicherungen; erst am 4. Oktober 1956 holte Auerbach den Antrag gegenüber dem Bayerischen Landesentschädigungsamt gemäß §§ 58 – 63 Bundesergänzungsgesetz nach.[138]

---

133 LAfF, EG 54586, LG München I, Endurteil vom 4.3.1958, S. 19.

134 LAfF, EG 54586, Bayerisches Landesentschädigungsamt, Auszahlungsverfügung vom 15.10.1958.

135 LAfF, EG 54586, Karlsruher Lebensversicherung AG, Anlage zum Schreiben der Karlsruher Lebensversicherung AG an das Bayerische Landesentschädigungsamt vom 10.1.1961, S. 1; LAfF, EG 54586, Allianz Lebensversicherungs-AG, Schreiben an das Bayerische Landesentschädigungsamt vom 4.5.1961, S. 1.

136 LAfF, EG 54586, Karlsruher Lebensversicherung AG, Anlage zum Schreiben der Karlsruher Lebensversicherung AG an das Bayerische Landesentschädigungsamt vom 10.1.1961, S. 1; LAfF, EG 54586, Allianz Lebensversicherungs-AG, Schreiben an das Bayerische Landesentschädigungsamt vom 4.5.1961, S. 1; LAfF, EG 54586, Bayerisches Landesentschädigungsamt, Bescheid vom 28.6.1961, S. 3.

137 LAfF, EG 54586, Karlsruher Lebensversicherung AG, Anlage zum Schreiben der Karlsruher Lebensversicherung AG an das Bayerische Landesentschädigungsamt vom 10.1.1961, S. 1; LAfF, EG 54586, Allianz Lebensversicherungs-AG, Schreiben an das Bayerische Landesentschädigungsamt vom 4.5.1961, S. 1.

138 LAfF, EG 54586, Hans Auerbach, Antrag an das Bayerische Landesentschädigungsamt vom 17.1.1950, S. 4; LAfF, EG 54586, Bayerisches Landesentschädigungsamt, Bescheid vom 28.6.1961, S. 3; LAfF, EG 54586, Hans Auerbach, Antrag an das Bayerische Landesentschädigungsamt vom 4.10.1956, S. 3.

Aufgrund der Nachmeldung erging am 28. Juni 1961 ein Bescheid des Bayerischen Landesentschädigungsamts, das Auerbach eine Entschädigung für Schaden an einer Versicherung außerhalb der Sozialversicherung in Höhe von 4.518,77 Deutsche Mark (2.549,62 Deutsche Mark für die Karlsruher Lebensversicherung AG und in Höhe von 1.969,15 Deutsche Mark für die Allianz Lebensversicherungs-AG) gemäß §§ 3, 1 Absatz 1, 127 Absatz 1, 128 Absatz 1 BEG zusprach.[139] Das Bayerische Landesentschädigungsamt berechnete den Entschädigungsbetrag anhand des auszuzahlenden fiktiven Betrags zum Ende der ursprünglichen Laufzeit zuzüglich des Altsparerzuschlags (§ 128 Absatz 1 Satz 1 BEG).[140] Von diesem Betrag zog das Bayerische Landesentschädigungsamt die Summe der durch Auerbach ersparten Aufwendungen in Form der nicht mehr entrichteten Versicherungsbeiträge und der erhaltenen Restkaufwerte ab (§ 128 Absatz 2 Satz 1 BEG).[141] Die Auszahlung des Entschädigungsbetrages in Höhe von 4.518,77 Deutsche Mark erfolgte am 14. September 1961.[142]

f. Goodwillschaden

Auerbach erhielt außerdem eine Entschädigung für den Verlust seiner Kanzlei, den sogenannten Goodwillschaden. Der Goodwillschaden konnte nur von sämtlichen Kanzleipartnern gemeinsam, das heißt in Auerbachs Fall nur gemeinsam mit Rieser, geltend gemacht werden. Diesbezüglich wird auf die Ausführungen bei Rieser[143] als Seniorpartner der Kanzlei verwiesen.

Im Ergebnis sprach das Bayerische Landesentschädigungsamt Rieser und Auerbach einen Gesamtbetrag in Höhe von 9.000 Deutsche Mark zu, wovon Auerbach als Juniorpartner 3.000 Deutsche Mark zustanden. Das Bayerische Landesentschädigungsamt veranlasste am 17. Januar 1962 die Auszahlung der Kapitalentschädigung.[144]

g. Schaden an Freiheit

Die Geltendmachung einer Entschädigung für den Schaden an Freiheit war in den ursprünglichen Anträgen von Auerbach vom 17. Januar 1950 nicht enthalten, was Auerbach mit einer Anmeldung vom 4. Oktober 1956 gegenüber dem Bayerischen Landesentschädigungsamt gemäß § 16 Bundesergänzungsgesetz nachholte.[145] In seinem Antrag vom 4. Oktober 1956 und einer eidesstattlichen Versicherung vom

---

139 LAfF, EG 54586, Bayerisches Landesentschädigungsamt, Bescheid vom 28.6.1961, S. 3.

140 LAfF, EG 54586, Bayerisches Landesentschädigungsamt, Bescheid vom 28.6.1961, S. 1, 4.

141 LAfF, EG 54586, Bayerisches Landesentschädigungsamt, Bescheid vom 28.6.1961, S. 1, 4.

142 LAfF, EG 54586, Bayerisches Landesentschädigungsamt, Verfügung vom 14.9.1961.

143 Siehe C. XIII. 3. e.

144 Siehe C. XIII. 3. e.

145 LAfF, EG 54586, Hans Auerbach, Anträge (Formblatt D und E) an das Bayerische Landesamt für Wiedergutmachung jeweils vom 17.1.1950, S. 4; LAfF, EG 54586, Bayerisches Landesentschädigungsamt, Bescheid vom 28.6.1961, S. 3; LAfF, EG 54586, Hans Auerbach, Antrag an das Bayerische Landesentschädigungsamt vom 4.10.1956, S. 3.

selben Datum trug Auerbach vor, dass er ab Mai 1942 in den Niederlanden einen Judenstern getragen hätte und, bis er seine Flucht in die Schweiz im August 1942[146] hatte beenden können, ein *„Leben in Illegalität“* hätte führen müssen.[147] Auerbach gab weiter in seinem Antrag an, dass er nach seiner Ankunft in der Schweiz von September 1942 bis März 1945 interniert gewesen wäre[148].[149] Sowohl das Tragen des Judensterns als auch die Dauer der Flucht, während der er sich hatte verstecken müssen, sowie die Inhaftierung in der Schweiz sah Auerbach als Freiheitsentziehung an und beantragte für den Zeitraum Mai 1942 bis März 1945 eine Entschädigung für seinen Schaden an der Freiheit (§ 47 BEG[150]).[151] Mit Bescheid vom 12. Dezember 1960 sprach das Bayerische Landesentschädigungsamt Auerbach gemäß §§ 3, 1 Absatz 1, 47 Absatz 1, 48 BEG eine Entschädigung in Höhe von 450 Deutsche Mark (3 Monate × 150 Deutsche Mark) wegen drei Monaten Freiheitsbeschränkung durch das Tragen eines Judensterns (§ 47 Absatz 1 BEG) im Zeitraum von Mai bis August 1942 in den Niederlanden zu.[152]

Eine Hinzurechnung der Internierungszeit in der Schweiz lehnte das Bayerische Landesentschädigungsamt unter Verweis auf das Urteil des Bundesgerichtshofs vom 1. Dezember 1956 (AZ VI ZR 241/56) ab, weil die Internierung in der Schweiz nicht im Zusammenhang mit der Verfolgung aus rassistischen Gründen gestanden habe.[153] Diese Argumentation war richtig. Die Schweiz war bis zum Kriegsende neutral und nicht vom deutschen Militär besetzt. Die Inhaftierung erfolgte auf Veranlassung der Schweiz und offensichtlich unabhängig von der „Rassenlehre“ der Nationalsozialisten. Auch wenn die Flucht in die Schweiz durch die rassistische Verfolgung bedingt war, fiel diese mittelbare Kausalität nicht in den Schutzzweck des BEG. Anderenfalls wäre es zu einer sehr extensiven Anwendung des BEG gekommen.

h. Schaden durch gelöschte Hypotheken

Das Legal Aid Department meldete für Auerbach am 17. Dezember 1957 einen Schaden zu der Wiedergutmachungsbehörde Oberbayern an, der Auerbach durch die unentgeltlichen Löschung einer Hypothek an einem Grundstück in Wien durch

---

146 Siehe oben C. II. 2. b. aa. und cc.

147 LAfF, EG 54586, Hans Auerbach, Antrag an das Bayerische Landesentschädigungsamt vom 4.10.1956, S. 3; LAfF, EG 54586, Hans Auerbach, eidesstattliche Versicherung vom 4.10.1956.

148 Siehe oben C. II. 2. b. cc.

149 LAfF, EG 54586, Hans Auerbach, Antrag an das Bayerische Landesentschädigungsamt vom 4.10.1956, S. 3; LAfF, EG 54586, Hans Auerbach, eidesstattliche Versicherung vom 4.10.1956.

150 Auerbach verwendete für die Antragsstellung einen alten Vordruck, welcher noch die Vorschriften des Bundesergänzungsgesetzes enthielt. Zu dem Zeitpunkt der Antragstellung (4.10.1956) war das BEG jedoch bereits veröffentlicht und rückwirkend zum 1.10.1953 in Kraft getreten (siehe B. VII. 4.).

151 LAfF, EG 54586, Hans Auerbach, Antrag an das Bayerische Landesentschädigungsamt vom 4.10.1956, S. 3; LAfF, EG 54586, Hans Auerbach, eidesstattliche Versicherung vom 4.10.1956.

152 LAfF, EG 54586, Bescheid des Bayerischen Landesentschädigungsamts vom 12.12.1960, S. 1 f.

153 LAfF, EG 54586, Bescheid des Bayerischen Landesentschädigungsamts vom 12.12.1960, S. 1 f.

das Deutsche Reich entstanden war.[154] Die Anmeldung des Legal Aid Departments war sehr unpräzise und bezog sich auf *„alle Ansprüche (…), die (…) auf Grund des Bundesrückerstattungsgesetz geltend [gemacht werden können]"*.[155] Das Legal Aid Department ergänzte die Anmeldung mit Schreiben vom 23. März 1958 gegenüber der Wiedergutmachungsbehörde Oberbayern, um eine weitere Hypothekenforderung an einem Grundstück in Gundelsdorf (Pöttmes), die das Grundbuchamt gemäß einer Löschungsbewilligung des Oberfinanzpräsidenten Düsseldorf vom 7. Februar 1945 im März 1945 gelöscht hatte.[156]

In einem Vergleich mit Auerbach vor der Wiedergutmachungsbehörde Oberbayern vom 10. April 1959 verpflichtete sich das Deutsche Reich zum Ersatz der entzogenen Hypothekenforderung über 6.666,67 Reichsmark an dem Grundstück in Wien nach Maßgabe des Bundesrückerstattungsgesetzes.[157]

Hinsichtlich der Hypothek auf dem Grundstück in Gundelsdorf bestand das Problem, dass Auerbach diese Hypothek, nachdem er bereits in die Niederlande emigriert war, auf seine Schwiegermutter übertragen hatte, weil er befürchtete, dass er die Hypothek vom Ausland aus nicht verwerten könne.[158] Seine Schwiegermutter kam später im Konzentrationslager Theresienstadt ums Leben, sodass sich die Oberfinanzdirektion München auf den Gutglaubensschutz des Grundbuchs (§ 891 Absatz 1 BGB) berief, welches die Schwiegermutter als Inhaberin der Hypothek bis zu deren Entzug auswies, was dem schuldrechtlichen offensichtlichen Scheingeschäft (§ 117 BGB) zwischen Auerbach und seiner Schwiegermutter vorging.[159] Die Oberfinanzdirektion lehnte eine gütliche Einigung vor der Wiedergutmachungsbehörde Oberbayern aufgrund der nach Ansicht der Oberfinanzdirektion München fehlenden Aktivlegitimation Auerbachs ab.[160] Die Wiedergutmachungsbehörde Oberbayern verwies daraufhin die Wiedergutmachungssache per Beschluss vom 3. Mai 1961 an das Landgericht München I (§ 28 Absatz 5 Bundesrückerstattungsgesetz).[161] Die Erben von Auerbachs Schwiegermutter – Auerbachs

---

154 StA München, WB I/N 616, Legal Aid Department, Jewish Restitution, Anmeldung bei der Wiedergutmachungsbehörde I für Oberbayern vom 17.12.1957, S. 4.

155 StA München, WB I/N 616, Legal Aid Department, Jewish Restitution, Anmeldung bei der Wiedergutmachungsbehörde I für Oberbayern vom 17.12.1957, S. 4.

156 StA München, WB I/N 616, Legal Aid Department, Jewish Restitution, Ergänzungsanmeldung bei der Wiedergutmachungsbehörde I für Oberbayern vom 23.3.1958, S. 4.

157 StA München, WB I/N 616, Wiedergutmachungsbehörde I für Oberbayern, Niederschrift vom 10.4.1959.

158 StA München, WB I/N 616, Legal Aid Department, Jewish Restitution, Schreiben an die Wiedergutmachungsbehörde I für Oberbayern vom 16.12.1959; StA München, WB I/N 616, Erna Auerbach, eidesstattliche Versicherung vom 10.4.1960; StA München, WB I/N 616, Erna Auerbach, eidesstattliche Versicherung vom 10.4.1960.

159 StA München, WB I/N 616, Legal Aid Department, Jewish Restitution, Schreiben an die Wiedergutmachungsbehörde I für Oberbayern vom 31.10.1961; StA München, WB I/N 616, OFD München, Schreiben an die Wiedergutmachungsbehörde I für Oberbayern vom 9.8.1960.

160 StA München, WB I/N 616, OFD München, Schreiben an die Wiedergutmachungsbehörde I für Oberbayern vom 9.8.1960.

161 StA München, WB I/N 616, Beschluss Wiedergutmachungsbehörde Oberbayern WB I vom 3.5.1961.

Ehefrau und deren Geschwister beziehungsweise deren Erben – traten in dem Verfahren vor dem Landgericht München I ihre Rechte aus den Hypotheken an Auerbach ab, sodass Auerbachs Aktivlegitimation unstrittig bestand und die Oberfinanzdirektion München mit Auerbach einen Vergleich schloss.[162]. In diesem Vergleich verpflichtete sich das Deutsche Reich, vertreten durch die Oberfinanzdirektion München, bezüglich der Hypothek an dem Grundstück in Gundelsdorf gemäß §§ 20 Absatz 1 Bundesrückerstattungsgesetz, 13 Absatz 3, 22 Absatz 1 Umstellungsgesetz zur Zahlung von 175 Deutsche Mark.[163] Dieser Betrag ergab sich aus dem Ersatz des Hypothekenwert zuzüglich einer pauschalen Nutzungsentschädigung in Höhe von 25 % (§§ 20 Absatz 3, 16 Absatz 2 Satz 2 Bundesrückerstattungsgesetz).[164]

Gemäß §§ 38, 39, 32 Absatz 1 Bundesrückerstattungsgesetz waren die beiden vorgenannten Vergleiche in einem gesonderten Befriedigungsbescheid der Oberfinanzdirektion München, in welchem die Oberfinanzdirektion Bezug auf die gütlichen Einigungen (§ 39 Absatz 1 Ziffer 4 Bundesrückerstattungsgesetz) zu nehmen hatte und der die Befriedigung der Ersatzverpflichtungen des Deutschen Reichs zu regeln hatte, zusammenzufassen. Die Oberfinanzdirektion fertigte einen Bescheid an, der die Zahlung des Deutschen Reiches an Auerbach wegen Ersatz der Hypothekenforderung an dem Grundstück in Wien in Höhe von 833,34 Deutsche Mark vorsah.[165] Der Betrag ergab sich aus der Umstellung des Hypothekenwertes (6.666,67 Reichsmark) gemäß §§ 20 Absatz 1 Bundesrückerstattungsgesetz, 13 Absatz 3, 22 Absatz 1 Umstellungsgesetz im Verhältnis 10 : 1 auf 666,67 Deutsche Mark zuzüglich einer pauschalen Nutzungsentschädigung in Höhe von 25 % (§§ 20 Absatz 3, 16 Absatz 2 Satz 2 Bundesrückerstattungsgesetz), mithin einem Betrag von 166,67 Deutsche Mark. Den bereits in dem Vergleich vor dem Landgericht München I in Deutsche Mark festgesetzten Betrag für den Ersatz der Hypothekenforderung an dem Grundstück in Gundelsdorf übernahm die Oberfinanzdirektion und setzte für den Ersatz der beiden Hypothekenforderung einen Betrag in Höhe von 1.008,34 (666,67 + 166,67 + 175) Deutsche Mark fest.[166] Eine Information wann die Oberfinanzdirektion München diesen Betrag an Auerbach auszahlte, enthalten die überlieferten Akten nicht.

i. Gesamtentschädigung

Auerbach erhielt im Entschädigungs- und Rückerstattungsverfahren von dem Bayerischen Landesentschädigungsamt und der Oberfinanzdirektion München insgesamt einen Betrag in Höhe von 743.510 Deutsche Mark ausbezahlt, wovon 722.510

---

162 StA München, WB I/N 616, Legal Aid Department, Schreiben an die Wiedergutmachungsbehörde Oberbayern vom 31.10.1961; StA München, WB I/N 616, LG München I, Protokoll vom 6.6.1962.

163 LAfF, EG 54586, LG München I, Protokoll der öffentlichen Sitzung vom 6.6.1962, S. 2.

164 LAfF, EG 54586, LG München I, Protokoll der öffentlichen Sitzung vom 6.6.1962, S. 2.

165 LAfF, EG 54586, OFD München, Bescheidsentwurf vom 27.12.1962.

166 LAfF, EG 54586, OFD München, Bescheidsentwurf vom 27.12.1962.

Deutsche Mark auf die lebenslange Rente für den Schaden im beruflichen Fortkommen entfielen.

III. Dr. iur. Richard Bellmann (18. Mai 1906 bis 1972)

1. Leben vor der Verfolgung

a. Schulzeit

Richard Bellmann war am 18. Mai 1906 in Augsburg geboren.[1] Die Schulzeit verbrachte Bellmann unter anderem auf dem Gymnasium bei St. Anna.[2] Bereits in seiner Schulzeit war Bellmann ein guter Freund des ebenfalls in dieser Arbeit noch darzustellenden späteren Rechtsanwalts Mayer.[3] Bellmann wohnte in dieser Zeit bei seinen Eltern in der Holbeinstraße 12/I in Augsburg.[4]

Für den Kriegsdienst im Ersten Weltkrieg war Bellmann zu jung.

b. Studium und Rechtsanwaltszulassung

Nach seinem Abitur studierte Bellmann in München Rechtswissenschaften, absolvierte in Leipzig seinen Vorbereitungsdienst und promovierte 1929 in Erlangen.[5] Nach seinem Assessorexamen erhielt Dr. iur. Bellmann am 18. September 1931 die Zulassung als Rechtsanwalt.[6] Bellmann beantragte 1931 die Simultanzulassung beim Oberlandesgericht Augsburg, die ihm jedoch das Plenum des Oberlandesgerichts Augsburg verwehrte, weil die Simultanzulassung Bellmanns nicht im Sinne der Rechtspflege förderlich sei.[7] Die weitere Erklärung des Präsidenten des Oberlandesgerichts Augsburg, dass er die Simultanzulassung in der Vergangenheit erst erteilt habe, wenn der Antragsteller mindestens drei Jahre den Beruf des Rechtsanwalts ausgeübt habe, verdeutlicht, dass es sich um ein objektives Kriterium handelte, das Bellmann zu diesem Zeitpunkt nicht erfüllte.[8] Die Entscheidung des Plenums des Oberlandesgerichts Augsburg stand daher nicht im Zusammenhang mit Bellmanns jüdischem Glauben.

---

1 Stadtarchiv Augsburg, MK 1, Richard Bellmann; BayHStA, LEA 42578, Kanzlei Ostertag, Ulmer und Kollegen, Antrag an das Bayerische Landesentschädigungsamt vom 4.4.1950, S. 1.

2 BayHStA, LEA 42578, Gymnasium bei Sankt Anna in Augsburg, Jahreszeugnis von Richard Bellmann, Schuljahr 1922/23.

3 Jüdisches Kulturmuseum Augsburg, Ordner „Jüdische Rechtsanwälte", Briefe Ludwig Mayer an Gernot Römer, vom 30.4.1991, vom 1.10.1991 und vom 22.11.1991.

4 Stadtarchiv Augsburg, MK 1, Richard Bellmann.

5 Weber, Das Schicksal der jüdischen Rechtsanwälte in Bayern nach 1933, S. 222.

6 BayHStA, MJU 20354, Präsident des OLG Augsburg, Schreiben vom 18.9.1931; BayHStA, MJU 20354, Präsident des LG Augsburg, Mitteilung vom 23.9.1931; BayHStA, LEA 42578, Vorstand der Rechtsanwaltskammer im OLG-Bezirk München, Schreiben an die Kanzlei Ostertag, Ulmer und Kollegen vom 19.3.1953.

7 BayHStA, MJU 20354, Präsident des OLG Augsburg, Mitteilung vom 5. 1.1932.

8 BayHStA, MJU 20354, Präsident des OLG Augsburg, Mitteilung vom 5.1.1932.

Bellmanns Gesuch, als Richter berufen zu werden, scheiterte hingegen an dem Numerus clausus für jüdische Richter, wie sein Freund Mayer 1991 gegenüber Römer erläuterte.[9]

c. Gründung einer eigenen Kanzlei 1931

Bellmann gründete am 1. September 1931 eine eigene Rechtsanwaltskanzlei mit Sitz in der Bürgermeister-Fischer-Straße 247 in Augsburg.[10] In dieser Kanzlei konnte Bellmann nach eigenen Angaben 1931 – das heißt im Jahr des Beginns seiner Rechtsanwaltstätigkeit – Jahreseinkünfte in Höhe von 556 Reichsmark erzielen, die er 1932 auf 2.400 Reichsmark und 1933 – trotz der bereits einsetzenden Verfolgungsmaßnahmen der Nationalsozialisten[11] – auf 3.200 Reichsmark steigern konnten.[12]

Abbildung 3: Bild von Dr. Richard Bellmann[13]

---

9 Jüdisches Kulturmuseum Augsburg, Ordner „Jüdische Rechtsanwälte", Ludwig Mayer, Schreiben an Gernot Römer, 1.10.1991.

10 BayHStA, LEA 42578, Kanzlei Ostertag, Ulmer und Kollegen, Antrag an das Bayerische Landesentschädigungsamt vom 4.4.1950, S. 2; BayHStA, LEA 42578, Richard Bellmann, Formblatt „Schaden im beruflichen Fortkommen" vom 30.12.1959, S. 1.

11 Siehe B. V. und VI.

12 BayHStA, LEA 42578, Kanzlei Ostertag, Ulmer und Kollegen, Antrag Formblatt E an das Bayerische Landesentschädigungsamt vom 15.9.1954; BayHStA, LEA 42578, Stadtverwaltung Augsburg, Schreiben an die Kanzlei Ostertag, Ulmer und Kollegen vom 14.11.1952.

13 Jüdisches Kulturmuseum, Ordner Jüdische Rechtsanwälte.

d. Privatleben

Bellmann war mit Edith Bellmann, verheiratet und hatte zwei Söhne, die 1943 und 1946 geboren sind.[14]

2. Leben während der Verfolgung

a. Entzug der Rechtsanwaltszulassung 1933

Am 5. August 1933 entzog das Bayerische Staatsministerium der Justiz Bellmann die Rechtsanwaltszulassung.[15] Bellmann erfüllte keinen der Ausnahmetatbestände des § 1 Absatz 2 des Rechtsanwaltszulassungsgesetzes[16].

b. Auswanderung nach Frankreich und neue Selbstständigkeit

Bellmann meldete sich am 16. Dezember 1933 aus Augsburg ab und wanderte nach Frankreich aus.[17] Auswanderungsbedingt konnte Bellmann im Jahr 1934 keine Einnahmen erzielen, weil er nach eigenen Angaben das Jahr 1934 damit verbrachte, die französische Sprache und einen neuen Beruf zu erlernen.[18]

Am 15. Februar 1935 machte sich Bellmann mit einem *„Detailgeschäft für Fotografie und Optik"* in Nizza selbstständig.[19] Nach eigenen Angaben verdiente Bellmann mit dieser neuen Selbstständigkeit von 1935 bis 1937 3.000 bis 5.000 französische Franc pro Jahr und von 1938 und 1939 16.000 französische Franc jährlich.[20]

Die Franzosen inhaftierten Bellmann sowie viele andere Deutsche, die bei Kriegsbeginn zwischen Frankreich und dem Deutschen Reich in Frankreich lebten, kurzzeitig wegen ihrer deutschen Staatsangehörigkeit.[21] Nach der Besetzung Frankreichs durch das Deutsche Reich und der Einführung der Rassengesetzgebung stellten die Nationalsozialisten Bellmanns Geschäft unter Aufsicht und veräußerten es,

---

14 BayHStA, LEA 42578, Kanzlei Ostertag, Ulmer und Kollegen, Antrag an das Bayerische Landesentschädigungsamt vom 4.4.1950, S. 1; Römer, An meine Gemeinde in der Zerstreuung, S. 184.

15 BayHStA, LEA 42578, Vorstand der Rechtsanwaltskammer im OLG-Bezirk München, Schreiben an die Kanzlei Ostertag, Ulmer und Kollegen vom 19.3.1953; BayHStA, LEA 42578, Richard Bellmann, Formblatt „Schaden im beruflichen Fortkommen" vom 30.12.1959, S. 1.

16 Siehe oben B. VI. 1. a. b.

17 BayHStA, LEA 42578, Stadtverwaltung Augsburg, Antwort auf dem Bogen des BayHStA vom 28.11.1955; BayHStA, LEA 42578, Kanzlei Ostertag, Ulmer und Kollegen, Antrag an das Bayerische Landesentschädigungsamt vom 4.4.1950, S. 2; BayHStA, LEA 42578, Richard Bellmann, eidesstattliche Versicherung vom 7.8.1954, S. 1.

18 BayHStA, LEA 42578, Kanzlei Ostertag, Ulmer und Kollegen, Antrag Formblatt E an das Bayerische Landesentschädigungsamt vom 15.9.1954; BayHStA, LEA 42578, Richard Bellmann, eidesstattliche Versicherung vom 7.8.1954, S. 1.

19 BayHStA, LEA 42578, Richard Bellmann, eidesstattliche Versicherung vom 7.8.1954, S. 1.

20 BayHStA, LEA 42578, Richard Bellmann, eidesstattliche Versicherung vom 7.8.1954, S. 2; BayHStA, LEA 42578, Kanzlei Ostertag, Ulmer und Kollegen, Antrag Formblatt E an das Bayerische Landesentschädigungsamt vom 15.9.1954; BayHStA, LEA 42578, Steueramt Nizza, Bestätigung vom 7.4.1952.

21 BayHStA, LEA 42578, Richard Bellmann, eidesstattliche Versicherung vom 7.8.1954, S. 1.

wobei sie den Verkaufspreis auf ein Sperrkonto in Frankreich einzahlten.[22]

Den ersten Judenverfolgungen konnten Bellmann und seine Familie in Frankreich noch entgehen.[23] Bellmann war aber gezwungen, sich und seine Familie außerhalb der Stadt auf dem Land zu verstecken, um zu überleben.[24] Bellmann hatte sich mithilfe der französischen Widerstandsbewegung falsche Ausweisdokumente besorgt und eine Wohnung angemietet, in deren Garten die Möglichkeit bestand, Lebensmittel anzubauen.[25] Über die angebauten Lebensmittel sagte Bellmann, dass man das Essen *„zu Friedenszeiten keinem Schwein vorzusetzen gewagt"* hätte.[26]

Erst nach 1945 konnte Bellmann wieder Einnahmen erzielen. Er hatte den Beruf eines Expert-comptable (Buchprüfer/Steuerberater) erlernt und verdiente bei dieser – abermals neuen – Tätigkeit 1945 rund 60.000 französische Franc jährlich.[27] Seit 1945 stiegen die Einnahmen jedes Jahr – auch inflationsbedingt[28] – um mindestens 50.000 französische Franc und betrugen 1949 rund 360.000 französische Franc pro Jahr.[29] 1951 betrugen seine Jahreseinnahmen 550.000 französische Franc, 1954 1.580.000 französische Franc und 1957 rund 2.000.000 französische Franc.[30] Es ist davon auszugehen, dass auch in den Folgejahren die Einkünfte von Bellmann weiter stiegen.

Bellmann wurde am 24. Juli 1947 französischer Staatsbürger.[31]

3. Tod

Bellmann starb 1972 im Alter von 66 Jahren in Nizza.[32] Der Todeszeitpunkt von Bellmanns Ehefrau ergibt sich aus den vorliegenden Akten nicht. Der Versuch des Verfassers dieser Arbeit, Kontakt zu Bellmanns noch lebenden Söhnen aufzunehmen, blieb erfolglos.

---

22 BayHStA, LEA 42578, Richard Bellmann, eidesstattliche Versicherung vom 07.08.1954, S. 1.

23 Römer, An meine Gemeinde in der Zerstreuung, S. 127.

24 BayHStA, LEA 42578, Richard Bellmann, eidesstattliche Versicherung vom 7.8.1954, S. 1.

25 Römer, An meine Gemeinde in der Zerstreuung, S. 127.

26 BayHStA, LEA 42578, Richard Bellmann, eidesstattliche Versicherung vom 7.8.1954, S. 1.

27 BayHStA, LEA 42578, Kanzlei Ostertag, Ulmer und Kollegen, Antrag Formblatt E an das Bayerische Landesentschädigungsamt vom 15.9.1954; Steueramt Nizza, Bestätigung vom 7.4.1952.

28 Piketty, Kapital und Ideologie, S. 556 f.

29 BayHStA, LEA 42578, Kanzlei Ostertag, Ulmer und Kollegen, Antrag Formblatt E an das Bayerische Landesentschädigungsamt vom 15.9.1954; Steueramt Nizza, Bestätigung vom 7.4.1952.

30 BayHStA, LEA 42578, Richard Bellmann, Formblatt „Schaden im beruflichen Fortkommen" vom 30.12.1959, S. 2.

31 BayHStA, LEA 42578, Kanzlei Ostertag, Ulmer und Kollegen, Antrag an das Bayerische Landesentschädigungsamt vom 4.4.1950, S. 1.

32 Weber, Das Schicksal der jüdischen Rechtsanwälte in Bayern nach 1933, S. 222; Römer, An meine Gemeinde in der Zerstreuung, S. 184.

4. Entschädigung

a. Schaden im beruflichen Fortkommen und Schaden an Eigentum und Vermögen

Bellmann stellte durch die von ihm am 18. März 1950 mandatierte Kanzlei Ostertag, Ulmer und Kollegen aus Stuttgart[33], am 4. April 1950 Anträge beim Bayerischen Landesamt für Wiedergutmachung auf Entschädigung seines Schadens im beruflichen Fortkommen sowie wegen Beschlagnahmung seiner Kanzlei- und Wohnungseinrichtung.[34] Die Anträge stützte Bellmanns Rechtsanwalt auf § 18 USEG und §§ 21 ff. USEG.[35] Bellmanns Rechtsanwalt reichte am 25. Juni 1954 die Formblätter D und E zum Bayerischen Landesentschädigungsamt nach.[36]

aa. Einreichung und Begründung der Anträge

Der Antrag wegen des Schadens an Eigentum umfasste Bellmanns nach der Auswanderung abhandengekommene Kanzleieinrichtung im Wert von 1.713 Reichsmark und seine entzogene Bücherei im Wert von 1.325 Reichsmark.[37] Bellmanns Anwalt verlangte vom Freistaat Bayern die Rückgabe der oben genannten Gegenstände oder, sofern dies unmöglich sei, hilfsweise den für die Wiederbeschaffung notwendigen Geldbetrag.[38]

Bezüglich seines Schadens im beruflichen Fortkommen stellte die Kanzlei Ostertag, Ulmer und Kollegen einen Antrag an das Bayerische Landesentschädigungsamt auf Entschädigung durch die Zahlung einer Rente (§§ 30 Absatz 1 Alternative 2, 33 Absatz 1 und 2 Bundesergänzungsgesetz) mit Rückwirkung vom 1. September 1933 in Höhe eines Bundesbeamtengehalts von 5.000 Reichsmark pro Jahr.[39]

---

33 BayHStA, LEA 42578, Richard Bellmann, Vollmacht zu Gunsten der Kanzlei Dr. Ostertag, Dr. Ulmer, Dr. Werner und Mangold, vom 18.3.1950.

34 BayHStA, LEA 42578, Kanzlei Ostertag, Ulmer und Kollegen, Antrag an das Bayerische Landesamt für Wiedergutmachung vom 4.4.1950.

35 BayHStA, LEA 42578, Kanzlei Ostertag, Ulmer und Kollegen, Antrag an das Bayerische Landesamt für Wiedergutmachung vom 4.4.1950.

36 BayHStA, LEA 42578, Kanzlei Ostertag, Ulmer und Kollegen, Antrag an das Bayerische Landesamt für Wiedergutmachung vom 25.6.1954; BayHStA, LEA 42578, Kanzlei Ostertag, Ulmer und Kollegen, Formblatt D und E an das Bayerische Landesamt für Wiedergutmachung jeweils vom 15.9.1954.

37 BayHStA, LEA 42578, Kanzlei Ostertag, Ulmer und Kollegen, Antrag an das Bayerische Landesentschädigungsamt vom 4.4.1950, S. 5.

38 BayHStA, LEA 42578, Kanzlei Ostertag, Ulmer und Kollegen, Antrag an das Bayerische Landesentschädigungsamt vom 4.4.1950, S. 7.

39 BayHStA, LEA 42578, Kanzlei Ostertag, Ulmer und Kollegen, Antrag an das Bayerische Landesentschädigungsamt vom 4.4.1950, S. 7.

Bellmanns Anwalt ergänzte am 15. September 1954 die genannten Entschädigungsanträge auf Anforderung durch das Bayerische Landesentschädigungsamt,[40] durch die Einreichung des Formularmantelbogens und der Anträge auf Formblatt D[41] (Schaden an Eigentum und Vermögen) und Formblatt E (Schaden im wirtschaftlichen Fortkommen).[42]

bb. Lange Verfahrensdauer

Nach der Einreichung der von dem Bayerischen Landesentschädigungsamt angeforderten Formblätter fragte Bellmanns Rechtsanwalt mehrfach bei dem Bayerischen Landesentschädigungsamt den Sachstand an und bat um die Beschleunigung der Entschädigungsbearbeitung sowie die möglichst rasche Auszahlung der Entschädigungssumme an seinen Mandanten.[43] Das Bayerische Landesentschädigungsamt antwortete, dass es die Angelegenheit erst nach Erledigung der dringlichsten Notfälle gemäß § 85 Absatz 2 Bundesergänzungsgesetzes bearbeiten könnte.[44] Als sich das Verfahren weiter hinzog, erläuterte Bellmanns Rechtsanwalt am 20. Juni 1960 erneut, dass Bellmann zwar erst im Jahr 1906 geboren war, das Verfahren jedoch bereits seit mehr als zehn Jahren[45] anhängig sei, und bat erneut um eine beschleunigte Entscheidung.[46]

Das Bayerische Landesentschädigungsamt unterbreitete Bellmann jedoch erst, nachdem sowohl ein Schreiben der Stadtverwaltung Augsburg als auch ein Jahreszeugnisses Bellmanns aus dem Schuljahr 1922/23 belegte, dass Bellmann jüdischen Glaubens war, einen Vergleichsvorschlag.[47]

---

40 BayHStA, LEA 42578, Bayerisches Landesentschädigungsamt, Schreiben an die Kanzlei Ostertag, Ulmer und Kollegen vom 21.2.1953.

41 Siehe zu der Verwendung von Formblättern oben C. I. 4. a. aa.

42 BayHStA, LEA 42578, Kanzlei Ostertag, Ulmer und Kollegen, Antrag an das Bayerische Landesentschädigungsamt vom 15.9.1954; BayHStA, LEA 42578, Kanzlei Ostertag, Ulmer und Kollegen, Antrag Formblatt D an das Bayerische Landesentschädigungsamt vom 15.9.1954; BayHStA, LEA 42578, Kanzlei Ostertag, Ulmer und Kollegen, Antrag Formblatt E an das Bayerische Landesentschädigungsamt vom 15.9.1954.

43 BayHStA, LEA 42578, Kanzlei Ostertag, Ulmer und Kollegen, Schreiben an das Bayerische Landesentschädigungsamt vom 4.2.1955, vom 2.3.1955 und vom 22.6.1955.

44 BayHStA, LEA 42578, Bayerisches Landesentschädigungsamt, Schreiben an die Kanzlei Ostertag, Ulmer und Kollegen vom 25.7.1955.

45 Ausgehend von der ursprünglichen Antragsstellung am 4. April 1950 (siehe oben C. III. 4. A. bb.

46 BayHStA, LEA 42578, Kanzlei Ostertag, Ulmer und Kollegen, Schreiben an das Bayerische Landesentschädigungsamt vom 20.6.1960.

47 BayHStA, LEA 42578, Stadtverwaltung Augsburg, Einwohnermeldeamt, Antwort auf die urschriftliche Anfrage des Bayerischen Landesentschädigungsamts vom 11.7.1960; BayHStA, LEA 42578, Gymnasium bei Sankt Anna in Augsburg, Jahreszeugnis von Richard Bellmann, Schuljahr 1922/23; BayHStA, LEA 42578, Vergleich zwischen Richard Bellmann und dem Freistaat Bayern vom 3./14.6.1961.

cc. Vergleich zwischen Bellmann und dem Freistaat Bayern für Schaden im beruflichen Fortkommen und Schaden an Eigentum und Vermögen

(1.) Berechnung der Höhe des Schadens im beruflichen Fortkommen

Die Höhe der Entschädigung für den Schaden im beruflichen Fortkommen hatte das Bayerische Landesentschädigungsamt vor Unterbreitung eines Vergleichsangebotes in einem Aktenvermerk vom 17. Mai 1961 auf insgesamt 41.360,80 Deutsche Mark berechnet.[48] Es stellte Bellmann nach seiner Berufsausbildung und wirtschaftlichen Lage vor der Verfolgung gemäß § 76 Absatz 1 Satz 3 BEG in Verbindung mit § 14 Absatz 1 3. DV-BEG[49] einem Bundesbeamten des höheren Diensts gleich.[50] Bellmann hatte zum Beginn der Verfolgung noch nicht das 35. Lebensjahr beendet, sodass das Bayerische Landesentschädigungsamt ihn in die erste Lebensaltersstufe (bis zur Vollendung des 35. Lebensjahres) der Anlage 2 der 3. DV-BEG eingruppierte und sich ein monatlicher Dienstbezug eines vergleichbaren Bundesbeamten in Höhe von 533 Reichsmark vor und in Höhe von 533 Deutsche Mark nach der Währungsreform[51] ergab.[52]

Den Entschädigungszeitraum, in welchem Bellmann aus seiner selbstständigen Tätigkeit als Rechtsanwalt verdrängt war (§ 66 Absatz 1, 76 Absatz 1 BEG), legte das Bayerische Landesentschädigungsamt vom 1. September 1933 (Beginn des Folgemonats des Entzugs der Rechtsanwaltszulassung am 5. August 1933[53]) bis zum 31. Dezember 1951 fest.[54] Das Enddatum des Entschädigungszeitraumes begründete das Bayerische Landesentschädigungsamt nicht, doch offenbar nahm es für die Zeit ab dem 1. Januar 1952 eine ausreichende neue Lebensgrundlage bei Bellmann an, sodass gemäß § 75 Absatz 1 Satz 2, Absatz 2 BEG, § 12 in Verbindung mit Anlage 1 der 3. DV-BEG über diesen Zeitpunkt hinaus keine Kapitalentschädigung zu leisten war.

Für den Entschädigungszeitraum vom 1. September 1933 bis zur Währungsreform am 20. Juni 1948, mithin für 178 Monate, ergab sich ein Teilbetrag in Höhe von 94.874 Reichsmark (178 Monate × 533 Reichsmark), was, im Verhältnis

---

48 BayHStA, LEA 42578, Bayerisches Landesentschädigungsamt, Feststellung in der Entschädigungssache Dr. Richard Bellmann nebst Berechnungsbogen vom 17.5.1961, S. 2.

49 Siehe zur Eingruppierung in eine vergleichbare Beamtengruppe gemäß § 76 Absatz 1 Satz 3 BEG die Ausführungen bei Adler unter C. I. 4. a. dd. (2.).

50 BayHStA, LEA 42578, Bayerisches Landesentschädigungsamt, Feststellung in der Entschädigungssache Dr. Richard Bellmann nebst Berechnungsbogen vom 17.5.1961, S. 2.

51 Gemäß § 76 Absatz 1 BEG in Verbindung mit § 13 der 3. DV-BEG berechnete sich die Entschädigung aus drei Viertel der Dienstbezüge eines vergleichbaren Bundesbeamten unter Hinzurechnung eines Pauschalbetrages in Höhe von 20 % zum Ausgleich der fehlenden Alters- und Hinterbliebenenversorgung (§ 76 Absatz 3 BEG).

52 BayHStA, LEA 42578, Bayerisches Landesentschädigungsamt, Feststellung in der Entschädigungssache Dr. Richard Bellmann nebst Berechnungsbogen vom 17.5.1961, S. 2.

53 Siehe oben C. III. 2. a.

54 BayHStA, LEA 42578, Bayerisches Landesentschädigungsamt, Feststellung in der Entschädigungssache Dr. Richard Bellmann nebst Berechnungsbogen vom 17.5.1961, S. 2.

10 : 2 umgestellt (§ 11 Absatz 1 BEG), einen Betrag in Höhe von 18.974,80 Deutsche Mark ergab.[55] Für den Zeitraum vom 1. Juli 1948 bis zum 31. Dezember 1951 errechnete sich ein weiterer Teilbetrag in Höhe von 22.386,00 Deutsche Mark (42 Monate× 533 Deutsche Mark).[56]

Insgesamt ergab sich ein Gesamtbetrag in Höhe von 41.360,80 (18.974,80 + 22.386,00) Deutsche Mark.

(2.) Nichterfüllung der Voraussetzungen für beantragte Rente gemäß § 82 Absatz 1 BEG

Das Bayerische Landesentschädigungsamt geht auf die von Bellmann ursprünglich beantragte Rente in seinem Aktenvermerk nicht ein.[57] Für das Rentenwahlrecht waren die Voraussetzungen gemäß § 82 Absatz 1 in Verbindung mit § 12 der 3. DV-BEG nicht erfüllt, da Bellmann zum Zeitpunkt der Entscheidung des Bayerischen Landesentschädigungsamtes eine Erwerbstätigkeit nachging und eine ausreichende Lebensgrundlage hatte.

(3.) Keine Abzüge in der Kapitalentschädigung durch anderweitiges Einkommen

Von diesem Betrag waren keine Abzüge wegen anderweitigen Einkommens zu machen. Gemäß § 77 BEG wäre dies nur dann der Fall gewesen, wenn der sich nach § 76 Absatz 1 Satz 1 BEG (drei Viertel der Dienstbezüge eines vergleichbaren Bundesbeamten) zusammen mit den anderweitigen Einkünften Bellmanns, den vollen Betrag des Dienstbezuges eines vergleichbaren Bundesbeamten überstiegen hätte. Dies war bei Bellmann nicht der Fall.[58]

(4.) Begrenzung der Kapitalentschädigung für Schaden im beruflichen Fortkommen auf den Höchstbetrag

Der Entschädigungsbetrag war auf den Höchstbetrag für Kapitalentschädigungen im beruflichen Fortkommen in Höhe von 40.000 Deutsche Mark (§ 123 Absatz 1 BEG) zu begrenzen.[59]

---

55 BayHStA, LEA 42578, Bayerisches Landesentschädigungsamt, Feststellung in der Entschädigungssache Dr. Richard Bellmann nebst Berechnungsbogen vom 17.5.1961, S. 2.

56 BayHStA, LEA 42578, Bayerisches Landesentschädigungsamt, Feststellung in der Entschädigungssache Dr. Richard Bellmann nebst Berechnungsbogen vom 17.5.1961, S. 2.

57 BayHStA, LEA 42578, Bayerisches Landesentschädigungsamt, Feststellung in der Entschädigungssache Dr. Richard Bellmann nebst Berechnungsbogen vom 17.5.1961.

58 BayHStA, LEA 42578, Bayerisches Landesentschädigungsamt, Feststellung in der Entschädigungssache Dr. Richard Bellmann nebst Berechnungsbogen vom 17.5.1961, S. 2.

59 BayHStA, LEA 42578, Bayerisches Landesentschädigungsamt, Schreiben an die Kanzlei Ostertag, Ulmer und Kollegen vom 23.5.1961.

(5.) Vergleichsschluss

Das Bayerische Landesentschädigungsamt unterbreitete Bellmann einen Vergleichsvorschlag in Höhe von 40.000 Deutsche Mark, wovon der geltend gemachte Schaden an Eigentum und Vermögen umfasst sein sollte, den er nach einem Hinweis des Bayerischen Landesentschädigungsamts unzureichend dargelegt und nachgewiesen habe.[60] Bellmann nahm den Vergleich im Juni 1961 an.[61] Die Auszahlung der Vergleichssumme erfolgte am 27. Juni 1961.[62]

b. Goodwillschaden

Am 24. März 1958 meldete Bellmanns Rechtsanwalt bei dem Bayerischen Landesentschädigungsamt außerdem einen Anspruch für den Verlust von Bellmanns Kanzlei in Form eines Goodwillschadens (§§ 3, 1 Absatz 1, 56 BEG) an.[63] Der Goodwill ist der in einem Unternehmen oder einer freiberuflich betriebenen Kanzlei verkörperte Wert, der über die bloße Arbeitstätigkeit des Inhabers hinausgeht. Bei einer Rechtsanwaltskanzlei sind dies insbesondere der Mandantenstamm, der Ruf und das Ansehen der Kanzlei.

Das Bayerische Landesentschädigungsamt lehnte den Anspruch in dem Bescheid vom 13. Juni 1961 ab.[64] Das Bayerische Landesentschädigungsamt argumentierte, dass Bellmanns Kanzlei nur zwei Jahre bestanden habe, sodass davon auszugehen sei, dass noch kein Goodwill bestanden haben könne und dementsprechend ein Anspruch auf Entschädigung gemäß §§ 3, 1 Absatz 1, 56 Absatz 1 BEG abzulehnen war.[65]

c. Gesamtentschädigung

Bellmann erhielt insgesamt im Entschädigungsverfahren von dem Bayerischen Landesentschädigungsamt eine Entschädigung in Höhe von 40.000 Deutsche Mark ausbezahlt.

---

60 BayHStA, LEA 42578, Bayerisches Landesentschädigungsamt, Schreiben an die Kanzlei Ostertag, Ulmer und Kollegen vom 23.5.1961.

61 BayHStA, LEA 42578, Vergleich zwischen Richard Bellmann und dem Freistaat Bayern vom 3./14.6.1961.

62 BayHStA, LEA 42578, Bayerisches Landesentschädigungsamt, Auszahlungsanordnung vom 27.6.1961 auf dem Vergleich zwischen Richard Bellmann und Freistaat Bayern vom 3./14.6.1961.

63 BayHStA, LEA 42578, Kanzlei Ostertag, Ulmer und Kollegen, Antrag an das Bayerische Landesentschädigungsamt vom 24.3.1958.

64 BayHStA, LEA 42578, Bayerisches Landesentschädigungsamt, Bescheid vom 13.6.1961.

65 BayHStA, LEA 42578, Bayerisches Landesentschädigungsamt, Bescheid vom 13.6.1961, S. 3.

IV. Ludwig Dreifuß (28. August 1883 bis 15. April 1960)

1. Leben vor der Verfolgung

a. Studium und Fronteinsatz während des Ersten Weltkrieges

Dreifuß ist am 28. August 1883 in München geboren.[1] Nach seinem Studium der Rechtswissenschaften in München und Erlangen absolvierte Dreifuß 1910 das Assessorexamen und erhielt am 15. Mai 1911 in Augsburg seine Zulassung als Rechtsanwalt.[2]

Als drei Jahre später der Erste Weltkrieg begann, kämpfte Dreifuß für das Deutsche Reich an der Front, wofür er das bayerische Militärverdienstkreuz mit Schwertern erhielt.[3]

b. Rechtsanwaltszulassung und beruflicher Werdegang

Dreifuß arbeitete zunächst als angestellter Rechtsanwalt und machte sich 1929 mit einem nicht jüdischen Sozius, dem Rechtsanwalt Anton Fraunholz, selbstständig.[4]

c. Privatleben

Dreifuß war mit Amalie Dreifuß, die christlich getauft war, in einer – aus der Sicht der Nationalsozialisten – sogenannten privilegierten Mischehe verheiratet.[5] Aus der Ehe ging am 16. Juni 1922 das einzige Kind, ein Sohn, hervor, das – wie seine Mutter – christlich getauft war.[6] Die Familie wohnte bis zu den ersten Ausbombungen in Augsburg in der Frölichstraße und somit nur wenige Straßen von der von Dreifuß im ehemaligen Riegele-Haus am Königsplatz in Augsburg betriebenen Kanzlei entfernt.[7]

---

1 BayHStA, LEA 794, Ludwig Dreifuß, Antrag (Formblatt E) an das Bayerische Landesamt für Wiedergutmachung vom 24.3.1950; BayHStA, LEA 794, Bayerisches Landesentschädigungsamt, Bescheid vom 5.10.1957.

2 BayHStA, LEA 794, Ludwig Dreifuß, Antrag auf Anerkennung als Verfolgter an das Bayerische Landesentschädigungsamt vom 4.12.1952.

3 Weber, Das Schicksal der jüdischen Rechtsanwälte in Bayern nach 1933, S. 226; Römer, An meine Gemeinde in der Zerstreuung, S. 206.

4 BayHStA, LEA 794, LG München I, Urteil vom 3.3.1960; Römer, An meine Gemeinde in der Zerstreuung, S. 206.

5 Römer, An meine Gemeinde in der Zerstreuung, S. 206.

6 Stadtarchiv Augsburg, MK 1, Meldekarte Rolf Dreifuß.

7 Stadtarchiv Augsburg, MK 1, Meldekarte Rolf Dreifuß; Weber, Das Schicksal jüdischer Rechtsanwälte, S. 226.

2. Leben während der Verfolgung

a. Emigration des Sohnes

Aufgrund von Dreifuß' jüdischem Glauben litt sein Sohn unter antijüdischen Anfeindungen durch Mitschüler und teilweise auch Lehrern, sodass sich das Ehepaar Dreifuß entschloss, den Sohn – zu dessen eigener Sicherheit – mit nur 16 Jahren in die Vereinigten Staaten zu schicken.[8]

In den Vereinigten Staaten fand Dreifuß' Sohn in einem jüdischen Waisenhaus eine Unterkunft, bis er dieses aufgrund seines christlichen Glaubens verlassen musste und in eine Pflegefamilie kam.[9] 1942 trat Dreifuß' Sohn mit 20 Jahren in die US-Army ein und kämpfte *„aus Dank für das Vaterland, das [ihn] nach der Flucht adoptierte"*[10] für die Vereinigten Staaten gegen das Japanische Kaiserreich.[11]

b. Kein Entzug der Rechtsanwaltszulassung 1933 aufgrund von § 1 Absatz 2 des Rechtsanwaltszulassungsgesetzes

1933 erfüllte Dreifuß die Voraussetzungen sowohl für das Frontkämpfer- als auch für das Altanwaltprivileg, sodass er aufgrund beider Ausnahmetatbestände des § 1 Absatz 2 des Rechtsanwaltszulassungsgesetzes [12] seine Rechtsanwaltszulassung behalten durfte.

c. Rückgang der Einkünfte

Während Dreifuß 1929 14.724 Reichsmark pro Jahr und 1930 17.000 Reichsmark jährlich verdiente, sanken seine Einnahmen mit dem Aufstieg der Nationalsozialisten konstant.[13] Bereits in den beiden Jahren vor Hitlers Ernennung zum Reichskanzler, als die antijüdische Propaganda bereits angelaufen war, hatte Dreifuß erste Einkommensrückgänge zu verzeichnen (Einkünfte 1931: 14.500 Reichsmark jährlich, 1932: 12.400 Reichsmark jährlich).[14] Der Einkommensrückgang lässt sich jedoch zumindest teilweise noch mit den üblichen Schwankungen einer freiberuflichen Arbeit erklären. Was die „Machtergreifung" der Nationalsozialisten wirtschaftlich für Dreifuß bedeutete, zeigte sich deutlich an seinen Einkünften im Jahr 1933, die nur noch 7.500 Reichsmark pro Jahr betrugen, was einem Einkommensrückgang um 56 % im

---

8 Römer, Mein Kind in der Fremde, S. 116 ff.

9 Römer, Mein Kind in der Fremde, S. 118 f.

10 Römer, Mein Kind in der Fremde, S. 121.

11 Römer, Mein Kind in der Fremde, S. 121.

12 Siehe oben B. VI. 1. a. b.

13 BayHStA, LEA 794, Ludwig Dreifuß, Antrag (Formblatt E) an das Bayerische Landesamt für Wiedergutmachung vom 24.3.1950; BayHStA, LEA 794, Ludwig Dreifuß, Anlage 6 zum Antrag (Formblatt E) an das Bayerische Landesamt für Wiedergutmachung vom 24.3.1950.

14 BayHStA, LEA 794, Ludwig Dreifuß, Antrag (Formblatt E) an das Bayerische Landesamt für Wiedergutmachung vom 24.3.1950.

Vergleich zu 1930 entsprach.[15] Auch im Vergleich zu dem für Dreifuß schwächeren Wirtschaftsjahr 1932 machte der Rückgang noch mehr als 40 % aus und ist nur mit den antisemitischen Maßnahmen der Nationalsozialisten zu erklären.

Dreifuß' Einkommen sank jedes Jahr weiter, bis es 1937 mit 1.581 Reichsmark und somit weniger als 140 Reichsmark pro Monat den niedrigsten Stand erreichte.[16] Im Vergleich zu 1930 entsprach dies einem Einkommensrückgang um fast 90 %.

d. „Schutzhaft"

Die Gründe für den Einkommensrückgang lagen zum einen in der allgemeinen antisemitischen Propaganda und Boykottmaßnahmen, aufgrund derer viele Mandanten Dreifuß bereits aus Furcht davor, selbst als „Judenfreund" zu gelten, nicht mehr konsultierten. Zum anderen war der Einkommensrückgang jedoch auch durch mehrere Inhaftierungen von Dreifuß begründet, während derer er seine Mandate nicht bearbeiten konnte. Die Geheime Staatspolizei nahm Dreifuß erstmals kurz vor dem Judenboykott[17] am 23. März 1933 für mehr als einen Monat bis zum 29. April 1933 in Augsburgs Gefängnis am Katzenstadel in „Schutzhaft".[18] Ausschlaggebend für die Inhaftierung war Dreifuß' politische Einstellung. Er war seit dem Ende des Ersten Weltkrieges 1919 bis zum Verbot 1933 Mitglied der SPD und galt somit in doppelter Hinsicht – aus politischen und aus „Rassegründen" – für die Nationalsozialisten als „Feind".[19]

Für Dreifuß war es die erste von insgesamt vier Inhaftierungen. Vom 1. bis zum 5. Mai 1934 und während der Novemberpogrome am 9. November 1938 inhaftierte ihn die Geheime Staatspolizei in Augsburgs Gefängnis am Katzenstadel und deportierten ihn am 20. Februar 1945 in das Konzentrationslager Theresienstadt.[20]

e. Entzug der Rechtsanwaltszulassung 1938

1936 zwang die Rechtsanwaltskammer Augsburg Dreifuß und seinen Sozius Fraunholz, die Kanzlei Dreifuß-Fraunholz aufzuteilen.[21] Dreifuß konnte seitdem nur noch als Einzelanwalt von seiner privaten Wohnung aus arbeiten.[22] Bei dieser Tätigkeit

---

15 BayHStA, LEA 794, Ludwig Dreifuß, Antrag (Formblatt E) an das Bayerische Landesamt für Wiedergutmachung vom 24.3.1950.

16 BayHStA, LEA 794, Ludwig Dreifuß, Antrag (Formblatt E) an das Bayerische Landesamt für Wiedergutmachung vom 24.3.1950.

17 Siehe oben Teil B VI. 2.

18 BayHStA, LEA 794, Ludwig Dreifuß, eidesstattliche Versicherung vom 1.4.1950.

19 BayHStA, LEA 794, Ludwig Dreifuß, eidesstattliche Versicherung vom 1.4.1950.

20 BayHStA, LEA 794, Ludwig Dreifuß, eidesstattliche Versicherung vom 3.5.1946; BayHStA, LEA 794, Ludwig Dreifuß, eidesstattliche Versicherung vom 1.4.1950; BayHStA, LEA 794, Anton Fraunholz, eidesstattliche Versicherung vom 1.4.1950.

21 BayHStA, LEA 794, LG München I, Urteil vom 3.3.1960.

22 BayHStA, LEA 794, LG München I, Urteil vom 3.3.1960.

unterstützte ihn seine vormalige Assistentin heimlich weiter.[23]

Ende November 1938 half Dreifuß weder die Tatsache, dass er als ausgezeichneter Frontsoldat für das Deutsche Reich gekämpft hatte, noch diejenige, dass er zu dieser Zeit bereits seit 27 Jahren seine Rechtsanwaltszulassung hatte. Auch seine Ehe mit einer Nichtjüdin konnte nicht verhindern, dass die Nationalsozialisten Dreifuß' Rechtsanwaltszulassung am 30. November 1938 gemäß der Fünften Verordnung zum Reichsbürgergesetz entzogen.[24]

f. Tätigkeit als Konsulent

Nach dem Entzug seiner Rechtsanwaltszulassung durfte Dreifuß noch als jüdischer Konsulent (§ 8 der Fünften Verordnung zum Reichsbürgergesetz)[25] tätig sein,[26] wodurch ihm jedoch nur noch erlaubt war, andere Juden rechtlich zu beraten. Aufgrund der Tätigkeit als Konsulent verbesserte sich Dreifuß' Einkommen wieder. 1939 erzielte er jährliche Einkünfte von 7.950 Reichsmark und somit so viel, wie seit 1932 nicht mehr.[27] Jedoch musste er von seinen Einnahmen 1.463,91 Reichsmark an die Reichsrechtsanwaltskammer als Sonderabgabe entrichten.[28] Auch der nach dem Abzug der Sonderabgabe an die Reichsrechtsanwaltskammer verbleibende Rest war jedoch gegenüber den Tiefpunkten von 1936 bis 1938 eine Verbesserung der wirtschaftlichen Situation Dreifuß'.

Die Einnahmen (nach der Entrichtung der Sonderabgabe) variierten in den Folgejahren, lagen jedoch bis 1943 immer bei mehr als 4.200 Reichsmark, bis sie 1944 auf knapp unter 3.000 Reichsmark sanken.[29] Der erneute Einkommensrückgang im Jahr 1944 ist damit zu erklären, dass die Massendeportationen abgeschlossen waren und somit nur noch wenige jüdische Mandanten Dreifuß aufsuchen konnten.

g. Deportation und Überleben im Konzentrationslager Theresienstadt

Dreifuß konnte aufgrund seiner „Mischehe" mit einer Christin einer Deportation lange entgehen. 1945 schützte ihn jedoch auch diese nicht mehr. Die Geheime

---

23 Jüdisches Kulturmuseum Augsburg, Ordner „Jüdische Rechtsanwälte", Bendner (Vorname unbekannt), Schreiben an einen unbekannten Rechtsanwalt (vermutlich Arthur Luchs) vom 17.9.1946.

24 BayHStA, LEA 794, Ludwig Dreifuß, Antrag auf Anerkennung als Verfolgter an das Bayerische Landesentschädigungsamt vom 4.12.1952; BayHStA, LEA 794, Bescheid vom 2.3.1957.

25 Siehe oben B. VI. 5.

26 BayHStA, LEA 794, Ludwig Dreifuß, Antrag (Formblatt E) an das Bayerische Landesamt für Wiedergutmachung vom 24.3.1950.

27 BayHStA, LEA 794, Ludwig Dreifuß, Antrag (Formblatt E) an das Bayerische Landesamt für Wiedergutmachung vom 24.3.1950.

28 BayHStA, LEA 794, Ludwig Dreifuß, Anlage 5 zum Antrag (Formblatt E) von Ludwig Dreifuß an das Bayerische Landesamt für Wiedergutmachung vom 24.3.1950.

29 BayHStA, LEA 794, Ludwig Dreifuß, Anlage 5 zum Antrag (Formblatt E) von Ludwig Dreifuß an das Bayerische Landesamt für Wiedergutmachung vom 24.3.1950.

Staatspolizei deportiere Dreifuß am 20. Februar 1945.[30] Mit dem *„Transport München-Augsburg II/34 Nr. 1359"* schickten die Nationalsozialisten Dreifuß gemeinsam mit den letzten 29 Augsburger Juden auf eine 40-stündige Zugfahrt in das Konzentrationslager Theresienstadt.[31] Im Konzentrationslager Theresienstadt rettete Dreifuß die Befreiung durch die Rote Armee am 8. Mai 1945 vor dem Weitertransport in das Konzentrationslager Ausschwitz und dem dort wohl sicheren Tod.[32] In seiner Zeit im Konzentrationslager und angesichts der damit verbundenen körperlichen und seelischen Qualen beschloss Dreifuß, sich katholisch taufen zu lassen, wenn er die Zeit im Konzentrationslager überlebe, was er nach seiner Befreiung auch tat.[33]

Abbildung 4: Bild von Ludwig Dreifuß[34]

3. Rückkehr nach Augsburg und Wiederzulassung als Rechtsanwalt

a. Rückkehr nach Augsburg

Nach seiner Befreiung kehrte Dreifuß am 26. Juni 1945 *„an Leib und Seele zerschunden und zermürbt"*[35] als Einziger der in dieser Arbeit dargestellten Rechtsanwälte nach

30 Weber, Schicksal jüdischer Rechtsanwälte, S. 226; Jüdisches Kulturmuseum Augsburg, Ordner „Jüdische Rechtsanwälte", Bendner (Vorname unbekannt), Schreiben an einen unbekannten Rechtsanwalt (vermutlich Arthur Luchs) vom 17.9.46.

31 BayHStA, LEA 794, Comité international de la Croix Rogue, Schreiben an das Bayerische Landesentschädigungsamt vom 14.12.1956; Schoene, „Sie alle sollten den Tod finden", Augsburger Allgemeine vom 25.2.2014.

32 BayHStA, LEA 794, Comité international de la Croix Rogue, Schreiben an das Bayerische Landesentschädigungsamt vom 14.12.1956; Schoene, „Sie alle sollten den Tod finden", Augsburger Allgemeine vom 25.2.2014.

33 Römer, An meine Gemeinde in der Zerstreuung, S. 114; Römer, In der Fremde leben meine Kinder, S. 121.

34 BayHStA, LEA 794.

35 Weber, Das Schicksal der jüdischen Rechtsanwälte in Bayern nach 1933, S. 226.

dem Krieg nach Augsburg zurück.[36] In Augsburg übernahm Dreifuß Verantwortung für seine Heimatstadt, in der ihn die US-Militärregierung am 1. September 1945 als Oberbürgermeister von Augsburg einsetzte.[37] Gemeinsam mit seinem ehemaligen Sozius Fraunholz baute Dreifuß die Stadtverwaltung von Augsburg auf.[38] In der damaligen jüdischen Gemeinde gab es zu Dreifuß' Ernennung zum Oberbürgermeister jedoch auch ablehnende Stimmen. Eine von ihnen fragte den ehemaligen Rabbiner Ernst Jacob:

> *„Warum muss ein Jude herausgestellt werden in einem Volk, welches uns mehr als je fremd geworden ist?"*[39]

Dreifuß ließ sich von solcher Ablehnung nicht verunsichern und blieb von Mai 1946 bis Ende 1948 Bürgermeister der Stadt Augsburg, bis er sich aus der Politik zurückzog.[40]

b. Wiederzulassung als Rechtsanwalt

Im Dezember 1945 konnte Dreifuß mit einer erneuten Zulassung als Rechtsanwalt wieder in seinen Beruf als Anwalt zurückkehren, wobei sich die Ausübung seiner Rechtsanwaltstätigkeit hauptsächlich auf die Zeit nach seiner Tätigkeit als Bürgermeister von Augsburg beschränkte.[41] Dreifuß hatte sich als Rechtsanwalt vor allem auf Rückerstattungsansprüche von Juden gegenüber dem Deutschen Reich und dessen Rechtsnachfolger spezialisiert und vertrat viele jüdische Mandanten – unter anderem auch den noch darzustellenden Rechtsanwalt Dr. Arthur Teutsch[42] – im In- und Ausland.[43]

1952 erhielt Dreifuß für seinen Einsatz für Augsburg den Verdienstorden der Bundesrepublik Deutschland am Bande.[44]

---

36 Weber, Das Schicksal der jüdischen Rechtsanwälte in Bayern nach 1933, S. 226.

37 Römer, An meine Gemeinde in der Zerstreuung, S. 126 f.; BayHStA, LEA 794, LG München I, Urteil vom 3.3.1960.

38 Jüdisches Kulturmuseum Augsburg, Ordner „Jüdische Rechtsanwälte", Bendner (Vorname unbekannt), Brief an einen unbekannten Rechtsanwalt (vermutlich Arthur Luchs) vom 17.9.1946.

39 Römer, An meine Gemeinde in der Zerstreuung, S. 126 f.

40 BayHStA, LEA 794, LG München I, Urteil vom 3.3.1960; Jüdisches Kulturmuseum Augsburg, Ordner „Jüdische Rechtsanwälte", Bendner (Vorname unbekannt), Brief an einen unbekannten Rechtsanwalt (vermutlich Arthur Luchs) vom 17.9.1946.

41 Weber, Das Schicksal der jüdischen Rechtsanwälte in Bayern nach 1933, S. 226; BayHStA, LEA 794, LG München I, Urteil vom 3.3.1960.

42 Siehe C. XVI.

43 Siehe zur Vertretung von Arthur Teutsch C. XVI 5.

44 Weber, Das Schicksal der jüdischen Rechtsanwälte in Bayern nach 1933, S. 226; Römer, An meine Gemeinde in der Zerstreuung, S. 206.

4. Tod

Am 15. April 1960 starb Dreifuß im Alter von 76 Jahren in Murnau am Staffelsee.[45] Heute erinnert an ihn eine nach ihm benannte Straße in der Nähe der „City-Galerie“ in der Innenstadt von Augsburg.

5. Entschädigung

Dreifuß vertrat sich im Entschädigungsverfahren selbst, bis ihn ab dem 31. August 1956 sein ehemaliger Sozius Fraunholz vertrat.[46]

a. Schaden im beruflichen Fortkommen

aa. Einreichung und Begründung des Antrags

Dreifuß stellte am 22. März 1950 gemäß §§ 21 - 34 USEG[47] einen Antrag beim Bayerischen Landesentschädigungsamt (vormals Bayerisches Landesamt für Wiedergutmachung)[48] auf Entschädigung für den Schaden im beruflichen Fortkommen und bezifferte diesen vom Entzug seiner Zulassung als Rechtsanwalt am 1. Dezember 1938 an auf 248.187 Deutsche Mark.[49] Für die Berechnung des Schadens führte Dreifuß an, dass seine jährlichen Einnahmen ohne Einflussnahme durch die Nationalsozialisten auf mindestens 24.000 Reichsmark gestiegen wären, und bildete die Differenz zwischen diesen fiktiven Einnahmen und seinen Einkünften, die er in den Jahren von 1930 bis 1945 erzielt hatte.[50] Die sich hieraus ergebende Gesamtsumme rechnete er ohne nähere Begründung im Verhältnis 1 : 1 in Deutsche Mark um.[51]

bb. Anerkennung des Anspruchs dem Grunde nach

Das Bayerische Landesentschädigungsamt bejahte den von Dreifuß geltend gemachten Anspruch auf Entschädigung des Schadens im beruflichen Fortkommen (§§ 3, 1 Absatz 1, 64 Absatz 1 Satz 1, Absatz 3, 65, 66 Absatz 1, 74 BEG) dem Grunde nach.[52] Dreifuß war als Jude Verfolgter im Sinne des § 1 Absatz 1 BEG. Ab 1. April 1933 lag zumindest eine wesentliche Beschränkung in der selbstständigen Tätigkeit als Rechtsanwalt und somit ein Schaden im beruflichen Fortkommen von Dreifuß

---

45 Römer, An meine Gemeinde in der Zerstreuung, S. 206.

46 BayHStA, LEA 794, Ludwig Dreifuß, Vollmacht für Anton Fraunholz in sämtlichen Wiedergutmachungssachen vom 31.8.1956.

47 Siehe oben C. I. 4. a. aa., dass es gemäß § 231 BEG nach dem Inkrafttreten des BEG keiner neuen Antragstellung bedurfte.

48 Siehe oben C. I. 4. a.

49 BayHStA, LEA 794, Ludwig Dreifuß, Antrag (Formblatt E) an das Bayerische Landesamt für Wiedergutmachung vom 24.3.1950.

50 BayHStA, LEA 794, Ludwig Dreifuß, Anlage zum Antrag (Formblatt E) an das Bayerische Landesamt für Wiedergutmachung vom 24.3.1950.

51 BayHStA, LEA 794, Ludwig Dreifuß, Anlage zum Antrag (Formblatt E) an das Bayerische Landesamt für Wiedergutmachung vom 24.3.1950.

52 BayHStA, LEA 794, Bayerisches Landesentschädigungsamt, Bescheid vom 2.3.1957, S. 2.

vor (§§ 1 Absatz 1, 64 Absatz 1 Satz 1, Absatz 3, 65, 66 Absatz 1, 3 BEG), sodass ein Anspruch auf Kapitalentschädigung oder Rente gemäß §§ 3, 74 BEG gegeben war.

cc. Berechnung der Kapitalentschädigung und Rente

(1.) Vergleichbare Beamtengruppe

Bei der Berechnung der Höhe der Entschädigung reihte das Bayerische Landesentschädigungsamt Dreifuß nach seiner wirtschaftlichen Lage und seiner Berufsausbildung in die vergleichbare Gruppe eines Bundesbeamten des höheren Diensts[53] ein (§ 76 Absatz 1 Satz 3 BEG in Verbindung mit § 14 Absatz 1 3. DV-BEG).[54] Dreifuß war zu Beginn der Verfolgung 49 Jahre alt, sodass das Bayerische Landesentschädigungsamt ihn in die dritte Lebensaltersstufe (bis zur Vollendung des 55. Lebensjahres) der Anlage 2 der 3. DV-BEG eingruppierte.[55] Es ergab sich ein Betrag von drei Vierteln (§ 76 Absatz 1 Satz 1 BEG, § 13 in Verbindung mit Anlage 2 DV-BEG) eines Dienstbezug eines vergleichbaren Bundesbeamten erhöht um 20 % (§ 76 Absatz 3 BEG)[56] in Höhe von 862,50 Reichsmark pro Monat.[57]

(2.) Entschädigungszeitraum April 1933 bis 30. November 1938

Im Zeitraum von 1. April 1933 bis zum Entzug von Dreifuß' Rechtsanwaltszulassung im November 1938 lag nur eine wesentliche Beschränkung und keine Verdrängung aus seiner selbstständigen Tätigkeit vor[58], sodass das Bayerische Landesentschädigungsamt die oben genannten Dienstbezüge eines vergleichbaren Bundesbeamten nicht vollständig als Entschädigung heranziehen konnte, sondern gemäß § 76 Absatz 2 Satz 3 BEG[59] kürzen musste.[60]

Die amtlichen Unterlagen, insbesondere die Steuerbescheide von 1933 bis 1938, lagen kriegsbedingt nicht mehr vor, sodass das Bayerische Landesentschädigungsamt den verfolgungsbedingten Einkommensrückgang gemäß § 191 Absatz 2 BEG in Verbindung mit § 287 Absatz 1 Satz 1 ZPO mit 60 % schätzte.[61] Der von dem Bayerischen Landesentschädigungsamt gemäß §§ 76 Absatz 1 Satz 1, Absatz 3 BEG errechnete Betrag in Höhe von 862,50 Reichsmark pro Monat[62] war gemäß §

---

53 Siehe zur Eingruppierung in eine vergleichbare Beamtengruppe gemäß § 76 Absatz 1 Satz 3 BEG die Ausführungen oben C. I. 4. a. dd. (2.).

54 BayHStA, LEA 794, Bayerisches Landesentschädigungsamt, Bescheid vom 2.3.1957, S. 2.

55 BayHStA, LEA 794, Bayerisches Landesentschädigungsamt, Bescheid vom 2.3.1957, S. 2.

56 Siehe zu der Erhöhung nach § 76 Absatz 3 BEG die Ausführungen bei Adler unter C. I. 4. a. dd. (2).

57 BayHStA, LEA 794, Bayerisches Landesentschädigungsamt, Bescheid vom 2.3.1957, S. 2.

58 Siehe zu dem Unterschied zwischen Verdrängung in der Erwerbstätigkeit und wesentlicher Beschränkung in der Ausübung der Erwerbstätigkeit oben C. I. 4. a. dd. (3.).

59 Siehe oben C. I. a. dd. (2.) (b.).

60 BayHStA, LEA 794, Bayerisches Landesentschädigungsamt, Bescheid vom 2.3.1957, S. 2.

61 BayHStA, LEA 794, Bayerisches Landesentschädigungsamt, Bescheid vom 2.3.1957, S. 2.

62 Siehe oben C. IV. 5. a. cc. (1.).

76 Absatz 2 BEG entsprechend dem prozentualen Einkommenrückgang während des Zeitraums der wesentlichen Beschränkung in der Ausübung von Dreifuß Erwerbstätigkeit zu kürzen[63]. Es ergab sich eine monatliche Entschädigung in Höhe von 517,50 Reichsmark (60 % von 862,50 Reichsmark).[64] Für den Zeitraum vom 1. April 1933 bis zum 30. November 1938, mithin für 68 Monate, ergab sich ein Teilbetrag für den Schaden im beruflichen Fortkommen wegen wesentlicher Beschränkung in der selbstständigen Tätigkeit von Dreifuß in Höhe von 35.190 Reichsmark (68 Monate × 517,50 Reichsmark).[65]

(3.) Entschädigungszeitraum vom 1. Dezember 1938 bis zum 8. Mai 1945

Für die Zeit vom 1. Dezember 1938 bis zum 8. Mai 1945 setzte das Bayerische Landesentschädigungsamt ohne weitere Begründung den vollen Betrag der Dienstbezüge eines vergleichbaren Bundesbeamten in Höhe von 862,50 Reichsmark an, obwohl Dreifuß in diesem Zeitraum Einnahmen als Konsulent erzielt hatte, die teilweise über seinen Einnahmen als Rechtsanwalt in den vorangegangenen Jahren lagen.[66] Die Tätigkeit als Konsulent[67] war jedoch keine Anwaltstätigkeit, so dass das Bayerische Landesentschädigungsamt mit dem Entzug der Zulassung zur Rechtsanwaltschaft von einer Verdrängung Dreifuß' (§ 76 Absatz 1 BEG) aus seiner selbstständigen Tätigkeit ausgegangen war.[68] Für den Zeitraum vom 1. Dezember 1938 bis zum 8. Mai 1945, mithin für 77 Monate, ergab sich ein weiterer Teilbetrag für den Schaden im beruflichen Fortkommen wegen Verdrängung aus der selbstständigen Tätigkeit von Dreifuß in Höhe von 66.412,50 Reichsmark (77 Monate × 862,50 Reichsmark).[69]

(4.) Höhe der Kapitalentschädigung und Rentenwahlrecht

Der Gesamtbetrag der beiden vorgenannten Teilbeträge ergab 101.602,50 Reichsmark und umgestellt gemäß § 11 Absatz 1 BEG im Verhältnis 10 : 2 einen Betrag in Höhe von 20.320,50 Deutsche Mark.[70] Das Bayerische Landesentschädigungsamt sprach Dreifuß mit Bescheid vom 2. März 1957 eine abgerundete Kapitalentschädigung in Höhe von 20.000 Deutsche Mark (§§ 3, 74 Satz 1, Satz 2 Alternative 1 in Verbindung mit § 76 Absatz 1, 2 und 3 BEG) oder wahlweise eine Rente von 600 Deutsche Mark pro Monat (§§ 3, 74 Satz 1, Satz 2 Alternative 2, 81, 82 Absatz 1, 83 Absatz 1 und 2 BEG) zuzüglich einer Einmalentschädigung in Höhe eines Rentenjahresbetrags in Höhe von 7.200 Deutsche Mark (§ 83 Absatz 3 BEG) zu.[71] Dreifuß

---

63 Siehe zu der Kürzung der Kapitalentschädigung während des Zeitraums der wesentlichen Beschränkung in der Ausübung der Berufstätigkeit oben C. I. 4. a. dd. (3.) (b.).

64 BayHStA, LEA 794, Bayerisches Landesentschädigungsamt, Bescheid vom 2.3.1957, S. 2.

65 BayHStA, LEA 794, Bayerisches Landesentschädigungsamt, Bescheid vom 2.3.1957, S. 2.

66 BayHStA, LEA 794, Bayerisches Landesentschädigungsamt, Bescheid vom 2.3.1957, S. 2.

67 Siehe oben B. VI. 5.

68 BayHStA, LEA 794, Bayerisches Landesentschädigungsamt, Bescheid vom 2.3.1957, S. 2.

69 BayHStA, LEA 794, Bayerisches Landesentschädigungsamt, Bescheid vom 2.3.1957, S. 2, 3.

70 BayHStA, LEA 794, Bayerisches Landesentschädigungsamt, Bescheid vom 2.3.1957, S. 3.

71 BayHStA, LEA 794, Bayerisches Landesentschädigungsamt, Bescheid vom 2.3.1957, S. 3.

hatte die Voraussetzungen für die Gewährung einer Rente gemäß § 82 Absatz 1 BEG erfüllt. Er übte zum Zeitpunkt der Entscheidung keine Erwerbstätigkeit aus (§ 83 Absatz 1 Satz 1), was ihm, dadurch dass er zum Zeitpunkt der Entscheidung das 65. Lebensjahr vollendet hatte (73 Jahre alt), auch nicht mehr zumutbar war (§ 82 Absatz 1 Satz 2 BEG).

(5.) Entscheidung für die Kapitalentschädigung durch Dreifuß

Dreifuß entschied sich für die Kapitalentschädigung, die das Bayerische Landesentschädigungsamt am 2. April 1957 und somit mehr als sieben Jahre nach der Antragstellung an ihn auszahlte.[72]

Im Nachhinein wirtschaftlich betrachtet, wäre die Entscheidung für die Rente besser gewesen. Allein die Rentennachzahlung für den Zeitraum von der Entscheidung bis zu Dreifuß' Tod zuzüglich der Kapitalentschädigung in Höhe von 7.200 Deutsche Mark hätten sich auf 29.400 Deutsche Mark und somit auf 9.400 Deutsche Mark mehr als die zugesprochenen 20.000 Deutsche Mark belaufen.

b. Soforthilfe für Rückwanderer

Dreifuß stellte am 29. Juni 1956 einen Antrag gemäß § 141 BEG auf Soforthilfe für Rückwanderer zu dem Bayerischen Landesentschädigungsamt.[73] Das Bayerische Landesentschädigungsamt sprach Dreifuß mit Bescheid vom 31. Oktober 1957 einen Anspruch auf Soforthilfe für Rückwanderer in Höhe von 6.000 Deutsche Mark (§§ 1 Absatz 1, 141 Absatz 1 BEG) zu.[74] Die Soforthilfe für Rückwanderer war gemäß § 141 Absatz 1 BEG ein Anspruch, welcher Verfolgten deutscher Staatsangehörigkeit zustand, die von einem Wohnsitz innerhalb des Reichsgebiets nach dem Stand vom 31. Dezember 1937 ausgewandert waren oder die das Deutsche Reich deportiert oder ausgewiesen hatte und nach dem Krieg in die Bundesrepublik Deutschland zurückgekehrt sind. Die Soforthilfe betrug pauschal 6.000 Deutsche Mark. Dreifuß erfüllte durch die Deportation und der Rückkehr nach Deutschland die Voraussetzungen des §§ 141 Absatz 1, 1 Absatz 1 BEG.[75] Das Bayerische Landesentschädigungsamt veranlasste die Auszahlung der Soforthilfe am 8. November 1957.[76]

---

72 BayHStA, LEA 794, Anton Fraunholz, Schreiben an das Bayerische Landesentschädigungsamt vom 28.3.1957; BayHStA, LEA 794, Bayerisches Landesentschädigungsamt, Auszahlungsverfügung vom 1. April 1957, auf dem Bescheid 2.3.1957, S. 2.

73 BayHStA, LEA 794, Ludwig Dreifuß, Antrag zum Bayerischen Landesentschädigungsamt vom 29.6.1956.

74 BayHStA, LEA 794, Bayerisches Landesentschädigungsamt, Bescheid vom 31.10.1957.

75 BayHStA, LEA 794, Bayerisches Landesentschädigungsamt, Bescheid vom 31.10.1957, S. 3.

76 BayHStA, LEA 794, Bayerisches Landesentschädigungsamt, Auszahlungsverfügung vom 8.11.1957 auf dem Bescheid vom 31.10.1957, S. 2.

c. Schaden durch Entrichtung von Sonderabgaben

Dreifuß beantragte am 24. März 1950 bei dem Bayerischen Landesentschädigungsamt (vormals Bayerisches Landesamt für Wiedergutmachung)[77] mittels des Formblattes D[78] gemäß §§ 17, 18, 19 und 20 USEG[79] eine Entschädigung für die von ihm entrichtete Judenvermögensabgabe in Höhe von 6.500 Reichsmark und für die entrichteten Sonderabgaben[80] an die Reichsrechtsanwaltskammer.[81]

aa. Judenvermögensabgabe

Dreifuß hatte in insgesamt fünf Raten zu jeweils 1.300 Reichsmark eine Judenvermögensabgabe in Höhe von 6.500 Reichsmark entrichten müssen.[82] Das Bayerische Landesentschädigungsamt entschied in seinem Bescheid vom 5. Oktober 1957, dass der Anspruch auf Entschädigung für die entrichtete Judenvermögensabgabe dem Grunde und der Höhe nach bestehe, und sprach Dreifuß umgerechnet im Verhältnis 10 : 2 (§ 11 Absatz 1 BEG) eine Kapitalentschädigung in Höhe von 1.300 Deutsche Mark zu (§§ 3, 1 Absatz 1, 59 Absatz 1 Satz 1 BEG).[83] Das Bayerische Landesentschädigungsamt veranlasste die Auszahlung des Entschädigungsbetrages an Dreifuß am 5. Oktober 1957.[84]

---

77 Siehe oben C. I. 4. a. bb.

78 Siehe zu der Verwendung von Formblättern oben C. I. 4. a. aa.

79 Siehe oben C. I. 4. a. aa., dass es gemäß § 231 BEG nach dem Inkrafttreten des BEG keiner neuen Antragstellung bedurfte.

80 Siehe oben C. IV. 2. f.

81 BayHStA, LEA 794, Ludwig Dreifuß, Antrag (Formblatt D) an das Bayerische Landesamt für Wiedergutmachung vom 24.3.1950.

82 BayHStA, LEA 794, Ludwig Dreifuß, Anlage 6 zu Dreifuß' Antrag (Formblatt E) an das Bayerische Landesamt für Wiedergutmachung vom 24.3.1950; BayHStA, LEA 794, Ludwig Dreifuß, Antrag (Formblatt E) an das Bayerische Landesamt für Wiedergutmachung vom 24.3.1950 (siehe Abbildung 5).

83 BayHStA, LEA 794, Bayerisches Landesentschädigungsamt, Bescheid vom 5.10.1957.

84 BayHStA, LEA 794, Bayerisches Landesentschädigungsamt, Auszahlungsverfügung vom 5.10.1957.

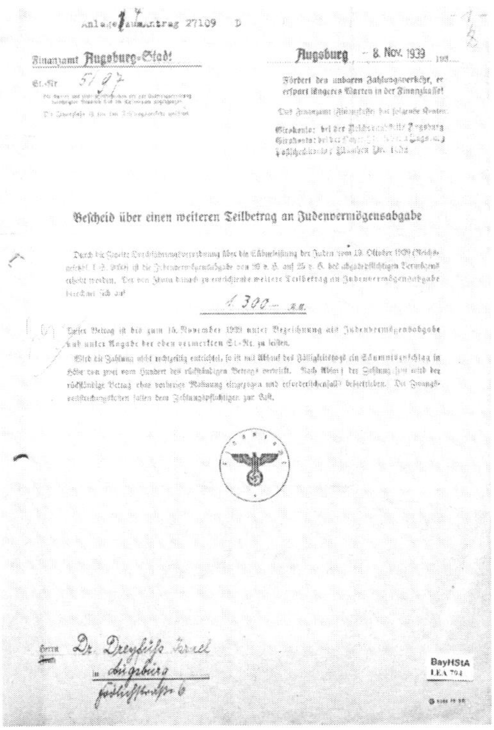
Anlage 1 zum Antrag 27109 D

Finanzamt Augsburg-Stadt

St.-Nr. 5197

Augsburg, 8. Nov. 1939

Fördert den unbaren Zahlungsverkehr, er erspart längeres Warten in der Finanzkasse!

Das Finanzamt (Finanzkasse) hat folgende Konten:

Girokonto: bei der Reichsbanknebenstelle Augsburg [illegible]

Bescheid über einen weiteren Teilbetrag an Judenvermögensabgabe

Durch die Zweite Durchführungsverordnung über die Sühneleistung der Juden vom 19. Oktober 1939 (Reichsgesetzbl. I S. [illegible]) ist die Judenvermögensabgabe von 20 v. H. auf 25 v. H. des abgabepflichtigen Vermögens erhöht worden. Der von Ihnen danach zu entrichtende weitere Teilbetrag an Judenvermögensabgabe berechnet sich auf

1.300.– RM.

Dieser Betrag ist bis zum 15. November 1939 unter Bezeichnung als Judenvermögensabgabe und unter Angabe der oben vermerkten St.-Nr. zu leisten.

Wird die Zahlung nicht rechtzeitig entrichtet, so ist mit Ablauf des Fälligkeitstags ein Säumniszuschlag in Höhe von zwei vom Hundert des rückständigen Betrags verwirkt. Nach Ablauf der Zahlungsfrist wird der rückständige Betrag ohne vorherige Mahnung eingezogen und erforderlichenfalls beigetrieben. Die Zwangsvollstreckungskosten fallen dem Zahlungspflichtigen zur Last.

Herrn Dr. Dreyfuß Israel

in Augsburg

Fröhlichstraße 6

BayHStA LEA 794

Abbildung 5: Bescheid über Teilbetrag der Judenvermögensabgabe an Ludwig Dreifuß[85]

bb. Sonderabgabe an die Reichsrechtsanwaltskammer

Den Anspruch wegen Entrichtung der Sonderabgabe an die Reichsrechtsanwaltskammer lehnte das Bayerische Landesentschädigungsamt hingegen mit Bescheid vom 5. Oktober 1957 mit der Begründung ab, dass Dreifuß diese Sonderabgabe aus seinem Einkommen als Konsulent entrichtet habe.[86] Für die Zeit, in der er Konsulent gewesen sei, habe er jedoch bereits eine Entschädigung für den Schaden im beruflichen Fortkommen in seiner Rechtsanwaltstätigkeit erhalten, sodass wegen der Sonderabgabe an die Reichsrechtsanwaltskammer kein Schaden mehr vorliege.[87] Die Argumentation des Bayerischen Landesentschädigungsamtes ist nicht nachvollziehbar, da die Zahlung der Sonderabgabe neben dem Entfall der Einkünfte aus anwaltlicher Tätigkeit durch den Entzug der Rechtsanwaltszulassung von Dreifuß einen zusätzlichen Schaden darstellte, welcher zu entschädigen war.

Gegen den Bescheid des Bayerischen Landesentschädigungsamts vom 5. Oktober 1957 erhob Dreifuß Klage zu dem Landgericht München I.[88] Er einigte

85 BayHStA, LEA 794, Finanzamt Augsburg Stadt, Bescheid über Teilbetrag der Judenvermögensabgabe an Dreifuß Ludwig vom 8.11.1939.

86 BayHStA, LEA 794, Bayerisches Landesentschädigungsamt, Bescheid vom 5.10.1957.

87 BayHStA, LEA 794, Bayerisches Landesentschädigungsamt, Bescheid vom 5.10.1957, S. 3.

88 BayHStA, LEA 794, LG München I, Urteil vom 22.5.1958.

sich am 22. Mai 1958 vor Gericht mit dem Freistaat Bayern, vertreten durch das Bayerische Landesentschädigungsamt, in einem Vergleich darauf, dass der Freistaat Bayern Dreifuß eine Kapitalentschädigung für die gezahlte Sonderabgabe in Höhe von umgerechnet 1.442 Deutsche Mark bezahlte (§§ 3, 1 Absatz 1, 59 Absatz 1 BEG).[89] Das Bayerische Landesentschädigungsamt zahlte den Entschädigungsbetrag am 11. Juli 1958 an Dreifuß aus.[90]

d. Goodwillschaden

aa. Antragstellung

Fraunholz stellte am 19. Juni 1957 für Dreifuß einen Antrag an das Bayerische Landesentschädigungsamt auf Entschädigung für den Schaden im Vermögen in Form des Entzuges Dreifuß' Kanzlei (Goodwillschaden).[91]

bb. Begründung des Antrags und Herleitung der Schadenshöhe

Fraunholz begründete den Antrag damit, dass Dreifuß vor dem Entzug seiner Rechtsanwaltszulassung eine erfolgreiche Kanzlei betrieben hatte, welche er mit dem Entzug seiner Rechtsanwaltszulassung aufgeben musste.[92] Der Höhe nach berechnete Fraunholz den Schaden mit Dreifuß' fünffachem Durchschnittseinkommen pro Jahr, welches nach Fraunholz vor der Verfolgung 14.000 Reichsmark jährlich betragen hatte, mithin ein Gesamtschaden in Höhe von 70.000 Reichsmark.[93]

Den zugrunde zu legenden Faktor (fünf) leitete Fraunholz bei seiner Berechnung aus einem Urteil des Landgerichts Wiesbaden aus dem Jahr 1958 ab, in dem das Gericht festgestellt hatte, dass sich der entschädigungsfähige Goodwill auf das Zwei- bis Fünffache des durchschnittlichen Jahresertrags des Verfolgten belaufe.[94] Fraunholz begründete den anzusetzenden Höchstfaktor damit, dass Dreifuß 1933 beim Beginn der Verfolgung 50 Jahre alt war, was für einen Rechtsanwalt aufgrund der in diesem Alter gesammelten Berufserfahrung und des aufgebauten Mandantenstamms das *„beste Anwaltsalter"* darstelle.[95] Fraunholz stellte den berechneten Schaden gemäß § 11 Absatz 2 BEG auf 14.000 Deutsche Mark um, und zog von

---

89 BayHStA, LEA 794, LG München I, Protokoll der öffentlichen Sitzung vom 22.5.1958; Die Klageschrift selbst ist in der überlieferten Akte nicht enthalten. Aus dem Protokoll des LG München I vom 22.5.1958 ergibt sich die Klageerhebung durch Dreifuß.

90 BayHStA, LEA 794, Bayerisches Landesentschädigungsamt, Verfügung vom 11.7.1958.

91 BayHStA, LEA 794, Anton Fraunholz, Schreiben an das Bayerische Landesentschädigungsamt vom 19.6.1957.

92 BayHStA, LEA 794, Anton Fraunholz, Schreiben an das Bayerische Landesentschädigungsamt vom 19.2.1959.

93 BayHStA, LEA 794, Anton Fraunholz, Schreiben an das Bayerische Landesentschädigungsamt vom 19.2.1959.

94 LG Wiesbaden, Urteil vom 30.6.1958, RZW S 33/1959; BayHStA, LEA 794, Anton Fraunholz, Schreiben an das Bayerische Landesentschädigungsamt vom 19.2.1959.

95 BayHStA, LEA 794, Anton Fraunholz, Schreiben an das Bayerische Landesentschädigungsamt vom 19.2.1959.

dem umgerechneten Betrag gemäß § 141 Absatz 2 BEG alte Fassung[96] den halben Betrag der erhaltenen Soforthilfe für Rückwanderer in Höhe von 3.000 Deutsche Mark (6.000 Deutsche Mark × 1/2) ab, sodass ein Restanspruch in Höhe von 11.000 (14.000 − 3.000) Deutsche Mark verblieb.[97]

cc. Antragzurückweisung durch das Bayerische Landesentschädigungsamt

Das Bayerische Landesentschädigungsamt lehnte mit seinem Bescheid vom 13. März 1959 einen Anspruch auf Ersatz des Goodwillschadens als unbegründet ab, weil Dreifuß' durchschnittliches Einkommen während der Verfolgung nicht über dem gewöhnlichen Arbeitslohn eines angestellten Rechtsanwalts gelegen habe und somit kein über den Berufsschaden hinausgehender Schaden im Vermögen (§§ 3, 1 Absatz 1, 56 Absatz 1 BEG) vorliege.[98]

dd. Klageerhebung beim Landgericht München I

(1.) Klageabweisung

Gegen diesen Bescheid des Bayerischen Landesentschädigungsamt erhob Dreifuß am 3. April 1959 Klage zu dem Landgericht München I mit dem Antrag auf Zahlung einer Entschädigung in Höhe von 11.000 Deutsche Mark.[99] Das Verfahren endete mit einer Abweisung der Klage.[100]

(2.) Begründung der Klageabweisung durch das Landgericht München I

Der Goodwill war der Betrag, den ein objektiver Erwerber bei einem Kauf der Kanzlei zu bezahlen bereit gewesen wäre.[101] Nach der Rechtsprechung des BGH war zur Berechnung des Goodwills von dem Reingewinn einer freiberuflichen Kanzlei der objektive Unternehmerlohn abzuziehen und der sich ergebende Wert mit einem Multiplikator (maximal fünf), welcher sich aufgrund von Faktoren wie Alter und Ansehen der Kanzlei ergab, zu multiplizieren.[102] *„Dieser Grundsatz folgt aus der Überlegung, daß der Erwerber eines Unternehmens grundsätzlich nur bereit ist, ein Entgelt für diejenigen Werte zu leisten, die er selbst nutzbringend verwerten kann. (…) Der Goodwill stellt für ihn nur insoweit einen nutzbringenden Vermögenswert dar, als dieser ihn in die Lage versetzt, höhere Einkünfte zu erzielen, als er sie durch die bloße Verwertung seiner Arbeitskraft (…) erzielen würde. Als Unternehmerlohn muß daher von dem Reingewinn grundsätzlich mindestens der Betrag abgezogen werden, den ein Angestellter im Zeitpunkt der angenommenen Veräußerung*

---

96 Artikel I Ziffer 80 BEG-Schlußgesetz änderte § 141 Absatz 2 BEG alte Fassung zu § 141 Absatz 4 BEG, blieb aber inhaltlich unverändert.

97 BayHStA, LEA 794, Anton Fraunholz, Schreiben an das Bayerische Landesentschädigungsamt vom 19.2.1959.

98 BayHStA, LEA 794, Bayerisches Landesentschädigungsamt, Bescheid vom 13.3.1959.

99 BayHStA, LEA 794, LG München I, Urteil vom 3.3.1960, S. 2, 3.

100 BayHStA, LEA 794, LG München I, Urteil vom 3.3.1960.

101 BGH Urteil vom 2.12.1959, IV ZR 152/59, S. 10, MDR 1960, 212.

102 BGH Urteil vom 2.12.1959, IV ZR 152/59, S. 10, MDR 1960, 212.

des Betriebs üblicherweise als Vergütung erhalten hätte (…).“[103] Der Goodwillschaden bestand somit in der Differenz zwischen Dreifuß' durchschnittlichen Kanzleieinkünften abzüglich dem objektiven Unternehmerlohn, multipliziert mit einem sich im Einzelfall ergebenden Faktor.[104] Für die Berechnung des Unternehmerlohns zog das Landgericht München I das Einkommen eines vergleichbaren Bundesbeamten heran.[105]

(3.) Berechnung des Goodwillschadens

Bei Dreifuß waren die durchschnittlichen Einnahmen während der Verfolgung mit 14.633 Reichsmark höher als das Einkommen eines vergleichbaren Bundesbeamten. Das Landgericht München I stufte Dreifuß – wie bei dem Schaden im beruflichen Fortkommen[106] – in die vergleichbare Gruppe von Bundesbeamten des höheren Diensts bis zum vollendeten 55. Lebensjahr ein, was gemäß Anlage 2 und 3 der 3. DV-BEG ein vergleichbares Diensteinkommen in Höhe von 11.500 Reichsmark pro Jahr ergab.[107] Dieser Betrag entsprach nach Ansicht des Bayerischen Landesentschädigungsamt dem objektiven Einkommen, welches ein Dritter einem angestellten Rechtsanwalt zahlen würde. Dreifuß' Einnahmen überstiegen den objektiven Unternehmerlohn um 3.133 Reichsmark pro Jahr (14.633 Reichsmark − 11.500 Reichsmark). Das Landgericht München I berechnete den objektiven Unternehmerlohn mit dem Faktor vier.[108] Diesen Faktor hielt das Gericht bei der Berechnung des Goodwillschadens aufgrund der Tatsache, dass Dreifuß Strafrechts- und Ehescheidungssachen bearbeitet hatte und somit im Vergleich zu anderen Rechtsanwälten höher spezialisiert war, für angemessen.[109] Der Hintergrund der Entscheidung des Gerichts war, dass bei zunehmender Spezialisierung die Person des Rechtsanwalts für den einzelnen Mandanten immer wesentlicher werde, was den in der Kanzlei verkörperten Wert steigere.[110]

Es ergab sich ein Anspruch auf Entschädigung des Schaden im Vermögen gemäß §§ 3, 1 Absatz 1, 56 Absatz 1 Satz 1 BEG in Höhe von 12.532 Reichsmark (4 × 3.133 Reichsmark/Jahr).[111] Umgestellt im Verhältnis 10 : 2 (§ 11 Absatz 1 BEG) errechnete sich eine Entschädigung in Höhe von 2.506,40 Deutsche Mark und somit weniger als den gemäß § 141 Absatz 2 BEG alte Fassung abzuziehenden hälftigen Betrag, den Dreifuß als Soforthilfe für Rückwanderer (6.000 Deutsche Mark)[112] erhalten hatte.[113]

---

103 BGH Urteil vom 2.12.1959, IV ZR 152/59, S. 10, MDR 1960, 212.
104 BayHStA, LEA 794, LG München I, Urteil vom 3.3.1960, S. 5.
105 BayHStA, LEA 794, LG München I, Urteil vom 3.3.1960, S. 5.
106 Siehe oben C. IV. 5. a. bb.
107 BayHStA, LEA 794, LG München I, Urteil vom 3.3.1960, S. 5, 6.
108 BayHStA, LEA 794, LG München I, Urteil vom 3.3.1960, S. 6.
109 BayHStA, LEA 794, LG München I, Urteil vom 3.3.1960, S. 6.
110 BayHStA, LEA 794, LG München I, Urteil vom 3.3.1960, S. 6.
111 BayHStA, LEA 794, LG München I, Urteil vom 3.3.1960, S. 6.
112 Siehe oben C.IV. 5. b.
113 BayHStA, LEA 794, LG München I, Urteil vom 3.3.1960, S. 6.

e. Schaden an Freiheit

Dreifuß stellte am 24. März 1950 einen Antrag (Formblatt C) auf Entschädigung wegen Schaden an Freiheit gemäß §§ 15 und 16 USEG[114] zum Bayerischen Landesentschädigungsamt (vormals Bayerisches Landesamt für Wiedergutmachung[115]).[116] In dem Antrag machte Dreifuß einen Schaden an Freiheit durch Inhaftierungen vom 23. März bis zum 29. April 1933 im Gefängnis Katzenstadel in Augsburg und vom 20. Februar bis zum 25. Juni 1945 in dem Konzentrationslager Theresienstadt geltend.[117]

Das Bayerische Landesentschädigungsamt erkannte mit Bescheid vom 31. Dezember 1957 einen Schaden an Freiheit durch die Freiheitsentziehungen vom 23. März bis zum 29. April 1933, vom 1. bis zum 5. Mai 1934, am 9. November 1938 und vom 20. Februar bis zum 8. Mai 1945 an.[118] Es sprach Dreifuß gemäß §§ 3, 1 Absatz 1, 43 Absatz 1 Satz 1, 45 Satz 1 und 2 BEG für vier volle Monate Freiheitsentziehung jeweils 150 Deutsche Mark (§ 45 Satz 2 BEG) und somit eine Kapitalentschädigung in Höhe von insgesamt 600 Deutsche Mark zu.[119]

Die von Dreifuß ursprünglich beantragte Entschädigung bis zum 25. Juni 1945 lehnte das Bayerische Landesentschädigungsamt ab.[120] Die Rote Armee befreite das Konzentrationslager Theresienstadt am 8. Mai 1945, ab diesem Zeitpunkt lag nach Ansicht des Bayerischen Landesentschädigungsamt keine Verfolgung (§ 1 Absatz 1 BEG) mehr vor, auch wenn Dreifuß noch bis zum 25. Juni 1945 im Konzentrationslager Theresienstadt bleiben musste.[121] Das Bayerische Landesentschädigungsamt hat die Entschädigung am 10. Januar 1958 zur Auszahlung veranlasst.[122]

f. Gesamtentschädigung

Das Bayerische Landesentschädigungsamt und die Oberfinanzdirektion München zahlten Dreifuß im Entschädigungs- und Rückerstattungsverfahren insgesamt 23.342 Deutsche Mark aus. Darüber hinaus erhielt Dreifuß eine Soforthilfe für Rückwanderer in Höhe von 6.000 Deutsche Mark.

---

114 Siehe oben C. I. 4. a.

115 Siehe oben C. I. 4. a. aa., dass es gemäß § 231 BEG nach dem Inkrafttreten des BEG keiner neuen Antragstellung bedurfte.

116 BayHStA, LEA 794, Ludwig Dreifuß, Antrag (Formblatt C) an das Bayerische Landesamt für Wiedergutmachung vom 24.3.1950.

117 BayHStA, LEA 794, Ludwig Dreifuß, Antrag (Formblatt C) an das Bayerische Landesamt für Wiedergutmachung vom 24.3.1950.

118 BayHStA, LEA 794, Bayerisches Landesentschädigungsamt, Bescheid vom 31.12.1957, S. 3.

119 BayHStA, LEA 794, Bayerisches Landesentschädigungsamt, Bescheid vom 31.12.1957, S. 3.

120 BayHStA, LEA 794, Bayerisches Landesentschädigungsamt, Bescheid vom 31.12.1957, S. 4.

121 BayHStA, LEA 794, Bayerisches Landesentschädigungsamt, Bescheid vom 31.12.1957, S. 4.

122 BayHStA, LEA 794, Bayerisches Landesentschädigungsamt, Auszahlungsverfügung vom 10.1.1958 auf dem Bescheid vom 31.12.1957, S. 2.

V. Dr. iur. Eugen Gunz (15. April 1874 bis 8. Mai 1945)

1. Leben vor der Verfolgung

a. Geburt

Eugen Gunz ist am 15. April 1874 in der Altstadt von Augsburg über der damaligen Gaststätte „Blaues Krügle“ geboren.[1] Gunz Vater war als Kaufmann in einer Lederwarengroßhandlung tätig.[2]

b. Studium und beruflicher Werdegang

Das Studium der Rechtswissenschaften und Vorbereitungsdienst absolvierte Gunz in München und Würzburg und promovierte 1900, bevor er 1901 nach der Erteilung seiner Rechtsanwaltszulassung und der Eröffnung seiner eigenen Kanzlei in Augsburg seine berufliche Laufbahn begann.[3] Dr. Gunz hatte sich nicht auf ein Rechtsgebiet spezialisiert und führte seine Kanzlei ohne Sozius.[4] Der in dieser Arbeit noch darzustellende Arthur Luchs[5] beschrieb Gunz als *„gern gesehene Persönlichkeit“*, die ein hohes Ansehen in Augsburg genoss.[6]

Zwei Rechtsanwaltskollegen von Gunz beschrieben seine Kanzlei als mittelständische Kanzlei mit bis zu zwei Büroangestellten.[7] Gunz’ Einnahmen schätzten die Kollegen auf 1.000 Reichsmark pro Monat[8] beziehungsweise 10.000 - 12.000 Reichsmark pro Jahr.[9] Die wirklichen Einnahmen waren geringer.[10] Das Finanzamt Augsburg-Stadt gab das von dem Ehepaar Gunz zu versteuernde Jahreseinkommen ausweislich der nach dem Zweiten Weltkrieg noch vorhandenen Bürgersteuerlisten 1933 mit 1.200 Reichsmark, 1934 mit 3.000 Reichsmark, 1935 mit 1.650 Reichsmark, 1936 mit 1.800 Reichsmark und 1937 mit 900 Reichsmark an.[11]

---

1 LAfF, EG 19125, Stadtverwaltung Augsburg, Schreiben an das Bayerische Landesentschädigungsamt vom 20.2.1956; Jüdisches Kulturmuseum Augsburg, Ilse Gunz, Schreiben an Gernot Römer, vom 1.11.1992.

2 Weber, Das Schicksal jüdischer Rechtsanwälte, S. 233.

3 Weber, Das Schicksal jüdischer Rechtsanwälte, S. 233.

4 Jüdisches Kulturmuseum Augsburg, Ilse Gunz, Schreiben an Gernot Römer, vom 1.11.1992.

5 Siehe unten C. VII.

6 LAfF, EG 19125, Arthur Luchs, eidesstattliche Versicherung vom 14.5.1956.

7 LAfF, EG 19125, Arthur Luchs, eidesstattliche Versicherung vom 14.5.1956; LAfF, EG 19125, Johan Sprössl, eidesstattliche Versicherung, undatiert.

8 LAfF, EG 19125, Johan Sprössl, eidesstattliche Versicherung, undatiert.

9 LAfF, EG 19125, Arthur Luchs, eidesstattliche Versicherung vom 14.5.1956.

10 LAfF, EG 19125, Finanzamt Augsburg-Stadt, Schreiben an das Bayerische Landesentschädigungsamt vom 12.10.1961.

11 LAfF, EG 19125, Finanzamt Augsburg-Stadt, Schreiben an das Bayerische Landesentschädigungsamt vom 12.10.1961.

c. Mitgliedschaft im Vorstand des Augsburger Anwaltsvereins

Politisch war Gunz nicht aktiv; er war nur als 1. Wahlvorstand für den ordnungsgemäßen Ablauf und die Auszählung von Bürgermeister- und Stadtratswahlen in Augsburg zuständig.[12] Darüber hinaus war Gunz Mitglied des Vorstands des Augsburger Anwaltvereins.[13]

Gunz erhielt zwischen 1923 und 1925 den Titel eines Justizrats verliehen.[14]

d. Erster Weltkrieg

Über eine Teilnahme von Gunz am Ersten Weltkrieg lassen sich den Akten keine Informationen entnehmen.

e. Privatleben

Gunz war mit Dora Gunz verheiratet, die am 13. August 1887 geboren ist.[15] Das Ehepaar hatte zwei Kinder, eine Tochter und einen Sohn.[16] Die Familie lebte in einer großen Wohnung in der Augsburger Karlstraße in demselben Haus, in dem Gunz auch seine Kanzlei betrieb.[17]

2. Leben während der Verfolgung

a. Kein Entzug der Rechtsanwaltszulassung 1933 aufgrund von § 1 Absatz 2 des Rechtsanwaltszulassungsgesetzes

Aufgrund des Altanwaltprivilegs (§ 1 Absatz 2 Alternative 1 des Rechtsanwaltszulassungsgesetzes[18]) durfte Gunz 1933 seine Rechtsanwaltszulassung behalten.

b. Umzug in die Hallstraße 14 und Entzug der Rechtsanwaltszulassung 1938

1935 musste Gunz mit seiner Familie aus seiner Wohnung in der Karlstraße in die

---

12 Jüdisches Kulturmuseum Augsburg, Ilse Gunz, Schreiben an Gernot Römer, vom 1.11.1992.

13 Jüdisches Kulturmuseum Augsburg, Ludwig Mayer, Brief an Gernot Römer, vom 15.8.1991; LAfF, EG 19125, Arthur Luchs, eidesstattliche Versicherung vom 14.5.1956.

14 Das genaue Datum der Verleihung ist nicht bekannt. Luchs gab in seiner eidesstattlichen Versicherung vom 14.5.1956 an, dass Gunz den Titel zwischen 1923 und 1925 erhalten hatte. LAfF, EG 19125, Arthur Luchs, eidesstattliche Versicherung vom 14.5.1956.

15 LAfF, EG 19125, Stadtverwaltung Augsburg, Schreiben an das Bayerische Landesentschädigungsamt vom 20.2.1956.

16 LAfF, EG 19125, Stadtverwaltung Augsburg, Schreiben an das Bayerische Landesentschädigungsamt vom 20.2.1956; Weber, Das Schicksal jüdischer Rechtsanwälte, S. 233.

17 Jüdisches Kulturmuseum Augsburg, Ilse Gunz, Schreiben an Gernot Römer, vom 1.11.1992.

18 Siehe oben B. VI. 1. a. b.

Hallstraße 14 in Augsburg umziehen, wo das Ehepaar Gunz zuletzt offiziell gemeldet war.[19]

Gunz war bis zu dem Entzug seiner Rechtsanwaltszulassung (§ 1 Absatz 1 Satz 2 Buchstabe a) der Fünften Verordnung zum Reichsbürgergesetz) zum 30. November 1938 in seiner Wohnung in der Hallstraße 14 auch noch als Rechtsanwalt tätig.[20], Ab dem 1. Januar 1939 durfte Gunz nur noch als Konsulent jüdische Mandanten beraten.[21]

c. Auswanderung der Kinder

Beide Kinder des Ehepaares Gunz emigrierten ins Ausland, wobei der Sohn 1935 im Alter von 21 Jahren von Augsburg mit dem Zug über die Schweiz nach Frankreich und schließlich mit dem Schiff nach Haifa im damaligen Palästina auswanderte.[22] In Palästina angekommen, fand er in seinem erlernten Beruf als Kaufmann keine Arbeit. Er musste landwirtschaftliche Arbeit leisten, und seinen Lebensunterhalt unter sehr harten Bedingungen bestreiten.[23]

3. Deportation und Tod

Die Verfolgungsmaßnahmen gegen Gunz und seine Ehefrau nahmen weiter zu. Vom 19. September 1941 an war das Ehepaar Gunz verpflichtet, einen Judenstern zu tragen.[24] Am 8. März 1943 deportierten die Nationalsozialisten Gunz und seine Ehefrau mit einem *„größeren Transport nach dem Osten"*[25], von dem beide nicht mehr zurückkehrten.[26]

Das Amtsgericht Augsburg erklärte Gunz und seine Ehefrau durch Beschluss vom 29. Juli 1958 (bezüglich Gunz) und vom 25. März 1958 (bezüglich Dora

---

19 LAfF, EG 19125, Stadtverwaltung Augsburg, Schreiben an das Bayerische Landesentschädigungsamt vom 20.2.1956; Jüdisches Kulturmuseum Augsburg, Ilse Gunz, Schreiben an Gernot Römer, vom 1.11.1992.

20 LAfF, EG 19125, Arthur Luchs, eidesstattliche Versicherung vom 14.5.1956; LAfF, EG 19125, Johan Sprössl, eidesstattliche Versicherung, undatiert.

21 LAfF, EG 19125, Arthur Luchs, eidesstattliche Versicherung vom 14.5.1956; LAfF, EG 19125, Johan Sprössl, eidesstattliche Versicherung, undatiert.

22 LAfF, EG 19125, Stadtverwaltung Augsburg, Bestätigung vom 25.10.1955; Weber, Das Schicksal jüdischer Rechtsanwälte, S. 233; LAfF, EG 19125, Zwi Gunz, Formblatt „Auswanderungskosten" vom 20.12.1956; LAfF, EG 19125, Zwi Gunz, Antrag wegen des Schadens an Eigentum und Vermögen (Formblatt D) an das Bayerische Landesentschädigungsamt vom 14.11.1957.

23 LAfF, EG 19125, Zwi Gunz, Antrag wegen des Schadens an Körper und Gesundheit vom 11.3.1964, S. 2 f.

24 LAfF, EG 19125, Israelitische Kultusgemeinde Schwaben-Augsburg, Schreiben an das Bayerische Landesentschädigungsamt vom 2.3.1960.

25 LAfF, EG 19125, Israelitische Kultusgemeinde Schwaben-Augsburg, Schreiben an Olej Merkas, Irgun, vom 31.7.1954.

26 LAfF, EG 19125, Israelitische Kultusgemeinde Schwaben-Augsburg, Schreiben an Olej Merkas Irgun, vom 31.7.1954.

Gunz) jeweils seit dem 8. Mai 1945 für tot.[27]

4. Entschädigung

Gunz‘ Kinder hatten Gunz ausweislich des Erbescheines[28] des Amtsgerichts Augsburg vom 29. Juli 1958 beerbt.[29] Gunz‘ Entschädigungsansprüche waren auf die Erbengemeinschaft nach Gunz übergegangen (§§ 13 Absatz 1, 140 Absatz 1 BEG).

a. Schaden im beruflichen Fortkommen

Gunz’ Sohn beantragte am 20. Juli 1954 für die Erbengemeinschaft nach Gunz – bestehend aus den beiden Kindern von Gunz –, bei dem Bayerischen Landesentschädigungsamt auf Grundlage der §§ 25 bis 55 Bundesergänzungsgesetz den Ersatz des Schadens, der seinem Vater durch die Beeinträchtigungen und die Verdrängung aus dem Beruf entstanden war.[30]

Das Bayerische Landesentschädigungsamt schlug für den Schaden in Gunz’ beruflichem Fortkommen einen Vergleich über eine Kapitalentschädigung in Höhe von 10.000 Deutsche Mark (§§ 74 Satz 1 Satz 2 Alternative 1, 76 Absatz 1 und 2 BEG) vor.[31] Den Vergleich hat die United Restitution Organization[32], welche Gunz‘ Sohn seit dem 18. November 1954 und Gunz‘ Tochter seit dem 26. Januar 1956 beauftragt hatten, abgelehnt.[33] Das Bayerische Landesentschädigungsamt stufte Gunz in dem Vergleich nicht in die vergleichbare Beamtengruppe des höheren Diensts (§ 76 Absatz 1 Satz 3 BEG in Verbindung mit § 14 Absatz 1 3. DV-BEG)[34], sondern aufgrund der geringen Jahreseinkünfte[35] von Gunz und der Tatsache, dass er 1934 bereits 60 Jahre alt war, nur in die des gehobenen Diensts ein, was für die Erbengemeinschaft nicht akzeptabel war.[36]

Das Bayerische Landesentschädigungsamt und die Erbengemeinschaft nach Gunz einigten sich letztlich auf einen Vergleich, der die Zahlung einer Kapitalent-

---

27 StA München, WB I/N 900, AG Augsburg – Nachlassgericht, Erbschein vom 29.7.1958 und vom 14.3.1961.

28 Siehe zu der amtlichen Beweiswirkung des Erbscheines oben C. I. 4. a. ee.

29 StA München, WB I/N 900, AG Augsburg – Nachlassgericht, Erbschein vom 29.7.1958.

30 LAfF, EG 19125, Zwi Gunz, Antrag an das Bayerische Landesentschädigungsamt vom 20.7.1954.

31 LAfF, EG 19125, Bayerisches Landesentschädigungsamt, Schreiben an die United Restitution Organization vom 6.2.1962.

32 Siehe hierzu die Ausführungen unter C. II. 4. a.

33 LAfF, EG 19125, United Restitution Organization, Schreiben an das Bayerische Landesentschädigungsamt vom 16.5.1962; LAfF, EG 19125, Zwi Gunz, Vollmacht zu Gunsten der United Restitution Organization vom 18.11.1954; LAfF, EG 19125, Ilse Gunz, Vollmacht zu Gunsten der United Restitution Organization vom 26.1.1956.

34 Siehe zur Eingruppierung in eine vergleichbare Beamtengruppe gemäß § 76 Absatz 1 Satz 3 BEG die Ausführungen bei Adler unter C. I. 4. a. dd. (2.).

35 Siehe oben C. V. 1. b.

36 LAfF, EG 19125, Bayerisches Landesentschädigungsamt, Schreiben an die United Restitution Organization vom 6.2.1962; LAfF, EG 19125, United Restitution Organization, Schreiben an das Bayerische Landesentschädigungsamt vom 16.5.1962.

schädigung von insgesamt 15.000 Deutsche Mark vorsah, wobei das Bayerische Landesentschädigungsamt – trotz Zweifel – eine mittlere Einstufung von Gunz gemäß § 76 Absatz 1 Satz 3 BEG in Verbindung mit § 14 Absatz 1 3. DV-BEG zwischen gehobenem und höherem Dienst annahm.[37] Das Bayerische Landesentschädigungsamt zahlte die Kapitalentschädigung am 30. Oktober 1962 an die United Restitution Organization für die Erbengemeinschaft nach Gunz aus.[38]

b. Schaden am Leben

Gunz' Sohn machte mit Antrag vom 20. Juli 1954 eine Entschädigung gemäß §§ 14, 15 Absatz 6 Bundesergänzungsgesetz zum Bayerischen Landesentschädigungsamt wegen des Schadens am Leben seines Vaters geltend.[39] Mit Bescheid vom 5. März 1956 lehnte das Bayerische Landesentschädigungsamt die vorgenannte Entschädigung ab.[40] Die Begründung des Bayerischen Landesentschädigungsamts für die Zurückweisung des Anspruchs lautete, dass Kindern eine Entschädigung gemäß § 14 Absatz 3 Ziffer 3 Bundesergänzungsgesetzes nur so lange zustehe, wie ihnen nach Bundesbeamtenrecht ein Kinderzuschlag zugestanden hätte, was in der Regel bis zum 16. Lebensjahr der Fall ist.[41] Gunz' Kinder, geboren in den Jahren 1913 und 1914,[42] waren daher zu alt für eine Entschädigung im Schaden am Leben des Vaters.[43]

c. Schaden an Freiheit

Die Erbengemeinschaft nach dem Ehepaar Gunz stellte außerdem am 15. Mai 1956 einen Antrag an das Bayerische Landesentschädigungsamt auf Entschädigung für den Schaden an Freiheit ihrer Eltern gemäß § 16 Bundesergänzungsgesetz.[44] Sie erhielt fünf Jahre nach der oben genannten Antragstellung eine Kapitalentschädigung für den Schaden an Freiheit in Form einer Freiheitsentziehung (§§ 3, 1 Absatz 1, 43 Absatz 1 Satz 1, 45 Satz 1 und 2 BEG) und Freiheitsbeschränkung (§§ 3, 1 Absatz

---

37 LAfF, EG 19125, Bayerisches Landesentschädigungsamt, Schreiben an die United Restitution Organization vom 29.5.1962; LAfF, EG 19125, Vergleich zwischen der Erbengemeinschaft nach dem Ehepaar Gunz und dem Freistaat Bayern vom 3./22.10.1962.

38 LAfF, EG 19125, Bayerisches Landesentschädigungsamt, Auszahlungsanordnung vom 30.10.1962 auf dem Vergleich zwischen der Erbengemeinschaft nach dem Ehepaar Gunz und dem Freistaat Bayern vom 3./22.10.1962.

39 LAfF, EG 19125, Zwi Gunz, Antrag zum Bayerischen Landesentschädigungsamt vom 20.7.1954, S. 3.

40 LAfF, EG 19125, Bayerisches Landesentschädigungsamt, Bescheid vom 5.3.1956.

41 LAfF, EG 19125, Bayerisches Landesentschädigungsamt, Bescheid vom 5.3.1956.

42 LAfF, EG 19125, Bayerisches Landesentschädigungsamt, Bescheid vom 5.3.1956 und vom 14.3.1961, S. 1.

43 LAfF, EG 19125, Bayerisches Landesentschädigungsamt, Bescheid vom 5.3.1956.

44 LAfF, EG 19125, Erbengemeinschaft nach dem Ehepaar Gunz, Antrag an das Bayerische Landesentschädigungsamt vom 22.4./15.5.1956.

1, 47 Absatz 1 Satz 1, 48 Satz 1 BEG) in Höhe von jeweils 6.450 Deutsche Mark pro Elternteil.[45]

Die lange Dauer zwischen der Antragstellung und der Auszahlung der Entschädigungssumme lag nicht nur an dem Bayerischen Landesentschädigungsamt, sondern war unter anderem auch durch eine Verzögerung bei dem Erteilen und der Übersendung der für das Entschädigungsverfahren notwendigen Erbscheine der Eltern bedingt.[46]

Nach der Einreichung der Erbscheine ergingen die inhaltsgleichen Bescheide über den Schaden an Freiheit von Gunz und seiner Ehefrau.[47] Darin ging das Bayerische Landesentschädigungsamt jeweils von einem Zeitraum der Freiheitsbeschränkung (§ 47 Absatz 1 BEG) vom 19. September 1941 (Verpflichtung von Gunz und seiner Ehefrau zum Tragen eines Judensterns) bis zum 7. März 1943 und der Freiheitsentziehung (§ 43 Absatz 1 Satz 1 BEG) vom 8. März 1943 (Deportation) bis zum 8. Mai 1945 (Todestag gemäß der Erbscheine) aus.[48] Aus dem sich somit ergebenden Zeitraum von 43 Monaten errechnete sich bei einem monatlichen Entschädigungsbetrag in Höhe von 150 Deutsche Mark (§ 45 Satz 1 BEG für die Freiheitsentziehung und § 48 Satz 1 BEG für die Freiheitsbeschränkung) jeweils eine Gesamtsumme in Höhe der zugesprochenen 6.450 Deutsche Mark.[49]

Der Anspruch auf Entschädigung wegen Schaden an Freiheit in Form der Freiheitsentziehung war gemäß § 46 Absatz 2 BEG an Kinder des Verfolgten und wegen Schaden an Freiheit in Form einer Freiheitsbeschränkung gemäß § 50 Satz 1 BEG vererbbar. Das Bayerische Landesentschädigungsamt zahlte die Entschädigungsbeträge am 23. März 1961 an die United Restitution Organization für die Erbengemeinschaft nach Gunz aus.[50]

d. Schaden wegen entzogener Wertpapiere, entzogener Wertgegenstände und entzogener Bibliothek

Das Legal Aid Department[51], welche die Erbengemeinschaft in dem Wiedergutmachungsverfahren vertrat, machte für die Erbengemeinschaft nach dem Ehepaar Gunz am 31. Januar und am 5. Februar 1958 Ansprüche gegen das Deutsche Reich auf Wiedergutmachung zur Wiedergutmachungsbehörde für Oberbayern geltend.[52] Auf welche Rechtsgrundlage sich der Anspruch stützte, ergibt sich aus dem Antrag

---

[45] LAfF, EG 19125, Bayerisches Landesentschädigungsamt, Bescheide vom 14.3.1961.

[46] LAfF, EG 19125, Bayerisches Landesentschädigungsamt, Schreiben an die United Restitution Organization vom 4.11.1960.

[47] LAfF, EG 19125, Bayerisches Landesentschädigungsamt, Bescheide vom 14.3.1961.

[48] LAfF, EG 19125, Bayerisches Landesentschädigungsamt, Bescheide vom 14.3.1961, S. 3.

[49] LAfF, EG 19125, Bayerisches Landesentschädigungsamt, Bescheide vom 14.3.1961, S. 3.

[50] LAfF, EG 19125, Bayerisches Landesentschädigungsamt, Auszahlungsverfügungen vom 23.3.1961 auf den Bescheiden des Bayerischen Landesentschädigungsamt vom 14.3.1961.

[51] Siehe hierzu die Ausführungen unter C. II. 4. c.

[52] StA München, WB I/N 900, Legal Aid Department, Jewish Restitution, Anmeldungen rückerstattungsrechtlicher Geldansprüche gegen das Deutsche Reich bei der Wiedergutmachungsbehörde für Oberbayern vom 5.2.58 und vom 31.1.1958.

nicht.[53] Die Wiedergutmachungsbehörde für Oberbayern forderte das Legal Aid Department per Beschluss auf, die Ansprüche in der sehr formularmäßigen Anmeldung, in der viele Einzelheiten und Unterlagen zum Nachweis eines Schadens fehlten, näher darzulegen.[54] Mit Schreiben vom 20. November 1958 kam das Legal Aid Department dieser Aufforderung nach und führte aus, dass das Finanzamt Augsburg dem Ehepaar Gunz nach dessen Deportation (8. März 1943) und Ermordung[55] wegen Vermögensverfall zu Gunsten des Deutschen Reichs (§§ 3 Absatz 1 Satz 1, 2 Buchstabe b der Elften Verordnung zum Reichsbürgergesetz)[56] Edelmetalle, Hausrat, eine Bibliothek mit juristischer und belletristischer Literatur, ein Opernglas mit Perlmutteinlage, ein elektrisches Bügeleisen (alles in 1943)[57] sowie Bankguthaben und Wertpapiere aus einem Depot bei der Dresdner Bank (beides am 2. Juni 1946)[58] entzogen habe.[59] Das Legal Aid Department beantragte, dass Deutsche Reich zu verpflichten, für die entzogenen Gegenstände und Guthaben den Wiederbeschaffungswert an die Erbengemeinschaft Gunz zu bezahlen.[60]

aa. Schaden durch Vermögensverfall und Zahlungen an die Reichsrechtsanwaltskammer und das Finanzamt Augsburg

Nach der genaueren Darlegung durch das Legal Aid Department war die Oberfinanzdirektion München für das Deutsche Reich bezüglich aller Gegenstände, bis auf

---

53 StA München, WB I/N 900, Legal Aid Department, Jewish Restitution, Anmeldungen rückerstattungsrechtlicher Geldansprüche gegen das Deutsche Reich bei der Wiedergutmachungsbehörde für Oberbayern vom 5.2.58 und vom 31.1.1958.

54 StA München, WB I/N 900, Wiedergutmachungsbehörde für Oberbayern, Beschluss vom 14.7.1958.

55 Siehe Ausführungen oben C. V. 3.

56 Gemäß § 2 Buchstabe b der Elften Verordnung zum Reichsbürgergesetz verloren Juden mit der Verlegung des gewöhnlichen Aufenthalts ins Ausland die deutsche Staatsangehörigkeit. Entsprechendes galt für Juden die ihren gewöhnlichen Aufenthalt zum Inkrafttreten der Elften Verordnung zum Reichsbürgergesetz im Ausland hatten (§ 2 Buchstabe a der Elften Verordnung zum Reichsbürgergesetz). § 3 Absatz 1 Satz 1 der Elften Verordnung zum Reichsbürgergesetz sah vor, dass bei Verlust der Deutschen Staatsangehörigkeit nach der Elften Verordnung zum Reichsbürgergesetz das Vermögen des betroffenen Juden an das Deutsche Reich verfiel. Mit der Deportation von Juden in Konzentrationslager außerhalb des Gebietes des Deutschen Reichs verfiel somit das Vermögen der betroffenen Juden an das Deutsche Reich.

57 Ein genaueres Datum ist aus den von der Stadtverwaltung Augsburg Verzeichnis vom 16.4.1948 übersandten Auflistung der durch das städtische Wohlfahrtsamt Augsburg für das Finanzamt Augsburg erworbenen Gegenstände nicht ersichtlich (StA München, WB I/N 900, Stadtverwaltung Augsburg, Verzeichnis vom 16.4.1948).

58 StA München, WB I/N 900, Verwaltungsamt für innere Restitution, Schreiben an Legal Aid Department vom 11.9.1958.

59 StA München, WB I/N 900, Legal Aid Department, Jewish Restitution, Schreiben an die Wiedergutmachungsbehörde für Oberbayern vom 20.11.1958.

60 StA München, WB I/N 900, Legal Aid Department, Jewish Restitution, Schreiben an die Wiedergutmachungsbehörde für Oberbayern vom 20.11.1958.

den Schmuck, die Wertgegenstände und der Bibliothek, bei welchen die Oberfinanzdirektion noch weitere Beweise für den genauen Wert verlangte, vergleichsbereit.[61]

Die Erbengemeinschaft nach Gunz schloss mit dem Deutschen Reich, vertreten durch die Oberfinanzdirektion München, am 16. April 1959 einen Vergleich.[62] In diesem Vergleich verpflichtete sich das Deutsche Reich zum Ersatz des Schadens, der durch den Vermögensverfall an dem Bankguthaben des Ehepaares Gunz in Höhe von 3.172,39 Reichsmark entstanden war.[63] Der Vergleich enthielt nur die Verpflichtung zu dem Ersatz des vereinbarten Reichsmarkbetrages nach den Regelungen des Bundesrückerstattungsgesetzes, ohne einen Bezug auf konkrete gesetzliche Grundlagen zu nehmen. Die konkreten Zahlungsverpflichtungen, welche sich aus der Verpflichtung zur Entschädigung ergaben und die Umrechnung in Deutsche Mark, waren gemäß §§ 38, 39, 32 Absatz 1 Bundesrückerstattungsgesetz in einem gesonderten Befriedigungsbescheid der Oberfinanzdirektion, in welchem Bezug auf die gütlichen Einigungen (§ 39 Absatz 1 Ziffer 4 Bundesrückerstattungsgesetz) zu nehmen war, festzusetzen.

bb. Schaden durch entzogene Wertpapiere und entzogenen Hausrat

Darüber hinaus verpflichtete sich das Deutsche Reich in dem Vergleich vom 16. April 1959 gegenüber der Erbengemeinschaft zum Ersatz des Schadens, der durch den Entzug von Wertpapiere in Höhe eines Nominalwertes in Höhe von 24.500 Reichsmark.[64] und zur Zahlung von insgesamt 6.000 Deutsche Mark für den entzogenen Hausrat.[65]

cc. Schaden durch Entzug von Schmuck, Wertgegenständen und juristischer Bibliothek

Über den entzogenen Schmuck, die entzogenen Wertgegenstände und die entzogene juristische Bibliothek war die Güteverhandlung vor der Wiedergutmachungsbehörde Oberbayern erfolglos, sodass sie das Wiedergutmachungsverfahren diesbezüglich mit Beschluss vom 6. Juli 1960 an das Landgericht München I verwies.[66] Vor dem Landgericht München I verglich sich das Deutsche Reich mit

---

61 StA München, WB I/N 900, Wiedergutmachungsbehörde für Oberbayern, Niederschrift vom 16.4.1959.

62 StA München, WB I/N 900, Wiedergutmachungsbehörde für Oberbayern, Niederschrift vom 16.4.1959.

63 StA München, WB I/N 900, Legal Aid Department, Jewish Restitution, Schreiben an die Wiedergutmachungsbehörde für Oberbayern vom 20.11.1958; StA München, WB I/N 900, Wiedergutmachungsbehörde für Oberbayern, Niederschrift vom 16.4.1959, S. 2 ff.

64 StA München, WB I/N 900, Wiedergutmachungsbehörde für Oberbayern, Niederschrift vom 16.4.1959, S. 4.

65 StA München, WB I/N 900, Wiedergutmachungsbehörde für Oberbayern, Niederschrift vom 16.4.1959, S. 4.

66 StA München, WB I/N 900, Wiedergutmachungsbehörde für Oberbayern, Beschluss vom 6.7.1960.

der Erbengemeinschaft nach Gunz.[67] Der Vergleich sah vor, dass das Deutsche Reich sich zu dem Ersatz für den entzogenen Schmuck und die entzogenen Wertgegenstände (2.000 Deutsche Mark), einen Kassenschrank (500 Deutsche Mark) und die entzogene juristische Bibliothek (2.500 Deutsche Mark) in Höhe von insgesamt 5.000 (2.000 + 500 + 2.500) Deutsche Mark verpflichtete.[68]

dd. Bescheid der Oberfinanzdirektion München

Im April 1961 erließ die Oberfinanzdirektion München einen Bescheid gemäß § 32 Bundesrückerstattungsgesetz, der die oben genannten Vergleiche vor der Wiedergutmachungsbehörde für Oberbayern und vor dem Landgericht München I zugrunde legte und der Erbengemeinschaft einen Betrag in Höhe von 14.459,05 Deutsche Mark zusprach.[69]

Die dem Bescheid zu Grunde liegenden Vergleiche (§ 38 Absatz 1 Ziffer 4 Bundesrückerstattungsgesetz) vor der Wiedergutmachungsbehörde Oberbayern und vor dem Landgericht München I waren Ansprüche gegen das Deutsche Reich, die ihre ausschließliche Regelung nach dem Bundesrückerstattungsgesetz hatten (§§ 1, 2, 6 Bundesrückerstattungsgesetz). Die Oberfinanzdirektion München hatte die Ansprüche gemäß § 32 Absatz 1 Bundesrückerstattungsgesetz in einem Befriedigungsbescheid (§§ 38, 39 Bundesrückerstattungsgesetz) der die Zahlungsverpflichtung – welche gemäß § 31 Absatz 1 Bundesrückerstattungsgesetz die Bundesrepublik Deutschland zu erfüllen hatte – feststellte, zusammenzufassen.[70]

Der in dem Bescheid vorgesehene Zahlungsbetrag in Höhe von 14.459,05 Deutsche Mark ergab sich aus einem Teilbetrag in Höhe von 3.449,05 Deutsche Mark und einem weiteren Teilbetrag in Höhe von 11.000 Deutsche Mark.[71]

Für den ersten Teilbetrag in Höhe von 3.449,05 Deutsche Mark rechnete die Oberfinanzdirektion München den in dem Vergleich vor der Wiedergutmachungsbehörde Oberbayern vereinbarten Betrag für Gunz' aufgrund des Vermögensverfalls (§§ 3 Absatz 1 Satz in Verbindung mit § 2 b der Elften Verordnung zum Reichsbürgergesetz) eingezogenen Bankguthabens in Höhe von 3.172,39 Reichsmark im Verhältnis 10 : 1 auf 317,24 Deutsche Mark um (§ 15 Absatz 1 Bundesrückerstattungsgesetz).[72] Dieser Betrag war gemäß § 15 Absatz 2 Satz 1 Bundesrückerstattungsgesetz zu verzinsen. Die Verzinsung erfolgte gemäß § 15 Absatz 2 Satz 2 Bundesrückerstattungsgesetz durch die Hinzurechnung einer Zinspauschale von 25 %, was einem Betrag in Höhe von 79,31 Deutsche Mark (25 % x 317,24 Deutsche Mark) entsprach.[73]

---

67 StA München, WB I/N 900, LG München I, Protokoll vom 20.10.1960.
68 StA München, WB I/N 900, LG München I, Protokoll vom 20.10.1960.
69 LAfF, EG 19125, OFD München, Bescheid vom 19.10.1961, S. 1 f.
70 LAfF, EG 19125, OFD München, Bescheid vom 19.10.1961, S. 4.
71 LAfF, EG 19125, OFD München, Bescheid vom 19.10.1961, S. 4 f.
72 LAfF, EG 19125, OFD München, Bescheid vom 19.10.1961, S. 4 f.
73 LAfF, EG 19125, OFD München, Bescheid vom 19.10.1961, S. 4.

Bei der Entschädigung des Schadens aus den von dem Finanzamt Augsburg Gunz aufgrund des Vermögensverfalls (§§ 3 Absatz 1 Satz in Verbindung mit § 2 b der Elften Verordnung zum Reichsbürgergesetz) aus seinem Depot 1943 entzogenen Wertpapieren, handelte es sich um einen rückerstattungsrechtlichen Schadensersatzanspruch aufgrund einer Reichsmarkforderung, die ohne die Entziehung nach § 13 Absatz 3 Umstellungsgesetz umzustellen gewesen wäre. Gemäß § 20 Absatz 1 Bundesrückerstattungsgesetz, 13 Absatz 3, 22 Absatz 1 Umstellungsgesetz war der Nominalwert der entzogenen Wertpapiere im Verhältnis 10 : 1 auf 2.450 Deutsche Mark umzustellen.[74] Diesem Betrag war für entgangene Zinsen oder sonstige entgangene Geldvorteile gemäß §§ 20 Absatz 3, 16 Absatz 2 Satz 2 Bundesrückerstattungsgesetz eine Zinspauschale in Höhe von 25 % (612,50 Deutsche Mark) hinzuzurechnen.[75] Insgesamt ergab sich somit der oben genannte erste Teilbetrag in Höhe von 3.449,05 (317,24 + 79,31 + 2.450 + 612,50) Deutsche Mark.

Bei dem zweiten Teilbetrag handelte es sich um den Entschädigungsbetrag für die entzogenen Wertgegenstände, den entzogenen Hausrat und die entzogene Bibliothek. Die Oberfinanzdirektion München setzte gemäß § 16 Absatz 1 Satz 2 und 3 Bundesrückerstattungsgesetz für als Entschädigung für diese Gegenstände den Wiederbeschaffungswert zum 1. April 1956 an.[76] Die Oberfinanzdirektion München übernahm die in den Vergleichen vor der Wiedergutmachungsbehörde Oberbayern vom 16. April 1959 (6.000 Deutsche Mark)[77] und vor dem Landgericht München I vom 20. Oktober 1960 (5.000 Deutsche Mark)[78] bereits in Deutsche Mark vereinbarten Wiederbeschaffungswerte.[79] Eine zusätzliche Entschädigung für die entgangene Nutzung der entzogenen Gegenstände war gemäß § 16 Absatz 2 Satz 1 Bundesrückerstattungsgesetz bei dem Gebrauch von Gegenständen ausgeschlossen.[80]

Ein Datum für die Auszahlung des Betrages in Höhe von 14.459,05 Deutsche Mark ergibt sich aus den vorliegenden Akten nicht.

e. Gesamtentschädigung

Gunz‘ Kinder erhielten im Entschädigungs- und Rückerstattungsverfahren als Erben ihres Vaters insgesamt 35.909,05 Deutsche Mark von dem Bayerischen Landesentschädigungsamt und der Oberfinanzdirektion München ausbezahlt.

---

74 LAfF, EG 19125, OFD München, Bescheid vom 19.10.1961, S. 5; LAfF, EG 19125, OFD München, Einlage 2 zum Bescheid vom 19.10.1961.

75 LAfF, EG 19125, OFD München, Bescheid vom 19.10.1961, S. 5; LAfF, EG 19125, OFD München, Einlage 2 zum Bescheid vom 19.10.1961.

76 LAfF, EG 19125, OFD München, Bescheid vom 19.10.1961, S. 6.

77 Siehe oben C. V. 4. d. bb.

78 Siehe oben C. V. 4. d. cc.

79 LAfF, EG 19125, OFD München, Bescheid vom 19.10.1961, S. 6.

80 LAfF, EG 19125, OFD München, Bescheid vom 19.10.1961, S. 5 f.

VI. Benno Löffel (16. Juni 1881 bis 9. August 1954)

1. Leben vor der Verfolgung

a. Geburt

Benno Löffel ist am 16. Juni 1881 in Augsburg-Kriegshaber als Sohn von Samuel und Amalie Löffel geboren.[1] Samuel Löffel war ein vermögender Immobilienhändler.[2]

b. Rechtsanwaltszulassung und Fronteinsatz während des Ersten Weltkrieges

Löffel legte 1909 das Assessorexamen ab und erhielt 1911 die Zulassung als Rechtsanwalt in Augsburg.[3] Im Ersten Weltkrieg diente er als Frontsoldat und erhielt für diesen Einsatz das Eiserne Kreuz II. Klasse und das König-Ludwig-Kreuz.[4] Mayer beschrieb Löffel als freundlichen Rechtsanwalt, der nur eine kleine Kanzlei hatte.[5]

c. Privatleben

In Augsburg wohnte Löffel – mit Ausnahme seines Militärdienstes – durchgehend in der Hermanstraße 3, wo sich auch seine Kanzlei befand.[6] Löffel war bis zu seinem Tod ledig.[7]

2. Leben während der Verfolgung

Löffel war politisch nicht aktiv, was offensichtlich der Grund war, dass er nach der „Machtergreifung“ durch die Nationalsozialisten vor Schutzhaftinhaftierungen verschont blieb.

---

1 Stadtarchiv Augsburg, MK 2, Meldekarte Benno Löffel.

2 Stadtarchiv Augsburg, MK 2, Meldekarte Benno Löffel.

3 Weber, Das Schicksal der jüdischen Rechtsanwälte in Bayern nach 1933, S. 243.

4 Weber, Das Schicksal der jüdischen Rechtsanwälte in Bayern nach 1933, S. 243; Römer, An meine Gemeinde in der Zerstreuung, S. 299.

5 Jüdisches Kulturmuseum Augsburg, Ordner „Jüdische Rechtsanwälte“, Ludwig Mayer, Brief an Gernot Römer, vom 8.6.1994.

6 Augsburg, MK 2, Meldekarte Benno Löffel; BayHStA, Anton Fraunholz eidesstattliche Versicherung vom 16.2.1949.

7 Jüdisches Kulturmuseum Augsburg, Ordner „Jüdische Rechtsanwälte“, Ludwig Mayer, Brief an Gernot Römer, vom 8.6.1994.

a. Kein Entzug der Rechtsanwaltszulassung 1933 aufgrund von § 1 Absatz 2 des Rechtsanwaltszulassungsgesetzes

Löffel war zum Zeitpunkt des Inkrafttretens des Rechtsanwaltszulassungsgesetzes[8] bereits seit 22 Jahren als Rechtsanwalt zugelassen. Er erfüllte somit die Voraussetzungen sowohl für das Altanwalts- als auch aufgrund seines Kriegsdiensts für das Frontkämpferprivileg und durfte 1933 aufgrund beider Ausnahmetatbestände des § 1 Absatz 2 des Rechtsanwaltszulassungsgesetzes seine Rechtsanwaltszulassung behalten.

b. Konstante Einkommenssituation

Löffels Einkommenssituation zwischen 1932 und 1937 zeigt, dass seine Einnahmen auch nach der „Machtergreifung" durch die Nationalsozialisten auf einem konstanten Niveau blieben. Löffel erzielte 1932 aus seiner freiberuflichen Tätigkeit 5.500 Reichsmark jährlich und in der Zeit bis 1935 mindestens 4.000 Reichsmark pro Jahr.[9] 1936 stiegen seine Einnahmen trotz der Verfolgung auf 6.000 Reichsmark, bis sie 1937 wieder auf dem Niveau von 1932 lagen.[10]

c. Entzug der Rechtsanwaltszulassung 1938

Die Rechtsanwaltszulassung entzogen die Nationalsozialisten Löffel nach Angaben von Fraunholz erst *„Mitte 1938"*.[11] Das genaue Datum des Entzuges der Zulassung von Löffel konnte die Rechtsanwaltskammer München dem Bayerischen Landesentschädigungsamt im Entschädigungsverfahren nicht mitteilen, da aufgrund der Ausbombung der Räume des Kammervorstandes keine Unterlagen mehr vorlagen.[12] Es ist jedoch zu vermuten, dass Löffel die Zulassung gemäß § 1 Absatz 1 Satz 2 Buchstabe a) der Fünften Verordnung zum Reichsbürgergesetz – wie alle anderen jüdischen Rechtsanwälte, welche eine Ausnahme des § 1 Absatz 2 des Rechtsanwaltszulassungsgesetzes erfüllten – bis zum 30. November 1938 behalten konnte.

d. Auswanderung in die Vereinigten Staaten

Löffel entschied sich erst 1941 aus dem Deutsche Reich auszuwandern. Ursprünglich hatte Löffel eine Auswanderung über Russland und China in die Vereinigten Staaten geplant, als sein Neffe kurz vor dem Beginn der Emigration eine andere

---

8 Siehe oben B. VI. 1. a. b.

9 BayHStA, LEA 2423, Stadtverwaltung Augsburg (Stadtsteueramt), Schreiben an das Bayerische Landesentschädigungsamt vom 3.3.1954.

10 BayHStA, LEA 2423, Stadtverwaltung Augsburg (Stadtsteueramt), Schreiben an das Bayerische Landesentschädigungsamt vom 3.3.1954.

11 BayHStA, LEA 2423, Anton Fraunholz, Antrag zum Bayerisches Landesentschädigungsamt vom 3.6.1960, S. 1.

12 BayHStA, LEA 2423, Vorstand der Rechtsanwaltskammer München, Schreiben an Bayerisches Landesentschädigungsamt vom 5.8.1960.

Route, nämlich über Spanien und Portugal nach Silver Creek, New York, arrangieren konnte, die Löffel am 22. März 1941 nahm.[13]

Im Vergleich zu den anderen in dieser Arbeit dargestellten Rechtsanwälten fällt auf, dass Löffel sehr spät auswanderte, obwohl er über das notwendige Vermögen verfügte, um seine Flucht zu finanzieren. Löffels Zögern spricht dafür, dass er entweder sehr an Deutschland hing, Angst vor der ungewissen Auswanderung hatte oder die konkrete Gefahr in Augsburg unterschätzte. Letztlich dürften alle drei genannten Gründe mitverantwortlich dafür gewesen sein, dass Löffel trotz des Entzugs seiner Rechtsanwaltszulassung noch eineinhalb Jahre im Deutschen Reich blieb.

In den Vereinigten Staaten angekommen, lebte Löffel von seinem teilweise dorthin verbrachten Vermögen und von der finanziellen Unterstützung durch seinen Neffen.[14] Einen neuen Beruf ergriff Löffel altersbedingt – er vollendete kurz nach seiner Ankunft das 60. Lebensjahr– nicht mehr.[15]

e. Entzug des Hauses in der Hermanstraße 3 in Augsburg

Nach Löffels Auswanderung beschlagnahmte und enteignete das Finanzamt Augsburg das ihm seit dem Tod seines Vaters gehörende und von ihm bis zu seiner Flucht bewohnte Haus in der Hermanstraße 3 in Augsburg.[16] Das Finanzamt Augsburg eröffnete am 19. April 1941 auf Löffels Namen ein Sonderkonto bei der Commerzbank Augsburg, auf das es die laufenden Mieteinnahmen des Anwesen Hermanstraße 3 überwies und von welchem das Finanzamt die Ausgaben für das Gebäude wie zum Beispiel die Reparaturkosten und die Grundsteuer einzog.[17] Das Finanzamt Augsburg-Stadt ordnete gegenüber Löffels Bank an, dass der auf dem Konto verbleibenden Überschuss der Mieteinnahmen über die mit dem Anwesen im Zusammenhang stehenden Kosten an das Finanzamt Augsburg-Stadt abzuführen war.[18] Aufgrund dieser Anordnung überwies die Bank am 16. August 1942 2.260 Reichsmark, am 9. Juni 1943 554,33 Reichsmark und am 17. Juli 1943 445 Reichsmark an das Finanzamt Augsburg.[19]

---

13 Stadtarchiv Augsburg, MK 2, Meldekarte Benno Löffel; BayHStA, LEA 2423, Anton Fraunholz, Schreiben an das Bayerische Landesentschädigungsamt vom 21.9.1960, S. 3.

14 BayHStA, LEA 2423, Anton Fraunholz, Schreiben an das Bayerische Landesentschädigungsamt vom 12.1.1954.

15 BayHStA, LEA 2423, Anton Fraunholz, Schreiben an das Bayerische Landesentschädigungsamt vom 12.1.1954.

16 BayHStA, LEA 2423, Auszug aus dem Grundbuch für die Steuergemeinde Augsburg, Buchstabe J, Band 50, S. 360 ff.

17 BayHStA, LEA 2423, Commerzbank AG, Schreiben an Anton Fraunholz vom 3.10.1947, S. 1.

18 BayHStA, LEA 2423, Commerzbank AG, Schreiben an Anton Fraunholz vom 3.10.1947, S.1.

19 BayHStA, LEA 2423, Commerzbank AG, Schreiben an Anton Fraunholz vom 3.10.1947, S. 1.

3. Tod

Löffel starb 13 Jahre nach seiner Flucht aus dem Deutschen Reich am 9. August 1954 im Alter von 73 Jahren an einem epileptischen Anfall in New York City.[20] Löffel hatte zwei Monate nach seiner Ankunft in den Vereinigten Staaten mit Testament vom 6. Mai 1941 seinen Neffen als Erben und Testamentsvollstrecker eingesetzt.[21]

4. Entschädigung

a. Schaden im beruflichen Fortkommen

aa. Antragstellung

Am 21. März 1950 machte der seit dem 17. April 1948 beauftragte Fraunholz[22] für Löffel einen Anspruch gemäß §§ 21 - 34 USEG[23] wegen seines Schadens im beruflichen Fortkommen mit dem Formblatt E[24] bei dem Bayerischen Landesentschädigungsamt (vormals Bayerisches Landesamt für Wiedergutmachung)[25] geltend.[26] Der Antrag sah den Ersatz für einen Schaden in Höhe von 20.000 Reichsmark vor.[27] Fraunholz erweiterte den Antrag am 12. Januar 1954 auf 10.000 Deutsche Mark.[28] Nach dem Tod Löffels führte Löffels Neffe, der ausweislich des Erbscheins[29] des Amtsgerichts Augsburg vom 13. Februar 1960 Löffel gemäß Testament vom 6. Mai 1941 beerbt hatte, das Verfahren weiter.[30] Löffels Neffe ließ sich seit dem Tod von Löffel am 9. August 1954 ebenfalls durch Fraunholz vertreten.[31]

---

20 BayHStA, LEA 2423, Anton Fraunholz, Schreiben an das Bayerische Landesentschädigungsamt vom 7.5.1957; BayHStA, LEA 2423, Register of Deaths, A verified Transcript from the Register of Deaths vom 5.11.1954.

21 BayHStA, LEA 2423, Benno Löffel, Last Will and Testament vom 6.5.1941.; BayHStA, LEA 2423, Amtsgericht Augsburg (Nachlassgericht), Erbschein vom 13.2.1960; BayHStA, LEA 2423, Anton Fraunholz, Schreiben an das Bayerische Landesentschädigungsamt vom 7.5.1957.

22 BayHStA, LEA 2423, Benno Löffel, Vollmacht zu Gunsten von Anton Fraunholz vom 17.4.1948.

23 Siehe oben C. I. 4. a. aa., dass es gemäß § 231 BEG nach dem Inkrafttreten des BEG keiner neuen Antragstellung bedurfte.

24 Siehe zu der Verwendung von Formblättern oben C. I. 4. a. aa.

25 Siehe oben C. I. 4. a.

26 BayHStA, LEA 2423, Benno Löffel, Antrag (Formblatt E) an das Bayerische Landesamt für Wiedergutmachung vom 28.3.1950.

27 BayHStA, LEA 2423, Anton Fraunholz, Schreiben an das Bayerische Landesentschädigungsamt vom 12.1.1954.

28 BayHStA, LEA 2423, Anton Fraunholz, Schreiben an das Bayerische Landesentschädigungsamt vom 12.1.1954.

29 Siehe zu der amtlichen Beweiswirkung des Erbscheines oben C. I. 4. a. ee.

30 BayHStA, LEA 2423, Benno Löffel, Last Will and Testament vom 6.5.1941; BayHStA, LEA 2423, Amtsgericht Augsburg, Nachlassgericht, Erbschein vom 13.2.1960.

31 BayHStA, LEA 2423, Anton Fraunholz, Schreiben an das Bayerische Landesentschädigungsamt vom 7.5.1957.

bb. Begründetheit des Anspruchs dem Grunde nach

Löffel war als Jude Verfolgter im Sinne von § 1 Absatz 1 BEG. Der Schaden im beruflichen Fortkommen (§ 65 BEG) war in Form einer Verdrängung aus dem Beruf gegeben. Für die Kausalität zwischen Schaden im beruflichen Fortkommen und den Gewaltmaßnahmen der Nationalsozialisten galt die gesetzliche Vermutung[32] des § 64 Absatz 2 BEG. Das Bayerische Landesentschädigungsamt nahm daher zu Recht einen Schaden im beruflichen Fortkommen gemäß §§ 1 Absatz 1, § 64 Absatz 1 Satz 1, Absatz 3, 65, 66 Absatz 1, 3 BEG zu Gunsten des verstorbenen Löffels an.[33] Der Entschädigungsanspruch beschränkte sich für Löffels Neffen auf eine Kapitalentschädigung (§§ 3, 1 Absatz 1, 74 Satz 1, Satz 2 Alternative 1 BEG). Das Rentenwahlrecht stand gemäß § 81 BEG nur dem Verfolgten selbst oder gemäß §§ 85 Absatz 1, 86 Absatz 1 seiner Witwe zu. Der Anspruch auf Kapitalentschädigung wegen Schadens im beruflichen Fortkommen war gemäß §§ 13 Absatz 1, 140 Absatz 1 BEG auf den Neffen von Löffel vererblich.

cc. Einstufung als vergleichbarer Bundesbeamter des gehobenen Diensts

Das Bayerische Landesentschädigungsamt bezifferte Löffels durchschnittliches Jahreseinkommen vor der Verfolgung anhand der Angaben von Fraunholz in der Antragsstellung und der für Löffel noch vorhandenen Steuerlisten auf 5.000 Reichsmark pro Jahr.[34] Löffels ursprüngliches Einkommen war für seine Einordnung in eine vergleichbare Beamtengruppe gemäß § 76 Absatz 1 Satz 3 BEG in Verbindung mit § 14 Absatz 1 3. DV-BEG[35] relevant. Trotz der Tatsache, dass Löffel nach eigenen Angaben 1932 nur wenig mehr als ein fiktiver Bundesbeamter des mittleren Diensts verdiente, stellte ihn das Bayerische Landesentschädigungsamt aufgrund seiner Ausbildung und seiner sozialen Lage einem Bundesbeamten des gehobenen Diensts gleich (§ 76 Absatz 1 Satz 3 BEG in Verbindung mit § 14 Absatz 1 3. DV-BEG).[36]

Zu Beginn der Verfolgung hatte Löffel das 55. Lebensjahr vollendet, sodass das Bayerische Landesentschädigungsamt ihn in die vierte Lebensaltersstufe (ab Vollendung des 55. Lebensjahres) der Anlage 2 der 3. DV-BEG eingruppierte.[37] Für die Berechnung der Kapitalentschädigung ergab sich die – gemäß § 76 Absatz 1 Satz 1 BEG auf drei Viertel gekürzte und da Löffel keine Anwartschaften auf eine lebenslange Versorgung nach beamtenrechtlichen Vorschriften besaß, um 20 % erhöhte (§ 76 Absatz 3 Satz 1 BEG) – Besoldung eines vergleichbaren Bundesbeamten

---

32 Siehe hierzu ausführlich die Ausführungen bei Adler C. 4. a. dd. (1.)

33 BayHStA, LEA 2423, Bayerisches Landesentschädigungsamt, Bescheid vom 23.9.1960, S. 3.

34 BayHStA, LEA 2423, Bayerisches Landesentschädigungsamt, Aktenvermerk vom 21.9.1960; BayHStA, LEA 2423, Bayerisches Landesentschädigungsamt, Bescheid vom 23.9.1960, S. 3.

35 Siehe zur Eingruppierung in eine vergleichbare Beamtengruppe gemäß § 76 Absatz 1 Satz 3 BEG die Ausführungen bei Adler unter C. I. 4. a. dd. (2.).

36 BayHStA, LEA 2423, Bayerisches Landesentschädigungsamt, Bescheid vom 23.9.1960, S. 3.

37 BayHStA, LEA 2423, Bayerisches Landesentschädigungsamt, Bescheid vom 23.9.1960, S. 3.

des gehobenen Diensts.[38] Diese Besoldung betrug 7.032 Reichsmark pro Jahr (586 Reichsmark pro Monat) vor der Währungsreform und 7.032 Deutsche Mark pro Jahr (586 Deutsche Mark pro Monat) danach.[39]

dd. Entschädigungshöhe

Das Bayerische Landesentschädigungsamt sprach Löffels Erben für den Zeitraum vom 1. Juli 1938 (Tag der Entziehung der Rechtsanwaltszulassung) bis zum 16. Juni 1951 (Tag, an dem Löffel das Renteneintrittsalter von 70 Jahren erreichte und somit aus dem Beruf ausgeschieden wäre) einen Gesamtbetrag in Höhe von 34.574 Deutsche Mark zu.[40] Der zugesprochene Entschädigungsbetrag entsprach mehr als dem Achtfachen[41] des Betrags, den Löffel ursprünglich selbst beantragt hatte.

Die zugesprochene Kapitalentschädigung setzte sich aus den jeweiligen Teilbeträgen vor der Währungsreform und danach zusammen. Für den Zeitraum vom 1. Juli 1938 bis zur Währungsumstellung am 30. Juni 1948 und somit für 120 Monate errechnete sich ein Teilbetrag in Höhe von 70.320 Reichsmark (120 Monate × 586 Reichsmark).[42] Das Bayerische Landesentschädigungsamt stellte diesen Betrag nach § 11 Absatz 1 BEG im Verhältnis 10 : 2 auf 14.064 Deutsche Mark um.[43] Für den Zeitraum seit der Währungsumstellung am 1. Juli 1948 bis zum Erreichen von Löffels 70. Lebensjahr (16. Juni 1951) ergab sich für 35 Monate ein zweiter Teilbetrag in Höhe von 20.510 Deutsche Mark (35 Monate × 586 Deutsche Mark).[44] Die beiden Teilbeträge ergaben die Kapitalentschädigung in Höhe von 34.574 (14.064 + 20.510) Deutsche Mark. Das Bayerische Landesentschädigungsamt veranlasste die Auszahlung der Kapitalentschädigung an Löffels Neffen am 5. Oktober 1960.[45]

b. Schaden durch Entrichtung von Sonderabgaben

Löffel stellte am 28. März 1950 beim Bayerischen Landesentschädigungsamt (vormals Bayerisches Landesamt für Wiedergutmachung)[46] einen Antrag auf Entschädigung für den Schaden durch Zahlung von Sonderabgaben gemäß §§ 17, 18, 19 und 20 USEG.[47] Nach Löffels eigenen Angaben hatte er im November 1938 eine Judenvermögensabgabe in Höhe von 43.000 Reichsmark und zusätzlich im Februar 1941

---

38 BayHStA, LEA 2423, Bayerisches Landesentschädigungsamt, Bescheid vom 23.9.1960, S. 3.

39 BayHStA, LEA 2423, Bayerisches Landesentschädigungsamt, Bescheid vom 23.9.1960, S. 3.

40 BayHStA, LEA 2423, Bayerisches Landesentschädigungsamt, Bescheid vom 23.9.1960, S. 3, 4.

41 Ausgehend von einem Betrag in Höhe von 20.000 Reichsmark, der einem im Verhältnis 10 : 2 umgestellten Betrag in Höhe von 4.000 Deutsche Mark entsprach.

42 BayHStA, LEA 2423, Bayerisches Landesentschädigungsamt, Bescheid vom 23.9.1960, S. 3.

43 BayHStA, LEA 2423, Bayerisches Landesentschädigungsamt, Bescheid vom 23.9.1960, S. 4.

44 BayHStA, LEA 2423, Bayerisches Landesentschädigungsamt, Bescheid vom 23.9.1960, S. 4.

45 BayHStA, LEA 2423, Bayerisches Landesentschädigungsamt, Auszahlungsanordnung vom 5.10.1960 auf dem Bescheid vom 23.9.1960, S. 2.

46 Siehe oben C. I. 4. a.

47 BayHStA, LEA 2423, Benno Löffel, Antrag (Formblatt D) an das Bayerische Landesamt für Wiedergutmachung vom 28.3.1950.

eine Reichsfluchtsteuer in Höhe von 43.000 Reichsmark an das Deutsche Reich entrichtet.[48] Löffel konnte jedoch keine Unterlagen, die diese Zahlungen belegten, vorlegen.

aa. Schaden durch Entrichtung der Judenvermögensabgabe

(1.) Argumentation von Fraunholz

Aufgrund der Recherchen von Fraunholz ergab sich aus den wenigen bei Löffels damaliger Bank noch vorhandenen Unterlagen, die Kriegsereignisse nicht zerstört hatten, dass das Finanzamt Augsburg Stadt Wertpapiere in Löffels Depot mit einem Annahmewert von 41.377 Reichsmark am 18. Februar 1939 gesperrt hatte, wovon das Finanzamt später nur 9.000 Reichsmark wieder freigab.[49] Weitere Recherchen von Fraunholz ergaben, dass Löffel nach einem Vermögensverzeichnis mit Stand zum 27. April 1938[50] über ein Rohvermögen in Höhe von 198.137 Reichsmark, davon 99.137 Reichsmark Grundvermögen und 99.000 Reichsmark Kapitalvermögen, verfügte.[51] Ein Steuerbescheid über die Sonderabgabe war nicht mehr vorhanden; Fraunholz argumentierte jedoch damit, dass die Steuerbehörde die Judenvermögensabgabe laut Durchführungsverordnung über die Sühneleistung der Juden[52] mit 25 % des Vermögens veranschlagt habe.[53] Bei einem Rohvermögen in Höhe von 198.137 Reichsmark habe sich daraus ein Betrag in Höhe von 49.534 Reichsmark ergeben.[54] Diesen Betrag bestätigte Löffels Neffe, der auch dieses Entschädigungsverfahren nach dem Tod von Löffel weiterführte – aus seiner Erinnerung – als den Betrag, den sein Onkel zur damaligen Zeit gezahlt habe.[55]

(2.) Argumentation des Bayerischen Landesentschädigungsamts und Vergleichsangebot

Das Bayerische Landesentschädigungsamt antwortete der Argumentation von Fraunholz, dass kein konkreter Nachweis über die Entrichtung der Judenvermö-

---

48 BayHStA, LEA 2423, Anton Fraunholz, Anmeldung beim Zentralmeldeamt Bad Nauheim vom 9.2.1949, S. 2; BayHStA, LEA 2423, Benno Löffel, eidesstattliche Versicherung vom 15.12.1948.

49 BayHStA, LEA 2423, Commerzbank, Schreiben an Anton Fraunholz vom 3.10.1947, S. 1.

50 Siehe zu den Vermögensverzeichnissen, welche Juden gemäß der „Verordnung über Anmeldung des Vermögens von Juden" 1938 abgegeben mussten und die als Grundlage für die Bemessung der Judenvermögensabgabe diente, die Ausführungen unter B. V. 4.

51 BayHStA, LEA 2423, Finanzamt Augsburg-Stadt, Schreiben an Anton Fraunholz vom 9.4.1949.

52 Siehe oben B. V. 4.

53 BayHStA, LEA 2423, Anton Fraunholz, Schreiben an das Bayerische Landesentschädigungsamt vom 27.3.1950, S. 2; BayHStA, LEA 2423, Finanzamt Augsburg-Stadt, Schreiben an Anton Fraunholz vom 9.4.1949.

54 BayHStA, LEA 2423, Anton Fraunholz, Schreiben an das Bayerische Landesentschädigungsamt vom 27.3.1950, S. 2; BayHStA, LEA 2423, Finanzamt Augsburg-Stadt, Schreiben an Anton Fraunholz vom 9.4.1949.

55 BayHStA, LEA 2423, Anton Fraunholz, Schreiben an das Bayerische Landesentschädigungsamt vom 21.9.1960, S. 2.

gensabgabe, sondern nur eine Vermögensaufstellung vorgelegen habe und dass Löffel nachträglich noch Minderungen seines Vermögens hätte geltend machen können.[56] Das Bayerische Landesentschädigungsamt bot die Erledigung durch einen Vergleich in Höhe von 40.000 Reichsmark, im Verhältnis 10 : 2 (§ 11 Absatz 1 BEG) auf 8.000 Deutsche Mark umgestellt, an.[57]

(3.) Ablehnung des Vergleichsangebotes durch Fraunholz

Fraunholz lehnte dieses Vergleichsangebot im Namen Löffels Neffen mit der Begründung ab, dass sich Löffels amtlich festgestelltes Vermögen nicht gemindert habe, eine solche nachträgliche Minderung nicht der damals gängigen Praxis entsprochen hätte und ein Jude diese – auch wenn in § 3 Absatz 2 der „Durchführungsverordnung der Sühneleistung der Juden" gesetzlich vorgesehen – nie hätte geltend machen können.[58] Fraunholz' Anmerkung ist nachvollziehbar. 1938 war die Judenverfolgung in Deutschland bereits soweit fortgeschrittenen, dass kein Jude den Verwaltungsbehörden der Nationalsozialisten auffallen wollte. Fraunholz wies, ebenfalls zu Recht, darauf hin, dass Löffels Vermögen zum größten Teil aus Immobilien bestanden habe, bei denen Minderungen nicht realistisch gewesen seien.[59] Fraunholz trug im Namen von Löffels Neffen außerdem vor, dass Löffels Neffe sich erinnere, dass Löffel eine Judenvermögensabgabe in Höhe von 49.534 Reichsmark bezahlt hätte.[60]

(4.) Vergleich zwischen dem Freistaat Bayern und Löffels Erben

Das Bayerische Landesentschädigungsamt hielt den Angaben von Löffels Erben über die Höhe der geleisteten Judenvermögensabgabe entgegen, dass Löffel in seiner eidesstattlichen Versicherung aus dem Jahr 1948 die Sonderabgabe selbst auf 43.000 Reichsmark beziffert hatte.[61] Diese Angabe von Löffel sei glaubwürdiger als die Angabe seines Neffen zwölf Jahre später.[62]

Das Bayerische Landesentschädigungsamt machte zur Beschleunigung des Verfahrens ein Vergleichsangebot über einen Schadensersatz in Höhe von 43.000

56 BayHStA, LEA 2423, Bayerisches Landesentschädigungsamt, Schreiben an Anton Fraunholz, vom 12.7.1960, S. 2.

57 BayHStA, LEA 2423, Bayerisches Landesentschädigungsamt, Schreiben an Anton Fraunholz vom 12.7.1960, S. 2.

58 BayHStA, LEA 2423, Anton Fraunholz, Schreiben an das Bayerische Landesentschädigungsamt vom 21.9.1960, S. 2.

59 BayHStA, LEA 2423, Anton Fraunholz, Schreiben an das Bayerische Landesentschädigungsamt vom 21.9.1960, S. 2, 3.

60 BayHStA, LEA 2423, Anton Fraunholz, Schreiben an das Bayerische Landesentschädigungsamt vom 21.9.1960, S. 2.

61 BayHStA, LEA 2423, Bayerisches Landesentschädigungsamt, Schreiben an Anton Fraunholz vom 25.11.1960, S. 1.

62 BayHStA, LEA 2423, Bayerisches Landesentschädigungsamt, Schreiben an Anton Fraunholz vom 25.11.1960, S. 1.

Reichsmark, umgestellt auf 8.600 Deutsche Mark.[63] Löffels Neffe nahm dieses Vergleichsangebot an und schloss mit dem Freistaat Bayern einen Vergleich über eine Kapitalentschädigung für den Schaden durch Zahlung einer Sonderabgabe §§ 3, 1 Absatz 1, 59 Absatz 1 Satz 1 BEG, welche gemäß §§ 13 Absatz 1, 140 Absatz 1 BEG auf ihn als Erben übergegangen ist.[64] Das Bayerische Landesentschädigungsamt veranlasste die Auszahlung der Kapitalentschädigung an Löffels Neffen am 17. Januar 1961.[65]

bb. Schaden durch Entrichtung der Reichsfluchtsteuer und der Exportförderabgabe

Über die Reichsfluchtsteuer lag anders als bei der Judenvermögensabgabe ein Nachweis des Finanzamtes Augsburg vor, aus dem sich ergab, dass Löffel am 1. Juli 1940 eine Reichsfluchtsteuer in Höhe von 34.170 Reichsmark an das Finanzamt Augsburg gezahlt hatte.[66] Außerdem erhielt Fraunholz bei seinen Recherchen eine Bestätigung der Golddiskontbank, ausweislich derer Löffel am 8. September 1939 eine Abgabe an die Golddiskontbank (auch „Exportförderabgabe" genannt) für Umzugsgüter in Höhe von 1.600 Reichsmark auf das Konto des Reichswirtschaftsministeriums überwiesen hatte.[67]

(1.) Anerkennung durch das Bayerische Landesentschädigungsamt

Das Bayerische Landesentschädigungsamt erkannte in einem Schreiben vom 12. Juli 1960 an Fraunholz als erwiesen an, dass Löffel einen Schaden durch die Abgabe an die Golddiskontbank (§§ 59 Absatz 1, Absatz 2 Ziffer 2 BEG) und die Reichsfluchtsteuer (§§ 59 Absatz 1, Absatz 2 Ziffer 3 BEG) in der von Fraunholz vorgetragenen Höhe hatte.[68] Das Bayerische Landesentschädigungsamt wies jedoch darauf hin, dass die gezahlte Reichsfluchtsteuer bereits Gegenstand eines Vergleichs im Rückerstattungsverfahren vor der Wiedergutmachungsbehörde für Oberbayern gewesen sei.[69]

---

63 BayHStA, LEA 2423, Bayerisches Landesentschädigungsamt, Schreiben an Anton Fraunholz vom 25.11.1960, S. 1.

64 BayHStA, LEA 2423, Anton Fraunholz, Schreiben an das Bayerische Landesentschädigungsamt vom 3.1.1961; BayHStA, Vergleich zwischen Benno Löffel und dem Freistaat Bayern vom 2./11.1.1961.

65 BayHStA, Bayerisches Landesentschädigungsamt, Auszahlungsverfügung vom 17.1.1961 auf dem Vergleich zwischen Benno Löffel und dem Freistaat Bayern vom 2./11.1.1961.

66 BayHStA, LEA 2423, Finanzamt Augsburg-Stadt, Schreiben an Anton Fraunholz vom 9.4.1949.

67 BayHStA, LEA 2423, Deutsche Golddiskontbank, Schreiben an Anton Fraunholz vom 10.2.1950.

68 BayHStA, LEA 2423, Bayerisches Landesentschädigungsamt, Schreiben an Anton Fraunholz vom 12.7.1960, S. 1.

69 BayHStA, LEA 2423, Bayerisches Landesentschädigungsamt, Schreiben an Anton Fraunholz vom 12.7.1960.

(2.) Bescheid der Oberfinanzdirektion München nach den Regelungen des Bundesrückerstattungsgesetzes

Auf Nachfrage des Bayerischen Landesentschädigungsamts teilte die Oberfinanzdirektion München mit, dass der Erlass eines Befriedigungsbescheids bezüglich der Rückerstattung der Reichsfluchtsteuer zugunsten von Löffels Neffen unmittelbar bevorstehe.[70] Gemäß Ziffer 3 des am 23. August 1960 von der Oberfinanzdirektion München erlassenen Befriedigungsbescheids (§§ 38, 39 Bundesrückerstattungsgesetz) sprach die Oberfinanzdirektion München Löffels Erben eine Entschädigung für die gezahlte Reichsfluchtsteuer in Höhe von 4.271,25 Deutsche Mark zu.[71] Die Grundlage des Bescheids der Oberfinanzdirektion München war die von Löffel gezahlte Reichsfluchtsteuer in Höhe von 34.170 Reichsmark, die die Oberfinanzdirektion München im Verhältnis 10 : 1 (§ 15 Absatz 1 Satz 1 Bundesrückerstattungsgesetz) auf 3.417 Deutsche Mark umstellte.[72] Die Oberfinanzdirektion München rechnete diesem Betrag gemäß § 15 Absatz 2 Satz 1 Bundesrückerstattungsgesetz die pauschale Zinsabgeltung[73] in Höhe von 25 % (854,25 Deutsche Mark) hinzu, sodass sich ein Gesamtbetrag in Höhe von 4.271,25 (3.417 + 854,25) Deutsche Mark ergab.[74]

(3.) Kollision der Regelungen des Bundesrückerstattungsgesetzes mit denen des BEG bezüglich der Sonderabgaben

Nach der Entscheidung der Oberfinanzdirektion München im Rückerstattungsverfahren hatte das Bayerische Landesentschädigungsamt zu entscheiden, ob Löffels Erben nach den Regelungen des BEG ein über den Rückerstattungsbetrag hinausgehender Betrag zuzusprechen war. Die Frage, ob ein Anspruchsteller einen Anspruch wegen einer entrichteten Sonderabgaben auch nach dem BEG geltend machen konnte, wenn über diesen Anspruch bereits nach den Regelungen des Bundesrückerstattungsgesetzes eine Entscheidung ergangen war, war in der Literatur und der Rechtsprechung bis zum Urteil des Bundesgerichtshofs vom 22. November 1954 (IV ZR 107/54) umstritten. Der Hintergrund der Diskussion war, dass gemäß § 7 Bundesergänzungsgesetzes die Geltendmachung von Ansprüchen nach diesem Gesetz nicht möglich war, wenn die Ansprüche ihrer Rechtsnatur nach Rückerstattungsansprüche waren. Der Bundesgerichtshof entschied mit Urteil vom 22. November 1954, dass dies für die Entrichtung von Sonderabgaben nicht gelten könne, weil der Gesetzgeber in § 21 Absatz 3 Bundesergänzungsgesetz vorgesehen hatte,

---

70 BayHStA, LEA 2423, Bayerisches Landesentschädigungsamt, Schreiben an OFD München vom 12.7.1960; BayHStA, LEA 2423, OFD München, Schreiben an das Bayerische Landesentschädigungsamt vom 3.8.1960.

71 BayHStA, LEA 2423, OFD München, Bescheid vom 23.8.1960, S. 2, 5; Bayerisches Landesentschädigungsamt, Aktenvermerk vom 10.11.1960.

72 BayHStA, LEA 2423, OFD München, Bescheid vom 23.8.1960, S. 5; Bayerisches Landesentschädigungsamt, Aktenvermerk vom 10.11.1960.

73 Siehe hierzu die Ausführungen unter C. V. 4 d. dd.

74 BayHStA, LEA 2423, OFD München, Bescheid vom 23.8.1960, S. 5; Bayerisches Landesentschädigungsamt, Aktenvermerk vom 10.11.1960.

dass der Verfolgte einen Entschädigungsanspruch nach diesem Gesetz habe, wenn der Verfolgte die Sonderabgaben durch der Rückerstattung unterliegende Vermögensgegenstände, wie zum Beispiel durch Wertpapiere, entrichtet hatte.[75] Der Anspruch des Verfolgten beschränke sich in diesem Fall auf die Differenz zwischen dem im Rückerstattungsverfahren zugesprochenen und dem sich nach dem Bundesrückerstattungsgesetz ergebenden Anspruch. Aus der Regelung des § 21 Absatz 3 Bundesergänzungsgesetz neben der in § 7 Bundesergänzungsgesetz folgerte der Bundesgerichtshof, dass für Sonderabgaben neben dem Anspruch aus dem Bundesrückerstattungsgesetz auch weiterhin ein Anspruch auf Entschädigung nach dem Bundesergänzungsgesetz möglich sein müsse.[76] Diese Rechtsprechung musste nach dem Inkrafttreten des BEG auch für die Regelungen des BEG gelten.

(4.) Anspruch nach dem BEG

Das Bayerische Landesentschädigungsamt sprach Löffels Erben mit Bescheid vom 11. November 1960 für die von Löffel entrichtete Exportförderabgabe und Reichsfluchtsteuer insgesamt 7.154 Deutsche Mark zu.[77] Löffel stand als Verfolgter (§ 1 Absatz 1 BEG) ein Anspruch auf Kapitalentschädigung für den Schaden, der ihm durch die von ihm gezahlte Abgabe an die Golddiskontbank in Höhe von 1.600 Reichsmark (§§ 3, 1 Absatz 1, 59 Absatz 1, Absatz 2 Ziffer 2 BEG) und Reichsfluchtsteuer in Höhe von 34.170 Reichsmark (§§ 3, 1 Absatz 1, 59 Absatz 1, Absatz 2 Ziffer 3 BEG) entstanden war, zu. Der Anspruch war gemäß §§ 13 Absatz 1, 140 Absatz 1 BEG auf Löffels Neffen vererbbar.

Der Höhe nach lag dieser Anspruch auf Kapitalentschädigung auf der Grundlage des BEG über dem Anspruch nach den Regelungen des Bundesrückerstattungsgesetzes, weil der Umrechnungsfaktor nach dem BEG (gemäß § 11 Absatz 1 BEG im Verhältnis 10 : 2) im Vergleich zu dem des Bundesrückerstattungsgesetzes (gemäß § 15 Absatz 1 Satz 1 Bundesrückerstattungsgesetz im Verhältnis 10 : 1) für den Antragsteller günstiger war. Das Bayerische Landesentschädigungsamt rechnete den von der Oberfinanzdirektion München an Löffels Erben bereits ausgezahlten Rückerstattungsbetrag gemäß § 60 Absatz 1 Satz 1 BEG auf die Entschädigungssumme an, sodass das Bayerische Landesentschädigungsamt Löffels Erben einen Restbetrag in Höhe von 2.882,75 (7.154,00 − 4.271,25) Deutsche Mark zusprach.[78] Das Bayerische Landesentschädigungsamt veranlasste die Auszahlung an Löffeln Neffen am 23. November 1960.[79]

---

75 BGH, Urteil vom 22.11.1954, IV ZR 107/54, DB 1955, S. 69.

76 BGH, Urteil vom 22.11.1954, IV ZR 107/54, DB 1955, S. 69.

77 BayHStA, LEA 2423, Bayerisches Landesentschädigungsamt, Teilbescheid vom 11.11.1960, S. 1.

78 BayHStA, LEA 2423, Bayerisches Landesentschädigungsamt, Teilbescheid vom 11.11.1960, S. 4.

79 BayHStA, LEA 2423, Bayerisches Landesentschädigungsamt, Auszahlungsverfügung vom 23.11.1960 auf dem Teilbescheid vom 11.11.1960, S. 2.

(5.) Zusammenarbeit des Bayerischen Landesentschädigungsamts mit den Wiedergutmachungsbehörden zur Vermeidung von Doppelentschädigungen

Am Beispiel der gezahlten Reichsfluchtsteuer zeigt sich zum einen eine Überschneidung der Gesetze und zum anderen, wie gut sich die getrennt voneinander arbeitenden Behörden (Bayerisches Landesentschädigungsamt und Oberfinanzdirektion München) zur Vermeidung von Doppelzahlungen miteinander abstimmen mussten.

cc. Schaden durch Entrichtung einer Auswandererabgabe

Fraunholz beantragte für Löffel mit Schreiben vom 14. April 1950 eine Entschädigung beim Bayerischen Landesentschädigungsamt für den Schaden durch Zahlung einer Auswandererabgabe (gemäß §§ 17, 18, 19 und 20 USEG).[80] Fraunholz übersandte zum Nachweis ein Bankschreiben vom 6. April 1950, welches Löffels Zahlung in Höhe von 8.734 Reichsmark an die Bezirksstelle Bayern der Reichsvereinigung der Juden in Deutschland, München, Sonderkonto Auswandererabgabe belegte.[81]

Am 28. November 1960 erließ das Bayerische Landesentschädigungsamt einen Teilbescheid bezüglich der Entschädigung für Schaden durch Zahlung einer Sonderabgabe gemäß §§ 3, 1 Absatz 1, 59 Absatz 1 BEG.[82] In dem Teilbescheid stellte das Bayerische Landesentschädigungsamt den von Löffel als Auswanderabgabe entrichteten Betrag in Höhe von 8.734 Reichsmark im Verhältnis 10 : 2 (§ 11 Absatz 1 BEG) auf 1.746,80 Deutsche Mark um.[83] Der Anspruch war gemäß § 13 Absatz 1, 140 Absatz 1 BEG an Löffels Neffen vererbbar. Das Bayerische Landesentschädigungsamt zahlte die Kapitalentschädigung am 6. Dezember 1960 an Löffels Neffen aus.[84]

c. Schaden im Vermögen durch Zurücklassen der Einrichtung der Wohnung und der Kanzlei

Löffel beantragte außerdem mittels des Formblattes D am 28. März 1950 gemäß §§ 17, 18, 19 und 20 USEG[85] beim Bayerischen Landesentschädigungsamt (vormals

---

[80] BayHStA, LEA 2423, Anton Fraunholz, Schreiben an das Bayerische Landesentschädigungsamt vom 3.6.1960.

[81] BayHStA, LEA 2423, Anton Fraunholz, Schreiben an das Bayerische Landesentschädigungsamt vom 3.6.1960; BayHStA, LEA 2423, Bankhaus Seiler, Schreiben an Anton Fraunholz vom 6.4.1950.

[82] BayHStA, LEA 2423, Bayerisches Landesentschädigungsamt, zweiter Teilbescheid vom 28.11.1960.

[83] BayHStA, LEA 2423, Bayerisches Landesentschädigungsamt, zweiter Teilbescheid vom 28.11.1960.

[84] BayHStA, LEA 2423, Bayerisches Landesentschädigungsamt, Auszahlungsverfügung vom 6.12.1960 auf dem zweiten Teilbescheid vom 28.11.1960.

[85] Siehe oben C. I. 4. a. aa., dass es gemäß § 231 BEG nach dem Inkrafttreten des BEG keiner neuen Antragstellung bedurfte.

Bayerisches Landesamt für Wiedergutmachung)[86] eine Entschädigung für den Schaden im Vermögen für die Einrichtung seiner Wohnung und seiner Kanzlei, die er bei der Flucht nicht hatte mitnehmen können und die das Deutsche Reich nach seiner Auswanderung aus seiner Sechszimmerwohnung und seiner Kanzlei Ende 1941 entzogen hatte.[87]

Löffels Wohnungseinrichtung lag nach eigenen Angaben über dem zu dieser Zeit üblichen Standard und habe unter anderem aus massiven Eichenmöbeln, einem Klavier und verschiedenen Persischen Teppichen bestanden.[88] Die Angaben über die Kanzleieinrichtung, die unter anderem aus zwei Tischen, sechs Stühlen, einer Schreibmaschine und einer Bibliothek mit juristischer Fachliteratur bestanden habe,[89] zeigen, dass es sich bei der Kanzlei um eine kleinere Kanzlei gehandelt hatte.

Nach Löffels Tod gab Fraunholz für Löffels Neffen, der als Erbe auch dieses Entschädigungsverfahren weiter führte, an, dass kein Entzug der Möblierung, sondern ein Im-Stich-Lassen vorgelegen habe, weil Löffel vor der Auswanderung keine Möglichkeit gehabt habe, die Möbel zu verkaufen.[90] Bei einem Entzug der Möblierung wäre nicht das BEG, sondern wären die Regelungen des Bundesrückerstattungsgesetzes die Grundlage des Schadensersatzanspruchs gewesen, wobei sich ein ungünstigerer Umrechnungsfaktor[91] ergeben hätte. Ein Problem bestand für Löffels Erben zudem darin, dass ein Nachweis darüber, welche Gegenstände sich in der Wohnung und den Kanzleiräumen befunden hatten, nicht möglich war, weil es keine Aufzeichnungen (mehr) darüber gab.[92] Zur Vermeidung einer gerichtlichen Auseinandersetzung schlug das Bayerische Landesentschädigungsamt ein Vergleichsangebot über eine Kapitalentschädigung für den Schaden im Vermögen in Form der zurückgelassenen Wohnungs- und Kanzleieinrichtung gemäß §§ 3, 1 Absatz 1, 56 Absatz 1 Satz 1, Absatz 2 BEG in Höhe von 5.000 Deutsche Mark vor, die Löffels Neffe annahm.[93] Das Bayerische Landesentschädigungsamt zahlte die Kapitalentschädigung am 9. Juli 1964 aus.[94]

---

86 Siehe oben C. I. 4. a.

87 BayHStA, LEA 2423, Benno Löffel, Antrag (Formblatt D) an das Bayerische Landesamt für Wiedergutmachung vom 28.3.1950.

88 BayHStA, LEA 2423, Benno Löffel, eidesstattliche Versicherung vom 24.12.1952.

89 BayHStA, LEA 2423, Benno Löffel, eidesstattliche Versicherung vom 24.12.1952.

90 BayHStA, LEA 2423, Anton Fraunholz, Schreiben an das Bayerische Landesentschädigungsamt vom 11.12.1962.

91 Siehe C. VI. 4. b. bb. (3.).

92 BayHStA, LEA 2423, Bayerisches Landesentschädigungsamt, Schreiben an Anton Fraunholz vom 8.6.1964; BayHStA, LEA 2423, Bayerisches Landesentschädigungsamt, Aktenvermerk vom 4.6.1964.

93 BayHStA, LEA 2423, Bayerisches Landesentschädigungsamt, Schreiben an Anton Fraunholz vom 8.6.1964; BayHStA, LEA 2423, Bayerisches Landesentschädigungsamt, Aktenvermerk vom 4.6.1964; BayHStA, LEA 2423, Anton Fraunholz, Schreiben an das Bayerische Landesentschädigungsamt vom 30.6.1964; BayHStA, LEA 2423, Vergleich zwischen Benno Löffel und dem Freistaat Bayern vom 26.6./6.7.1964.

94 BayHStA, LEA 2423, Bayerisches Landesentschädigungsamt, Auszahlungsverfügung vom 8.7.1964.

d. Rückerstattung des Hauses in der Hermanstraße 3 in Augsburg und Entschädigung für die entgangenen Mieteinnahmen

Nach dem Krieg beschlagnahmte die US-Militärregierung das Gebäude am 20. März 1946 in der Hermanstraße 3 in Augsburg und stellte es unter „property control".[95] Bei der Beschlagnahme gab die US-Militärregierung den Wert der Immobilie mit dem Einheitswert von 65.000 Reichsmark an und stellte ein sofort verwendbares Vermögen in Höhe von 12.777,60 Reichsmark fest.[96] Die US-Militärregierung stellte das Gebäude anschließend unter die treuhänderische Verwaltung durch Dr. Hugo Schwarz – der viele ehemals jüdische Gebäude verwaltete.[97]

aa. Rückerstattung des Hauses in der Hermanstraße 3 in Augsburg

Im Rückerstattungsverfahren schloss Löffel am 8. April 1949 mit dem Deutschen Reich, vertreten durch die Oberfinanzdirektion München, einen Vergleich vor der Wiedergutmachungsbehörde Schwaben ab, nach welchem das Deutsche Reich sich verpflichtete das Haus in der Hermanstraße 3 in Augsburg an Löffel zurückzugeben und eine Eintragungsbewilligung in dem Grundbuch für Augsburg zu veranlassen.[98]

bb. Rückerstattung der entgangenen Mieteinnahmen

Hinsichtlich der von Löffels Bank an das Finanzamt Augsburg-Stadt während des Entzugs überwiesenen Mieteinnahmen des Anwesens Hermanstraße 3 in Augsburg kam vor der Wiedergutmachungsbehörde kein Vergleich zu Stande. Erst vor dem Landgericht München I verglichen sich das Deutsche Reich und Löffel am 22. September 1954.[99] In diesem Vergleich verpflichtete sich das Deutsche Reich *„nach Maßgabe der künftigen bundesgesetzlichen Regelung der Reichsverbindlichkeiten"* Löffel die überwiesenen Überschussbeträge in Höhe von insgesamt 3.259,30 Reichsmark zu ersetzen.[100]

Am 21. März 1955 verglich sich Löffels Neffe mit dem Deutschen Reich außerdem über den Schaden in Form der entgangenen Nutzung des Anwesens vor der Wiedergutmachungsbehörde Schwaben.[101] In dem Vergleich vom 21. März 1955 verpflichtete sich das Deutsche Reich vom Zeitpunkt der Entziehung des Hauses in der Hermanstraße 3 bis zur Übernahme durch den Treuhänder in Höhe von 20.000

[95] BayHStA, LEA 2423, Property Control, Bericht vom 20.3.1946; BayHStA, LEA 2423, Anton Fraunholz Schreiben an das Bayerische Landesentschädigungsamt vom 27.3.1950.

[96] BayHStA, LEA 2423, Property Control, Bericht vom 20.3.1946.

[97] BayHStA, LEA 2423, Property Control, Bericht vom 20.3.1946.

[98] BayHStA, LEA 2423, Wiedergutmachungsbehörde für Schwaben, Sitzungsniederschrift vom 8.4.1949, S. 2; BayHStA, LEA 2423, Anton Fraunholz Schreiben an das Bayerische Landesentschädigungsamt vom 27.3.1950.

[99] BayHStA, LEA 2423, LG München I, Protokoll der öffentlichen Sitzung vom 22.9.1954, S. 2.

[100] BayHStA, LEA 2423, LG München I, Protokoll der öffentlichen Sitzung vom 22.9.1954, S. 2.

[101] BayHStA, Wiedergutmachungsbehörde I für Oberbayern, Sitzungsniederschrift vom 21.3.1955.

Reichsmark Ersatz zu leisten.[102] Zur Anrechnung auf den Betrag in Höhe von 20.000 Reichsmark trat das Deutsche Reich außerdem einen Anspruch gegen die Bayerische Staatsbank, wegen vom Freistaat Bayern treuhänderisch nach dem 8. Mai 1945 vereinnahmter Mietzahlungen in Höhe von 6.373,71 Reichsmark, an Löffels Neffen ab.[103]

Die Oberfinanzdirektion München erließ am 23. August 1960 einen Befriedigungsbescheid[104] gemäß §§ 32, 38, 39 Bundesrückerstattungsgesetz, der die oben genannten Vergleiche vor dem Landgericht München I vom 22. September 1954 und vor der Wiedergutmachungsbehörde für Oberbayern vom 21. März 1955 zu Grunde legte (§ 38 Absatz 1 Ziffer 4 Bundesrückerstattungsgesetz) und die Zahlungsverpflichtungen der Bundesrepublik Deutschland regelte.[105]

Die Oberfinanzdirektion München sprach mit dem Befriedigungsbescheid vom 23. August 1960 Löffel einen Schadensersatz für die während des Entzugs des Hauses in der Hermanstraße 3 in Augsburg entgangenen Mieteinnahmen und die entgangenen Nutzungen aus dem Anwesen in Höhe von 1.688,56 Deutsche Mark zu.[106] Dieser Betrag setzte sich zum einen aus dem in dem Vergleich vom 22. September 1954 geregelten Ersatz für die Löffel während des Entzugs des Hauses in der Hermanstraße 3 in Augsburg entgangenen Mieteinnahmen zusammen.[107] Die Oberfinanzdirektion München legte den im Vergleich vom 22. September 1954 vereinbarten Betrag in Höhe von 3.259,30 Reichsmark gemäß § 15 Absatz 1 Satz 1 Bundesrückerstattungsgesetz im Verhältnis 10 : 1 in 325,93 Deutsche Mark um.[108] Der Betrag war gemäß § 15 Absatz 3 Bundesrückerstattungsgesetz nicht zu verzinsen.

Zum anderen beinhaltete der Befriedigungsbescheid der Oberfinanzdirektion München als zweiten Teilbetrag die durch das Deutsche Reich zu ersetzenden Nutzungsentschädigung aus dem Anwesen Hermanstraße 3 in Augsburg.[109] Die Oberfinanzdirektion ging von dem in dem Vergleich vom 21. März 1955 vereinbarten Betrag in Höhe von 20.000 Reichsmark aus und zog den von dem Deutschen Reich an Löffel gegen die Bayerische Staatsbank abgetretenen Betrag wegen nach dem 8. Mai 1945 von dem Freistaat Bayern treuhänderisch eingezogener Nutzungen in Höhe von 6.373,71 Reichsmark ab.[110] Die Differenz in Höhe von 13.626,29 Reichsmark stellte die Oberfinanzdirektion im Verhältnis von 10 : 1 auf 1.362,63

---

[102] BayHStA, Wiedergutmachungsbehörde I für Oberbayern, Sitzungsniederschrift vom 21.3.1955, S. 2.

[103] BayHStA, Wiedergutmachungsbehörde I für Oberbayern, Sitzungsniederschrift vom 21.3.1955, S. 2.

[104] Siehe hierzu die Ausführungen bei Gunz unter C. V. 4. d. dd.

[105] BayHStA, OFD München, Bescheid vom 23.8.1960.

[106] BayHStA, OFD München, Bescheid vom 23.8.1960, S. 2

[107] BayHStA, OFD München, Bescheid vom 23.8.1960, S. 4, 5.

[108] BayHStA, OFD München, Bescheid vom 23.8.1960, S. 5.

[109] BayHStA, OFD München, Bescheid vom 23.8.1960, S. 4.

[110] BayHStA, OFD München, Bescheid vom 23.8.1960, S. 4.

Deutsche Mark um.[111] Eine Zinsabgeltung erfolgte gemäß § 15 Absatz 3 Bundesrückerstattungsgesetz nicht.[112]

Insgesamt ergab sich aus den beiden vorgenannten Teilbeträgen die Gesamtsumme in Höhe von 1.688,56 (325,93 + 1.362,63) Deutsche Mark

e. Schaden im Vermögen in Form eines Transferschadens

Mit Schreiben vom 14. April 1950 beantragte Fraunholz für Löffel eine Entschädigung beim Bayerischen Landesentschädigungsamt für den Schaden am Vermögen in Form eines Transferverlustes (§§ 1 Absatz 1, 18 Absatz 1 Bundesergänzungsgesetz), der Löffel durch den Kauf von Auslandsdevisen im Zusammenhang mit seiner Auswanderung entstanden sei.[113] Als Nachweis über den Schaden legte Fraunholz dem Bayerischen Landesentschädigungsamt Bankbestätigungsschreiben vor, die belegten, dass seit März 1941 für Löffel ein Auswanderersperrkonto bestand, von dem das Bankhaus Seiler aus München am 14. März 1941 einen Betrag in Höhe von 27.000 Reichsmark auf ein Durchgangskonto mit dem Vermerk „*Vergütung Golddiskontbank*" überwiesen hatte.[114] Von dem überwiesenen Betrag habe die Golddiskontbank Auslandsdevisen in Höhe von 428 US-Dollar gekauft, was einem Übernahmewert von nur 4 % der überwiesenen Summe entsprochen habe.[115] Löffel sei mithin ein Schaden in Höhe von 96 % des eingezahlten Betrags entstanden, was 25.930 Reichsmark entsprach.[116]

Das Bayerische Landesentschädigungsamt sprach Löffels Erben in einem Teilbescheid vom 19. Dezember 1960 als Entschädigung für den Schaden im Vermögen in Form eines Transferverlustes (§§ 3, 1 Absatz 1, 56 Absatz 3 BEG) eine Kapitalentschädigung in Höhe von 5.186 Deutsche Mark zu.[117] Das Bayerische Landesentschädigungsamt leitete den Entschädigungsbetrag aus dem 1941 maßgeblichen amtlichen Umtauschwert von einem US-Dollar zu 2,50 Reichsmark her.[118] Aus diesem Umtauschwert ergab sich, dass die von der Golddiskontbank für Löffel gekauften Devisen (428 US-Dollar) nur einem Betrag von 1.070 Reichsmark entsprachen, sodass die Golddiskontbank von den von Löffel eingezahlten 27.000 Reichsmark einen Betrag in Höhe von 25.930 Reichsmark nicht umgetauscht hatte.[119] Die-

111 BayHStA, OFD München, Bescheid vom 23.8.1960, S. 4, 5.

112 BayHStA, OFD München, Bescheid vom 23.8.1960, S. 5.

113 BayHStA, LEA 2423, Anton Fraunholz, Schreiben an Bayerisches Landesentschädigungsamt vom 14.4.1950.

114 BayHStA, LEA 2423, Bankhaus Seiler, Schreiben an Anton Fraunholz vom 6.4.1950; BayHStA, LEA 2423, Commerzbank AG, Schreiben an Anton Fraunholz vom 3.10.1947, S. 1.

115 BayHStA, LEA 2423, Anton Fraunholz, Schreiben an das Bayerische Landesentschädigungsamt vom 3.6.1960, S. 3.

116 BayHStA, LEA 2423, Anton Fraunholz, Schreiben an das Bayerische Landesentschädigungsamt vom 3.6.1960, S. 3.

117 BayHStA, LEA 2423, Bayerisches Landesentschädigungsamt, Teilbescheid vom 19.12.1960.

118 BayHStA, LEA 2423, Bayerisches Landesentschädigungsamt, Teilbescheid vom 19.12.1960, S. 3.

119 BayHStA, LEA 2423, Bayerisches Landesentschädigungsamt, Teilbescheid vom 19.12.1960, S. 3.

sen Transferschaden rechnete das Bayerische Landesentschädigungsamt im Verhältnis 10 : 2 (§ 11 Absatz 1 BEG) in 5.186 Deutsche Mark um.[120] Der Entschädigungsanspruch war gemäß §§ 13 Absatz 1, 140 Absatz 1 BEG an den Neffen von Löffel vererbbar. Das Bayerische Landesentschädigungsamt veranlasste die Auszahlung der Kapitalentschädigung an Löffels Neffen am 2. Januar 1961.[121]

f. Auswanderungsschaden

Fraunholz beantragte am 3. Juni 1960 für Löffels Erben eine Entschädigung gemäß §§ 3, 1 Absatz 1, 57 Absatz 1 BEG für den Schaden an Vermögen in Form der Löffel entstandenen Auswanderungskosten in Höhe von 9.000 Reichsmark.[122] Über die von Löffel für seine Auswanderung gemachten Aufwendungen lagen keine Nachweise vor, jedoch war die Auswanderung an sich bewiesen, sodass Löffel für diese Auswanderung auch Kosten entstanden sein müssen.[123] Das Bayerische Landesentschädigungsamt schlug zur Erledigung des Schadens am Vermögen in Form der Auswanderungskosten (§§ 3, 1 Absatz 1, 57 Absatz 1 BEG) einen Vergleich in Höhe der geschätzten Kosten von 1.000 Deutsche Mark vor.[124] Fraunholz lehnte diesen Vergleich für seinen Mandanten ab und regte einen Vergleich in Höhe von mindestens 1.600 Deutsche Mark an.[125] Fraunholz argumentierte, dass dem Bayerischen Landesentschädigungsamt, auch wenn keine Nachweise für Löffels Aufwendungen für seine Auswanderung vorlägen, aus vergleichbaren Fällen bekannt sei, dass die Auswanderung weit höhere Kosten als 9.000 Reichsmark verursacht haben muss.[126] Den Vergleichsvorschlag in Höhe von 1.600 Deutsche Mark nahm das Bayerische Landesentschädigungsamt an.[127] Löffels Neffe erhielt die Kapitalentschädigung von dem Bayerischen Landesentschädigungsamt am 8. Juli 1964 ausbezahlt.[128]

---

[120] BayHStA, LEA 2423, Bayerisches Landesentschädigungsamt, Teilbescheid vom 19.12.1960, S. 3.

[121] BayHStA, LEA 2423, Bayerisches Landesentschädigungsamt, Auszahlungsverfügung vom 2.1.1961 auf dem Teilbescheid vom 19.12.1960, S. 2.

[122] BayHStA, LEA 2423, Anton Fraunholz, Schreiben an das Bayerische Landesentschädigungsamt vom 3.6.1960, S. 4, und vom 11.12.1962; BayHStA, LEA 2423, Bayerisches Landesentschädigungsamt, Aktenvermerk vom 25.5.1964.

[123] BayHStA, LEA 2423, Bayerisches Landesentschädigungsamt, Aktenvermerk vom 25.5.1964; BayHStA, LEA 2423, Bayerisches Landesentschädigungsamt, Schreiben vom 1.6.1964.

[124] BayHStA, LEA 2423, Bayerisches Landesentschädigungsamt, Aktenvermerk vom 25.5.1964; BayHStA, LEA 2423, Bayerisches Landesentschädigungsamt, Schreiben vom 1.6.1964.

[125] BayHStA, LEA 2423, Anton Fraunholz, Schreiben vom 5.6.1964, S. 2.

[126] BayHStA, LEA 2423, Anton Fraunholz, Schreiben vom 5.6.1964, S. 1.

[127] BayHStA, LEA 2423, Vergleich zwischen Benno Löffel und dem Freistaat Bayern vom 26.6./6.7.1964.

[128] BayHStA, LEA 2423, Bayerisches Landesentschädigungsamt, Auszahlungsverfügung vom 8.7.1964.

g. Gesamtentschädigung

Das Bayerische Landesentschädigungsamt und die Oberfinanzdirektion München zahlten im Entschädigungs- und Rückerstattungsverfahren an Löffel und nach seinem Tod an seinen Erben insgesamt 62.202,56 Deutsche Mark aus. Außerdem erhielt Löffel das Wohnhaus in der Hermanstraße 3 in Augsburg zurückerstattet.

VII. Arthur Luchs (9. November 1899 bis 5. Juni 1965)

1. Leben vor der Verfolgung

a. Geburt und Fronteinsatz während des Ersten Weltkrieges

Luchs ist am 9. November 1899 in Augsburg als Sohn des Kaufmannes Moritz Luchs und dessen Ehefrau Jenny geboren.[1] Sein Vater war Gründer und hälftiger Teilhaber der erfolgreichen Webwarengroßhandlung „Einstein & Luchs", die ihr Geschäft in dem den Teilhabern gehörenden Gebäude in der Bahnhofstraße 18 1/3 in Augsburg betrieb.[2]

Während des Ersten Weltkrieges musste Luchs in einem der letzten Aufgebote des Deutschen Reichs an die Front.[3] Luchs überlebte den Krieg fast unverletzt und kehrte anschließend nach Augsburg zurück.[4]

b. Studium und Rechtsanwaltszulassung

Luchs interessierte sich offenbar nicht für die Übernahme des väterlichen Betriebs, sondern entschied sich für ein Studium der Rechtswissenschaften, wozu er nach München zog.[5] Er absolvierte sowohl das Studium als auch den Vorbereitungsdienst in München und erhielt am 27. April 1926 beim Landgericht Augsburg und am 10. Oktober 1930 simultan beim Oberlandesgericht Augsburg und nach der Auflösung des Oberlandesgerichts Augsburg am 1. April 1932 beim Oberlandesgericht München die Rechtsanwaltszulassung.[6]

Luchs gründete seine Kanzlei in der Schaezlerstraße in Augsburg und somit in unmittelbarer Nähe zu seiner Wohnung in der Bahnhofstraße 18 1/3.[7]

c. Privatleben

Luchs heiratete am 15. Juli 1930 die am 5. Mai 1901 geborene Tochter der Cousine seines Vaters, Irma Luchs.[8] Die Ehe blieb kinderlos. Luchs Neffe beschrieb ihn als

---

1 StA Augsburg, MK 2, Meldekarte Arthur Luchs.

2 BayHStA, LEA 23846, Arthur Luchs, Fragebogen E „Jenny Luchs", vom 22.11.1961; BayHStA, LEA 23846, Bayerisches Landesentschädigungsamt, Aktenvermerk vom 10.11.1964.

3 Jüdisches Kulturmuseum Augsburg, Ordner „Jüdische Rechtsanwälte", Ludwig Mayer, Brief an Gernot Römer, vom 11.2.1991.

4 Jüdisches Kulturmuseum Augsburg, Ordner „Jüdische Rechtsanwälte", Ludwig Mayer, Brief an Gernot Römer, vom 11.2.1991.

5 Weber, Das Schicksal der jüdischen Rechtsanwälte in Bayern nach 1933, S. 244.

6 BayHStA, LEA 23847, Arthur Luchs, eidesstattliche Erklärung vom 6.2.1950; BayHStA, LEA 23847, Bayerisches Staatsministerium der Justiz, Schreiben an Arthur Luchs vom 20.8.1956; Weber, Das Schicksal jüdischer Rechtsanwälte, S. 244.

7 Jüdisches Kulturmuseum Augsburg, Ordner „Jüdische Rechtsanwälte", Gernot Römer, Notiz zum Gespräch mit Jack Luchs, undatiert.

8 StA Augsburg, Va 832 (1), Irma Luchs, eidesstattliche Versicherung vom 11.8.1953; Stadtarchiv Augsburg, MK 2, Meldekarte Arthur Luchs.

belesenen Mann, der ihm später viele Bücher vermacht habe.[9]

Abbildung 6: Bild von Arthur Luchs[10]

2. Leben während der Verfolgung

a. Kein Entzug der Rechtsanwaltszulassung 1933 aufgrund von § 1 Absatz 2 des Rechtsanwaltszulassungsgesetzes

Luchs konnte sich 1933 auf das Frontkämpferprivileg in § 1 Absatz 2 Alternative 2 des Rechtsanwaltszulassungsgesetzes[11] berufen und durfte seine Rechtsanwaltszulassung über 1933 hinaus behalten.[12]

Luchs' Einkünfte lagen in den Jahren 1930 bis 1932 nach eigenen Angaben jährlich bei *„circa 5.000 bis 6.000 Reichsmark"* und verringerten sich – durch den Wegfall der meisten nicht jüdischen Mandanten – unmittelbar nach der „Machtergreifung".[13] Nach eigenen Angaben betrug der Einkommensrückgang in den Jahren von

[9] Jüdisches Kulturmuseum Augsburg, Ordner „Jüdische Rechtsanwälte", Gernot Römer, Notiz zum Gespräch mit Jack Luchs, undatiert.

[10] Jüdisches Kulturmuseum, Ordner Jüdische Rechtsanwälte.

[11] Siehe oben B. VI. 1. a. b.

[12] BayHStA, LEA 23847, Arthur Luchs, eidesstattliche Erklärung vom 6.2.1950.

[13] BayHStA, LEA 23847, Arthur Luchs, eidesstattliche Erklärung vom 6.2.1950.

1933 bis 1935 9.000 Reichsmark (3.000 Reichsmark/Jahr × 3 Jahre) und von 1936 bis 1938 12.000 Reichsmark (4.000 Reichsmark/Jahr × 3 Jahre).[14]

b. „Schutzhaft"

Am 10. November 1938 nahm die Geheime Staatspolizei Luchs in „Schutzhaft" und internierte ihn bis zum 8. Dezember 1938 im Konzentrationslager Dachau.[15] Bei seiner Entlassung riet die Geheime Staatspolizei Luchs dringend, das Deutsche Reich so schnell wie möglich zu verlassen.[16]

c. Entzug der Rechtsanwaltszulassung 1938

Während seiner Inhaftierung verlor Luchs am 30. November 1938 zusammen mit allen verbliebenen jüdischen Rechtsanwälten im Deutschen Reich gemäß § 1 Absatz 1 Satz 2 Buchstabe a) der Fünften Verordnung zum Reichsbürgergesetz seine Rechtsanwaltszulassung und damit seine berufliche Existenz.[17] Er lebte gemeinsam mit seiner Ehefrau fortan von dem gemeinsamen Vermögen, das Luchs 1938 gegenüber der Finanzverwaltung gemäß der „Verordnung über Anmeldung des Vermögens von Juden"[18] mit 24.000 Reichsmark angegeben hatte.[19]

d. Abgabe von Gold- und Silberwertgegenständen

Im März 1939 mussten Luchs und seine Ehefrau gemäß § 1 Absatz 1 der „Dritten Anordnung auf Grund der Verordnung über die Anmeldung des Vermögens von Juden"[20] alle Gold- und Silberwertgegenstände bei dem städtischen Leihamt Augsburg abliefern, von dem sie nur etwa ein Zehntel des echten Gegenwerts für die Gegenstände erhielten.[21]

---

14 BayHStA, LEA 23847, Arthur Luchs, eidesstattliche Erklärung vom 6.2.1950.

15 BayHStA, LEA 23847, Comité international de la Croix Rogue, Schreiben an das Bayerische Landesentschädigungsamt vom 7.7.1961; BayHStA, LEA 23847, Arthur Luchs, Antrag an das Bayerische Landesentschädigungsamt vom 25.1.1955.

16 BayHStA, LEA 23847, Arthur Luchs, Schreiben an das Bayerische Landesentschädigungsamt vom 30.11.1957.

17 Luchs selbst gab zunächst an, dass ihm am 31.12.1938 die Zulassung entzogen worden sei (unter anderem in BayHStA, LEA 23847, Arthur Luchs, eidesstattliche Erklärung vom 6.2.1950). Später gab sowohl Luchs als auch das Staatsministerium der Justiz an, dass Luchs am 30.11.1938 seine Zulassung verlor (BayHStA, LEA 23847, Arthur Luchs, Fragebogen E „Schaden im beruflichen Fortkommen" vom 30.11.1957; BayHStA, LEA 23847, Bayerisches Staatsministerium der Justiz, Schreiben an Arthur Luchs, vom 20.8.1956).

18 Siehe oben B. V. 4.

19 BayHStA, LEA 23847, Finanzamt Augsburg, Schreiben an das Bayerische Landesentschädigungsamt vom 11.4.1961.

20 Siehe oben B. V. 5.

21 BayHStA, LEA 23847, Arthur Luchs, Schreiben an das Zentralmeldeamt Bad Nauheim vom 9.12.1948; BayHStA, LEA 23846, Arthur Luchs, Schreiben an das Bayerische Landesentschädigungsamt vom 1.2.1950; BayHStA, LEA 23846, Arthur Luchs, eidesstattliche Versicherung vom 6.2.1950.

e. Judenvermögens- und Exportförderabgabe

Luchs hatte zwischen Dezember 1938 und Februar 1939 vier Raten der Judenvermögensabgabe in Höhe von je 900 Reichsmark und somit insgesamt 3.600 Reichsmark in bar und zusätzlich die fünfte Rate in Aktien[22] im Gegenwert von 800 Reichsmark an das Deutsche Reich entrichtet.[23] Darüber hinaus hatte Luchs bei seiner Auswanderung für die zu entrichtende Exportförderabgabe Aktien der I. G. Farben im Nennwert von 1.900 Reichsmark zu einem Annahmewert von 2.857,11 Reichsmark an die Preußische Staatsbank (Seehandlung) abführen lassen.[24]

f. Auswanderung in die Vereinigten Staaten

Luchs nahm die oben genannten Verfolgungsmaßnahmen und die für Juden immer schwierigere politische Lage im Deutschen zum Anlass, Anfang April 1939 nach London aus- und im März 1940 mit der Sailing Ship (S.S.) „Georgic" der Cunard White Star Line zusammen mit seiner Ehefrau in die Vereinigten Staaten nach New York City einzuwandern.[25] Der Aufenthalt in England war notwendig, da Luchs und seine Ehefrau auf die Erteilung von Visa für die Vereinigten Staaten warten mussten.[26]

Nach Erteilung der Visa für die Vereinigten Staaten hatte das Ehepaar Luchs zunächst große Probleme in New York City.[27] Abends schlug sich Luchs mit Aushilfsjobs als Kassierer in Bars und Kneipen am Time Square durch, während er

22 Es handelte sich um Mannesmannröhren Aktien zu einem Nennwert in Höhe von 600 Reichsmark und I. G. Farben Aktien zu einem Nennwert in Höhe von 200 Reichsmark.

23 StA Augsburg, Va 832 (1), LG Augsburg, Protokoll vom 5.3.1953; StA Augsburg, Va 832 (1), Teilvergleich zwischen Arthur Luchs und dem Freistaat Bayern, LG Augsburg, Protokoll vom 26.4.1954, S. 2; BayHStA, LEA 23846, Dresdner Bank, Schreiben an Arthur Luchs vom 17.11.1964; StA Augsburg, Va 832 (1), Bayerische Bank für Handel und Industrie, Schreiben an Widergutmachungsbehörde Schwaben vom 21.10.1950; StA Augsburg, Va 832 (1), Arthur Luchs, Anmeldung zum Zentralmeldeamt Bad Nauheim vom 9.12.1948.

24 StA Augsburg, Va 832 (1), Teilvergleich zwischen Arthur Luchs und dem Freistaat Bayern, LG Augsburg, Protokoll vom 26.4.1954, S. 2; BayHStA, LEA 23846, Dresdner Bank, Schreiben an das Bayerische Landesentschädigungsamt vom 17.11.1964; StA Augsburg, Va 832 (1), Bayerische Bank für Handel und Industrie, Schreiben an Widergutmachungsbehörde Schwaben vom 21.10.1950.

25 BayHStA, LEA 23847, Arthur Luchs, eidesstattliche Erklärung vom 6.2.1950; Jüdisches Kulturmuseum Augsburg, Ordner „Jüdische Rechtsanwälte", Gernot Römer, Notiz zum Gespräch mit Jack Luchs, undatiert; BayHStA, LEA 23847, Comité international de la Croix Rogue, Schreiben an das Bayerische Landesentschädigungsamt vom 7.7.1961; BayHStA, LEA 23847, Stadtverwaltung Augsburg, Schreiben an das Bayerische Landesentschädigungsamt vom 21.12.1956; BayHStA, LEA 23847, Cunard Line, Schreiben an Arthur Luchs vom 9.1.1957.

26 BayHStA, LEA 23847, Arthur Luchs, Antrag an das Bayerische Landesentschädigungsamt vom 25.1.1955; BayHStA, LEA 23847, Arthur Luchs, Nachtrag an das Bayerische Landesentschädigungsamt vom 29.1.1955; BayHStA, LEA 23847, Arthur Luchs, Schreiben an das Bayerische Landesentschädigungsamt vom 30.11.1957.

27 Jüdisches Kulturmuseum Augsburg, Ordner „Jüdische Rechtsanwälte", Gernot Römer, Notiz zum Gespräch mit Jack Luchs, undatiert.

tagsüber lernte, um Steuerberater zu werden.[28] Luchs schätzte seine Einkünfte zu dieser Zeit auf 520 US-Dollar jährlich (1941).[29] Trotz seines großen Wissens bestand Luchs nach Angaben seines Neffen insgesamt vier Mal die Prüfung zum Steuerberater nicht, weil er Probleme mit der englischen Sprache gehabt habe.[30] Nachdem Luchs die Prüfung beim Fünften Versuch schließlich bestanden hatte, gehörten vor allem ausgewanderte Juden zu seinen Mandanten.[31] Sein Einkommen konnte Luchs von 2.193,62 US-Dollar (1951) auf 3.600 US-Dollar (1957) steigern.[32]

g. Vermögensverfall und Entzug des Restvermögens

Gemäß § 3 Absatz 1 Satz 1, 2 Buchstabe b der Elften Verordnung zum Reichsbürgergesetz erklärte das Deutsche Reich am 14. August 1943 Luchs' Vermögen als dem Deutschen Reich verfallen[33].[34] Am 23. September 1943 zog das Deutsche Reich Luchs' Restvermögen in Höhe von 4.023 Reichsmark in bar und in Höhe von 2.000 Reichsmark (Nennbetrag) in Aktien ein.[35]

h. Entzug von Umzugsgut

Für seine Auswanderung hatte Luchs in einem Liftvan[36] Umzugsgut verwahrt und diesen Liftvan bei seiner Abreise nach England über die Niederlande umgeleitet, um den Inhalt des Liftvans in den Niederlanden teilweise zu verwerten und sich den Rest in die Vereinigten Staaten schicken zu lassen.[37] Die SS schickte den Liftvan nach der Besetzung der Niederlande im Mai 1940 nach Hamburg zurück, wo sie die verpackten Gegenstände am 7. Oktober 1943 weit unter Wert versteigerte.[38] Die

---

28 Jüdisches Kulturmuseum Augsburg, Ordner „Jüdische Rechtsanwälte", Gernot Römer, Notiz zum Gespräch mit Jack Luchs, undatiert; BayHStA, LEA 23847, Arthur Luchs, eidesstattliche Erklärung vom 6.2.1950.

29 BayHStA, LEA 23847, Arthur Luchs, eidesstattliche Versicherung vom 25.1.1955.

30 Jüdisches Kulturmuseum Augsburg, Ordner „Jüdische Rechtsanwälte", Gernot Römer, Notiz zum Gespräch mit Jack Luchs, undatiert.

31 Jüdisches Kulturmuseum Augsburg, Ordner „Jüdische Rechtsanwälte", Gernot Römer, Notiz zum Gespräch mit Jack Luchs, undatiert.

32 BayHStA, LEA 23847, Arthur Luchs, Fragebogen E vom 30.11.1957.

33 Siehe hierzu die Ausführungen bei Gunz unter C. V. 4. d.

34 StA Augsburg, Va 832 (1), Bayerische Vereinsbank, Schreiben an die Wiedergutmachungsbehörde für Schwaben vom 21.10.1950.

35 StA Augsburg, Va 832 (1), Bayerische Vereinsbank, Schreiben an die Wiedergutmachungsbehörde für Schwaben vom 21.10.1950.

36 Ein Liftvan ist ein hölzerner Container, welcher bei Umzügen über weite Strecken und bei Überseefrachten als Transportbehältnis dient.

37 StA Augsburg, Va 832 (1), Anton Fraunholz, Schreiben an das LG München vom 9.6.1954; StA Augsburg, Va 832 (2), Arthur Luchs, Schreiben an Zentralmeldeamt Bad Nauheim vom 9.12.1948.

38 BayHStA, LEA 23846, OFD München, Schreiben an Arthur Luchs vom 3.9.1947; StA Augsburg, Va 832 (2), Arthur Luchs, Schreiben an Zentralmeldeamt Bad Nauheim vom 9.12.1948.

Polizeikasse Hamburg überwies der Oberfinanzkasse München nach der Versteigerung den Versteigerungserlöß in Höhe von 5.050,42 Reichsmark.[39]

3. Tod

Luchs starb am 5. Juni 1965 im Alter von 65 Jahren in New York City.[40]

4. Entschädigung

a. Schaden im beruflichen Fortkommen

aa. Einreichung und Begründung des Antrags

Am 6. Februar 1950 beantragte Luchs mittels des Formblattes E[41] bei dem Bayerischen Landesentschädigungsamt (vormals Bayerisches Landesamt für Wiedergutmachung)[42] gemäß §§ 21 - 34 USEG[43] eine Entschädigung für den Schaden, den er im beruflichen Fortkommen durch die Verfolgung im „Dritten Reich" erlitten hatte.[44] Als Grundlage für die Schadensberechnung nahm Luchs seine Jahreseinkünfte vor der „Machtergreifung" – die seiner Meinung nach weiter gestiegen wären – und zog von diesen die Einkünfte ab, die er in der Zeit der Verfolgung erzielt hatte, sodass er in der Zeit von 1933 bis 1942 auf einen Schaden in Höhe von 31.000 Reichsmark kam.[45] Luchs beantragte die Entschädigung seines Schadens in Höhe von 31.000 Reichsmark umgestellt auf 6.200 Deutsche Mark.[46]

Luchs konnte gegenüber dem Bayerischen Landesentschädigungsamt weder sein Einkommen vor Beginn noch seine Einkünfte während der Verfolgung nachweisen, weil er ins Exil keine Einkommensnachweise mitgenommen hatte und Kriegseinwirkungen mögliche Nachweise in seiner alten Heimat zerstört hatten.[47]

---

39 StA Augsburg, Va 832 (2), Arthur Luchs, Schreiben an Zentralmeldeamt Bad Nauheim vom 9.12.1948; StA Augsburg, Va 832 (1), LG Augsburg, Protokoll vom 5.3.1953.

40 Weber, Das Schicksal der jüdischen Rechtsanwälte in Bayern nach 1933, S. 244; Römer, An meine Gemeinde in der Zerstreuung, S. 299.

41 Siehe zu der Verwendung von Formblättern C. I. 4. a. aa.

42 Siehe oben C. I. 4. a.

43 Siehe oben C. I. 4. a. aa., dass es gemäß § 231 BEG nach dem Inkrafttreten des BEG keiner neuen Antragstellung bedurfte.

44 BayHStA, LEA 23847, Arthur Luchs, Antrag (Formblatt E) an das Bayerische Landesamt für Wiedergutmachung vom 6.2.1950.

45 BayHStA, LEA 23847, Arthur Luchs, Antrag (Formblatt E) an das Bayerische Landesamt für Wiedergutmachung vom 6.2.1950, S. 1 ff.; BayHStA, LEA 23847, Arthur Luchs, eidesstattliche Erklärung vom 6.2.1950.

46 BayHStA, LEA 23847, Arthur Luchs, Antrag (Formblatt E) an das Bayerische Landesamt für Wiedergutmachung vom 6.2.1950, S. 1 ff.;

47 BayHStA, LEA 23847, Arthur Luchs, Antrag (Formblatt E) an das Bayerische Landesamt für Wiedergutmachung vom 6.2.1950; BayHStA, LEA 23847, Arthur Luchs, eidesstattliche Erklärung vom 6.2.1950.

Er gab jedoch aus seiner Erinnerung für die Zeit vor 1933 ein Einkommen in Höhe von 5.000 bis 6.000 Reichsmark an.[48]

Luchs berechnete eine Einkommensminderung in der Zeit von 1933 bis 1935 in Höhe von jeweils 3.000 Reichsmark pro Jahr – insgesamt somit in den drei Jahren 9.000 Reichsmark – und von 1936 bis 1938 in Höhe von jeweils 4.000 Reichsmark pro Jahr, mithin in diesem Zeitraum einen Schaden in Höhe von 12.000 Reichsmark.[49] Im Zeitraum von 1939 bis 1942, in dem Luchs teilweise überhaupt keine Arbeit und in der Emigration nur Hilfstätigkeiten ausgeübt hatte, gab er einen verfolgungsbedingten Schaden in Höhe von 10.000 Reichsmark an.[50] Somit ergaben sich insgesamt die oben genannten 31.000 (9.000 + 12.000 + 10.000) Reichsmark, die umgerechnet im Verhältnis 10 : 2 (§ 11 Absatz 1 BEG) 6.200 Deutsche Mark entsprachen.

bb. Entscheidung des Bayerischen Landesentschädigungsamts

Das Bayerische Landesentschädigungsamt sprach Luchs elf Jahre später den Höchstsatz für Kapitalentschädigungen für Schäden im beruflichen Fortkommen in Höhe von 40.000 Deutsche Mark (§ 123 BEG) und somit 33.800 Deutsche Mark mehr zu, als er ursprünglich selbst beantragt hatte.[51]

Luchs war als Jude Verfolgter § 1 Absatz 1 BEG, der durch den Entzug der Rechtsanwaltszulassung aus seiner selbstständigen Tätigkeit verdrängt war (§§ 1 Absatz 1, § 64 Absatz 1 Satz 1, Absatz 3, 65, 66 Absatz 1, 3 BEG). Luchs hatte daher einen Anspruch auf Kapitalentschädigung gemäß (§§ 3, 74 Satz 1, Satz 2 Alternative 1, 76 Absatz 1 BEG). Luchs konnte sein Einkommen in den letzten drei Jahren vor der Verfolgung nicht ausreichend belegen, sodass das Bayerische Landesentschädigungsamt gemäß §§ 191 Absatz 2 BEG, 287 Absatz 1 Satz 1 ZPO Luchs' Einkommen auf das eines Bundesbeamten des höheren Diensts schätzte.[52] Das Einkommen war für die Beurteilung der wirtschaftlichen Lage Luchs' und der damit verbundenen Eingruppierung gemäß § 76 Absatz 1 Satz 3 BEG in Verbindung mit § 14 Absatz 1 3. DV-BEG) wichtig.[53] Das Bayerische Landesentschädigungsamt reihte Luchs aufgrund seiner Berufsausbildung und seiner geschätzten wirtschaftlichen Lage vor der

---

48 BayHStA, LEA 23847, Arthur Luchs, Antrag (Formblatt E) an das Bayerische Landesamt für Wiedergutmachung vom 6.2.1950, S. 1; BayHStA, LEA 23847, Arthur Luchs, eidesstattliche Erklärung vom 6.2.1950.

49 BayHStA, LEA 23847, Arthur Luchs, Antrag (Formblatt E) an das Bayerische Landesamt für Wiedergutmachung vom 6.2.1950, S. 1; BayHStA, LEA 23847, Arthur Luchs, eidesstattliche Erklärung vom 6.2.1950.

50 BayHStA, LEA 23847, Arthur Luchs, Antrag (Formblatt E) an das Bayerische Landesamt für Wiedergutmachung vom 6.2.1950, S. 1; BayHStA, LEA 23847, Arthur Luchs, eidesstattliche Erklärung vom 6.2.1950.

51 BayHStA, LEA 23847, Bayerisches Landesentschädigungsamt, Bescheid vom 25.10.1961.

52 BayHStA, LEA 23847, Bayerisches Landesentschädigungsamt, Bescheid vom 25.10.1961.

53 Siehe zur Eingruppierung in eine vergleichbare Beamtengruppe gemäß § 76 Absatz 1 Satz 3 BEG die Ausführungen bei Adler unter C. I. 4. a. dd. (2.).

Verfolgung in die vergleichbare Besoldungsgruppe eines Bundesbeamten des höheren Diensts ein (§ 76 Absatz 1 Satz 3 in Verbindung mit § 14 Absatz 1 3. DV-BEG).[54]

cc. Berechnung der Kapitalentschädigung

Luchs war zu Beginn der Verfolgung 39 Jahre alt, sodass das Bayerische Landesentschädigungsamt ihn in die zweite Lebensaltersstufe (bis Vollendung des 45. Lebensjahres) der Anlage 2 der 3. DV-BEG einstufte.[55] Das Bayerische Landesentschädigungsamt setzte für die Entschädigungsberechnung monatliche Beträge in Höhe von 698 Reichsmark vor der Währungsreform und 698 Deutsche Mark nach der Währungsreform zu Grunde (§ 13 in Verbindung mit Anlage 2 DV-BEG).[56] Diese Beträge waren die gemäß § 76 Absatz 1 Satz 1 BEG auf drei Viertel gekürzten und, da Luchs keine Anwartschaften auf eine lebenslange Versorgung nach beamtenrechtlichen Vorschriften besaß, um 20 % erhöhten (§ 76 Absatz 3 Satz 1 BEG) Dienstbezüge eines vergleichbaren Bundesbeamten des höheren Diensts.[57]

Für den Zeitraum der Berufsverdrängung, der mit dem Entzug der Rechtsanwaltszulassung zum 1. Dezember 1938 begann, bis zum 30. Juni 1948 (Ende des Monats der Währungsreform), mithin für 115 Monate, errechnete sich ein Teilbetrag von 80.270 Reichsmark (115 Monate × 698 Reichsmark).[58] Umgestellt im Verhältnis 10 : 2 (§ 11 Absatz 1 BEG) ergab dies einen Teilbetrag von 16.054 Deutsche Mark.[59] Für den Zeitraum nach der Währungsumstellung vom 1. Juli 1948 bis zum 31. Dezember 1951, mithin für 42 Monate, ergab sich ein zweiter Teilbetrag in Höhe von 29.316 Deutsche Mark (42 Monate × 698 Deutsche Mark).[60] Aus den beiden Teilbeträgen berechnete das Bayerische Landesentschädigungsamt eine Gesamtsumme in Höhe von 45.370 (16.054 + 29.316) Deutsche Mark, die gemäß § 123 Absatz 1 BEG auf 40.000 Deutsche Mark zu begrenzen war.[61]

Das Bayerische Landesentschädigungsamt prüfte nicht, ob über den 31. Dezember 1951 hinaus ein Entschädigungsanspruch bestand, weil sich dieser aufgrund der Erreichung der Höchstgrenze des § 123 Absatz 1 BEG nicht mehr ausgewirkt hätte.[62] Gemäß § 77 BEG[63] rechnete das Bayerische Landesentschädigungsamt nicht das Einkommen, welches Luchs im Zeitraum vom 1. Juli 1948 (§ 77 Satz 3 BEG) bis zum 31. Dezember 1951 verdiente,[64] an, weil diese Einkünfte zusammen *„mit*

---

54 BayHStA, LEA 23847, Bayerisches Landesentschädigungsamt, Bescheid vom 25.10.1961.
55 BayHStA, LEA 23847, Bayerisches Landesentschädigungsamt, Bescheid vom 25.10.1961.
56 BayHStA, LEA 23847, Bayerisches Landesentschädigungsamt, Bescheid vom 25.10.1961.
57 Siehe hierzu ausführlich die Ausführungen bei Adler unter C. I. 4. a. dd. (2.).
58 BayHStA, LEA 23847, Bayerisches Landesentschädigungsamt, Bescheid vom 25.10.1961.
59 BayHStA, LEA 23847, Bayerisches Landesentschädigungsamt, Bescheid vom 25.10.1961.
60 BayHStA, LEA 23847, Bayerisches Landesentschädigungsamt, Bescheid vom 25.10.1961.
61 BayHStA, LEA 23847, Bayerisches Landesentschädigungsamt, Bescheid vom 25.10.1961.
62 BayHStA, LEA 23847, Bayerisches Landesentschädigungsamt, Bescheid vom 25.10.1961.
63 Siehe zu den Voraussetzungen des § 77 BEG bei Bellmann C. III. 4. a. cc. (3.).
64 Siehe oben C. VII. 2. f.

dem nach § 76 Absatz 1 [BEG] errechneten Betrag die erreichbaren Dienstbezüge eines vergleichbaren Bundesbeamten [nicht übersteigen]"[65] Das Bayerische Landesentschädigungsamt zahlte die Kapitalentschädigung am 19. Dezember 1961 an Luchs aus.[66]

b. Goodwillschaden

Luchs stellte am 30. November 1957 einen Antrag auf Entschädigung seines Schadens am Vermögen in Form des Verlustes des Goodwills seiner Kanzlei (§§ 3, 1 Absatz 1, 56 Absatz 1 BEG).[67]

Das Bayerische Landesentschädigungsamt lehnte diesen Anspruch ab.[68] Das Bayerische Landesentschädigungsamt stufte Luchs bei der Berechnung des objektiven Unternehmerlohns[69] – wie bei dem Schaden im beruflichen Fortkommen – in die vergleichbare Gruppe von Bundesbeamten des höheren Diensts in die zweite Lebensaltersstufe (bis zum vollendeten 45. Lebensjahr) ein.[70] Das Bayerische Landesentschädigungsamt ermittelte gemäß der Anlage 2 der 3. DV-BEG einen objektiven Unternehmerlohn in Höhe von 9.300 Reichsmark pro Jahr.[71] Im Vergleich zu diesem objektiven Unternehmerlohn verdiente Luchs nach eigenen Angaben vor der Verfolgung Einkünfte in Höhe von 5.000 bis 6.000 Reichsmark.[72] Die tatsächlichen Einkünfte waren somit geringer als der objektive Unternehmerlohn, sodass nach Ansicht des Bayerischen Landesentschädigungsamt kein Goodwillschaden vorlag.[73]

c. Schaden durch Entrichtung von Sonderabgaben, Vermögensverfall und entzogene Wertgegenstände

Die Ansprüche für die entrichtete Judenvermögens- und Exportförderabgabe[74] machte Luchs zunächst im Wiedergutmachungsverfahren und später – nach dem

---

65 BayHStA, LEA 23847, Bayerisches Landesentschädigungsamt, Bescheid vom 25.10.1961.

66 BayHStA, LEA 23847, Bayerisches Landesentschädigungsamt, Bescheid vom 25.10.1961; BayHStA, LEA 23847, E-Kontenblatt undatiert.

67 BayHStA, LEA 23847, Arthur Luchs, Antrag an das Bayerische Landesentschädigungsamt vom 30.11.1957; BayHStA, LEA 23847, Arthur Luchs, Schreiben an das Bayerische Landesentschädigungsamt vom 30.11.1957.

68 BayHStA, LEA 23847, Bayerisches Landesentschädigungsamt, Bescheid vom 27.1.1965, S. 4.

69 Siehe zu Unternehmerlohn und Berechnung des Goodwillschadens die Ausführungen bei Dreifuß unter C. IV. 5. c.

70 BayHStA, LEA 23847, Bayerisches Landesentschädigungsamt, Bescheid vom 27.1.1965, S. 4; BGH, Urteil vom 6.12.1961, IV ZR 116/61, Rn. 15 ff. mit weiteren Nachweisen.

71 BayHStA, LEA 23847, Bayerisches Landesentschädigungsamt, Bescheid vom 27.1.1965, S. 4; BGH, Urteil vom 6.12.1961, IV ZR 116/61, Rn. 15 ff. mit weiteren Nachweisen.

72 BayHStA, LEA 23847, Bayerisches Landesentschädigungsamt, Bescheid vom 27.1.1965, S. 4; BGH, Urteil vom 6.12.1961, IV ZR 116/61, Rn. 15 ff. mit weiteren Nachweisen.

73 BayHStA, LEA 23847, Bayerisches Landesentschädigungsamt, Bescheid vom 27.1.1965, S. 4.

74 Siehe oben C. VII. 2. e.

Urteil des Bundesgerichtshofs vom 22. November 1954 – im Entschädigungsverfahren[75] vor dem Bayerischen Landesentschädigungsamt geltend.[76]

aa. Anmeldung des Schadens zum Zentralmeldeamt Bad Nauheim

Luchs meldete den Schaden, der ihm durch von ihm entrichtete Judenvermögensabgabe, Exportförderabgabe, Vermögensverfall seines Restvermögens, unter Wert versteigerten Umzugsgut sowie dem Entzug von Wertgegenständen[77] entstanden war, gemäß § 55 Absatz 1 MRG 59 am 9. Dezember 1948 bei dem Zentralmeldeamt Bad Nauheim an.[78] Luchs einigte sich am 6. August 1954 in insgesamt drei Teilvergleichen bezüglich der vorgenannten Schäden mit dem Deutschen Reich.

bb. Teilvergleiche über Judenvermögensabgabe, Exportförderabgabe und eingezogenes Restvermögen

Zwei Teilvergleiche umfassten die Rückerstattung der für die Judenvermögensabgabe, der Exportförderabgabe und dem durch Vermögensverfall entzogenen Barbeträge (Erster Teilvergleich) und Aktien (Zweiter Teilvergleich).[79] Ein Rückerstattungsbetrag war in diesen Vergleichsregelungen aufgrund der zum Zeitpunkt der Vergleichsschlüsse fehlenden bundesgesetzlichen Regelung der Reichsverbindlichkeiten des Deutschen Reichs nicht enthalten, sondern nur die generelle Verpflichtung zur Entschädigung der vorgenannten Schäden durch das Deutsche Reich.[80]

cc. Teilvergleich über entzogene Wertgegenstände und über versteigertes Umzugsgut

In einem dritten Teilvergleich über die entzogenen Wertgegenstände, die Luchs bei der Ankaufstelle des städtischen Leihamts Augsburg abgeliefert hatte, und über das in Hamburg versteigerte Umzugsgut, verpflichtete sich das Deutsche Reich nach Maßgabe der zukünftigen gesetzlichen Regelung der Reichsverbindlichkeiten Schadensersatz in Höhe von 5.350 Deutsche Mark für das versteigerte Umzugsgut und

---

75 Siehe die Erläuterungen in C. VI. 4. b. bb. (3.).

76 StA Augsburg, Va 832 (2) WKV 95/54, verbunden mit I WKV 97/54 und I WKV 99/54; BayHStA, LEA 23846, Arthur Luchs, Antrag an das Bayerische Landesentschädigungsamt vom 25.1.1955 nebst Nachtrag vom 29.1.1955; BayHStA, LEA 23846, Arthur Luchs, Antrag an das Bayerische Landesentschädigungsamt vom 30.11.1957; BayHStA, LEA 23847, Arthur Luchs, Antrag (Formblatt E) an das Bayerische Landesamt für Wiedergutmachung vom 6.2.1950; BayHStA, LEA 23846, Arthur Luchs, Schreiben an das Bayerische Landesentschädigungsamt vom 1.2.1950.

77 Siehe im Einzelnen oben C. VII. 2. d., e., g. und h.

78 StA Augsburg, Va 832 (2) WKV 95/54, verbunden mit I WKV 97/54 und I WKV 99/54, Arthur Luchs, Anmeldung zum Zentralmeldeamt Bad Nauheim vom 9.12.1948.

79 BayHStA, LEA 23846, Teilvergleich zwischen Arthur Luchs und dem Freistaat Bayern, LG München I, Protokoll vom 6.8.1954, S. 3, 5.

80 BayHStA, LEA 23846, Teilvergleich zwischen Arthur Luchs und dem Freistaat Bayern, LG München I, Protokoll vom 6.8.1954, S. 3, 5.

in Höhe von 650 Deutsche Mark für die von dem Deutschen Reich von Luchs eingezogenen Wertgegenstände, an Luchs zu leisten.[81]

dd. Befriedigungsbescheid

Am 3. August 1959 erließ die Oberfinanzdirektion München einen Befriedigungsbescheid (§§ 32, 38, 39 Bundesrückerstattungsgesetz), welchem die Oberfinanzdirektion München die Teilvergleiche vom 6. August 1954 gemäß § 32 Bundesrückerstattungsgesetz zu Grunde legte.[82] Die Oberfinanzdirektion München stellte die von Luchs in bar entrichteten Judenvermögensabgaben und die dem Restvermögen entzogenen Barbeträge in Höhe von insgesamt 7.623 Reichsmark[83] im Verhältnis 10 : 1 nach § 15 Absatz 1 Bundesrückerstattungsgesetz auf einen Betrag in Höhe von 763,30 Deutsche Mark (davon 360 Deutsche Mark für die Zahlung der Judenvermögensabgabe) um.[84] Zu diesem Betrag rechnete die Oberfinanzdirektion München gemäß § 15 Absatz 2 Bundesrückerstattungsgesetz eine Pauschalabgeltung für die entgangenen Zinsen in Höhe von 25 %, mithin weitere 190,83 Deutsche Mark, hinzu.[85] Rechnerisch ergab sich somit ein Betrag in Höhe von 954,13 (763,30 + 190,83) Deutsche Mark, wovon 450 (360 + 90) Deutsche Mark auf die Zahlung der Judenvermögensabgabe entfielen.

Darüber hinaus erhielt Luchs für die ihm als fünfte Rate der Judenvermögensabgabe eingezogenen Aktien gemäß §§ 16 Absatz 1 Satz 1 und 3 Bundesrückerstattungsgesetz Schadensersatz in Höhe des Wiederbeschaffungswertes der Aktien zum 1. April 1956 in Höhe von 5.405,50 Deutsche Mark.[86] Dieser Betrag war gemäß § 15 Absatz 2 Bundesrückerstattungsgesetz durch Hinzurechnung einer pauschalen Zinsabgeltung von 25 % (§ 15 Absatz 2 Satz 1 Bundesrückerstattungsgesetz), mithin in Höhe von 1.351,38 Deutsche Mark, zu verzinsen.[87] Für die Entschädigung wegen der durch Vermögensverfall (§§ 3 Absatz 1 Satz in Verbindung mit § 2 b Elfte Verordnung zum Reichsbürgergesetz) von dem Deutschen Reich eingezogenen Wertpapiere, stellte die Oberfinanzdirektion München den Nominalwert der entzogenen Wertpapiere in Höhe von 2.000 Reichsmark im Verhältnis 10 : 1 auf 200 Deutsche Mark um (§ 20 Absatz 1 Bundesrückerstattungsgesetz, 13 Absatz 3, 22 Absatz 1 Umstellungsgesetz). Die Oberfinanzdirektion rechnete diesem Betrag für die entgangenen Zinsen oder

---

81 BayHStA, LEA 23846, Teilvergleich zwischen Arthur Luchs und dem Freistaat Bayern, LG München I, Protokoll vom 6.8.1954.

82 BayHStA, LEA 23847, OFD München, Bescheid vom 3.8.1959, S. 4.

83 Der Bescheid umfasste die gesamten entzogenen Barbeträge von Luchs aber auch von seinen Eltern. Die OFD hat die Gesamtsumme aller Beträge in Höhe von insgesamt 117.323,93 Reichsmark im Verhältnis 10 : 1 umgewandelt. Von dieser Gesamtsumme entfiel der genannte Betrag in Höhe von 7.623 Reichsmark (3.600 Reichsmark (Judenvermögensabgabe) + 4.023 (Vermögensverfall Barvermögen)) auf Luchs.

84 BayHStA, LEA 23847, OFD München, Bescheid vom 3.8.1959, S. 4.

85 BayHStA, LEA 23847, OFD München, Bescheid vom 3.8.1959, S. 4.

86 BayHStA, LEA 23847, OFD München, Bescheid vom 3.8.1959, S. 5.

87 BayHStA, LEA 23847, OFD München, Bescheid vom 3.8.1959, S. 5.

sonstigen entgangenen Geldvorteile eine Pauschalabgeltung gemäß §§ 20 Absatz 3, 16 Absatz 2 Satz 2 Halbsatz 1 in Höhe von 25 % von 200 Deutsche Mark, mithin 50 Deutsche Mark, hinzu.[88] Es ergab sich ein Teilbetrag in Höhe von 7.006,88 (5.405,50 + 1.351,38 + 200 + 50) Deutsche Mark.

Bezüglich der entzogenen Wertgegenständen und dem unter Wert versteigerten Umzugsgut übernahm die Oberfinanzdirektion München in dem Befriedigungsbescheid vom 3. August 1959 gemäß § 18 Bundesrückerstattungsgesetz die in dem dritten Teilvergleich vom 6. August 1954 vereinbarten Entschädigungsbeträge in Höhe von 6.000 (5.350 + 650) Deutsche Mark.[89] Eine zusätzliche Nutzungsentschädigung war gemäß § 16 Absatz 2 Satz 1 Bundesrückerstattungsgesetz nicht zuzusprechen.[90]

Insgesamt sprach die Oberfinanzdirektion München Luchs für die ihm entstandenen Schäden durch Zahlung der Judenvermögens-, Exportförderabgabe, durch Vermögensverfall entzogenes Barguthabens und Aktien, entzogene Wertgegenstände und unter Wert versteigertes Umzugsgut einen Schadensersatzbetrag in Höhe von 13.961,01 (954,13 + 7.006,88 + 6.000) Deutsche Mark zu. Die Oberfinanzdirektion München zahlte diesen Betrag am 11. August 1959 an Luchs aus.[91]

ee. Verfolgung der Entschädigungsansprüche für den Schaden durch Zahlung der Judenvermögensabgabe vor dem Bayerischen Landesentschädigungsamt

Luchs beantragte entsprechend der Rechtsprechung des Bundesgerichtshofs zur Möglichkeit der Geltendmachung entrichteter Sonderabgaben nach dem BEG[92] am 25. Januar 1955 auch vor dem Bayerischen Landesentschädigungsamt die Entschädigung der entrichteten Judenvermögensabgabe (§§ 1 Absatz 1, 21 Absatz 1 Bundesergänzungsgesetz), um einen höheren Entschädigungsbetrag zu erhalten.[93]

Kurz vor seinem Tod unterbreitete das Bayerische Landesentschädigungsamt Luchs am 13. Mai 1965 einen Vergleichsvorschlag für die Entschädigung der Judenvermögensabgabe.[94] Der Vergleich sah eine Entschädigung gemäß §§ 3, 1 Absatz 1, 59 Absatz 1, Absatz 2 Ziffer 2 BEG für den Schaden durch Zahlung der

88 BayHStA, LEA 23847, OFD München, Bescheid vom 3.8.1959, S. 5 f.

89 BayHStA, LEA 23847, OFD München, Bescheid vom 3.8.1959, S. 6.

90 BayHStA, LEA 23847, OFD München, Bescheid vom 3.8.1959, S. 6.

91 BayHStA, LEA 23847, OFD München, Schreiben an Bayerisches Landesentschädigungsamt vom 13.4.1961.

92 Siehe oben, C. VI. 4. b. bb. (3).

93 BayHStA, LEA 23847, Arthur Luchs, Antrag an das Bayerische Landesentschädigungsamt vom 25.1.1955; BayHStA, LEA 23847, Arthur Luchs, Schreiben an das Bayerische Landesentschädigungsamt vom 29.1.1955; BayHStA, LEA 23847, Arthur Luchs, Antrag an das Bayerische Landesentschädigungsamt vom 30.11.1957; BayHStA, LEA 23847, Arthur Luchs Fragebogen an das Bayerische Landesentschädigungsamt vom 22.11.1961.

94 BayHStA, LEA 23847, Bayerisches Landesentschädigungsamt, Schreiben an Arthur Luchs vom 13.5.1965.

Judenvermögensabgabe in Höhe von 270 Deutsche Mark vor.[95] Die von Luchs in bar gezahlte Judenvermögensabgabe in Höhe von 3.600 Reichsmark[96] rechnete das Bayerische Landesentschädigungsamt im Verhältnis 10 : 2 (§ 11 Absatz 1 BEG) auf 720 Deutsche Mark um und zog von diesem Betrag gemäß § 60 Absatz 1 Satz 4 BEG die bereits von der Oberfinanzdirektion München geleistete Entschädigung in Höhe von 450 Deutsche Mark ab.[97] Die verbleibende Entschädigung betrug 270 (720 – 450) Deutsche Mark. Für die in Aktien gezahlte fünfte Rate der Judenvermögensabgabe und die Exportförderabgabe überstieg der von der Oberfinanzdirektion München entschädigte Betrag den nach dem BEG zustehenden Betrag, so dass das Bayerische Landesentschädigungsamt diesbezüglich keine weitere Entschädigung anbot.[98] Luchs konnte diesen Vergleich aufgrund seines Todes nicht mehr annehmen. Nach dem Tod forderte das Bayerische Landesentschädigungsamt von Luchs' Witwe nur einen Erbnachweis in Form eines Testaments.[99] Die Vorlage eines Erbscheines verlangte das Bayerische Landesentschädigungsamt nicht.[100] Ein Freund der Familie, Paul Hirsch, reichte das Testament, welches Luchs' Witwe als Alleinerbin auswies, zu dem Bayerischen Landesentschädigungsamt ein und übersandte den von Luchs' Witwe unterzeichneten Vergleich.[101] Den Entschädigungsbetrag in Höhe von 270 Deutsche Mark zahlte das Bayerische Landesentschädigungsamt am 17. Januar 1966 an Luchs' Witwe aus.[102]

d. Rückerstattung des Anwesens in der Bahnhofstraße 18 1/3 und des elterlichen Geschäftsbetriebs

aa. Grundstück nebst Gebäude

Am 11. Oktober 1948 erhielt Luchs im Rückerstattungsverfahren vor der Wiedergutmachungsbehörde Schwaben durch einen Vergleich mit dem Käufer des Anwesens in der Bahnhofstraße 18 1/3 die Hälfte zurück, die ursprünglich seinem Vater

95 BayHStA, LEA 23847, Bayerisches Landesentschädigungsamt, Schreiben an Arthur Luchs vom 13.5.1965.

96 Siehe oben C. VII. 4. c. ee.

97 BayHStA, LEA 23847, Bayerisches Landesentschädigungsamt, Schreiben an Arthur Luchs vom 13.5.1965.

98 BayHStA, LEA 23847, Bayerisches Landesentschädigungsamt, Schreiben an Arthur Luchs vom 13.5.1965.

99 BayHStA, LEA 23847, Bayerisches Landesentschädigungsamt, Schreiben an Paul Hirsch vom 23.11.1965.

100 BayHStA, LEA 23847, Bayerisches Landesentschädigungsamt, Schreiben an Paul Hirsch vom 23.11.1965.

101 BayHStA, LEA 23847, Vergleich zwischen Arthur Luchs und dem Deutschen Reich vom 22.12.1965/10.1.1966.

102 BayHStA, LEA 23847, Vergleich zwischen Arthur Luchs und dem Deutschen Reich vom 22.12.1965/10.1.1966; BayHStA, LEA 23847, Bayerisches Landesentschädigungsamt, Auszahlungsanordnung, vom 10.1.1966.

gehört hatte.[103] Luchs' Vater und sein Compagnon Ludwig Einstein, die jeweils hälftige Eigentümer des Anwesens gewesen waren, hatten es mit Kaufvertrag vom 16. Januar 1939 für 72.800 Reichsmark an das Augsburger Unternehmen Strobl & Co. KG verkauft.[104] Der Regierungspräsident von Schwaben und Neuburg bestätigte den Kaufvertrag am 15. März 1939.[105] Anschließend zahlte die Strobl & Co. KG den Kaufpreis teilweise durch Ablösung der auf dem Grundstück lastenden Grundschulden in Höhe von 21.250 Reichsmark und den Rest durch Barzahlungen auf ein Sperrkonto bei der Bayerischen Vereinsbank.[106] Das Gebäude in der Bahnhofstraße 18 1/3 in Augsburg blieb als einziges in der Bahnhofstraße vollständig von den Kriegseinwirkungen des Zweiten Weltkrieges verschont, obwohl diese die Nachbargebäude fast vollständig zerstört hatten.[107]

Der Vergleich über die Rückerstattung des Gebäudes zwischen der Strobl & Co. KG und den Erben der Verkäufer sah vor, dass die Strobl & Co. KG auf Luchs' und Einsteins Erben jeweils das hälftige Eigentum an dem Grundstück nebst Gebäude zurückübertrug.[108] Den Kaufpreis, den die ehemaligen Eigentümer erhalten hatten, zahlten die Erben des Verkäufers nicht an die Strobl & Co. KG zurück, sondern die Erben übernahmen die auf dem Anwesen lastenden Grundschulden in Höhe von 44.674,74 Reichsmark (Artikel 1, 2 Absatz 1 Buchstabe a, 7, 14, 10 MRG 59).[109] Luchs und die Strobl & Co. KG verzichteten in dem Vergleich vom 11. Oktober 1948 bis zum 1. Januar 1948 auf eine gegenseitige Verrechnung der entgangenen Nutzungen und Lasten (Artikel 32 Absatz 1 MRG 59) des Gebäudes in der Bahnhofstraße 18 1/3.[110] Außerdem vermietete Luchs zusammen mit Einsteins Erben das Anwesen ab dem 1. Januar 1948 für die Dauer von fünf Jahren an die Strobl & Co. KG.[111]

bb. Webwarengroßhandel

Außer dem Anwesen in der Bahnhofstraße 18 1/3 hatte die Strobl & Co. KG auch das von Luchs' Vater und dessen Partner betriebene Webwarengroßhandelsgeschäft gekauft und weiterbetrieben.[112] Der Kaufpreis für das Handelsgeschäft hatte

---

103 BayHStA, LEA 23847, Arthur Luchs, Antrag an das Bayerische Landesentschädigungsamt vom 25.1.1955, S. 4; BayHStA, 23847, Arthur Luchs, Antrag (Formblatt E) an das Bayerische Landesamt für Wiedergutmachung vom 6.2.1950, S. 4; BayHStA, LEA 23847, Bayerisches Landesentschädigungsamt, Aktenvermerk vom 28.2.1962.

104 BayHStA, LEA 23847, Bayerisches Landesentschädigungsamt, Aktenvermerk vom 28.2.1962.

105 BayHStA, LEA 23847, Bayerisches Landesentschädigungsamt, Aktenvermerk vom 28.2.1962.

106 BayHStA, LEA 23847, Bayerisches Landesentschädigungsamt, Aktenvermerk vom 28.2.1962.

107 Jüdisches Kulturmuseum Augsburg, Ordner „Jüdische Rechtsanwälte", unbekannter Verfasser, Brief an Gernot Römer, von Ende September 1945.

108 BayHStA, LEA 23847, Bayerisches Landesentschädigungsamt, Aktenvermerk vom 28.2.1962.

109 BayHStA, LEA 23847, Bayerisches Landesentschädigungsamt, Aktenvermerk vom 28.2.1962.

110 BayHStA, LEA 23847, Bayerisches Landesentschädigungsamt, Aktenvermerk vom 28.2.1962.

111 BayHStA, LEA 23847, Bayerisches Landesentschädigungsamt, Aktenvermerk vom 28.2.1962.

112 BayHStA, LEA 23847, Bayerisches Landesentschädigungsamt, Aktenvermerk vom 28.2.1962.

37.937,58 Reichsmark betragen, wovon der Großteil (33.337,58 Reichsmark) auf das Warenlager entfallen war.[113]

Auch über die Entschädigung für den Geschäftsbetrieb einigten sich Luchs' Erben und die des ehemaligen Geschäftspartners des Vaters mit der Strobl & Co. KG in dem Vergleich vom 11. Oktober 1948.[114] Der Vergleich sah vor, dass die Erben einen Gesamtbetrag in Höhe von insgesamt 2.000 Deutsche Mark als *„Geschäftsfaçon"* (Artikel 1, 2 Absatz 1 Buchstabe a, 7, 14, 10 MRG 59) erhielten.[115]

e. Auswanderungsschaden

Luchs stellte am 30. November 1957 einen Antrag an das Bayerische Landesentschädigungsamt auf Entschädigung seines durch die Auswanderung entstandenen Schaden am Vermögen (§§ 3, 1 Absatz 1, 57 Absatz 1 BEG).[116] Luchs' Antrag umfasste zum einen die Kosten in Höhe von 100 Reichsmark für verschiedene Reisen von Augsburg nach München und nach Stuttgart zur Beantragung von Visa und zu *„Verhandlungen mit der Devisenüberwachungs- und Zollfahndungsstelle wegen Ausfuhrerlaubnis für Umzugsgut und Passbewilligung"*.[117] Zum anderen enthielt Luchs' Antrag die Kosten für die Reise und Überfahrt für seine Frau und ihn von Augsburg nach England (150 Reichsmark) sowie die Frachtkosten für in einem Liftvan verwahrte Gegenstände (*„mindestens 1.000 Reichsmark"*).[118] Darüber hinaus beinhaltete Luchs Antrag die Kosten in Höhe von 60 englischen Pfund für den Aufenthalt in England,[119] wo das Ehepaar Luchs auf ihre Visa für die Vereinigten Staaten wartete.[120] Die Höhe der Transportkosten berichtigte Luchs am 22. November 1961 gegenüber dem Bayerischen

113 BayHStA, LEA 23847, Bayerisches Landesentschädigungsamt, Aktenvermerk vom 28.2.1962.

114 BayHStA, LEA 23847, Bayerisches Landesentschädigungsamt, Aktenvermerk vom 28.2.1962.

115 BayHStA, LEA 23847, Bayerisches Landesentschädigungsamt, Aktenvermerk vom 28.2.1962.

116 BayHStA, LEA 23847, Arthur Luchs, Antrag an das Bayerische Landesentschädigungsamt vom 30.11.1957; BayHStA, LEA 23847, Arthur Luchs, Schreiben an das Bayerische Landesentschädigungsamt vom 30.11.1957.

117 BayHStA, LEA 23847, Arthur Luchs, Antrag an das Bayerische Landesentschädigungsamt vom 25.1.1955; BayHStA, LEA 23847, Arthur Luchs, Nachtrag an das Bayerische Landesentschädigungsamt vom 29.1.1955; BayHStA, LEA 23847, Arthur Luchs, Schreiben an das Bayerische Landesentschädigungsamt vom 30.11.1957.

118 BayHStA, LEA 23847, Arthur Luchs, Antrag an das Bayerische Landesentschädigungsamt vom 25.1.1955; BayHStA, LEA 23847, Arthur Luchs, Nachtrag an das Bayerische Landesentschädigungsamt vom 29.1.1955; BayHStA, LEA 23847, Arthur Luchs, Schreiben an das Bayerische Landesentschädigungsamt vom 30.11.1957.

119 Siehe oben C. VII. 2. e.

120 BayHStA, LEA 23847, Arthur Luchs, Antrag an das Bayerische Landesentschädigungsamt vom 25.1.1955; BayHStA, LEA 23847, Arthur Luchs, Nachtrag an das Bayerische Landesentschädigungsamt vom 29.1.1955; BayHStA, LEA 23847, Arthur Luchs, Schreiben an das Bayerische Landesentschädigungsamt vom 30.11.1957.

Landesentschädigungsamt und gab sie mit 837,50 Reichsmark an.[121] Außerdem erweiterte Luchs seinen Antrag um 66 Englische Pfund für die Passagekosten des Ehepaars von England in die Vereinigten Staaten.[122]

Das Bayerische Landesentschädigungsamt erkannte die von Luchs geltend gemachten Kosten als Schaden im Vermögen an, da sie der Höhe nach *„im Rahmen der Erfahrungsgesetzte"* des Amtes lagen.[123] Es ergab sich ein Schaden im Vermögen durch Auswanderung in Höhe von 1.087,50 Reichsmark (umgestellt im Verhältnis 10 : 2 (§ 11 Absatz 1 BEG) auf 217,40 Deutsche Mark) und 126 Englischen Pfund (umgestellt im Verhältnis 1 : 11[124] (§ 57 Absatz 3, 11 Absatz 1 BEG) auf 1.386 Deutsche Mark).[125] Es errechnete sich somit ein Gesamtschaden in Höhe von 1.603,40 (217,40 + 1.386) Deutsche Mark. Das Bayerische Landesentschädigungsamt unterbreitete Luchs ein Vergleichsangebot für den Schaden im Vermögen in Form der Auswanderungskosten in Höhe von 1.680 Deutsche Mark.[126] Luchs nahm dieses Angebot am 18. Dezember 1964 an.[127] Das Bayerische Landesentschädigungsamt zahlte den Vergleichsbetrag am 21. Januar 1965 an Luchs aus.[128]

f. Schaden an Freiheit

Luchs stellte keinen Antrag auf Entschädigung seines Schadens an Freiheit gemäß §§ 3, 1 Absatz 1, 43 Absatz 1, 45 BEG. Zwar nahm ihn die Geheime Staatspolizei vom 10. November 1938 bis zum 8. Dezember 1938 in „Schutzhaft"[129], sodass die Voraussetzungen des § 43 Absatz 1 BEG erfüllt waren; jedoch sah § 45 Satz 2 BEG nur für einen Schaden an Freiheit von mindestens 30 Tagen eine Entschädigung vor. Die 29 Tage „Schutzhaft", während deren Luchs inhaftiert war, reichten nicht aus.

g. Schaden an Versicherungen außerhalb der Sozialversicherung

Luchs machte außerdem am 24. Dezember 1963 mit dem Fragebogen F gemäß §§ 3, 1 Absatz 1, 127 Absatz 1 BEG den Schaden beim Bayerischen Landesentschädigungsamt geltend, den er an einer Versicherung außerhalb der Sozialversicherung

---

121 BayHStA, LEA 23847, Arthur Luchs, Fragebogen an das Bayerische Landesentschädigungsamt vom 22.11.1961.

122 BayHStA, LEA 23847, Arthur Luchs, Fragebogen an das Bayerische Landesentschädigungsamt vom 22.11.1961.

123 BayHStA, LEA 23847, Bayerisches Landesentschädigungsamt, Aktenvermerk vom 4.11.1964.

124 Gemäß § 57 Absatz 3 BEG war der Betrag zunächst nach dem Kurs zum Zeitpunkt der Entscheidung (1 : 55) in Reichsmark umzurechnen und anschließend gemäß § 11 Absatz 1 BEG im Verhältnis 10 : 2 in Deutsche Mark. Siehe hierzu die Ausführungen bei Adler unter C. I. 4. c.

125 BayHStA, LEA 23847, Bayerisches Landesentschädigungsamt, Aktenvermerk vom 4.11.1964.

126 BayHStA, LEA 23847, Bayerisches Landesentschädigungsamt, Aktenvermerk vom 4.11.1964.

127 BayHStA, LEA 23847, Vergleich zwischen Arthur Luchs und dem Freistaat Bayern vom 18.12.1964/15.1.1965, S. 3.

128 BayHStA, LEA 23847, Bayerisches Landesentschädigungsamt, Auszahlungsanordnung vom 15.1.1965.

129 Siehe oben C. VII 2. b.

erlitten hatte.[130] Luchs gab an, dass sein Vater 1925 eine Lebensversicherung bei der Alten Stuttgarter Lebensversicherung AG (heute Allianz AG) mit der Maßgabe auf ihn umgeschrieben hatte, dass die Versicherung fortan prämienfrei war.[131] Die bis zur Übertragung angefallenen Prämien seien vollständig gezahlt gewesen.[132] Kurz vor seiner Auswanderung habe Luchs den Versicherer gebeten, die Lebensversicherung zurückzukaufen, wofür dieser den Rückkaufwert in Höhe von 3.748 Reichsmark gezahlt und auf ein Sperrkonto von Luchs eingezahlt habe.[133]

Luchs machte als Vermögensschaden die Differenz zwischen der Versicherungssumme, die der Versicherer unter normalen Umständen im Versicherungsfall ausgezahlt hätte, und dem geringeren Rückkaufwert, der nur durch die Auswanderung und somit durch die Verfolgung durch die Nationalsozialisten bedingt war, bei dem Bayerischen Landesentschädigungsamt geltend. Die Allianz Versicherungs-AG hatte jedoch – kriegsbedingt – keine Unterlagen über die Versicherung mehr und konnte die Versicherungssumme nicht ohne weitere Angaben berechnen.[134] Das Bayerische Landesentschädigungsamt wies den Antrag nach Luchs' Tod mit Bescheid vom 29. Dezember 1969 gegenüber seiner Witwe zurück, da Luchs keine Unterlagen über die Versicherung vorlegen konnte, sodass auch die für die Entschädigung maßgebliche Versicherungssumme unbekannt geblieben war.[135]

h. Gesamtentschädigung

Im Entschädigungs- und Rückerstattungsverfahren erhielt Luchs und nach seinem Tod seine Witwe insgesamt 56.911,01 Deutsche Mark von dem Bayerischen Landesentschädigungsamt und der Oberfinanzdirektion München ausbezahlt. Außerdem erhielt Luchs im Rückerstattungsverfahren die Hälfte des Anwesens in der Bahnhofstraße 18 1/3 in Augsburg zurückübertragen.

---

130 BayHStA, LEA 23847, Arthur Luchs, Antrag (Fragebogen F) an das Bayerische Landesentschädigungsamt vom 24.12.1963, S. 3.

131 BayHStA, LEA 23847, Arthur Luchs, Antrag (Fragebogen F) an das Bayerische Landesentschädigungsamt vom 24.12.1963, S. 3; BayHStA, LEA 23847, Arthur Luchs, eidesstattliche Versicherung vom 24.12.1963.

132 BayHStA, LEA 23847, Arthur Luchs, Antrag (Fragebogen F) an das Bayerische Landesentschädigungsamt vom 24.12.1963, S. 3.

133 BayHStA, LEA 23847, Arthur Luchs, Antrag (Fragebogen F) an das Bayerische Landesentschädigungsamt vom 24.12.1963, S. 3; BayHStA, LEA 23847, Arthur Luchs, eidesstattliche Versicherung vom 24.12.1963.

134 BayHStA, LEA 23847, Allianz Versicherungs-AG, Schreiben an Arthur Luchs vom 31.1.1962.

135 BayHStA, LEA 23847, Bayerisches Landesentschädigungsamt, Bescheid vom 29.12.1969.

VIII. Dr. iur. Ludwig Mayer (11. Dezember 1904 bis 20. Oktober 1995)

1. Leben vor der Verfolgung

a. Geburt und Schulzeit

Ludwig Mayer ist am 11. Dezember 1904 in Augsburg-Lechhausen als Sohn eines Viehhändlers geboren.[1] Mayers Eltern schickten ihn in seinen ersten vier Schuljahren auf die katholische Hallschule in Augsburg.[2] Der Religionsunterricht fand für Mayer und einen jüdischen Mitschüler in der alten Augsburger Synagoge statt.[3]

Nach seiner Grundschulzeit besuchte Mayer die Mittelschule bei St. Anna, bis er auf das Realgymnasium (heute: Peutinger-Gymnasium) wechselte.[4] In der Abschlussklasse des Gymnasiums erlebte Mayer die ersten Anfeindungen und Ausgrenzungen aufgrund seines jüdischen Glaubens, gegen die er sich beim Konrektor beschwerte.[5] Er dachte zu dieser Zeit, dass der aufkommende Nationalsozialismus und der Antisemitismus mit dem wirtschaftlichen Aufschwung im Deutschen Reich wieder verschwinden würden.[6]

Mayer war bereits zu seiner Schulzeit in der jüdischen Jugendbewegung Blau-Weiß und dem Jung-Jüdischen Wanderbund, dessen Vorsitzender er auch war.[7] Er war nach eigener Aussage ein Zionist, der in seiner Studentenzeit auch einem zionistischen Studentenbund beigetreten sei und des Öfteren zionistische Redner nach Augsburg eingeladen habe.[8] Mayer schrieb später an Gernot Römer:

---

1 LAfF, EG 82 621, Stadtverwaltung Augsburg, Bescheinigung vom 7.5.1953; LAfF, EG 82 621, Ludwig Mayer, Antrag (Formblatt E) an das Bayerische Landesamt für Wiedergutmachung vom 1.6.1950; Jüdisches Kulturmuseum Augsburg, Ordner „Jüdische Rechtsanwälte", Ludwig Mayer, Brief an Gernot Römer, vom 1.11.1983.

2 Jüdisches Kulturmuseum Augsburg, Ordner „Jüdische Rechtsanwälte", Ludwig Mayer, Auskünfte an Gernot Römer, 1993, S. 5.

3 Jüdisches Kulturmuseum Augsburg, Ordner „Jüdische Rechtsanwälte", Ludwig Mayer, Auskünfte an Gernot Römer, 1993, S. 5.

4 Jüdisches Kulturmuseum Augsburg, Ordner „Jüdische Rechtsanwälte", Ludwig Mayer, Brief an Gernot Römer, vom 1.11.1983.

5 Jüdisches Kulturmuseum Augsburg, Ordner „Jüdische Rechtsanwälte", Ludwig Mayer, Auskünfte an Gernot Römer, 1993, S. 6.

6 Jüdisches Kulturmuseum Augsburg, Ordner „Jüdische Rechtsanwälte", Ludwig Mayer, Auskünfte an Gernot Römer, 1993, S. 6.

7 Jüdisches Kulturmuseum Augsburg, Ordner „Jüdische Rechtsanwälte", Ludwig Mayer, Briefe an Gernot Römer, vom 1.11.1983 und vom 25.7.1994; Römer, An meine Gemeinde in der Zerstreuung, S. 306.

8 Jüdisches Kulturmuseum Augsburg, Ordner „Jüdische Rechtsanwälte", Ludwig Mayer, Briefe an Gernot Römer, vom 1.11.1983 und vom 25.7.1994; Jüdisches Kulturmuseum Augsburg, Ordner „Jüdische Rechtsanwälte", Ludwig Mayer, Auskünfte an Gernot Römer, 1993, S. 4; Römer, An meine Gemeinde in der Zerstreuung, S. 306.

„Es war ganz toll. Die Leute [in Augsburg] waren Juden, aber von Zionismus keine Rede (…), die Leute haben gedacht, sie sind gute Deutsche und wollen das nicht aufgeben. Die wollten nicht nach Palästina, die waren deutscher als deutsch.“[9]

Mayer hatte ursprünglich geplant, in das damalige Palästina auszuwandern, und wollte dafür Ingenieurwesen studieren, weil an diesem Berufszweig seiner Meinung nach in Palästina ein Bedarf bestand.[10] Doch seine nur durchschnittlichen Noten in Naturwissenschaften veranlassten ihn, seinen Plan zu verwerfen und Rechtswissenschaften zu studieren.[11]

b. Studium

Mayer studierte Rechtswissenschaften an den Universitäten München und Heidelberg und promovierte 1928 an der Universität Erlangen.[12]

c. Rechtsanwaltszulassung und beruflicher Werdegang

Den Vorbereitungsdienst absolvierte Dr. Mayer in Augsburg.[13] Im September 1931 erhielt Mayer die Zulassung zur Rechtsanwaltschaft.[14] Anschließend war Mayer von 1931 bis 1933 in der renommierten Kanzlei Rieser-Auerbach[15] angestellt.[16] In Augsburg wohnte Mayer in der Katharinengasse 15.[17]

Mayer war Mitverfasser eines Kommentars zum deutschen Milchgesetz und schrieb auch weitere rechtswissenschaftliche Arbeiten.[18] Außerdem beschäftigte er sich juristisch mit dem Thema Viehhandel und war Mitbearbeiter der siebten Auflage des auf diesem Rechtsgebiet zu jener Zeit führenden Werks „Viehkauf“ sowie ständiger Mitarbeiter für Rechtsfragen des bayerischen Viehhändlerverbands.[19] Mayer hatte ursprünglich geplant, neben seiner Rechtsanwaltstätigkeit zu habilitieren,

---

9 Jüdisches Kulturmuseum Augsburg, Ordner „Jüdische Rechtsanwälte“, Ludwig Mayer, Auskünfte an Gernot Römer, 1993, S. 4.

10 Jüdisches Kulturmuseum Augsburg, Ordner „Jüdische Rechtsanwälte“, Ludwig Mayer, Auskünfte an Gernot Römer, 1993, S. 4.

11 Jüdisches Kulturmuseum Augsburg, Ordner „Jüdische Rechtsanwälte“, Ludwig Mayer, Auskünfte an Gernot Römer, 1993, S. 4.

12 Jüdisches Kulturmuseum Augsburg, Ordner „Jüdische Rechtsanwälte“, Ludwig Mayer, Brief an Gernot Römer, vom 1.11.1983.

13 Jüdisches Kulturmuseum Augsburg, Ordner „Jüdische Rechtsanwälte“, Ludwig Mayer, Briefe an Gernot Römer, vom 1.11.1983 und vom 27.8.1993.

14 BayHStA, MJU 21401, Präsident des OLG Augsburg, Schreiben an Ludwig Mayer vom 18.9.1931; BayHStA, MJU 21401, Präsident des LG Augsburg, Schreiben an das Staatsministerium der Justiz vom 23.9.1931.

15 Siehe hierzu die Ausführungen bei Auerbach unter C. II. 1. c. und bei Rieser unter C. XIII 1. c.

16 Jüdisches Kulturmuseum Augsburg, Ordner „Jüdische Rechtsanwälte“, Ludwig Mayer, Briefe an Gernot Römer, vom 1.11.1983 und vom 27.8.1993.

17 LAfF, EG 82 621, Stadtverwaltung Augsburg, Bescheinigung vom 7.5.1953.

18 Jüdisches Kulturmuseum Augsburg, Ordner „Jüdische Rechtsanwälte“, Ludwig Mayer, Brief an Gernot Römer, vom 1.11.1983.

19 Jüdisches Kulturmuseum Augsburg, Ordner „Jüdische Rechtsanwälte“, Ludwig Mayer, Brief an Gernot Römer, vom 1.11.1983.

was letztlich auch aufgrund der „Machtergreifung“ durch die Nationalsozialisten scheiterte.[20]

Abbildung 7: Bild von Dr. Ludwig Mayer[21]

2. Leben während der Verfolgung

a. Entzug der Rechtsanwaltszulassung 1933

1933 erfüllte Mayer keinen der beiden Ausnahmebestände des Rechtsanwaltszulassungsgesetzes[22]. Mayer berief sich zwar darauf, dass sein Vater und andere Verwandte an der Front für das Deutsche Reich gedient hätten und seine Eltern aufgrund der Inflation vermögenslos geworden seien; dieses Vorbringen reichte jedoch nicht aus, um die Voraussetzungen der Ausnahmetatbestände des § 1 Absatz 2 des

20 Jüdisches Kulturmuseum Augsburg, Ordner „Jüdische Rechtsanwälte“, Ludwig Mayer, Brief an Gernot Römer, vom 1.11.1983.

21 Jüdisches Kulturmuseum, Ordner Jüdische Rechtsanwälte.

22 Siehe oben B. VI. 1. a. b.

Rechtsanwaltszulassungsgesetzes zu erfüllen, sodass er bereits 1933 die Rechtsanwaltszulassung verlor.[23] Aus Mayers Personalakte ergibt sich, dass für die Präsidenten des Landgerichts und des Oberlandesgerichts Augsburg keine Gründe dafür ersichtlich waren, dass Mayer keinen neuen Beruf außerhalb der Rechtsanwaltschaft erlernen könne.[24]

Nach dem Entzug seiner Rechtsanwaltszulassung fand Mayer eine Anstellung als Syndikusanwalt der Lederbekleidungsfabrik Weimersheimer in Augsburg.[25] Als Syndikusanwalt verdiente Mayer 200 Reichsmark pro Monat, die sich im Zeitraum vom 1. Oktober 1937 bis zum 30. September 1938 auf 350 Reichsmark pro Monat erhöhten.[26] In dieser Zeit war er auch weiterhin als Verfasser juristischer Texte tätig, jedoch nur noch in der „Jüdischen Rundschau" und dem „Israelitischen Familienblatt", insbesondere zur Frage der Stellung der Juden im Arbeitsrecht im nationalsozialistischen Staat.[27]

Obwohl Mayer ursprünglich nie Unterhaltungsliteratur schreiben wollte, schrieb er 1933 aus Verzweiflung auch Werke wie „Der Dorfnarr",[28] „Das Lichtwunder"[29] und „Segen der Bäume"[30].[31]

b. Auswanderung in die Vereinigten Staaten

Am 5. Dezember 1938 wanderte Mayer nach Minneapolis, Minnesota, aus, wo er später als Steuerberater und Wirtschaftsprüfer arbeitete.[32] Mayer verdiente als Steuerberater nach einer ersten Anlaufzeit 994,43 US-Dollar pro Jahr (1940), was sich bis 1943 auf 1.577,66 US-Dollar pro Jahr steigerte.[33]

---

23 Jüdisches Kulturmuseum Augsburg, Ordner „Jüdische Rechtsanwälte", Ludwig Mayer, Brief an Gernot Römer, vom 1.11.1983.

24 BayHStA, MJU 21401, Bayerisches Staatsministerium der Justiz, Schreiben an den Präsidenten des OLG München vom 5.8.1933.

25 Jüdisches Kulturmuseum Augsburg, Ordner „Jüdische Rechtsanwälte", Ludwig Mayer, Brief an Gernot Römer, vom 1.11.1983; Weber, Das Schicksal der jüdischen Rechtsanwälte in Bayern nach 1933, S. 246.

26 LAfF, EG 82 621, Feinlederfabrik Augsburg, eidesstattliche Versicherung vom 18.7.1950; LAfF, EG 82 621, Bayerisches Landesentschädigungsamt, Bescheid vom 19.6.1953.

27 Jüdisches Kulturmuseum Augsburg, Ordner „Jüdische Rechtsanwälte", Ludwig Mayer, Brief an Gernot Römer, vom 1.11.1983.

28 Ludwig Mayer, Der Dorfnarr, S. 53 ff.

29 Ludwig Mayer, Das Lichtwunder, S. 63 ff.

30 Ludwig Mayer, Segen der Bäume, S. 73 ff.

31 Jüdisches Kulturmuseum Augsburg, Ordner „Jüdische Rechtsanwälte", Ludwig Mayer, Brief an Gernot Römer, vom 1.11.1983.

32 Jüdisches Kulturmuseum Augsburg, Ordner „Jüdische Rechtsanwälte", Ludwig Mayer, Brief an Gernot Römer, vom 1.11.1983; LAfF, EG 82 621, Stadtverwaltung Augsburg, Bescheinigung vom 7.5.1953.

33 LAfF, EG 82 621, Harry Altman, Affidavit vom 3.7.1950.

3. Tod

Mayer starb am 20. Oktober 1995 in Minneapolis, Minnesota.[34]

4. Entschädigung

In seinem Entschädigungsverfahren hatte Mayer insgesamt vier Rechtsanwälte und weitere rechtliche Vertreter beauftragt.[35] Eine Beschleunigung des Verfahrens durch die Vielzahl rechtlicher Vertreter lässt sich nicht feststellen.

a. Schaden im beruflichen Fortkommen

aa. Einreichung und Begründung des Antrags

Mayer meldete am 1. Juni 1950 bei dem Bayerischen Landesentschädigungsamt (vormals Bayerisches Landesamt für Wiedergutmachung)[36] mittels des Formblattes E[37] seinen Schaden im beruflichen Fortkommen durch den Entzug seiner Rechtsanwaltszulassung gemäß §§ 21 - 34 USEG[38] in Höhe von 40.030,39 Deutsche Mark an.[39] Die Schadenshöhe ergab sich für Mayer aus einer Gegenüberstellung der fiktiven Einnahmen, die er seiner Ansicht nach ohne Verfolgung erzielt hätte, mit seinen tatsächlichen, verfolgungsbedingt geringeren Einnahmen.[40] Mayer hatte im Jahr 1932 in der Kanzlei ein Gehalt in Höhe von 4.800 Reichsmark und aus Pflichtverteidigungen, Armensachen und Veröffentlichungen in juristischen Fachzeitschriften und -büchern Honorare in Höhe von weiteren 2.400 Reichsmark und somit insgesamt Einkünfte in Höhe von 7.200 Reichsmark verdient.[41] Mayer führte aus, dass er in den Folgejahren mindestens genauso so hohe Einnahmen, wie 1932 erwirtschaftet

---

34 Weber, Das Schicksal der jüdischen Rechtsanwälte in Bayern nach 1933, S. 246; Römer, An meine Gemeinde in der Zerstreuung, S. 306.

35 LAfF, EG 82 621, Gg. von Hohenberger, Schreiben an das Bayerische Landesentschädigungsamt vom 26.9.1950; LAfF, EG 82 621, Ludwig Mayer, Vollmacht zugunsten von Gg. von Hohenberger vom 26.9.1950; LAfF, EG 82 621, Fritz Kübler, Schreiben an das Bayerische Landesentschädigungsamt vom 9.12.1955; LAfF, EG 82 621, Ludwig Mayer, Vollmacht zugunsten von Fritz Kübler, vom 25.11.1955; LAfF, EG 82 621, Alfred Werner, Schreiben an das Bayerische Landesentschädigungsamt vom 21.7.1959; LAfF, EG 82 621, Ludwig Mayer, Vollmacht zugunsten von Alfred Werner, vom 21.5.1959; LAfF, EG 82 621, Ludwig Mayer, Widerruf sämtlicher Vollmachten und Neuerteilung einer Vollmacht für die Kanzlei Werner und Baak vom 18.9.1959.

36 Siehe oben C. I. 4. a.

37 Siehe zu der Verwendung von Formblättern oben C. I. 4. a. aa.

38 Siehe oben C. I. 4. a. aa., dass es gemäß § 231 BEG nach dem Inkrafttreten des BEG keiner neuen Antragstellung bedurfte.

39 LAfF, EG 82 621, Ludwig Mayer, Antrag (Formblatt E) an das Bayerische Landesamt für Wiedergutmachung vom 1.6.1950.

40 LAfF, EG 82 621, Ludwig Mayer, Anlage I zum Antrag (Formblatt E) an das Bayerische Landesamt für Wiedergutmachung vom 1.6.1950.

41 LAfF, EG 82 621, Ludwig Mayer, Anlage I und II zum Antrag (Formblatt E) an das Bayerische Landesamt für Wiedergutmachung vom 1.6.1950.

hätte.[42] Mayer ging daher von einem fiktiven Jahreseinkommen ab 1934 in Höhe von 7.200 Reichsmark aus und rechnete die sich daraus ergebende Differenz zu seinen tatsächlichen Einkünften im Verhältnis 1 : 1 in Deutsche Mark um.[43] Der von Mayer am 30. September 1950 beauftragte Augsburger Rechtsanwalt von Hohenberger[44] machte kurz darauf noch einen höheren Schaden geltend. Er kam auf einen insgesamt zu ersetzenden Schaden in Höhe von 73.630 Reichsmark.[45] Von Hohenberger ging von 1937 an von einem jährlichen fiktiven Einkommen von Mayer in Höhe von 12.000 Reichsmark aus und errechnete somit fiktive Gesamteinkünfte in dem Zeitraum Anfang 1934 bis Ende 1943 in Höhe von 107.600 Reichsmark.[46] Von diesen zog er die Einkünfte ab, die Mayer in diesem Zeitraum tatsächlich erzielt hatte.[47]

bb. Entscheidung auf der Grundlage der Regelungen des USEG

Das Bayerische Landesentschädigungsamt sprach Mayer drei Jahre nach seiner Antragstellung, am 19. Juni 1953, gemäß §§ 21 Absatz 2 Ziffer 2, 32 Absatz 1, Absatz 4 Sätze 1, 22 Absatz 1, Absatz 2 USEG § 9 Absatz 1, 10 Absatz 1 der 3. DV-USEG eine Kapitalentschädigung in Höhe von 14.726 Deutsche Mark zu.[48] Das Bayerische Landesentschädigungsamt ordnete Mayer zur Berechnung der Entschädigung nach seiner beruflichen und sozialen Lage in die vergleichbare Gruppe eines Bundesbeamten des höheren Diensts mit einem Jahresgehalt (§ 32 Absatz 4 USEG, §§ 9 Absatz 1 der 3. DV-USEG) in Höhe von 9.000 Reichsmark ein (§ 10 Absatz 1 Satz 2 Buchstabe d) der 3. DV-USEG).[49]

Den Entschädigungszeitraum gemäß § 32 Absatz 4 USEG legte das Bayerische Landesentschädigungsamt vom 1. Oktober 1933 (Tag des Entzugs der Rechtsanwaltszulassung) bis zum 31. Dezember 1943 (vom 1. Januar 1944 an hatte Mayer in den Vereinigten Staaten durch seine Tätigkeit als Steuerberater nach Ansicht des Bayerischen Landesentschädigungsamt wieder eine ausreichende Lebensgrundlage im Sinne des § 9 Absatz 3, 3 Absatz 1 der 3. DV-USEG), mithin einen Zeitraum von zehn Jahren und drei Monaten, fest.[50] Es errechnete sich eine Entschädigung in Höhe von 92.250 (9.000 × 10,25 Jahre) Reichsmark.[51] Nach eigenen Angaben von

---

42 LAfF, EG 82 621, Ludwig Mayer, Anlage I und II zum Antrag (Formblatt E) an das Bayerische Landesamt für Wiedergutmachung vom 1.6.1950.

43 LAfF, EG 82 621, Ludwig Mayer, Anlage I zum Antrag (Formblatt E) an das Bayerische Landesamt für Wiedergutmachung vom 1.6.1950.

44 LAfF, EG 82 621, Ludwig Mayer, Vollmacht zugunsten von Gg. von Hohenberger vom 26.9.1950.

45 LAfF, EG 82 621, Gg. von Hohenberger, Anlage I zur Ergänzung der Schadenmeldungen vom 1.6.1950 und vom 26.9.1950.

46 LAfF, EG 82 621, Gg. von Hohenberger, Anlage I zur Ergänzung der Schadenmeldungen vom 1.6.1950 und vom 26.9.1950.

47 LAfF, EG 82 621, Gg. von Hohenberger, Anlage I zur Ergänzung der Schadenmeldungen vom 1.6.1950 und vom 26.9.1950.

48 LAfF, EG 82 621, Bayerisches Landesentschädigungsamt, Bescheid vom 19.6.1953.

49 LAfF, EG 82 621, Bayerisches Landesentschädigungsamt, Bescheid vom 19.6.1953, S. 3.

50 LAfF, EG 82 621, Bayerisches Landesentschädigungsamt, Bescheid vom 19.6.1953, S. 3.

51 LAfF, EG 82 621, Bayerisches Landesentschädigungsamt, Bescheid vom 19.6.1953, S. 3.

Mayer erwirtschaftete er ab seiner Auswanderung (Dezember 1938)[52] bis zum 31. Dezember 1943 in den Vereinigten Staaten Einkünfte in Höhe von 33.769,61 Reichsmark.[53] Mayers Einkünfte waren zusammen mit der Entschädigung höher als der Wert seines fiktiven Einkommens in demselben Zeitraum.[54] Anders als später nach den Regelungen des BEG kam es nach dem USEG gemäß § 11 Absatz 3 der 3. DV-USEG auf das fiktive Einkommen des Antragstellers an. Das fiktive Einkommen schätzte das Bayerische Landesentschädigungsamt bei Mayer auf 107.400 Reichsmark, wobei es von einem Jahreseinkommen in Höhe von 7.200 Reichsmark in den Jahren bis 1936 und danach in Höhe von 12.000 Reichsmark pro Jahr ausging.[55] Der errechnete Entschädigungsbetrag zuzüglich Mayers Einkünfte im Entschädigungszeitraum belief sich auf 126.019,61 (92.250 + 33.769,61) Reichsmark. Somit errechnete sich zwischen Entschädigung zuzüglich Einkünften in der Emigration und fiktiven Einkünften in demselben Zeitraum ein überschießender Betrag in Höhe von 18.619,61 (126.019,61 – 107.400) Reichsmark, um den der Entschädigungsbetrag zu kürzen war.[56] Es errechnete sich ein Entschädigungsbetrag in Höhe von 73.630,39 Reichsmark (92.250 Reichsmark – 18.619,61 Reichsmark), was, im Verhältnis 10 : 2 gemäß § 3 Absatz 1 USEG umgerechnet, einen Betrag in Höhe von 14.726,08 Deutsche Mark ergab.[57]

Von dem festgesetzten Betrag war die Hälfte sofort zur Auszahlung fällig.[58] Das Bayerische Landesentschädigungsamt zahlte am 3. August 1953 an Mayer einen Betrag in Höhe von 7.363 Deutsche Mark aus.[59] Die Fälligkeit des Restbetrages trat erst nach der Festsetzung eines Fälligkeitsdatums durch die Bayerische Staatsregierung ein.[60]

cc. Auszahlung der ausstehenden Kapitalentschädigung

Bezüglich des Restbetrags ersuchte Mayer das Bayerische Landesentschädigungsamt zunächst durch seinen Rechtsanwalt, später persönlich um die sofortige Auszahlung, weil er seine Eltern finanziell unterstützen müsse.[61] Das Bayerische Landesentschädigungsamt überwies Mayer auf dieses Gesuch einen Teilbetrag in Höhe von 2.000 Deutsche Mark als Teilzahlung auf seinen Restanspruch.[62] In der Folgezeit versuchte

---

52 Siehe oben C. VII. 2. b.
53 LAfF, EG 82 621, Bayerisches Landesentschädigungsamt, Bescheid vom 19.6.1953, S. 3.
54 LAfF, EG 82 621, Bayerisches Landesentschädigungsamt, Bescheid vom 19.6.1953, S. 3.
55 LAfF, EG 82 621, Bayerisches Landesentschädigungsamt, Bescheid vom 19.6.1953, S. 3.
56 LAfF, EG 82 621, Bayerisches Landesentschädigungsamt, Bescheid vom 19.6.1953, S. 3.
57 LAfF, EG 82 621, Bayerisches Landesentschädigungsamt, Bescheid vom 19.6.1953, S. 1.
58 LAfF, EG 82 621, Bayerisches Landesentschädigungsamt, Bescheid vom 19.6.1953, S. 1.
59 LAfF, EG 82 621, Bayerisches Landesentschädigungsamt, E-Konten-Auszug vom 15.7.1954.
60 LAfF, EG 82 621, Bayerisches Landesentschädigungsamt, Bescheid vom 19.6.1953, S. 1.
61 LAfF, EG 82 621, Gg. von Hohenberger, Schreiben an das Bayerische Staatsministerium der Finanzen vom 15.4.1954; LAfF, EG 82 621, Ludwig Mayer, Schreiben an das Bayerische Landesentschädigungsamt vom 1.7.1954.
62 LAfF, EG 82 621, Bayerisches Landesentschädigungsamt, Verfügung vom 31.7.1954.

sowohl Mayers neuer Rechtsbeistand, Justizoberinspektor Fritz Kübler aus Augsburg,[63] den Mayer als Freund Ende 1955 gebeten hatte, sich für ihn an das Bayerische Landesentschädigungsamt zu wenden, als auch Mayer persönlich wiederholt, auch die Restsumme zu erhalten.

Mayer brachte vor, dass er für seine Eltern – die ebenfalls in die Vereinigten Staaten geflohen seien und nur eine minimale Rente bezögen – ein Haus gebaut habe, in der Erwartung, einen Großteil der Baukosten durch die vollständige Kapitalentschädigung bezahlen zu können, und somit eine mittelbare Notlage vorliege.[64] Das Bayerische Landesentschädigungsamt lehnte die Auszahlung eines weiteren Teilbetrags ab, weil keine der Voraussetzungen für die Auszahlung gemäß § 78 Absatz 3 Bundesergänzungsgesetz (Bedürftigkeit des Antragstellers, Beendigung des 60. Lebensjahres oder Einschränkung der Erwerbstätigkeit um mehr als 50 %) vorliege.[65] Schließlich stimmte das Bayerische Landesentschädigungsamt zu und überwies den Restbetrag aus dem Bescheid vom 3. Dezember 1956 in Höhe von 5.363 Deutsche Mark unter Anerkennung einer mittelbaren Notlage und unter dem Hinweis, dass das Bayerische Landesentschädigungsamt den Restbetrag ohnehin am 1. April 1957 ausgezahlt hätte, an Mayer.[66]

dd. Geltendmachung eines höheren Schadens nach den Regelungen des BEG

Mayer hatte mit Schriftsatz vom 29. August 1954 einen höheren Schaden gemäß §§ 25, 26 Bundesergänzungsgesetz im beruflichen Fortkommen zum Bayerischen Landesentschädigungsamt angemeldet. Diesen Antrag griff Rechtsanwalt Dr. Alfred Werner aus Düsseldorf, den Mayer am 21. Mai 1959 als neuen Vertreter in seinem Entschädigungsverfahren bestellt hatte,[67] mit Schriftsatz vom 21. Juli 1959 auf und meldete für Mayers Schaden im beruflichen Fortkommen nochmals eine höhere Entschädigung zum Bayerischen Landesentschädigungsamt an.[68] Werner war der Ansicht, dass der Entschädigungszeitraum nach dem nunmehr geltenden BEG im

---

[63] LAfF, EG 82 621, Fritz Kübler, Schreiben an das Bayerische Landesentschädigungsamt vom 9.12.1955.

[64] LAfF, EG 82 621, Gg. von Hohenberger, Schreiben an das Bayerische Landesentschädigungs-amt vom 9.11.1953; LAfF, EG 82 621, Ludwig Mayer, Schreiben an das Bayerische Landesentschädigungsamt vom 1.11.1954; LAfF, EG 82 621, Gg. von Hohenberger, Schreiben an das Bayerische Landesentschädigungsamt vom 13.12.1954; LAfF, EG 82 621, Fritz Kübler, Schreiben an das Bayerische Landesentschädigungsamt vom 13.9.1955, vom 17.1.1956 und vom 9.4.1956; LAfF, EG 82 621, Ludwig Mayer, Schreiben an das Bayerische Landesentschädigungsamt vom 26.10.1956.

[65] LAfF, EG 82 621, Bayerisches Landesentschädigungsamt, Schreiben an Gg. von Hohenberger, vom 5.4.1955; LAfF, EG 82 621, Bayerisches Landesentschädigungsamt, Schreiben an Fritz Kübler, vom 20.9.1955, vom 4.2.1956 und vom 12.4.1956.

[66] LAfF, EG 82 621, Bayerisches Landesentschädigungsamt, Verfügung vom 3.12.1956.

[67] LAfF, EG 82 621, Ludwig Mayer, Prozessvollmacht zu Gunsten von Alfred Werner vom 21.5.1959.

[68] LAfF, EG 82 621, Ludwig Mayer, Antrag, vom 29.8.1954; LAfF, EG 82 621, Alfred Werner, Schreiben an das Bayerische Landesentschädigungsamt vom 21.7.1959, S. 1

Gegensatz zum USEG über den 31. Dezember 1943, welchen das Bayerische Landesentschädigungsamt in dem Bescheid vom 19. Juni 1953 als Endzeitpunkt des Entschädigungszeitraum angenommen hatte, hinausgehe.[69] Das Bayerische Landesentschädigungsamt erkannte dies mit Bescheid vom 12. Juli 1960 an und verlängerte den Entschädigungszeitraum bis zum 31. Dezember 1945.[70] Mayer erhielt von dem Bayerischen Landesentschädigungsamt weitere 945 Deutsche Mark zugesprochen.[71]

Der Antrag war gemäß §§ 234 Absatz 1, 189 Absatz 1 BEG statthaft.[72] § 234 Absatz 1 BEG sah vor, dass, wenn ein unanfechtbarer Bescheid einen Anspruch abgelehnt oder eine geringere Entschädigungshöhe, als nach den Vorschriften des BEG zugesprochen hatte, ein neuer Antrag zulässig war, sofern der Verfolgte dieses Antrag innerhalb der Frist des § 189 Absatz 1 BEG (1. April 1958) gestellt hatte. Mayer war als Jude Verfolgter im Sinne des § 1 Absatz 1 BEG, welcher durch den Entzug der Rechtsanwaltszulassung durch die Nationalsozialisten aus seiner selbstständigen Tätigkeit verdrängt war (§§ 1 Absatz 1, 64 Absatz 1 Satz 1, Absatz 3, 65, 66 Absatz 1, 3 BEG), sodass ihm ein Anspruch auf Kapitalentschädigung gemäß §§ 3, 74 Satz 1, Satz 2 Alternative 1, 76 Absatz 1 BEG zustand.[73] Aufgrund seiner Berufsausbildung und seiner wirtschaftlichen Lage zu Beginn der Verfolgung reihte das Bayerische Landesentschädigungsamt Mayer – wie bereits in dem Bescheid vom 19. Juni 1953 – in die vergleichbare Beamtengruppe des höheren Dienstes[74] ein (§ 76 Absatz 1 Satz 3 BEG in Verbindung mit § 14 3. DV-BEG).[75] Mayer hatte zu Beginn der Verfolgung das 29. Lebensjahr vollendet, sodass ihn das Bayerische Landeentschädigungsamt in die erste Lebensaltersstufe (bis zur Vollendung des 35. Lebensjahres) der Anlage 2 der 3. DV-BEG eingruppierte.[76] Es ergab sich ein monatliches, auf drei Viertel gekürztes Diensteinkommen (§ 76 Absatz 1 Satz 1 BEG) eines vergleichbaren Bundesbeamten zuzüglich des Zuschlags gemäß § 76 Absatz 3 BEG in Höhe von 533 Reichsmark.[77]

Den Entschädigungszeitraum setzte das Bayerische Landesentschädigungsamt beginnend mit dem Entzug der Rechtsanwaltszulassung von Mayer am 1. Oktober 1933 bis zum 31. Dezember 1945 und somit zwei Jahre länger als in dem Bescheid vom 19. Juni 1953 an.[78] Anders als im Bescheid vom 19. Juni 1953 nahm das Bayerische Landeentschädigungsamt in dem Bescheid vom 12. Juli 1960 bei Mayer durch seine neue Erwerbstätigkeit in den Vereinigten Staaten erst ab dem 1. Januar

---

69 LAfF, EG 82 621, Alfred Werner, Schreiben an das Bayerische Landesentschädigungsamt vom 21.7.1959, S. 1

70 LAfF, EG 82 621, Bayerisches Landesentschädigungsamt, Bescheid vom 12.7.1960.

71 LAfF, EG 82 621, Bayerisches Landesentschädigungsamt, Bescheid vom 12.7.1960.

72 LAfF, EG 82 621, Bayerisches Landesentschädigungsamt, Bescheid vom 12.7.1960, S. 3.

73 LAfF, EG 82 621, Bayerisches Landesentschädigungsamt, Bescheid vom 12.7.1960, S. 3.

74 Siehe zur Eingruppierung in eine vergleichbare Beamtengruppe gemäß § 76 Absatz 1 Satz 3 BEG die Ausführungen bei Adler unter C. I. 4. a. dd. (2.).

75 LAfF, EG 82 621, Bayerisches Landesentschädigungsamt, Bescheid vom 12.7.1960, S. 3.

76 LAfF, EG 82 621, Bayerisches Landesentschädigungsamt, Bescheid vom 12.7.1960, S. 4.

77 LAfF, EG 82 621, Bayerisches Landesentschädigungsamt, Bescheid vom 12.7.1960, S. 4.

78 LAfF, EG 82 621, Bayerisches Landesentschädigungsamt, Bescheid vom 12.7.1960, S. 3.

1946 eine ausreichende Lebensgrundlage (§ 75 Absatz 1 Satz 2, Absatz 2 BEG, § 12 in Verbindung mit Anlage 1 der 3. DV-BEG) an.[79] Das Bayerische Landesentschädigungsamt stützte sich bei dieser Annahme auf § 12 Absatz 1 der 3. DV-BEG,[80] welcher darauf abstellte, dass der Verfolgte Einkünfte in gleicher Höhe wie vor Beginn der Schädigung erzielen musste, um eine ausreichende Lebensgrundlage zu haben. Eine ausreichende Lebensgrundlage lag gemäß §§ 9 Absatz 3, 3 Absatz 1 Satz 2 der 3. DV-USEG hingegen bereits dann vor, wenn der Verfolgte eine Lebenshaltung hatte wie Personen mit gleicher oder ähnlicher Berufsausbildung.

Das Bayerische Landesentschädigungsamt berechnete für den Zeitraum vom 1. Oktober 1933 bis zum 31. Dezember 1945, mithin für 147 Monate, eine Kapitalentschädigung in Höhe von 78.351 Reichsmark (147 Monate × 533 Reichsmark), was umgestellt im Verhältnis 10 : 2 (§ 11 Absatz 1 BEG) einen Betrag in Höhe von gerundet (§ 41 der 3. DV-BEG) 15.671 Deutsche Mark ergab.[81] Von dieser Kapitalentschädigung war der bereits an Mayer gemäß dem Bescheid vom 19. Juni 1953 ausbezahlte Betrag in Höhe von 14.726 Deutsche Mark abzuziehen, sodass sich ein Restbetrag in Höhe von 945 Deutsche Mark ergab, welchen das Bayerische Landesentschädigungsamt an Mayer am 21. September 1960 ausbezahlte.[82]

Ein Anspruch auf das Rentenwahlrecht gemäß § 81 BEG bestand nicht, da Mayer zum Zeitpunkt der Entscheidung eine Erwerbstätigkeit ausübte, die ihm eine ausreichende Lebensgrundlage sicherte und somit die Voraussetzungen des § 82 Absatz 1BEG in Verbindung mit § 12 und Anlage 1 der 3. DV-BEG[83] nicht erfüllt waren (§ 75 Absatz 1 Satz 2 BEG 75 Absatz 1 Satz 1, Absatz 2 BEG, § 12 in Verbindung mit Anlage 1 der 3. DV-BEG).

b. Goodwillschaden

Am 29. August 1954 stellte Mayer einen Antrag auf Entschädigung seines Schadens im Vermögen gemäß §§ 18 – 24 Bundesergänzungsgesetz zum Bayerischen Landesentschädigungsamt.[84]

Das Bayerische Landesentschädigungsamt lehnte eine Entschädigung wegen Goodwillschadens gemäß §§ 3, 1 Absatz 1 56 Absatz 1 BEG mit der Begründung ab, dass Mayer in seiner kurzen Zeit als Rechtsanwalt keine nachhaltige freiberufliche Tätigkeit ausgeübt habe, sodass *„die Kanzlei des Antragstellers im Hinblick auf*

---

79 LAfF, EG 82 621, Bayerisches Landesentschädigungsamt, Bescheid vom 12.7.1960, S. 3 f.

80 LAfF, EG 82 621, Bayerisches Landesentschädigungsamt, Bescheid vom 12.7.1960, S. 3 f.

81 LAfF, EG 82 621, Bayerisches Landesentschädigungsamt, Bescheid vom 12.7.1960, S. 4.

82 LAfF, EG 82 621, Bayerisches Landesentschädigungsamt, Bescheid vom 12.7.1960, S. 4; LAfF, EG 82 621, Bayerisches Landesentschädigungsamt, Verfügung vom 21.9.1960.

83 Siehe hierzu die Ausführungen bei Bellmann unter C. III. 4. a. cc. (2.) und bei Dreifuß unter C. IV. 5. a. bb.

84 LAfF, EG 82 621, Ludwig Mayer, Antrag zum Bayerischen Landesentschädigungsamt vom 29.8.1954, S. 3; Mayer erwähnte in seinem Antrag auf Entschädigung des Schadens im Vermögen den Goodwillschaden nicht ausdrücklich. Das Bayerische Landesentschädigungsamt legte den Antrag jedoch diesbezüglich aus (LAfF, EG 82 621, Bayerisches Landesentschädigungsamt, Bescheid vom 14.9.1960, S. 3.).

die Dauer des Bestehens derselben von der Persönlichkeit des Antragstellers keinen unabhängigen, selbstständigen Vermögenswert – Goodwill – besessen hat".[85]

c. Schaden durch Entrichtung von Sonderabgaben und Auswanderungsschaden

Mayer beantragte am 29. August 1954 bei dem Bayerischen Landesentschädigungsamt gemäß §§ 18 – 24 Bundesergänzungsgesetz eine Entschädigung für die von ihm entrichten Sonderabgaben an die Golddiskontbank in Höhe von 701 Reichsmark sowie für seine Umzugs- und Ausreisekosten in Höhe von 1.423,40 Reichsmark.[86]

Das Bayerische Landesentschädigungsamt erkannte am 7. Oktober 1960 einen Schaden durch Zahlung von Sonderabgaben in Form der Abgabe zur Golddiskontbank (§§ 3, 1 Absatz 1, 59 Absatz 1, Absatz 2 Ziffer 2 BEG) an und sprach Mayer eine Kapitalentschädigung in Höhe von 140,20 Deutsche Mark zu.[87] Dieser Betrag war der im Verhältnis 10 : 2 (§ 11 Absatz 1 BEG) umgestellte Betrag der von Mayer an die Golddiskontbank gezahlten Abgabe.[88] Die Auszahlung der Kapitalentschädigung an Mayer erfolgte am 18. Oktober 1960.[89]

Bezüglich der von Mayer beantragten Entschädigung für Schaden im Vermögen in Form von Auswanderungskosten bestand für Mayer das Problem, dass ihm keine Nachweise über die entstandenen Kosten vorlagen.[90] Trotz der fehlenden Nachweise sprach das Bayerische Landesentschädigungsamt Mayer mit Bescheid vom 7. Dezember 1960 eine Kapitalentschädigung für den Schaden im Vermögen in Form von Auswanderungskosten gemäß §§ 3, 1 Absatz 1, 57 Absatz 1 BEG in Höhe von 446 Deutsche Mark zu.[91] In dem Bescheid vom 7. Dezember 1960 führte das Bayerische Landesentschädigungsamt aus, dass Mayers Angaben erheblich von den eigenen Erfahrungssätzen abweichen würden, sodass es die entstandenen Kosten gemäß § 191 Absatz 2 BEG, 287 Absatz 1 Satz 1 ZPO geschätzt hatte.[92] Das Bayerische Landesentschädigungsamt schätzte als Kosten für die Passage von Augsburg nach Rotterdam einen Betrag in Höhe von 40 Reichsmark, für die Reise von Rotterdam nach New York City in Höhe von 350 Reichsmark, für die Reise von New York City nach Minneapolis in Höhe von 40 US-Dollar und für die Transportkosten des Umzugsguts einen Betrag in Höhe von 1.000 Reichsmark.[93] Es

---

[85] LAfF, EG 82 621, Bayerisches Landesentschädigungsamt, Bescheid vom 14.9.1960, S. 3.

[86] LAfF, EG 82 621, Ludwig Mayer, Antrag an das Bayerische Landesentschädigungsamt vom 29.8.1954, S. 3; LAfF, EG 82 621, Ludwig Mayer, Anlage zum Antrag an das Bayerische Landesentschädigungsamt vom 29.8.1954.

[87] LAfF, EG 82 621, Bayerisches Landesentschädigungsamt, Bescheid vom 7.10.1960, S. 1, 3.

[88] LAfF, EG 82 621, Bayerisches Landesentschädigungsamt, Bescheid vom 7.10.1960, S. 1, 3.

[89] LAfF, EG 82 621, Bayerisches Landesentschädigungsamt, Auszahlungsverfügung vom 18.10.1960 auf dem Bescheid des Bayerischen Landesentschädigungsamt vom 7.10.1960.

[90] LAfF, EG 82 621, Bayerisches Landesentschädigungsamt, Bescheid vom 7.12.1960, S. 3.

[91] LAfF, EG 82 621, Bayerisches Landesentschädigungsamt, Bescheid vom 7.12.1960, S. 1.

[92] LAfF, EG 82 621, Bayerisches Landesentschädigungsamt, Bescheid vom 7.12.1960, S. 3 f.

[93] LAfF, EG 82 621, Bayerisches Landesentschädigungsamt, Bescheid vom 7.10.1960, S. 4.

ergab sich ein Betrag in Höhe von 1.390 Reichsmark, welchen das Bayerische Landesentschädigungsamt gemäß § 11 Absatz 1 BEG auf 278 Deutsche Mark umstellte und ein Betrag in Höhe von 40 US-Dollar, den das Bayerische Landesentschädigungsamt gemäß § 57 Absatz 3 BEG gemäß dem zum Zeitpunkt der Entscheidung geltenden Umrechnungskurs auf 840 Reichsmark oder umgestellt im Verhältnis 10 : 2 (§ 11 Absatz 1 BEG) auf 168 Deutsche Mark umgerechnet hatte.[94] Es errechnete sich ein Entschädigungsbetrag in Höhe von 446 (278 + 168) Deutsche Mark. Das Bayerische Landesentschädigungsamt zahlte den Entschädigungsbetrag am 20. Dezember 1960 an Mayer aus.[95]

d. Gesamtentschädigung

Das Bayerische Landesentschädigungsamt zahlte an Mayer insgesamt Kapitalentschädigungen in Höhe von 16.257,20 Deutsche Mark aus.

---

94 LAfF, EG 82 621, Bayerisches Landesentschädigungsamt, Bescheid vom 7.10.1960, S. 4.

95 LAfF, EG 82 621, Bayerisches Landesentschädigungsamt, Auszahlungsverfügung vom 20.12.1960 auf dem Bescheid des Bayerischen Landesentschädigungsamt vom 7.10.1960, S. 4.

IX. Dr. iur. Robert Neumark (12. September 1900 bis 14. September 1959)

1. Leben vor der Verfolgung

a. Jugend und Erster Weltkrieg

Robert Neumark ist am 12. September 1900 in Nürnberg als Sohn eines Kaufmannes geboren.[1] Er leistete 1918 mit nur 18 Jahren seinen Kriegsdienst im Ersten Weltkrieg.[2]

b. Studium

Nach dem Krieg absolvierte Neumark sein Studium der Rechtswissenschaften in München, bevor er 1925 an der Universität Würzburg promovierte und 1926 sein Assessorexamen bestand.[3]

c. Rechtsanwaltszulassung

Nach seinem Assessorexamen zog Dr. Neumark nach Augsburg, wo ihn das Bayerische Staatsministerium der Justiz am 13. Mai 1927 als Rechtsanwalt beim Landgericht Augsburg zuließ und ihn in die Liste der Rechtsanwälte beim Landgericht Augsburg eintrug.[4] Am 10. Oktober 1930 hat das Bayerische Staatsministerium der Justiz Neumark zusätzlich beim Oberlandesgericht Augsburg und vom 1. April 1932 an – nach der Auflösung des Oberlandesgerichts Augsburg – auch beim Oberlandesgericht München zugelassen.[5]

d. Kanzleigemeinschaft Neumark-Oberbrunner

Beruflich schloss sich Neumark mit dem im Folgenden noch darzustellenden Rechtsanwalt Oberbrunner zu einer Kanzleigemeinschaft im Gebäude der Handwerkskammer am Schmiedberg in Augsburg zusammen.[6] Nach Neumarks eigenen Angaben war die Kanzlei rasch sehr erfolgreich und einträglich.[7] Demgegenüber behauptete Auerbach 1992 in einem Gespräch mit Römer, dass Neumark wegen seines

---

1 BayHStA, LEA 2655, Robert Neumark, Antrag an das Bayerische Landesentschädigungsamt vom 25.10.1954; Weber, Das Schicksal der jüdischen Rechtsanwälte in Bayern nach 1933, S. 248 f.

2 Weber, Das Schicksal der jüdischen Rechtsanwälte in Bayern nach 1933, S. 248 f.

3 Weber, Das Schicksal der jüdischen Rechtsanwälte in Bayern nach 1933, S. 248 f.

4 BayHStA, LEA 2655, Bayerisches Staatsministerium der Justiz, Schreiben an Robert Neumark vom 9.4.1954; BayHStA, LEA 2655, Robert Neumark, eidesstattliche Versicherung vom 25.10.1954.

5 BayHStA, LEA 2655, Bayerisches Staatsministerium der Justiz, Schreiben an Robert Neumark vom 9.4.1954.

6 Siehe unten, C. XI; BayHStA, LEA 2655, Robert Neumark, eidesstattliche Versicherung vom 25.10.1954; BayHStA, 2655, Gust Kane, Schreiben an das Bayerische Landesentschädigungsamt vom 27.6.1957.

7 BayHStA, LEA 2655, Robert Neumark, eidesstattliche Versicherung vom 25.10.1954.

Zuzugs in der Augsburger Gesellschaft noch nicht besonders bekannt gewesen sei und noch nicht über einen eigenen Mandantenstamm verfügt habe.[8] Auerbach verkannte jedoch, dass sich Neumark, obwohl er erst 1927 nach Augsburg umgezogen war, gesellschaftlich engagiert hatte. Er war unter anderem im Fußball beim „Sportverein Schwaben" in gehobener Position – zuletzt Vorstand des Spielerausschusses – und zudem Syndikusanwalt eines Automobilklubs; mithilfe beider Tätigkeiten konnte Neumark neue Mandanten akquirieren.[9]

Nach eigenen Angaben verdiente Neumark 1930 12.000 Reichsmark und konnte diese Einkünfte in den darauffolgenden Jahren jeweils um mindestens 2.000 Reichsmark pro Jahr steigern.[10]

e. Privatleben

Im Jahr 1930 heiratete Neumark in Augsburg die Nichtjüdin Caroline Neumark, mit der er in der Dr.-Georg-Brach-Straße in der Nähe des heutigen Augsburger Hauptbahnhof wohnte.[11]

2. Leben während der Verfolgung

a. „Schutzhaft"

Während des Judenboykotts 1933[12] hat die Geheime Staatspolizei Neumark gemeinsam mit seinem Kanzleipartner mehr als einen Monat lang in „Schutzhaft" genommen.[13] Über die Gründe der Schutzhaft ist aus der überlieferten Akte nichts bekannt.

Neumarks Einnahmen verringerten sich nach seiner Inhaftierung auf weniger als die Hälfte, sodass Neumark 1933 nach eigenen Angaben nur noch Jahreseinkünfte von 6.000 Reichsmark erzielen konnte.[14]

---

8 Jüdisches Kulturmuseum Augsburg, Ordner „Jüdische Rechtsanwälte", Gernot Römer, Notiz zum Gespräch mit dem Ehepaar Auerbach, April 1992.

9 BayHStA, LEA 2655, Gust Kane, Schreiben an das Bayerische Landesentschädigungsamt vom 27.6.1957; BayHStA, 2655, Gust Kane, Schreiben an das Bayerische Landesentschädigungsamt vom 27.6.1957.

10 BayHStA, LEA 2655, Robert Neumark, eidesstattliche Versicherung vom 25.10.1954.

11 Weber, Das Schicksal der jüdischen Rechtsanwälte in Bayern nach 1933, S. 248 f.; BayHStA, LEA 2655, Robert Neumark, eidesstattliche Versicherung vom 25.10.1954; BayHStA, LEA 2655, Stadtverwaltung Augsburg, Einwohnermeldeamt, Antwort auf das Anfrageschreiben des Bayerischen Landesentschädigungsamts vom 26.4.1955.

12 Siehe oben Teil B VI. 2.

13 BayHStA, LEA 2655 Robert Neumark, Antrag an das Bayerische Landesentschädigungsamt vom 25.10.1954; Robert Neumark, eidesstattliche Versicherung vom 25.10.1954; BayHStA, LEA 2655, Robert Neumark, Antrag an das Bayerische Landesentschädigungsamt vom 25.10.1954.

14 BayHStA, LEA 2655, Robert Neumark, eidesstattliche Versicherung vom 25.10.1954.

b. Entzug der Rechtsanwaltszulassung 1933

Beim Inkrafttreten des Rechtsanwaltszulassungsgesetzes[15] erachtete das Bayerische Staatsministerium der Justiz den von Neumark geleisteten Kriegsdienst nicht als ausreichend an, um die Voraussetzungen für das Frontkämpferprivileg zu erfüllen.[16] Die genauen Gründe des Entzugs der Zulassung ergeben sich aus der überlieferten Akte nicht. Es ist jedoch zu vermuten, dass Neumark aufgrund seines jungen Alters im Ersten Weltkrieg nicht an der Front gedient hatte. Neumark erfüllte auch nicht die Voraussetzungen für das Privileg für Altanwälte, weil er 1933 erst seit sechs Jahren als Rechtsanwalt zugelassen war, sodass ihm das Bayerische Staatsministerium der Justiz am 29. August 1933 gemäß § 1 Absatz 1 des Rechtsanwaltszulassungsgesetzes die Rechtsanwaltszulassung entzog.[17] Aufgrund des Entzugs seiner Zulassung hatte Neumark keine Möglichkeit mehr, eine Arbeit zu finden, um seinen Lebensunterhalt zu bestreiten.[18] Neumark lebte fortan bis zu seiner Auswanderung nach eigenen Angaben von seinen Ersparnissen.[19]

c. Auswanderung in die Vereinigten Staaten

Neumark wanderte im Juli 1934 nach New York in den Vereinigten Staaten aus.[20] Mangels Englischkenntnissen fand Neumark nach seiner Ankunft in New York keine Arbeitsstelle, bis er im Mai 1936 eine Bürotätigkeit im Mount Sinai Hospital in New York aufnahm.[21] Das Einkommen aus seiner neuen Arbeitstätigkeit betrug 1937 1.240 US-Dollar.[22] Das Einkommen stieg jedoch an. Neumark profitierte 1944 von einem Wechsel des Krankenhauses und seiner damit verbundenen Beförderung zum Bürovorsteher.[23] Insgesamt konnte Neumark bis 1944 in nur acht Jahren sein Jahreseinkommen auf 2.500 US-Dollar mehr als verdoppeln.[24] 1946 verdiente Neumark bereits 4.500 US-Dollar pro Jahr.[25]

Neumarks neue Tätigkeit stand in keinem Zusammenhang mit dem Beruf, den er erlernt und ausgeübt hatte. Er merkte gegenüber dem Bayerischen Landesentschädigungsamt an:

---

15 Siehe oben B. VI. 1. a. b.

16 BayHStA, LEA 2655, Bayerisches Staatsministerium der Justiz, Schreiben an Robert Neumark vom 9.4.1954; BayHStA, LEA 2655, Robert Neumark, eidesstattliche Versicherung vom 25.10.1954.

17 BayHStA, LEA 2655, Bayerisches Staatsministerium der Justiz, Schreiben an Robert Neumark vom 9.4.1954; BayHStA, LEA 2655, Robert Neumark, eidesstattliche Versicherung vom 25.10.1954.

18 BayHStA, LEA 2655, Robert Neumark, eidesstattliche Versicherung vom 25.10.1954.

19 BayHStA, LEA 2655, Robert Neumark, eidesstattliche Versicherung vom 25.10.1954.

20 BayHStA, LEA 2655, Robert Neumark, eidesstattliche Versicherung vom 25.10.1954; BayHStA, LEA 2655, Stadtverwaltung Augsburg, Einwohnermeldeamt, Antwort auf das Anfrageschreiben des Bayerischen Landesentschädigungsamts vom 26.4.1955.

21 BayHStA, LEA 2655, Robert Neumark, eidesstattliche Versicherung vom 25.10.1954.

22 BayHStA, LEA 2655, Robert Neumark, eidesstattliche Versicherung vom 25.10.1954; BayHStA, LEA 2655, Mount Sinai Hospital, New York City, Bestätigung der Personalabteilung vom 1.7.1954.

23 BayHStA, LEA 2655, Robert Neumark, eidesstattliche Versicherung vom 25.10.1954.

24 BayHStA, LEA 2655, Robert Neumark, eidesstattliche Versicherung vom 25.10.1954.

25 BayHStA, LEA 2655, Robert Neumark, eidesstattliche Versicherung vom 25.10.1954.

„Unglücklicherweise [kann] meine neue, unter dem Zwange der Umstände erworbene berufliche Tätigkeit [...] mir niemals die tiefe innere Befriedigung verschaffen, die ich in der ergebenen und gewissenhaften Ausübung meiner selbstgewählten Anwaltschaft erfahren habe.“[26]

In den Folgejahren stieg Neumarks Jahreseinkommen weiter. Nach eigenen Angaben verdiente Neumark 1948 5.500 US-Dollar pro Jahr, 1951 bereits 7.250 US-Dollar jährlich und 1955 9.041,67 US-Dollar pro Jahr.[27] 1957 musste Neumark aufgrund einer Angina-Pectoris-Erkrankung seine Arbeitstätigkeit auf vier Tage pro Woche verringern.[28]

3. Neumarks Tod

Am 14. September 1959 starb Neumark in New York City im Alter von 58 Jahren nach einem Herzinfarkt auf der Fahrt zur Arbeit.[29] Seine Ehefrau beerdigte Neumark am 17. September 1959 in Queens, New York City.[30] Er hatte keine Kinder, sodass ihn seine Ehefrau aufgrund eines Testaments vom 26. Juli 1944 allein beerbte.[31]

4. Entschädigung

Im Entschädigungsverfahren vertrat sich Neumark gegenüber dem Bayerischen Landesentschädigungsamt zunächst selbst, bis er sich 1957 – vermutlich aufgrund seines zusehends schlechteren Gesundheitszustandes – durch Dr. Gust M. Kane (früher Rechtsanwalt Dr. Gustaf Kahn), der in New York City ansässig war, vertreten ließ.[32] Anzunehmen ist, dass Kane – aufgrund seiner Namensgleichheit mit Neumarks Schwester Elisabeth Kane[33] – Neumarks Schwager war.

a. Schaden im beruflichen Fortkommen

aa. Antragstellung

Neumark stellte am 25. Oktober 1954 einen Antrag gemäß §§ 25 - 55 Bundesergänzungsgesetz an das Bayerische Landesentschädigungsamt auf Entschädigung für den

---

26 BayHStA, LEA 2655, Robert Neumark, eidesstattliche Versicherung vom 25.10.1954.

27 BayHStA, LEA 2655, Robert Neumark, eidesstattliche Versicherung vom 1.7.1957.

28 BayHStA, LEA 2655, Robert Neumark, eidesstattliche Versicherung vom 1.7.1957.

29 BayHStA, LEA 2655, Gust Kane, Schreiben an das Bayerische Landesentschädigungsamt vom 2.2.1960; BayHStA, LEA 2655, Bureau of Records and Statistics, Sterbeurkunde vom 15.9.1959.

30 BayHStA, LEA 2655, Bureau of Records and Statistics, Sterbeurkunde vom 15.9.1959.

31 BayHStA, LEA 2655, Gust Kane, Schreiben an das Bayerische Landesentschädigungsamt vom 2.2.1960; BayHStA, LEA 2655, Bureau of Records and Statistics, Sterbeurkunde vom 15.9.1959; BayHStA, LEA 2655, Robert Neumark, Testament vom 26.7.1944.

32 BayHStA, LEA 2655, Robert Neumark, Vollmacht zur Vertretung in Wiedergutmachungsangelegenheiten zugunsten von Gust Kane vom 20.6.1957; BayHStA, LEA 2655, Gust Kane, Schreiben an das Bayerische Landesentschädigungsamt vom 27.6.1957.

33 Siehe C. IX. 4. c. cc.

Schaden, der ihm durch seine Verdrängung aus dem Beruf entstanden war.[34] Das Bayerische Landesentschädigungsamt sprach ihm mit Bescheid vom 10. Juli 1958 eine Kapitalentschädigung gemäß §§ 3, 74 Satz 1, Satz 2 Alternative 1, 76 Absatz 1 BEG in Höhe von 9.861 Deutsche Mark zu.[35]

bb. Anspruch dem Grunde nach

Das Bayerische Landesentschädigungsamt stellte Neumarks verfolgungsbedingten Entzug der Rechtsanwaltszulassung am 29. August 1933, seine damit einhergehende Verdrängung aus dem Beruf des Rechtsanwalts und die zuvor vorliegende wesentliche Beschränkung seiner freien Berufsausübung mit Bescheid vom 10. Juli 1958 fest.[36] Es lag somit ein Schaden im beruflichen Fortkommen gemäß §§ 1 Absatz 1, 64 Absatz 1 Satz 1, Absatz 3, 65, 66 Absatz 1, 3 BEG vor.[37] Nach der Ansicht des Bayerischen Landesentschädigungsamts stand Neumark eine Kapitalentschädigung gemäß §§ 3, 74 Satz 1, Satz 2 Alternative 1, 76 Absatz 1, 2 BEG nur bis zum 31. Dezember 1946 zu, weil er vom 1. Januar 1947 an eine ausreichende neue Erwerbstätigkeit in den Vereinigten Staaten gefunden habe.[38] Mit der gleichen Argumentation sah das Bayerische Landesentschädigungsamt auch nur die Möglichkeit einer Kapitalentschädigung und kein Rentenwahlrecht (§ 82 BEG in Verbindung mit § 12 der 3. DV-BEG).[39]

cc. Anspruch der Höhe nach

Das Bayerische Landesentschädigungsamt ging – aufgrund der Tatsache, dass alle Unterlagen und Beweise, insbesondere die Steuerakten, zerstört waren – von den von Neumark in dessen eidesstattlichen Versicherungen gemachten Gehaltsangaben vor und nach der Verfolgung aus.[40] Aufgrund von Neumarks Berufsausbildung, wirtschaftlicher Lage und Alter stellte es ihn einem Bundesbeamten des höheren Diensts (§ 76 Absatz 1 Satz 3 BEG in Verbindung mit § 14 3. DV-BEG)[41] in der Altersgruppe bis zur Vollendung des 35. Lebensjahr (erste Lebensaltersstufenspalte der Anlage 2 der 3. DV-BEG) gleich.[42] Gemäß § 76 Absatz 1 Satz 1 BEG in Verbindung mit § 13 der 3. DV-BEG ergab sich ein Betrag von drei Vierteln des monatlichen Diensteinkommen eines vergleichbaren Bundesbeamten in Höhe von 533

---

34 BayHStA, LEA 2655, Robert Neumark, Antrag an das Bayerische Landesentschädigungsamt vom 25.10.1954.

35 BayHStA, LEA 2655, Bayerisches Landesentschädigungsamt, Bescheid vom 10.7.1958.

36 BayHStA, LEA 2655, Bayerisches Landesentschädigungsamt, Bescheid vom 10.7.1958, S. 4.

37 BayHStA, LEA 2655, Bayerisches Landesentschädigungsamt, Bescheid vom 10.7.1958, S. 4.

38 BayHStA, LEA 2655, Bayerisches Landesentschädigungsamt, Bescheid vom 10.7.1958, S. 4.

39 BayHStA, LEA 2655, Bayerisches Landesentschädigungsamt, Bescheid vom 10.7.1958, S. 4.

40 BayHStA, LEA 2655, Bayerisches Landesentschädigungsamt, Bescheid vom 10.7.1958, S. 3 f.

41 Siehe zur Eingruppierung in eine vergleichbare Beamtengruppe gemäß § 76 Absatz 1 Satz 3 BEG die Ausführungen bei Adler unter C. I. 4. a. dd. (2.).

42 BayHStA, LEA 2655, Bayerisches Landesentschädigungsamt, Bescheid vom 10.7.1958, S. 5.

Reichsmark.[43] In diesem Betrag war die Hinzurechnung in Höhe von 20 % gemäß § 76 Absatz 3 BEG[44] bereits enthalten.[45]

Das Bayerische Landesentschädigungsamt setzte den Entschädigungszeitraum vom 1. Februar bis zum 31. August 1933 (wesentliche Beschränkung in der Berufsausübung) und vom 1. September 1933 bis zum 31. August 1939 sowie vom 1. Juli 1945 bis zum 31. Dezember 1946 (beide Zeiträume als Verdrängung aus dem Beruf) fest.[46] Für die Dauer der Verdrängung aus der selbstständigen Erwerbstätigkeit errechnete das Bayerische Landesentschädigungsamt eine Kapitalentschädigung in Höhe von 47.970 Reichsmark (90 Monate × 533 Reichsmark).[47] Den Zeitraum vom 1. September 1939 bis zum 30. Juni 1945 rechnete das Bayerische Landesentschädigungsamt mit der Begründung, dass Neumark in dieser Zeit im Deutschen Reich ohne Verfolgungsmaßnahmen Wehrdienst[48] hätte leisten müssen, gemäß § 9 Absatz 5 BEG nur zur Hälfte an.[49] Für den Zeitraum vom 1. Juli 1945 bis zum 31. Dezember 1946 hätte sich ein Entschädigungsbetrag in Höhe von 18.655 Reichsmark (70 Monate × 533 Reichsmark × 50 %) Reichsmark ergeben, den es jedoch nicht ansetzte, weil der Betrag geringer als Neumarks Einkünfte in den Vereinigten Staaten in demselben Zeitraum war, sodass nach Ansicht des Bayerischen Landesentschädigungsamt nach § 75 Absatz 1 Satz 2 BEG kein Schaden vorlag.[50] Für den Zeitraum, in dem Neumark in seiner Berufsausübung durch die Verfolgungsmaßnahmen wesentlich beschränkt war (1. Februar bis 31. August 1933), sprach das Bayerische Landesentschädigungsamt Neumark einen Betrag in Höhe von 1.332 Reichsmark zu.[51] Aus den beiden vorgenannten Teilbeträgen errechnete sich ein Entschädigungsbetrag in Höhe von 49.302 (47.970 + 1.332) Reichsmark, woraus sich, im Verhältnis 10 : 2 (§ 11 Absatz 1 BEG) umgestellt, ein Betrag in Höhe von 9.861 Deutsche Mark (gerundet gemäß § 41 der 3. DV-BEG) ergab.[52] Das Bayerische Landesentschädigungsamt veranlasste die Auszahlung der Kapitalentschädigung am 21. Oktober 1958.[53]

---

[43] BayHStA, LEA 2655, Bayerisches Landesentschädigungsamt, Bescheid vom 10.7.1958, S. 5.

[44] Siehe zu der Erhöhung nach § 76 Absatz 3 BEG die Ausführungen bei Adler unter C. I. 4. a. dd. (2).

[45] BayHStA, LEA 2655, Bayerisches Landesentschädigungsamt, Bescheid vom 10.7.1958, S. 5.

[46] BayHStA, LEA 2655, Bayerisches Landesentschädigungsamt, Bescheid vom 10.7.1958, S. 5.

[47] BayHStA, LEA 2655, Bayerisches Landesentschädigungsamt, Bescheid vom 10.7.1958, S. 5.

[48] Siehe zu der Nichtberücksichtigung der Wehrdienstzeit die Ausführungen bei Adler unter C. I. 4. a. dd. (3.) (c.).

[49] BayHStA, LEA 2655, Bayerisches Landesentschädigungsamt, Bescheid vom 10.7.1958, S. 5.

[50] BayHStA, LEA 2655, Bayerisches Landesentschädigungsamt, Bescheid vom 10.7.1958, S. 5.

[51] BayHStA, LEA 2655, Bayerisches Landesentschädigungsamt, Bescheid vom 10.7.1958, S. 5 f.

[52] BayHStA, LEA 2655, Bayerisches Landesentschädigungsamt, Bescheid vom 10.7.1958, S. 6.

[53] BayHStA, LEA 2655, Bayerisches Landesentschädigungsamt, Auszahlungsverfügung vom 21.10.1958 auf dem Bescheid vom 10.7.1958, S. 2.

dd. Klageverfahren vor dem Landgericht München I

Kane ging für Neumark gegen diesen Bescheid gerichtlich[54] vor. Im Klageverfahren vor dem Landgericht München I einigten sich die Parteien am 30. Juli 1959 auf eine über die oben genannte Zahlung hinausgehende Kapitalabfindung in Höhe von 6.000 Deutsche Mark, die das Bayerische Landesentschädigungsamt nach Rechtskraft des Vergleichs am 30. September 1959 an Neumark auszahlte.[55] Aus dem Sitzungsprotokoll ergibt sich nicht, worauf sich die Klage stützte oder was die Erwägungsgründe der Parteien für den Abschluss – und die damit einhergehende zusätzliche Zahlung, die noch einmal 60 % des ursprünglichen Betrags ausmachte – waren. Es liegt jedoch nahe, dass das Landgericht München I die Nichtberücksichtigung des Zeitraums vom 1. Juli 1945 bis zum 31. Dezember 1946 und damit die Nichtberücksichtigung der oben genannten 18.500 Reichsmark zum einen anders bewertet und zum anderen darüber hinaus offensichtlich auch einen längeren Entschädigungszeitraum für maßgeblich gehalten und dementsprechend zum Abschluss eines Vergleichs geraten hatte. Das Bayerische Landesentschädigungsamt zahlte den Mehrbetrag am 30. September 1959 an Neumark aus.[56]

b. Goodwillschaden

Am 27. Juni 1957 stellte Kane für Neumark einen Antrag an das Bayerische Landesentschädigungsamt auf Entschädigung des Schadens im Vermögen in Form des Verlusts des Goodwills von Neumarks Rechtsanwaltskanzlei.[57] Er stützte den Antrag auf § 56 BEG und stellte die Höhe der Entschädigung in das Ermessen des Bayerischen Landesentschädigungsamts.[58]

Das Bayerische Landesentschädigungsamt wies mit Schreiben vom 23. Februar 1960 darauf hin, dass Neumark den Goodwillschaden nur gemeinsam mit seinem damaligem Kanzleipartner Oberbrunner geltend machen könne.[59] Neumark und Oberbrunner lebten zu diesem Zeitpunkt beide nicht mehr.[60] Der Anspruch auf Entschädigung des Goodwillschadens war gemäß § 13 Absatz 1, 140 BEG vererbbar. Eine gemeinsame Antragstellung konnte daher durch die beiden Witwen von

---

54 In der überlieferten Akte sind keine Prozessunterlagen enthalten, insbesondere keine Klageschrift; lediglich das Sitzungsprotokoll der öffentlichen Sitzung vom 30.7.1959 nebst Vergleich zwischen dem Freistaat Bayern, vertreten durch das Bayerische Landesentschädigungsamt, und Neumark ist in der Akte vorhanden.

55 BayHStA, LEA 2655, LG München I, Sitzungsprotokoll der öffentlichen Sitzung vom 30.7.1959; BayHStA, LEA 2655, Bayerisches Landesentschädigungsamt, Verfügung vom 30.9.1959.

56 BayHStA, LEA 2655, Bayerisches Landesentschädigungsamt, Auszahlungsverfügung vom 30.9.1959.

57 BayHStA, LEA 2655, Gust Kane, Schreiben an das Bayerische Landesentschädigungsamt vom 27.6.1957.

58 BayHStA, LEA 2655, Gust Kane, Schreiben an das Bayerische Landesentschädigungsamt vom 27.6.1957.

59 BayHStA, LEA 2655, Bayerisches Landesentschädigungsamt, Schreiben an Gust Kane vom 23.2.1960.

60 Siehe hierzu C. IX. 3. und C. XI. 4.

Neumark und Oberbrunner, die ihre Ehemänner beerbt hatten[61], erfolgen.[62] Rechtsanwalt Max Hirschberg, welcher Oberbrunners Witwe vertrat, stellte am 29. Juni 1963 den gemeinsamen Antrag der Witwen Neumarks und Oberbrunners beim Bayerischen Landesentschädigungsamt.[63]

Der Freistaat Bayern, vertreten durch das Bayerische Landesentschädigungsamt, schloss mit der Liquidationsgesellschaft der ehemaligen Kanzlei Neumark-Oberbrunner, bestehend aus den beiden Witwen der damaligen Kanzleipartner, am 18. November 1964 einen Vergleich, nach welchem die Witwen eine Entschädigung für Schaden im Vermögen durch den Verlust des in der Kanzlei verkörperten Goodwill (§§ 3, 1 Absatz 1, 56 Absatz 1 BEG) in Höhe von 6.600 Deutsche Mark erhielten.[64] Dieser Betrag ergab sich aus der Berechnung des Bayerischen Landesentschädigungsamts, wonach die Kanzlei Neumark-Oberbrunner sechs Jahre bestanden hatte und beide Kanzleisozien ein durchschnittliches Einkommen in Höhe von 14.000 Reichsmark pro Jahr, mithin zusammen 28.000 Reichsmark jährlich, erzielt hatten.[65] Von der Summe der Einkünfte der beiden ehemaligen Kanzleipartner zog das Bayerische Landesentschädigungsamt zweimal den objektiven Unternehmerlohn[66] in Höhe von jeweils 7.100 Reichsmark (Anlage 2 der 3. DV-BEG)[67], zusammen somit 14.200 Reichsmark, und pauschal 20 % des verbleibenden Restes für sonstige Kanzleikosten ab.[68] Es errechnete sich eine Differenz in Höhe von 11.040 Reichsmark (28.000 Reichsmark – 14.200 Reichsmark – 20 %) pro Jahr.[69] Diesen Betrag vervielfachte das Bayerische Landesentschädigungsamt aufgrund des Alters der Kanzlei und der beiden Sozien (beide unter 35 Jahre) mit dem Faktor drei (3 × 11.040 Reichsmark = 33.120 Reichsmark), und stellte diesen Betrag

---

61 Die Vererbung wies der Rechtsanwalt von Oberbrunners Witwe, Max Hirschberg, durch den Erbschein des Amtsgerichts Augsburg vom 28. November 1958 nach. Bei Neumark liegt der übermittelten Akte kein Erbschein vor, sondern der Erbscheinantrag des Generalkonsulats der Bundesrepublik Deutschland vom 26. Oktober 1959 sowie Neumarks Testament vom 26. Juli 1944. Diese Unterlagen reichten dem Bayerischen Landesentschädigungsamt für den Nachweis der Vererbung der Ansprüche von Neumark auf dessen Witwe aus.

62 LAfF, EG 7703, Amtsgericht Augsburg, Nachlassgericht, Erbschein vom 28.11.1958; BayHStA, LEA 2655, Generalkonsulat der Bundesrepublik Deutschland, Antrag auf Erbschein vom 26.10.1959; BayHStA, LEA 2655, Robert Neumark, Testament vom 26.7.1944.

63 BayHStA, LEA 2655, Gust Kane, Schreiben an das Bayerische Landesentschädigungsamt vom 21.7.1963; BayHStA, LEA 2655, Max Hirschberg, Schreiben an das Bayerische Landesentschädigungsamt vom 29.6.1963.

64 BayHStA, LEA 2655, Vergleich zwischen der Liquidationsgesellschaft der Anwaltsgemeinschaft Neumark-Oberbrunner und dem Freistaat Bayern vom 5./18.11.1964.

65 BayHStA, LEA 2655, Bayerisches Landesentschädigungsamt, Aktenvormerkung vom 21.9.1964.

66 Siehe zu Unternehmerlohn und Berechnung des Goodwillschadens die Ausführungen bei Dreifuß unter C. IV. 5. c.

67 Das Bayerische Landesentschädigungsamt stufte Neumark und Oberbrunner bei der Ermittlung des objektiven Unternehmerlohnes in die vergleichbare Gruppe von Bundesbeamten des höheren Dienstes in der Altersgruppe bis zum vollendeten 35. Lebensjahr ein.

68 BayHStA, LEA 2655, Bayerisches Landesentschädigungsamt, Aktenvormerkung vom 21.9.1964.

69 BayHStA, LEA 2655, Bayerisches Landesentschädigungsamt, Aktenvormerkung vom 21.9.1964.

im Verhältnis 10 : 2 (§ 11 Absatz 1 BEG) auf 6.620 Deutsche Mark um.[70] Das Bayerische Landesentschädigungsamt schlug den beiden Witwen von Neumark und Oberbrunner schließlich einen Betrag in Höhe von 6.500 Deutsche Mark als Vergleichssumme für die Entschädigung für den Goodwillschaden (§§ 3, 1 Absatz 1, 56 Absatz 1 BEG) vor, welchen die Witwen annahmen.[71] Das Bayerische Landesentschädigungsamt zahlte den Entschädigungsbetrag für beide Witwen an den Rechtsanwalt von Oberbrunners Witwe am 23. November 1965 aus.[72]

c. Schaden am Vermögen durch unter Wert verkaufte Kanzlei- und Wohnungseinrichtung sowie unter Wert verkaufter Personenkraftwagen

Am 25. Oktober 1954 stellte Neumark gemäß §§ 18 – 24 Bundesergänzungsgesetz einen Antrag zum Bayerischen Landesentschädigungsamt auf Entschädigung des Schadens am Vermögen in Form der von Neumark bei seiner Auswanderung[73] unter Wert verkauften Kanzlei- und Wohnungseinrichtung sowie den Schaden durch einen Verkauf seines Automobils unter Wert kurz vor seiner Auswanderung.[74]

aa. Schaden durch zurückgelassene Kanzlei- und Wohnungseinrichtung

Bezüglich der zurückgelassenen Kanzlei- und Wohnungseinrichtung gab Neumark eine eidesstattliche Versicherung dahin gehend ab, dass er für seine 1927 eröffnete Kanzlei das vollständige Kanzleimobiliar, Schreibmaschinen, Schreibtische nebst Sesseln und eine Bibliothek gekauft und insgesamt mindestens 4.000 Reichsmark investiert habe.[75] Das Inventar der einzelnen Sprechzimmer der Kanzleipartner Neumark und Oberbrunner habe nach Neumarks Angaben jeder Kanzleipartner selbst angeschafft und sei modern und hochwertig gewesen.[76] Darüber hinaus habe Neumark anlässlich seiner Hochzeit auch eine vollständig neue Wohnungseinrichtung, bestehend aus Schlaf-, Wohn-, Herren-, Mädchen- und Badezimmer und Küche, im von Neumark geschätzten Wert von mindestens 5.000 Reichsmark angeschafft.[77]

---

70 BayHStA, LEA 2655, Bayerisches Landesentschädigungsamt, Aktenvormerkung vom 21.9.1964.

71 LAfF, EG 7703, Bayerisches Landesentschädigungsamt, Schreiben an Hans Raff, vom 22.9.1964; BayHStA, LEA 2655, Vergleich zwischen der Liquidationsgesellschaft der Anwaltsgemeinschaft Neumark-Oberbrunner und dem Freistaat Bayern vom 5./18.11.1964.

72 BayHStA, LEA 2655, Bayerisches Landesentschädigungsamt, Auszahlungsanordnung vom 23.11.1964.

73 Siehe oben C. IX. 4. c.

74 BayHStA, LEA 2655, Robert Neumark, Antrag an das Bayerische Landesentschädigungsamt vom 25.10.1954; BayHStA, LEA 2655, Robert Neumark, eidesstattliche Versicherung vom 25.10.1954 (Anlage 3 zu Neumarks Antrag vom 25.10.1954).

75 BayHStA, LEA 2655, Robert Neumark, eidesstattliche Versicherung vom 25.10.1954.

76 BayHStA, LEA 2655, Max Hirschberg, Schreiben an Gust Kane vom 31.5.1962.

77 BayHStA, LEA 2655, Robert Neumark eidesstattliche Versicherung vom 25.10.1954.

Bei seiner Auswanderung war Neumark gezwungen, die gesamte Wohnungs- und Kanzleieinrichtung unter Wert zu verkaufen, wobei er nach eigenen Angaben einen Verlust in Höhe von ungefähr 6.000 bis 7.000 Reichsmark machte.[78]

bb. Verkauf des Wagens

Vor seiner Auswanderung musste Neumark auch sein Automobil verkaufen, der nach eigenen Angaben einen Anschaffungspreis von mehr als 5.000 Reichsmark hatte und den er trotz geringer Abnutzung nur noch für 600 Reichsmark verkaufen konnte.[79]

cc. Gesamtverschleuderungsschaden nach Neumarks Berechnung

Neumarks sogenannter Verschleuderungsschaden betrug – nach eigener Berechnung – insgesamt mehr als 10.000 Reichsmark, wobei er dem Bayerischen Landesentschädigungsamt jedoch für keine der oben genannten Anschaffungen eine Rechnung vorlegen konnte.[80]

Neumarks Schwester bestätigte per eidesstattlicher Versicherung, dass die hochwertige und moderne Wohnungs- und Kanzleieinrichtung im Eigentum ihres Bruders stand.[81] Neumarks Bruder bestätigte – ebenfalls per eidesstattlicher Versicherung – dass seinem Bruder ein Automobil, ein in den Vereinigten Staaten gebauter Mitteklassewagen des Fabrikats Essex, Model Super Six, gehörte.[82]

dd. Vergleichsangebot des Bayerischen Landesentschädigungsamts

Das Bayerische Landesentschädigungsamt übersandte für den Schaden an Eigentum und Vermögen (§§ 3, 1 Absatz 1, 56 Absatz 1 BEG) in Form der Verschleuderung der Kanzlei- und Wohnungseinrichtung ein Vergleichsangebot über 850 Deutsche Mark an Kane, welcher nach dem Tod von Neumark auch für den Schaden im Vermögen die Witwe von Neumark vertrat.[83] Bei dem Vergleichsangebot schätzte das Bayerische Landesentschädigungsamt gemäß §§ 191 BEG 287 Absatz 1 Satz 1 ZPO den Neuwert von Neumarks Kanzleimobiliar mit 1.500 Reichsmark und zog eine verbrauchsbedingte Abnutzung über sieben Jahre in Höhe von 300 Reichsmark ab, sodass es auf einen Verkehrsrestwert von 1.200 Reichsmark kam.[84] Bei der Wohnungseinrichtung ging das Bayerische Landesentschädigungsamt ähnlich vor. Es schätzte einen Neuwert von 5.000 Reichsmark und zog eine Abnutzung über drei Jahre in Höhe von 500 Reichsmark ab, sodass es auf einen Verkehrsrestwert von

---

78 BayHStA, LEA 2655, Robert Neumark eidesstattliche Versicherung vom 25.10.1954.

79 BayHStA, LEA 2655, Robert Neumark eidesstattliche Versicherung vom 25.10.1954.

80 BayHStA, LEA 2655, Robert Neumark eidesstattliche Versicherung vom 25.10.1954.

81 BayHStA, LEA 2655, Elizabeth Kane, eidesstattliche Versicherung vom 22.7.1957.

82 BayHStA, LEA 2655, Fritz Neumark, eidesstattliche Versicherung vom 22.7.1957.

83 BayHStA, LEA 2655, Bayerisches Landesentschädigungsamt, Schreiben an Gust Kane vom 4.2.1963.

84 BayHStA, LEA 2655, Bayerisches Landesentschädigungsamt, Schreiben an Gust Kane vom 4.2.1963.

4.500 Reichsmark kam.[85] Insgesamt ergab sich somit ein Verkehrsrestwert des Kanzlei- und des Wohnungsmobiliars von 5.700 (1.200 + 4.500) Reichsmark, von dem das Bayerische Landesentschädigungsamt einen geschätzten Verkaufserlös in Höhe von einem Viertel des Neuwerts, mithin 1.425 Reichsmark, abzog.[86] Die Berechnung des Bayerischen Landesentschädigungsamts ergab einen Verschleuderungsschaden (§ 56 Absatz 1 BEG) in Höhe von 4.275 Reichsmark, woraus sich ein im Verhältnis 10 : 2 (§ 11 Absatz 1 BEG) auf Deutsche Mark umgestellter Betrag in Höhe von 855 Deutsche Mark errechnete.[87] Das Bayerische Landesentschädigungsamt schlug einen Vergleich in Höhe der oben genannten 850 Deutsche Mark vor.[88]

Eine Entschädigung für Neumarks Personenkraftwagen nach dem BEG lehnte das Bayerische Landesentschädigungsamt ab, weil es davon ausging, dass der Name des Käufers seinerzeit bekannt gewesen sei und Neumark den Schaden als Rückerstattungsanspruch gemäß den Regelungen des Bundesrückerstattungsgesetzes geltend machen müsse.[89]

ee. Ablehnung des Vergleichsangebots durch Neumark

Kane hielt der Argumentation des Bayerischen Landesentschädigungsamts zum Fahrzeug entgegen, dass es vollkommen nachvollziehbar sei, dass Neumark aufgrund der einsetzenden Verfolgungsmaßnahmen versucht habe, sein Hab und Gut – und dazu habe auch sein Automobil gehört – möglichst schnell zu verkaufen.[90] Bei dem Verkauf habe Neumark den Namen des Käufers, der den Kaufpreis in bar gezahlt habe, nicht in Erfahrung gebracht und daran auch kein Interesse gehabt.[91] Ansprüche nach dem Bundesrückerstattungsgesetz kämen nicht in Betracht, da es sich um einen echten Verschleuderungsschaden nach § 56 Absatz 1 BEG handele.[92]

ff. Neues Vergleichsangebot des Bayerischen Landesentschädigungsamts

Das Bayerische Landesentschädigungsamt ließ sich von der Argumentation von Kane bezüglich des Personenkraftwagens nicht überzeugen und schlug vor, den

85 BayHStA, LEA 2655, Bayerisches Landesentschädigungsamt, Schreiben an Gust Kane vom 4.2.1963.

86 BayHStA, LEA 2655, Bayerisches Landesentschädigungsamt, Schreiben an Gust Kane vom 4.2.1963.

87 BayHStA, LEA 2655, Bayerisches Landesentschädigungsamt, Schreiben an Gust Kane vom 4.2.1963.

88 BayHStA, LEA 2655, Bayerisches Landesentschädigungsamt, Schreiben an Gust Kane vom 4.2.1963.

89 BayHStA, LEA 2655, Bayerisches Landesentschädigungsamt, Schreiben an Gust Kane vom 4.2.1963.

90 BayHStA, LEA 2655, Gust Kane, Schreiben an das Bayerische Landesentschädigungsamt vom 27.6.1957.

91 BayHStA, LEA 2655, Gust Kane, Schreiben an das Bayerische Landesentschädigungsamt vom 27.6.1957.

92 BayHStA, LEA 2655, Gust Kane, Schreiben an das Bayerische Landesentschädigungsamt vom 27.6.1957.

Vergleich ohne eine Entschädigung für Neumarks Fahrzeug zu schließen.[93] Es erhöhte außerdem die Vergleichssumme von 850 auf 1.000 Deutsche Mark, um die von Neumark parallel geltend gemachten zusätzlichen Auswanderungskosten für die Überfahrt in die Vereinigten Staaten in Höhe von 131 US-Dollar ebenfalls zu erfassen.[94]

gg. Bescheid des Bayerischen Landesentschädigungsamts

Kane lehnte für Neumarks Witwe einen Vergleich unter Ausschluss von Neumarks Automobil ab, weil für ihn in Übereinstimmung mit der einschlägigen juristischen Literatur feststand, dass es sich hierbei um einen Verschleuderungsschaden handele.[95]

Das Bayerische Landesentschädigungsamt erließ nach der Ablehnung des Vergleichsangebots am 23. Februar 1965 einen Bescheid, der Neumarks Witwe als Erbin eine Kapitalentschädigung für Schaden an Vermögen in Form eines Verschleuderungsschaden an der Wohnungs- und Kanzleieinrichtung (§§ 3, 1 Absatz 1, 56 Absatz 1 BEG) in Höhe von 961,80 Deutsche Mark zusprach.[96] Es führte in diesem Bescheid aus, dass ein Verschleuderungsschaden grundsätzlich nach dem Bundesrückerstattungsgesetz und nur ausnahmsweise nach dem BEG zu entschädigen sei, jedoch nur, wenn der Käufer unbekannt und eine Rückerstattung unmöglich sei.[97] Das Bayerische Landesentschädigungsamt hielt es für die Kanzlei- und Wohnungseinrichtung nachvollziehbar, dass Neumark der Name des Käufers unbekannt sei.[98] Es schätzte den Schaden gemäß §§ 191 Absatz 2 BEG, 287 Absatz 1 Satz 1 ZPO auf 4.200 Reichsmark und rechnete zu dem Schaden die zuletzt als Schaden im Vermögen in Form von Auswanderungskosten geltend gemachten Passagierkosten in Höhe von 131 US-Dollar hinzu, was zum Zeitpunkt des Erlasses des Bescheides geltenden Umrechnungskurs einem Betrag in Höhe von 330 Reichsmark entsprach (§ 57 Absatz 3).[99] Zusammen mit weiteren gemäß §§ 191 Absatz 2 BEG, 287 Absatz 1 Satz 1 ZPO geschätzten Auswanderungskosten nahm das Bayerische Landesentschädigungsamt einen Betrag in Höhe von 380 Reichsmark als Auswanderungsschaden (§ 57 Absatz 3 BEG) an, sodass sich für den Schaden im Vermögen ein Gesamtbetrag in Höhe von 4.580 (4.200 + 380) Reichsmark errechnete.[100] Im Verhältnis 10 : 2 umgestellt (§ 11 Absatz 1 BEG) ergab sich ein Betrag in Höhe von

---

93 BayHStA, LEA 2655, Bayerisches Landesentschädigungsamt, Schreiben an Gust Kane vom 5.8.1963.

94 BayHStA, LEA 2655, Gust Kane, Schreiben an das Bayerische Landesentschädigungsamt vom 27.6.1957; BayHStA, LEA 2655, United States Lines, Schreiben an Gust Kane vom 11.4.1957.

95 BayHStA, LEA 2655, Gust Kane, Schreiben an das Bayerische Landesentschädigungsamt vom 29.1.1965.

96 BayHStA, LEA 2655, Bayerisches Landesentschädigungsamt, Bescheid vom 23.2.1965.

97 BayHStA, LEA 2655, Bayerisches Landesentschädigungsamt, Bescheid vom 23.2.1965, S. 5.

98 BayHStA, LEA 2655, Bayerisches Landesentschädigungsamt, Bescheid vom 23.2.1965, S. 5 ff.

99 BayHStA, LEA 2655, Bayerisches Landesentschädigungsamt, Bescheid vom 23.2.1965, S. 8.

100 BayHStA, LEA 2655, Bayerisches Landesentschädigungsamt, Bescheid vom 23.2.1965, S. 8.

916 Deutsche Mark.[101] Zu diesem Betrag rechnete das Bayerische Landesentschädigungsamt gemäß § 56 Absatz 2 BEG eine Nutzungsentschädigung in Höhe von 5 % (45,80 Deutsche Mark) hinzu, sodass sich die Neumark zugesprochene Kapitalentschädigung in Höhe von 961,80 Deutsche Mark errechnete.[102] Das Bayerische Landesentschädigungsamt zahlte die Kapitalentschädigung am 13. April 1965 an Neumarks Witwe aus.[103]

Den Schadensersatz für das von Neumark verkaufte Fahrzeug lehnte das Bayerische Landesentschädigungsamt weiterhin ab.[104] Es verwies in seinem Bescheid auf ein Schreiben des Amtes für öffentliche Ordnung, Kraftfahrzeug-Zulassungsstelle, der Stadt Augsburg vom 12. Februar 1965, nach dem aufgrund § 6 Absatz 6 der „Verordnung über den Kraftfahrzeugverkehr" vom 15. Juli 1930 der Verkäufer eines Personenkraftwagens den Zulassungsschein nur gegen eine Empfangsbestätigung herausgeben durfte.[105] Das Bayerische Landesentschädigungsamt nahm unverändert an, dass Neumark den Namen des Käufers kenne und seinen Anspruch in einem Rückerstattungsverfahren nach dem Bundesrückerstattungsgesetz unmittelbar gegen den Käufer geltend machen müsse.[106]

In Neumarks Entschädigungsakte finden sich keine weiteren Hinweise auf ein gerichtliches Vorgehen gegen den oben genannten Bescheid des Bayerischen Landesentschädigungsamts durch Neumark, sodass davon auszugehen ist, dass er die Argumentation des Bayerischen Landesentschädigungsamts zum Automobil akzeptierte.

d. Gesamtentschädigung

Das Bayerische Landesentschädigungsamt zahlte Neumark insgesamt Entschädigungen in Höhe von 20.111 Deutsche Mark aus.

---

101 BayHStA, LEA 2655, Bayerisches Landesentschädigungsamt, Bescheid vom 23.2.1965, S. 8.

102 BayHStA, LEA 2655, Bayerisches Landesentschädigungsamt, Bescheid vom 23.2.1965, S. 8.

103 BayHStA, LEA 2655, Bayerisches Landesentschädigungsamt, Auszahlungsverfügung vom 13.4.1965 auf dem Bescheid des Bayerischen Landesentschädigung vom 23.2.1965.

104 BayHStA, LEA 2655, Bayerisches Landesentschädigungsamt, Bescheid vom 23.2.1965, S. 7; BayHStA, LEA 2655, Stadt Augsburg, Zulassungsbehörde, Schreiben an das Bayerische Landesentschädigungsamt vom 12.2.1965.

105 BayHStA, LEA 2655, Bayerisches Landesentschädigungsamt, Bescheid vom 23.2.1965, S. 7; BayHStA, LEA 2655, Stadt Augsburg, Zulassungsbehörde, Schreiben an das Bayerische Landesentschädigungsamt vom 12.2.1965.

106 BayHStA, LEA 2655, Bayerisches Landesentschädigungsamt, Bescheid vom 23.2.1965, S. 7 f.

X. Max Nördlinger (13. Juni 1869 bis 2. Mai 1935)

1. Leben vor der Verfolgung

a. Geburt und Studium

Max Nördlinger ist am 13. Juni 1869 in Lindau (Bodensee) als Sohn eines Hopfenhändlers geboren.[1] Nördlinger legte 1894 im Alter von 25 Jahren das Assessorexamen ab.[2]

b. Rechtsanwaltszulassung und beruflicher Werdegang

1895 erhielt Nördlinger seine Rechtsanwaltszulassung beim Amtsgericht Lindau (Bodensee).[3] Anschließend machte er sich in Lindau (Bodensee) als Einzelanwalt selbstständig und erhielt am 6. Dezember 1921 den Ehrentitel eines Justizrats verliehen.[4] 1927 folgte die Simultanzulassung beim Landgericht Kempten.[5]

c. Privatleben

Nördlinger war mit Karoline Nördlinger, welche ebenfalls jüdischen Glaubens war,[6] verheiratet.[7] Mit ihr hatte er zwei Söhne.[8] Beide Söhne emigrierten später in die Vereinigten Staaten.[9]

2. Leben während der Verfolgung

Nach der „Machtergreifung" der Nationalsozialisten blieben auch bei Nördlinger Mandate aus, zumal am Tag des Judenboykotts[10] auch vor seinen Kanzleiräumen

---

1 Weber, Das Schicksal der jüdischen Rechtsanwälte in Bayern nach 1933, S. 249; Römer, Wir haben uns gewehrt, S. 17.

2 Weber, Das Schicksal der jüdischen Rechtsanwälte in Bayern nach 1933, S. 249; Römer, Wir haben uns gewehrt, S. 17.

3 Römer, Wir haben uns gewehrt, S. 17.

4 Jüdisches Kulturmuseum Augsburg, Jüdische Rechtsanwälte, Werner Nördlinger, Brief an Gernot Römer, vom 20.2.2008; BayHStA MJU 21516, Bayerisches Staatsministeriums der Justiz, Schreiben an Max Nördlinger vom 13.5.1928; BayHStA MJU 21516, Regierung des Freistaates Bayern, Mitteilung vom 6.12.1921.

5 Jüdisches Kulturmuseum Augsburg, Jüdische Rechtsanwälte, Werner Nördlinger, Brief an Gernot Römer vom 20.2.2008; BayHStA MJU 21516, Bayerisches Staatsministeriums der Justiz, Schreiben an Max Nördlinger vom 13.5.1928; BayHStA MJU 21516, Regierung des Freistaates Bayern, Mitteilung vom 6.12.1921.

6 BayHStA, LEA 27105, Bayerisches Landesentschädigungsamt, Bescheid vom 20.11.1959, S. 3.

7 Römer, Wir haben uns gewehrt, S. 17.

8 Römer, Wir haben uns gewehrt, S. 17.

9 Römer, Wir haben uns gewehrt, S. 17; Stadtarchiv Augsburg, MK 1, Werner Nördlinger; StA Augsburg, Nachlassakte Via 39/1935, AG Augsburg – Nachlassgericht, Aktenvermerk (Feststellung) vom 13.5.1943.

10 Siehe oben Teil B VI. 2.

SA-Mitglieder gestanden hatten, um Mandanten vom Betreten seiner Kanzlei abzuhalten.[11]

3. Tod Nördlingers und Schicksal seiner Ehefrau

Das gesamte Ausmaß der „Machtergreifung" durch die Nationalsozialisten für die jüdische Bevölkerung erlebte Nördlinger nicht mehr. Er starb am 2. Mai 1935 in Lindau (Bodensee).[12] Nördlingers Witwe starb fünf Jahre später am 30. Juni 1940 in München.[13]

4. Entschädigung

Die vorliegenden Akten enthalten kein Entschädigungsverfahren bezüglich eines Schadens von Nördlinger.

---

11 Römer, Wir haben uns gewehrt, S. 20.

12 StA Augsburg, Nachlassakte Via 39/1935, Standesamt Lindau (Bodensee), Todesanzeige Sterberegister Nr. 27 vom 2.5.1935.

13 StA Augsburg, Nachlassakte Via 39/1935, AG Augsburg – Nachlassgericht, Aktenvermerk (Feststellung) vom 13.5.1943; BayHStA, LEA 27105, Amtsgericht München, Erbschein vom 15.7.1947.

XI. Stefan Oberbrunner (10. Februar 1901 bis 8. Mai 1945)

1. Leben vor der Verfolgung

a. Geburt

Oberbrunner ist am 10. Februar 1901 in Nürnberg als Sohn eines Käsegroßhandelskaufmannes geboren.[1] In Nürnberg besuchte er ein Gymnasium, das er mit dem Abitur abschloss.[2]

Zum Studium der Rechtswissenschaften verließ Oberbrunner seine Heimat. Er studierte an der Universität Kiel und machte in Hamburg seinen Vorbereitungsdienst, bis er 1926 sein Assessorexamen bestanden hatte.[3]

b. Rechtsanwaltszulassung und beruflicher Werdegang

Oberbrunner zog nach dem Vorbereitungsdienst nach Augsburg und beantragte die Zulassung als Rechtsanwalt beim Landgericht Augsburg, die er am 18. Mai 1927 erhielt.[4] Aus welchem Grund Oberbrunner nach Augsburg zog, ergibt sich aus den vorliegenden Akten nicht. Jedoch ist zu vermuten, dass dies im Zusammenhang mit seiner späteren Ehefrau stand, die gebürtige Augsburgerin war.[5]

Am 29. Dezember 1927 folgte für Oberbrunner die Zulassung als Rechtsanwalt beim Oberlandesgericht Augsburg, wozu ihm das Bayerische Staatsministerium der Justiz jedoch die Auflage erteilte, zuvor die Rechtsanwaltszulassung beim Landgericht Augsburg zurückzugeben, weil es seine beantragte Simultanzulassung als nicht förderlich erachte.[6] Die Verweigerung der Simultanzulassung war offensichtlich nicht durch Oberbrunners jüdischen Glauben begründet, sondern ist aufgrund von Oberbrunners jungem Alter und seiner geringen Berufserfahrung objektiv nachvollziehbar.[7] Oberbrunner erfüllte die Auflage und gab die Rechtsanwalts-

---

1 LAfF, EG 7703, Lieselotte Oberbrunner (Obert), eidesstattliche Versicherung vom 20.4.1955; LAfF, EG 7703, Lieselotte Oberbrunner (Obert), Fragebogen „Schaden im wirtschaftlichen Fortkommen" vom 12.1.1957.

2 LAfF, EG 7703, Lieselotte Oberbrunner (Obert), eidesstattliche Versicherung vom 20.4.1955.

3 LAfF, EG 7703, Lieselotte Oberbrunner (Obert), Antrag wegen des Schadens an Körper und Gesundheit an das Bayerische Landesentschädigungsamt vom 21.2.1958, S. 5; LAfF, EG 7703, Lieselotte Oberbrunner (Obert), eidesstattliche Versicherung vom 20.4.1955; BayHStA, MJU 21521, Bayerisches Staatsministerium der Justiz, Schreiben an Stefan Oberbrunner vom 13.5.1927.

4 BayHStA, MJU 21521, Präsident des LG Augsburg, Schreiben an das Staatsministerium der Justiz vom 18.5.1927.

5 Siehe C. XI 1 c.

6 BayHStA, MJU 21521, Bayerisches Staatsministerium der Justiz, Schreiben an Stefan Oberbrunner vom 29.12.1927; LAfF, EG 7703, Bayerisches Staatsministerium der Justiz, Schreiben an Lieselotte Oberbrunner (Obert) vom 21.1.1955.

7 Siehe hierzu auch dieselbe Begründung bei Bellmann unter C. III. 1. b.

zulassung beim Landgericht Augsburg zurück, sodass er die Zulassung zum Oberlandesgericht Augsburg erhielt.[8] Oberbrunner beantragte die Simultanzulassung jedoch 1930 beim Oberlandesgericht Augsburg erneut.[9] Diesmal gaben die Präsidenten des Oberlandes- und Landgerichts Augsburg dem Antrag statt, und ließen Oberbrunner am 10. Oktober 1930 sowohl beim Landgericht Augsburg als auch beim Oberlandesgericht Augsburg und nach der Auflösung des Oberlandesgerichts Augsburg 1932 beim Oberlandesgericht München zu.[10]

Oberbrunner hatte sich mit dem in dieser Arbeit bereits dargestellten Neumark[11] zu einer Kanzleigemeinschaft zusammengeschlossen, die nach Neumarks Angaben für beide Kanzleipartner gute Einkünfte erzielte.[12] Die Kanzlei hatte insgesamt vier Räume; die Kanzleipartner teilten sich eine Sekretärin und zwei weitere Kanzleiangestellte.[13] Nach Neumarks Angaben erzielte Oberbrunner 1930 Einkünfte in Höhe von mindestens 12.000 Reichsmark, 1931 von mindestens 14.000 Reichsmark und 1932 von mindestens 16.000 Reichsmark, bevor er 1933 nur noch ein Jahreseinkommen in Höhe von 4.000 Reichsmark erzielen konnte.[14]

c. Privatleben

Oberbrunner heiratete die am 10. März 1906 in Augsburg geborene Lieselotte Oberbrunner.[15] Das Ehepaar bekam am 15. Juli 1932 eine Tochter.[16] Weitere Kinder hatte das Ehepaar nicht.

---

8 BayHStA, MJU 21521, Präsident des LG Augsburg, Schreiben an das Staatsministerium der Justiz vom 17.1.1928; BayHStA, MJU 21521, Präsident des OLG Augsburg, Schreiben an das Bayerische Staatsministerium der Justiz vom 17.1.1928; BayHStA, MJU 21521, Präsident des OLG Augsburg, Schreiben an Stefan Oberbrunner vom 10.10.1930.

9 BayHStA, MJU 21521, Präsident des LG Augsburg, Schreiben an das Staatsministerium der Justiz vom 17.1.1928; BayHStA, MJU 21521, Präsident des OLG Augsburg, Schreiben an das Bayerische Staatsministerium der Justiz vom 17.1.1928; BayHStA, MJU 21521, Präsident des OLG Augsburg, Schreiben an Stefan Oberbrunner vom 10.10.1930.

10 BayHStA, MJU 21521, Präsident des OLG Augsburg, Schreiben an Stefan Oberbrunner vom 10.10.1930; BayHStA, MJU 21521, Präsident des LG Augsburg, Schreiben an das Staatsministerium der Justiz vom 11.10.1930; BayHStA, MJU 21521, Präsident des OLG München, Schreiben an das Staatsministerium der Justiz vom 31.3.1932; LAfF, EG 7703, Bayerisches Staatsministerium der Justiz, Schreiben an Lieselotte Oberbrunner (Obert) vom 21.1.1955.

11 Siehe oben C. IX. 1. d.

12 LAfF, EG 7703, Lieselotte Oberbrunner (Obert), eidesstattliche Versicherung vom 9.4.1954; Robert Neumark, eidesstattliche Versicherung vom 21.9.1955.

13 LAfF, EG 7703, Lieselotte Oberbrunner (Obert), Fragebogen „Schaden am wirtschaftlichen Fortkommen" vom 12.1.1957.

14 LAfF, EG 7703, Lieselotte Oberbrunner (Obert), eidesstattliche Versicherung vom 9.4.1954; LAfF, EG 7703, Robert Neumark, eidesstattliche Versicherung vom 21.9.1955.

15 LAfF, EG 7703, Lieselotte Oberbrunner (Obert), Antrag wegen des Schadens an Körper und Gesundheit an das Bayerische Landesentschädigungsamt vom 21.2.1958; LAfF, EG 7703, Lieselotte Oberbrunner (Obert), eidesstattliche Versicherung vom 9.4.1954.

16 LAfF, EG 7703, Lieselotte Oberbrunner (Obert), eidesstattliche Versicherung vom 9.4.1954; Römer, An meine Gemeinde in der Zerstreuung, S. 322.

Oberbrunner wohnte mit seiner Familie in der Ludwigstraße 240 in Augsburg in einer großen Wohnung mit insgesamt sieben Zimmern.[17] Die Familie hatte eine Hausangestellte, eine Waschfrau und ein Kindermädchen angestellt,[18] Die Wohnsituation der Familie belegte die offensichtlich gute Einkommenssituation Oberbrunners.

2. Leben während der Verfolgung

a. „Schutzhaft"

Die Geheime Staatspolizei nahm Oberbrunner im März 1933 einen Monat lang in dem Gefängnis am Katzenstadel in Augsburg in „Schutzhaft".[19]

b. Entzug der Rechtsanwaltszulassung 1933

Am 5. August 1933 entzog das Bayerische Staatsministerium der Justiz Oberbrunner die Zulassung als Rechtsanwalt aufgrund des Rechtsanwaltszulassungsgesetzes[20].[21] Oberbrunner brachte gegenüber dem Staatsministerium der Justiz vor, dass sein Vater und sein Schwiegervater im Krieg gedient hätten und er selbst als Gymnasiast beim *„vaterländischen Hilfsdienst"* gearbeitet habe, was das Staatsministerium der Justiz jedoch nicht berücksichtigte.[22] Vielmehr wies es darauf hin, dass zwei Richter des Landgerichts Augsburg angegeben hätten, dass Oberbrunner sich *„offenbar aus geschäftlichen Gründen zur Förderung seiner Praxis im Sinne der sozialdemokratischen Partei aktiv betätigt und bei Verteidigungen in Strafsachen in unangenehmer Weise klassenkämpferisch eingestellt"* sei.[23] Die politische Einstellung Oberbrunners war offensichtlich auch der Hintergrund der frühen Schutzhaftinhaftierung[24] Oberbrunners.

---

17 LAfF, EG 7703, Lieselotte Oberbrunner (Obert), eidesstattliche Versicherung vom 9.4.1954; LAfF, EG 7703, Lieselotte Oberbrunner (Obert), Fragebogen „Schaden im wirtschaftlichen Fortkommen" vom 12.1.1957.

18 LAfF, EG 7703, Lieselotte Oberbrunner (Obert), eidesstattliche Versicherung vom 9.4.1954; LAfF, EG 7703, Lieselotte Oberbrunner (Obert), Fragebogen „Schaden im wirtschaftlichen Fortkommen" vom 12.1.1957.

19 LAfF, EG 7703, Bayerisches Landesentschädigungsamt, Aktenvormerkung vom 17.11.1960.

20 Siehe oben B. VI. 1. a. b.

21 LAfF, EG 7703, Bayerisches Staatsministerium der Justiz, Schreiben an Lieselotte Oberbrunner (Obert) vom 21.1.1955. Lieselotte Obert hatte in ihrer eidesstattlichen Versicherung ein Jahr zuvor angegeben, dass die Zulassung ihres verstorbenen Mannes bereits am 7.4.1933 entzogen worden sei (LAfF, EG 7703, Lieselotte Oberbrunner (Obert), eidesstattliche Versicherung vom 9.4.1954). Hierbei handelte es sich jedoch um das Datum des Erlasses des Rechtsanwaltszulassungsgesetzes, auf dessen Grundlage die Zulassung entzogen worden war.

22 BayHStA, MJU 21521, Bayerisches Staatsministerium der Justiz, Schreiben an den Präsidenten des OLG München vom 5.8.1933.

23 BayHStA, MJU 21521, Bayerisches Staatsministerium der Justiz, Schreiben an den Präsidenten des OLG München vom 5.8.1933.

24 Siehe oben C. XI. 2. a.

Um seine Existenz zu sichern, arbeitete Oberbrunner nach dem Entzug seiner Rechtsanwaltszulassung als Syndikusanwalt bei der Waren Treuhand GmbH in München.[25]

c. Auswanderung nach Frankreich und Flucht von Oberbrunners Ehefrau und Tochter in die Vereinigten Staaten

aa. Auswanderung nach Frankreich

Die wirtschaftliche und politische Situation zwangen Oberbrunner und seine Familie 1934 nach Paris zu fliehen.[26] Dort versuchte Oberbrunner, eine Anzeigenzeitschrift herauszugeben, wobei er nach Angaben seiner Ehefrau keine Gewinne erzielen konnte, sodass die Familie vor allem von ihren Ersparnissen leben musste.[27]

1935 zog Oberbrunner weiter nach Sainte-Livrade-sur-Lot in Südwestfrankreich, wo Oberbrunner gegen Kost und Logis auf einer Farm arbeitete.[28] Diese harte Arbeit verrichtete er bis zum Beginn des Zweiten Weltkrieges, um mit seiner Familie zu überleben.[29] Nach Beginn des Krieges inhaftierten die Franzosen Oberbrunner aufgrund seiner deutschen Staatsangehörigkeit für kurze Zeit.[30] Nach seiner Freilassung zog ihn die französische Armee zum Wehrdienst ein.[31]

Die Inhaftierung des Ehemannes und Vaters hatte zur Folge, dass Oberbrunners Ehefrau und Tochter nicht mehr versorgt waren und Oberbrunners Ehefrau die harte Feldarbeit selbst verrichten musste, damit sie und ihre Tochter überleben konnten.[32]

bb. Flucht von Oberbrunners Ehefrau und Tochter in die Vereinigten Staaten

Nach der teilweisen Besetzung Frankreichs durch die Deutschen floh Oberbrunners Ehefrau 1941 mit der Tochter in die Vereinigten Staaten.[33] Oberbrunner selbst erhielt keine Ausreisegenehmigung, weil er im wehrfähigen Alter war, sodass er seine Familie allein ausreisen lassen musste.[34]

In den Vereinigten Staaten versuchte Oberbrunners Witwe, die sich mittlerweile Obert nannte, ein Fotogeschäft zu betreiben, wobei sie jedoch nur Verluste

---

25 LAfF, EG 7703, Lieselotte Oberbrunner (Obert), eidesstattliche Versicherung vom 9.4.1954.

26 LAfF, EG 7703, Lieselotte Oberbrunner (Obert), eidesstattliche Versicherung vom 9.4.1954.

27 LAfF, EG 7703, Lieselotte Oberbrunner (Obert), eidesstattliche Versicherung vom 9.4.1954.

28 LAfF, EG 7703, Bayerisches Landesentschädigungsamt, Aktenvormerkung vom 17.11.1960; LAfF, EG 7703, Lieselotte Oberbrunner (Obert), eidesstattliche Versicherung vom 9.4.1954.

29 LAfF, EG 7703, Bayerisches Landesentschädigungsamt, Aktenvormerkung vom 17.11.1960.

30 LAfF, EG 7703, Bayerisches Landesentschädigungsamt, Aktenvormerkung vom 17.11.1960.

31 LAfF, EG 7703, Bayerisches Landesentschädigungsamt, Aktenvormerkung vom 17.11.1960; LAfF, EG 7703, Lieselotte Oberbrunner (Obert), eidesstattliche Versicherung vom 9.4.1954.

32 LAfF, EG 7703, Max Hirschberg, Schreiben an das Bayerische Landesentschädigungsamt vom 8.6.1961.

33 LAfF, EG 7703, Lieselotte Oberbrunner (Obert), eidesstattliche Versicherung vom 9.4.1954.

34 LAfF, EG 7703, Lieselotte Oberbrunner (Obert), eidesstattliche Versicherung vom 9.4.1954.

machte.[35] Sie schloss das Geschäft 1953 wieder und hatte von dieser Zeit an nur noch Einnahmen, die unterhalb des in den Vereinigten Staaten geltenden steuerlichen Minimums lagen.[36]

3. Oberbrunners Tod

Nach dem Waffenstillstand zwischen Frankreich und dem Deutschen Reich von Compiégne am 22. Juni 1940 setzte das Deutsche Reich in Nordfrankreich eine Militärregierung ein und ließ Südfrankreich mit dem Regierungssitz in Vichy (sogenannten Vichy-Regime) unbesetzt.[37] Das Vichy-Regime arbeitete bei der Judenverfolgung mit den Nationalsozialisten zusammen.[38] Ab 1942 kam es zu den ersten Judendeportationen von Frankreich nach Ausschwitz.[39] 1942 inhaftierten Polizisten des Vichy-Regimes Oberbrunner im Internierungslager Camp de Gurs und brachten ihn von dort in das Sammel- und Durchgangslager Drancy, von wo das Deutsche Reich Oberbrunner am 6. März 1943 in das Konzentrations- und Vernichtungslager Lublin-Majdanek deportierten, wo ihn die Nationalsozialisten ermordeten.[40] Der genaue Todestag ist unbekannt. Das Amtsgericht Augsburg setzte schließlich das Ende des Zweiten Weltkriegs am 8. Mai 1945 als Todestag fest.[41]

Oberbrunners Ehefrau, Lieselotte Obert, starb am 21. Juni 1991 im Alter von 85 Jahren in Lihue (Hawaii).[42]

4. Entschädigung

Oberbrunners Witwe ließ sich im Entschädigungsverfahren zunächst von der United Restitution Organization[43] und später von den Rechtsanwälten Hans Raff und Max Hirschberg, die ihre Kanzlei in München hatten, vertreten.[44]

---

35 LAfF, EG 7703, Lieselotte Oberbrunner (Obert), eidesstattliche Versicherung vom 15.2.1961.

36 LAfF, EG 7703, Lieselotte Oberbrunner (Obert), eidesstattliche Versicherung vom 15.2.1961.

37 Rousso, Vichy Frankreich unter Deutscher Besatzung 1940 - 1944, S. 21 f., S. 25.

38 Rousso, Vichy Frankreich unter Deutscher Besatzung 1940 - 1944, S. 21 f., S. 99 f.

39 Rousso, Vichy Frankreich unter Deutscher Besatzung 1940 - 1944, S. 21 f., S. 99 f.

40 LAfF, EG 7703, Comité international de la Croix Rogue, Schreiben an die United Restitution Organization vom 14.10.1957; LAfF, EG 7703, Bayerisches Landesentschädigungsamt, Bescheid vom 23.2.1961, S. 3.

41 LAfF, EG 7703, AG Augsburg – Nachlassgericht, gemeinschaftlicher Erbschein vom 28.11.1958.

42 LAfF, EG 7703, Robert Weinberg, Schreiben an die Union Bank of Bavaria vom 29.7.1991; LAfF, EG 7703, State of Hawaii – Department of Health, Certificate of Death vom 3.7.1991.

43 Siehe hierzu die Ausführungen unter C. II. 4. a.

44 LAfF, EG 7703, Vollmacht zu Gunsten der United Restitution Organization vom 25.2.1957; LAfF, EG 7703, Vollmacht zu Gunsten Hans Raff vom 5.8.1960; LAfF, EG 7703, Vollmacht zu Gunsten Max Hirschberg und Hans Raff, vom 11.7.1961.

a. Schaden im beruflichen Fortkommen

aa. Antragstellung

Oberbrunners Witwe beantragte am 26. April 1954 beim Bayerischen Landesentschädigungsamt eine Entschädigung für den Schaden im beruflichen Fortkommen ihres verstorbenen Ehemannes auf der Grundlage von §§ 25 - 55 Bundesergänzungsgesetz.[45]

bb. Bescheid auf Kapitalentschädigung

Am 12. Oktober 1959 erließ das Bayerische Landesentschädigungsamt einen Bescheid über die Entschädigung für den bei Oberbrunner eingetretenen Schaden im beruflichen Fortkommen, in dem es Oberbrunners Witwe und Tochter eine Kapitalentschädigung (§§ 3, 74 Satz 1, Satz 2 Alternative 1, 76 Absatz 1, 2 BEG) in Höhe von 13.965 Deutsche Mark zusprach.[46] Oberbrunner war als Jude Verfolgter im Sinne des § 1 Absatz 1 BEG, welcher mit der Flucht nach Frankreich aus seiner selbstständigen Tätigkeit verdrängt war, sodass das Bayerische Landesentschädigungsamt einen Schaden im beruflichen Fortkommen gemäß §§ 1 Absatz 1, § 64 Absatz 1 Satz 1, Absatz 3, 65, 66 Absatz 1, 3 BEG annahm.[47] Ausweislich des Erbscheines[48] des Amtsgerichts Augsburg vom 28. November 1958 beerbten Oberbrunners Ehefrau (zu 3/4) und seine Tochter (zu 1/4) Oberbrunner.[49] Das Bayerische Landesentschädigungsamt führte in dem Bescheid vom 12. Oktober 1959 aus, dass der Anspruch auf Kapitalentschädigung wegen Schadens im beruflichen Fortkommen (§§ 74 Satz 1, Satz 2 Alternative 1, 76 Absatz 1, 2 BEG) gemäß § 13 Absatz 1 BEG vererblich war und – nachdem eine Erbauseinandersetzung gemäß §§ 2032, 2039 noch nicht erfolgt war – auf die Erbengemeinschaft nach Oberbrunner, bestehend aus der Witwe von Oberbrunner und der gemeinsamen Tochter, übergangen war.[50]

Das Bayerische Landesentschädigungsamt sah den Anspruch auf Kapitalentschädigung (§§ 3, 74 Satz 1, Satz 2 Alternative 1, 76 Absatz 1, Absatz 2 BEG) erst ab dem Zeitpunkt der Auswanderung zum 1. Juni 1934 als begründet an.[51] Zwar erkannte das Bayerische Landesentschädigungsamt an, dass Oberbrunner bereits am 5. August 1933 die Rechtsanwaltszulassung entzogen worden war.[52] Jedoch führte es aus, dass Oberbrunner nach dem Entzug seiner Rechtsanwaltszulassung bis zu

---

45 LAfF, EG 7703, Lieselotte Oberbrunner (Obert), Antrag an das Bayerische Landesentschädigungsamt vom 26.94.1954.

46 LAfF, EG 7703, Bayerisches Landesentschädigungsamt, Bescheid vom 12.10.1959, S. 1.

47 LAfF, EG 7703, Bayerisches Landesentschädigungsamt, Bescheid vom 12.10.1959, S. 4 f.

48 Siehe zu der amtlichen Beweiswirkung des Erbscheines oben C. I. 4. a. ee.

49 LAfF, EG 7703, Amtsgericht Augsburg, Nachlassgericht, Erbschein vom 28.11.1958.

50 LAfF, EG 7703, Bayerisches Landesentschädigungsamt, Bescheid vom 12.10.1959, S. 5.

51 LAfF, EG 7703, Bayerisches Landesentschädigungsamt, Bescheid vom 12.10.1959, S. 5.

52 LAfF, EG 7703, Bayerisches Landesentschädigungsamt, Bescheid vom 12.10.1959, S. 5.

seiner Auswanderung eine Tätigkeit als Syndikusanwalt ausgeübt habe und diesbezüglich Einkommensnachweise fehlen würden, sodass das Bayerische Landesentschädigungsamt davon ausgehe, dass Oberbrunner in dieser Zeit noch über eine ausreichende Lebensgrundlage (§ 75 Absatz 1 Satz 2 Absatz 2 BEG, § 12 in Verbindung mit Anlage 1 der 3. DV-BEG) verfügt habe.[53]

Das Bayerische Landesentschädigungsamt nahm an, dass vom Zeitpunkt von Oberbrunners Auswanderung nach Frankreich die Angaben von Oberbrunners Witwe, wonach ihr Ehemann keine Einkünfte mehr habe erzielen können, zutreffend waren.[54] Somit hielt das Bayerische Landesentschädigungsamt von diesem Tag bis zu Oberbrunners festgestellten Todesdatum (insgesamt somit für 131 Monate) einen Anspruch auf Entschädigung für gegeben.[55]

Das Bayerische Landesentschädigungsamt reihte Oberbrunner bei der Entscheidung über die Höhe der Entschädigung aufgrund seiner beruflichen Ausbildung und seiner wirtschaftlichen Lage vor der Verfolgung in die vergleichbare Gruppe von Bundesbeamten des höheren Diensts ein (§ 76 Absatz 1 Satz 3 BEG in Verbindung mit § 14 3. DV-BEG)[56] und stufte ihn aufgrund seines Alters zu Beginn der Verfolgung (34 Jahre) in die erste Lebensaltersstufe (bis Vollendung des 35. Lebensjahrs) der Anlage 2 der 3. DV-BEG ein.[57] Gemäß § 76 Absatz 1 Satz 1 BEG in Verbindung mit § 13 der 3. DV-BEG berechnete sich die Kapitalentschädigung aus drei Vierteln der Dienstbezüge eines vergleichbaren Bundesbeamten unter Hinzurechnung eines Pauschalbetrages in Höhe von 20 % zum Ausgleich der fehlenden Alters- und Hinterbliebenenversorgung bei Oberbrunner (§ 76 Absatz 3 BEG), was einen zu entschädigenden Betrag in Höhe von 533 Reichsmark pro Monat ergab.[58] Bei einem Entschädigungszeitraum von 131 Monaten errechnete sich ein Entschädigungsbetrag in Höhe von 69.823 Reichsmark, was umgestellt im Verhältnis 10 : 2 (§ 11 Absatz 1 BEG) einem Betrag von 13.965 Deutsche Mark entsprach.[59] Die Auszahlung der Kapitalentschädigung an die Erbengemeinschaft erfolgte am 16. Oktober 1959.[60]

cc. Rentenwahlrecht

Mit Schreiben an das Bayerische Landesentschädigungsamt vom 8. Juli 1966 wählte der Rechtsanwalt von Oberbrunners Witwe, Raff, anstelle der zuvor beschriebenen Kapitalentschädigung gemäß §§ 3, 74 Satz 1, Satz 2 Alternative 2, 81, 82 Absatz 1,

---

53 LAfF, EG 7703, Bayerisches Landesentschädigungsamt, Bescheid vom 12.10.1959, S. 5.

54 LAfF, EG 7703, Bayerisches Landesentschädigungsamt, Bescheid vom 12.10.1959, S. 4 f.

55 LAfF, EG 7703, Bayerisches Landesentschädigungsamt, Bescheid vom 12.10.1959, S. 4 f.

56 Siehe zur Eingruppierung in eine vergleichbare Beamtengruppe gemäß § 76 Absatz 1 Satz 3 BEG die Ausführungen bei Adler unter C. I. 4. a. dd. (2.).

57 LAfF, EG 7703, Bayerisches Landesentschädigungsamt, Bescheid vom 12.10.1959, S. 5.

58 LAfF, EG 7703, Bayerisches Landesentschädigungsamt, Bescheid vom 12.10.1959, S. 5.

59 LAfF, EG 7703, Bayerisches Landesentschädigungsamt, Bescheid vom 12.10.1959, S. 5.

60 LAfF, EG 7703, Bayerische Landesentschädigungsamt, Verfügung vom 16.10.1959.

83 Absatz 1 und 2, 86 Absatz 2, Absatz 4 BEG eine Witwenrente, welche das Bayerische Landesentschädigungsamt mit Bescheid vom 21. Februar 1969 Oberbrunners Witwe zusprach.[61] Der Antrag war gemäß dem BEG-Schlußgesetz statthaft. Mit dem Artikel I Ziffer 52 b) BEG-Schlußgesetz hatte der Gesetzgeber § 86 Absatz 4 BEG eingefügt, nach welchem in den Fällen des § 86 Absatz 2 BEG (Tod des Verfolgten vor Ausübung des Rentenwahlrechts) die Witwe die Rente ab dem 1. Januar 1960 erhielt, sofern der Verfolgte vor Inkrafttreten des BEG verstorben war. Vor der Einfügung von § 86 Absatz 4 BEG konnte die Witwe eines Verfolgten keine Witwenrente beantragen, wenn der Verfolgten bereits vor dem Inkrafttreten des BEG gestorben war, sondern nur wenn der Verfolgte nach Inkrafttreten des BEG, aber vor Ausübung des Rentenwahlrechts verstorben war.[62] Gemäß Artikel III Ziffer 4 BEG-Schlußgesetz konnte ein Berechtigter ein Wahlrecht für Schäden im beruflichen Fortkommen bis zum 30. September 1960 ausüben, sofern das Wahlrecht durch eine Änderung in Artikel I des BEG-Schlußgesetzes erstmals entstanden war. Aufgrund der Einfügung von § 86 Absatz 4 BEG sah das Bayerische Landesentschädigungsamt diese Voraussetzung des Artikel III Ziffer 4 BEG-Schlußgesetzes als erfüllt an, sodass Oberbrunners Witwe sechs Jahre und neun Monate nach dem Bescheid vom 12. Oktober 1959 das Rentenwahlrecht ausüben konnte.[63]

Die Voraussetzungen für die Witwenrente wegen Schadens im beruflichen Fortkommen waren erfüllt (§§ 3, 74 Satz 1, Satz 2 Alternative 2, 81, 82, 83, 86 Absatz 2, Absatz 4 BEG). Die Rente berechnete sich gemäß § 86 Absatz 3 Satz 1 in Verbindung mit § 85 BEG aus 60 % der Rente, die nach § 83 Absatz 1 BEG Oberbrunner zugestanden hätte. Das Bayerische Landesentschädigungsamt stufte Oberbrunner in dem Bescheid vom 12. Oktober 1959 in die vergleichbare Gruppe eines Bundesbeamten des höheren Dienst ein (§§ 83 Absatz 1 Satz 3, 76 Absatz 1 Satz 3 BEG, 22, 14 3. DV-BEG).[64] Für die Witwenrente wegen Schadens im beruflichen Fortkommen Oberbrunners kam es gemäß § 86 Absatz 4 Satz 2 BEG auf das Lebensalter des Verfolgten zum Zeitpunkt des Todes an. Oberbrunner war zum festgestellten Todeszeitpunkt 44 Jahre alt, sodass sich eine Rente vom 1. Januar 1960 an in Höhe von 259,20 Deutsche Mark (60 % von 432 Deutsche Mark) für Oberbrunners Witwe ergab.[65] Für den Zeitraum vom 1 Januar 1960 bis zum 28. Februar 1969 errechnete sich ein Rentenbetrag für die Witwenrente wegen Schadens im beruflichen Fortkommen von insgesamt 9.010 Deutsche Mark.[66] Oberbrunners Witwe konnte die Witwenrente wegen Schadens im beruflichen Fortkommen gemäß § 81 Satz 1 BEG nur anstelle der Kapitalentschädigung wegen Schadens im beruflichen Fortkommen wählen. Die Kapitalentschädigung hatte das Bayerische Landesentschädigungsamt

---

61 LAfF, EG 7703, Hans Raff, Schreiben an das Bayerische Landesentschädigungsamt vom 8.7.1966; LAfF, EG 7703, Bayerisches Landesentschädigungsamt, Bescheid vom 21.2.1969.

62 So zum Beispiel im Fall von Adler; siehe hierzu die Ausführungen oben C. I. 4. a. ee.

63 LAfF, EG 7703, Bayerisches Landesentschädigungsamt, Bescheid vom 21.2.1969.

64 Siehe oben C. XI. 5. a. bb.

65 LAfF, EG 7703, Bayerisches Landesentschädigungsamt, Bescheid vom 21.2.1969, S. 4.

66 LAfF, EG 7703, Bayerisches Landesentschädigungsamt, Bescheid vom 21.2.1969, S. 5.

in Höhe von 13.965 Deutsche Mark bereits aufgrund des Bescheids vom 12. Oktober 1959 an Oberbrunners Witwe ausbezahlt.[67] Das Bayerische Landesentschädigungsamt musste die Kapitalentschädigung daher auf die Witwenrente wegen Schadens im beruflichen Fortkommen anrechnen. Die Kapitalentschädigung überschritt den Rentenbetrag für den Zeitraum 1. Januar 1960 bis zum 28. Februar 1969 um 4.955 (13.965 − 9.010) Deutsche Mark. Diese Differenz glich das Bayerische Landesentschädigungsamt dadurch aus, dass es Oberbrunners Witwe die Witwenrente für den Schaden im beruflichen Fortkommen bis Juli 1973 nur zu 3/4 und für August 1973 nur in Höhe von 372 Deutsche Mark ausbezahlte.[68]

b. Schaden am Leben

aa. Einreichung und Begründung des Antrags

Oberbrunners Witwe stellte am 26. April 1954 gemäß §§ 14, 15 Absatz 6 Bundesergänzungsgesetz einen Antrag beim Bayerischen Landesentschädigungsamt auf Entschädigung für den Schaden, der ihr durch den Tod ihres Ehemannes entstanden war.[69] Den Antrag begründete sie damit, dass ihr Ehemann seit seiner Deportation im März 1943 in das Konzentrationslager Lublin-Majdanek, verschollen war.[70]

bb. Bescheid und die sich daraus ergebende monatliche Rente

Das Bayerische Landesentschädigungsamt gab dem Antrag mit Bescheid vom 23. Februar 1961 statt.[71] Oberbrunner war Verfolgter im Sinn des § 1 Absatz 1 BEG, welcher *„mit Wahrscheinlichkeit durch Verfolgungsmaßnahmen vorsätzlich getötet worden ist“*, sodass ein Schaden im Leben gemäß § 3, 1 Absatz 1, 15 Absatz 1, Absatz 2 BEG vorlag.[72] Als Entschädigung für einen Schaden am Leben sah § 16 BEG eine Rentenzahlung (§ 16 Ziffer 1 BEG), eine Abfindung im Falle der Wiederverheiratung (§ 16 Ziffer 2 BEG) und eine Kapitalentschädigung (§ 16 Ziffer 3 BEG) für die Zeit vor dem 1. November 1953 (§ 24 BEG) vor. Oberbrunners Witwe war bis zu ihrem Tod nicht wiederverheiratet, sodass ihr das Bayerische Landesentschädigungsamt als Entschädigung eine Rente ab dem 1. November 1953 (§§ 3, 1 Absatz 1, 15 Absatz 1, Absatz 2, 16 Ziffer 1 BEG) und eine Kapitalentschädigung für die Zeit vor dem 1. November 1953 (§§ 3, 1 Absatz 1, 15 Absatz 1, Absatz 2, 16 Ziffer 3, § 17 Absatz 1 Ziffer 1 BEG) zusprach.[73] Für die Berechnung der monatlichen Rente musste das

---

67 Siehe oben C. XI. 5. b. bb.

68 LAfF, EG 7703, Bayerisches Landesentschädigungsamt, Bescheid vom 21.2.1969, S. 5.

69 LAfF, EG 7703, Lieselotte Oberbrunner (Obert), Antrag an das Bayerische Landesentschädigungsamt vom 26.4.1954.

70 LAfF, EG 7703, Lieselotte Oberbrunner (Obert), Antrag an das Bayerische Landesentschädigungsamt vom 26.4.1954; LAfF, EG 7703, Lieselotte Oberbrunner (Obert), Fragebogen „Schaden am Leben“ vom 12.2.1957; LAfF, EG 7703, Bayerisches Landesentschädigungsamt, Bescheid vom 23.2.1961, S. 3.

71 LAfF, EG 7703, Bayerisches Landesentschädigungsamt, Bescheid vom 23.2.1961.

72 LAfF, EG 7703, Bayerisches Landesentschädigungsamt, Bescheid vom 23.2.1961, S. 3 f.

73 LAfF, EG 7703, Bayerisches Landesentschädigungsamt, Bescheid vom 23.2.1961.

Bayerische Landesentschädigungsamt Oberbrunner gemäß § 18 Absatz 1 BEG in eine Besoldungsgruppe eines vergleichbaren Bundesbeamten eingruppieren. Bei der Eingruppierung kam es gemäß §§ 18 Absatz 1 Satz 1 BEG, 11 Absatz 1 der 1. DV-BEG – wie bei der Eingruppierung für die Berechnung der Kapitalentschädigung wegen Schadens im beruflichen Fortkommen (§§ 76 Absatz 1 Satz 3 BEG, 14 der 3. DV-BEG) – auf die wirtschaftliche Stellung des Verfolgten an. Das Bayerische Landesentschädigungsamt stufte Oberbrunner – wie bei der Entschädigung für den Schaden im beruflichen Fortkommen[74] – in die vergleichbare Besoldungsgruppe von Bundesbeamten des höheren Diensts ein (§§ 18 Absatz 1 BEG, 10, 11 Absatz 1 der 1. DV-BEG).[75]

Entsprechend der Einstufung in die vergleichbare Besoldungsgruppe eines Bundesbeamten des höheren Dienst sprach das Bayerische Landesentschädigungsamt Oberbrunners Witwe rückwirkend gemäß §§ 3, 1 Absatz 1, 15 Absatz 1, Absatz 2, 16 Ziffer 3, § 17 Absatz 1 Ziffer 1 BEG für den Zeitraum vom 8. Mai 1945 (angenommener Todeszeitpunkt[76]) bis zum 31. Oktober 1953 eine zusätzliche Kapitalentschädigung in Höhe von 34.687 Deutsche Mark zu.[77] Die Kapitalentschädigung errechnete sich nach § 24 BEG anhand des monatlichen Rentenbetrages in Höhe von 484 Deutsche Mark nach und in Höhe von 484 Reichsmark vor der Währungsreform (20. Juni 1948).[78] Es ergab sich ein Teilbetrag für den Zeitraum vom 8. Mai 1945 bis zum 20. Juni 1948 in Höhe von 17.746,66 Reichsmark (36 2/3 Monate[79] × 484 Reichsmark).[80] Diesen Betrag stellte das Bayerische Landesentschädigungsamt gemäß § 25 Absatz 3 BEG im Verhältnis 10 : 2 auf 3.549,33 Deutsche Mark um.[81] Für den Zeitraum vom 21. Juni 1948 bis zum 31. Oktober 1953, mithin für 64 1/3 Monate, ergab sich eine Teilbetrag in Höhe von 31.137,33 Deutsche Mark (64 1/3 Monate × 484 Deutsche Mark), sodass sich eine Kapitalentschädigung in Höhe von 34.686,66 (3.549,33 + 31.137,33) Deutsche Mark errechnete, was das Bayerische Landesentschädigungsamt auf 34.687 Deutsche Mark aufrundete.[82]

Das Bayerische Landesentschädigungsamt sprach Oberbrunners Witwe darüber hinaus rückwirkend eine monatliche Rente in Höhe von 484 Deutsche Mark (Anlage 1 zur 1. DV-BEG) für den Zeitraum vom 1. November 1953 bis zum 31. Dezember 1955 (26 Monate), in Höhe von 528 Deutsche Mark pro Monat für den Zeitraum vom 1. Januar 1956 bis zum 31. März 1957 (15 Monate) und in Höhe von

---

74 Siehe oben C. XI 5. a.

75 LAfF, EG 7703, Bayerisches Landesentschädigungsamt, Bescheid vom 23.2.1961, S. 3 f.

76 Siehe oben C. XI. 4.

77 LAfF, EG 7703, Bayerisches Landesentschädigungsamt, Bescheid vom 23.2.1961, S. 4.

78 LAfF, EG 7703, Bayerisches Landesentschädigungsamt, Bescheid vom 23.2.1961, S. 4.

79 Das Bayerische Landesentschädigungsamt hat den Monat Mai 1945 als angefangenen Monat nicht mitberechnet und den Monat Juni 1948 zu 2/3 angerechnet.

80 LAfF, EG 7703, Bayerisches Landesentschädigungsamt, Bescheid vom 23.2.1961, S. 4.

81 LAfF, EG 7703, Bayerisches Landesentschädigungsamt, Bescheid vom 23.2.1961, S. 4.

82 LAfF, EG 7703, Bayerisches Landesentschädigungsamt, Bescheid vom 23.2.1961, S. 4.

monatlich 583 Deutsche Mark für die Zeit vom 1. April 1957 an, zu.[83] Aus den genannten Rentenbeträgen ergab sich eine Rentennachzahlung für den Zeitraum vom 1. November 1953 bis zum 28. Februar 1961 in Höhe von 47.905 Deutsche Mark[84].[85]

cc. Anpassungen der Rente

Das Bayerische Landesentschädigungsamt glich die monatliche Rente entsprechend den Anpassungen in dem BEG nachträglich an. Die Rente betrug vom 1. Juni 1960 bis zum 31. Dezember 1960 618 Deutsche Mark, vom 1. Januar 1961 bis zum 30. Juni 1962 661 Deutsche Mark und vom 1. Juli 1962 bis zum 31. Juli 1964 694 Deutsche Mark.[86]

Vom 1. August 1964 bis zum 30. September 1964 kürzte das Bayerische Landesentschädigungsamt die Rente auf 594 Deutsche Mark und vom 1. Oktober 1964 an auf 643 Deutsche Mark, nachdem Oberbrunners Witwe in einer der regelmäßigen Abfragen des Bayerischen Landesentschädigungsamt angegeben hatte, dass sie Zinseinnahmen in Höhe von 2.155 US-Dollar jährlich hatte.[87] Das Bayerische Landesentschädigungsamt rechnete den Betrag in Höhe von 2.155 US-Dollar gemäß dem zum Zeitpunkt der Entscheidung geltenden amtlichen Umrechnungskurs auf 5.387,50 Deutsche Mark pro Jahr oder 448,95 Deutsche Mark pro Monat um.[88] Gemäß § 13 Absatz 5 der 1. DV-BEG war die Rente wegen Schadens am Leben zu kürzen, wenn die Einkünfte des Einspruchstellers 150 Deutsche Mark pro Monat überschritten. In diesen Fällen war eine Kürzung der Rente wegen Schadens am Leben um je 10% pro volle 50 Deutsche Mark, die den Betrag von 150 Deutsche Mark pro Monat überschritten, vorzunehmen. Die Einkünfte von Oberbrunners Witwe überschritten den Betrag von 150 Deutsche Mark um fünfmal volle 50 Deutsche Mark (448,95 Deutsche Mark – 150 Deutsche Mark = 298,95 Deutsche Mark), was einem Kürzungsfaktor von 50 % entsprach.[89]

Die von Oberbrunners Witwe per Selbstauskunft angegebenen Einkünfte aus Zinseinnahmen verringerten sich in den Folgejahren erheblich, sodass das Bay-

---

83 LAfF, EG 7703, Bayerisches Landesentschädigungsamt, Bescheid vom 23.2.1961, S. 4.

84 26 Monate × 484 Deutsche Mark + 15 Monate × 528 Deutsche Mark + 47 Monate (vom 1. April 1957 bis zum Ende des Monats der Entscheidung) × 583 Deutsche Mark. Der Zeitpunkt der Entscheidung war für die Rentennachzahlung relevant, da die Nachzahlung nur bis zu diesem Zeitpunkt zurückreichte. Ab dem Zeitpunkt der Entscheidung zahlte das Bayerische Landesentschädigungsamt die Rentenbeträge an Oberbrunners Witwe monatlich aus.

85 LAfF, EG 7703, Bayerisches Landesentschädigungsamt, Bescheid vom 23.2.1961, S. 4.

86 LAfF, EG 7703, Bayerisches Landesentschädigungsamt, Rentenänderungsbescheide vom 12.10.1961 und vom 10.6.1964.

87 LAfF, EG 7703, Bayerisches Landesentschädigungsamt, Rentenänderungsbescheide vom 10.6.1964, S. 3 f., und vom 30.6.1965.

88 LAfF, EG 7703, Bayerisches Landesentschädigungsamt, Rentenänderungsbescheide vom 10.6.1964, S. 3 f., und vom 30.6.1965.

89 LAfF, EG 7703, Bayerisches Landesentschädigungsamt, Rentenänderungsbescheide vom 10.6.1964, S. 3 f., und vom 10.6.1964.

erische Landesentschädigungsamt eine amtliche Bestätigung ihrer Einkünfte verlangte.[90] Die von dem Bayerischen Landesentschädigungsamt angeforderte und Oberbrunner übermittelte Bestätigung ergab, dass Oberbrunners Witwe auf ihr Gesamteinkommen abstellte und ihre Einkünfte aus Kapitalvermögen mit den Verlusten aus einer beruflichen Tätigkeit als Kunsthändlerin verrechnet hatte.[91] Das Bayerische Landesentschädigungsamt nahm hingegen an, dass eine Verrechnung nicht möglich sei, weil der Witwe von Oberbrunner eine berufliche Tätigkeit nicht mehr zuzumuten sei, sie dann jedoch auch keine Verluste daraus verrechnen dürfe.[92] Das Bayerische Landesentschädigungsamt passte die Rente entsprechend Oberts Einkünften ohne die Verrechnung mit den Verlusten vom 1. März 1969 an auf 316 Deutsche Mark an.[93]

dd. Klage gegen Herabsetzung wegen der Nichtberücksichtigung von Verlusten vor dem Landgericht München I

Oberbrunners Witwe erhob gegen die Herabsetzung der Rente aufgrund der Nichtverrechnung von Verlusten am 29. Juli 1969 Klage zum Landgericht München I und erweiterte diese auf die jeweiligen nachfolgenden Änderungs- und Berichtigungsbescheide.[94] In der Klage brachte ihr Rechtsanwalt Raff vor, dass das Bayerische Landesentschädigungsamt die Verluste aus ihrer Berufstätigkeit – die ausschließlich aus ihrer Tätigkeit als Kunsthändlerin resultieren würden – mit den positiven Einkünften aus ihren Kapitalanlagen verrechnen müsse.[95] Sie sei der Berufstätigkeit als Kunsthändlerin nicht nachgegangen, *„um den Freistaat Bayern zu schädigen, sondern weil sie sich zu diesem Beruf [hingezogen gefühlt habe]"* und in absehbarer Zeit damit auch Gewinne habe erzielen wollen.[96]

Das Landgericht München I sah das anders und nahm in seiner Urteilsbegründung Bezug auf die sich aus den Steuererklärungen von Oberbrunners Witwe

---

90 LAfF, EG 7703, Bayerisches Landesentschädigungsamt, Schreiben an Kanzlei Raff vom 28.3.1968; LAfF, EG 7703, Kanzlei Raff, Schreiben an das Bayerische Landesentschädigungsamt vom 14.6.1968; LAfF, EG 7703, Bayerisches Landesentschädigungsamt, Schreiben an Kanzlei Raff vom 31.7.1968; LAfF, EG 7703, Bayerisches Landesentschädigungsamt, Schreiben an Kanzlei Raff vom 10.9.1968; LAfF, EG 7703, Kanzlei Raff, Schreiben an das Bayerische Landesentschädigungsamt vom 18.12.1968.

91 LAfF, EG 7703, Bayerisches Landesentschädigungsamt, Schreiben an Kanzlei Raff vom 10.9.1968; LAfF, EG 7703, Kanzlei Raff, Schreiben an das Bayerische Landesentschädigungsamt vom 18.12.1968; LAfF, EG 7703, Bayerisches Landesentschädigungsamt, Rentenänderungsbescheid vom 28.1.1969, S. 3.

92 LAfF, EG 7703, Bayerisches Landesentschädigungsamt, Schreiben an Kanzlei Raff vom 10.9.1968; LAfF, EG 7703, Kanzlei Raff, Schreiben an das Bayerische Landesentschädigungsamt vom 18.12.1968; LAfF, EG 7703, Bayerisches Landesentschädigungsamt, Rentenänderungsbescheid vom 28.1.1969, S. 3.

93 LAfF, EG 7703, Bayerisches Landesentschädigungsamt, Rentenänderungsbescheid vom 28.01.1969, S. 3.

94 LAfF, EG 7703, LG München I, Endurteil vom 15.10.1970, S. 6.

95 LAfF, EG 7703, LG München I, Endurteil vom 15.10.1970, S. 6.

96 LAfF, EG 7703, LG München I, Endurteil vom 15.10.1970, S. 6.

ergebenden Umsatzzahlen im Verhältnis zu den jeweiligen Verlusten.[97] Bei dieser Gegenüberstellung ergaben sich in der Zeit von 1958 bis 1969, mithin in zwölf Jahren, ein aufsummierter Umsatz aus der Tätigkeit als Kunsthändlerin in Höhe von 2.464,63 Deutsche Mark und demgegenüber ein aufsummierter Verlust in Höhe von 71.055,55 Deutsche Mark.[98] Der erwirtschaftete geringe Umsatz stand somit in einem schweren Missverhältnis zu den erheblichen Verlusten. Das Landgericht schloss aus diesem Missverhältnis, dass die Klägerin entweder *„trotz eifrigen Bemühens nicht in der Lage [war], beabsichtigte Gewinne zu erzielen, oder sie [wollte] aus hier nicht näher zu untersuchenden Gründen keine Gewinne erwirtschaften. In beiden Fällen [war] es aber nicht gerechtfertigt, die Verluste der Klägerin bei der Festsetzung der Rente zu berücksichtigen.“*[99] Oberbrunners Witwe erkannte das Urteil an und ging nicht in Berufung.[100]

c. Zusammentreffen der Rente wegen Schadens im beruflichen Fortkommen und der Rente wegen Schaden am Leben gemäß § 141 d BEG

Sofern ein Hinterbliebener eines Verfolgten sowohl eine Rente für den Schaden im beruflichen Fortkommen als auch eine Rente für Schaden am Leben zustand, war gemäß § 141 d Absatz 4 BEG die höhere Rente vollständig und die niedrigere Rente nur in Höhe von 25 % zuzusprechen.

Im Fall von Oberbrunners Witwe war die höhere Rente vom 1. Januar 1960 bis zum 28. Februar 1969 die Rente wegen des Schadens am Leben und vom 1. März 1969 bis 28. Februar 1979 die Rente wegen des Schadens im beruflichen Fortkommen.[101] Die Rente wegen des Schadens im beruflichen Fortkommen war daher bis zum 28. Februar 1969 auf 25 % zu kürzen und betrug vom 1. Januar 1960 an 65 Deutsche Mark (25 % von 260 Deutsche Mark).[102] Anschließend passte das Bayerische Landesentschädigungsamt die Rente regelmäßig an. Sie betrug zum Beispiel vom 1. Oktober 1964 an 83 Deutsche Mark, vom 1. Oktober 1966 an 97 Deutsche Mark und vom 1. März 1969 an (von diesem Zeitpunkt an war die Rente nicht mehr auf 25 % zu kürzen) 385 Deutsche Mark.[103] Das Bayerische Landesentschädigungsamt passte die Rente wegen des Schadens im beruflichen Fortkommen weiter vom 1. April 1969 an auf 429 Deutsche Mark, vom 1. September 1969 an auf 461 Deutsche Mark, vom 1. Januar 1971 an auf 522 Deutsche Mark, vom 1. Januar 1972 an auf 552 Deutsche Mark, vom 1. Januar 1973 an auf 594 Deutsche Mark, vom 1. Januar 1974 an 650 Deutsche Mark, vom 1. September 1975 an auf 684 Deutsche

---

97 LAfF, EG 7703, LG München I, Endurteil vom 15.10.1970, S. 12.

98 LAfF, EG 7703, LG München I, Endurteil vom 15.10.1970, S. 12.

99 LAfF, EG 7703, LG München I, Endurteil vom 15.10.1970, S. 12 f.

100 LAfF, EG 7703, Bezirksfinanzdirektion München, Schreiben an das Bayerische Landesentschädigungsamt vom 19.1.1971.

101 LAfF, EG 7703, Bayerisches Landesentschädigungsamt, Bescheid vom 21.2.1969, S. 4.

102 LAfF, EG 7703, Bayerisches Landesentschädigungsamt, Bescheid vom 21.2.1969, S. 5.

103 LAfF, EG 7703, Bayerisches Landesentschädigungsamt, Bescheid vom 21.2.1969, S. 5; LAfF, EG 7703, Bayerisches Landesentschädigungsamt, Bescheid vom 13.10.1969.

Mark, vom 1. Februar 1976 an auf 711 Deutsche Mark, vom 1. Februar 1977 an auf 742 Deutsche Mark und vom 1. März 1978 an auf 770 Deutsche Mark an.[104]

Die Rente wegen Schaden am Leben zahlte das Bayerische Landesentschädigungsamt im Zeitraum 1. Januar 1960 bis zum 28. Februar 1969 als höhere Rente vollständig aus.[105] Ab dem 1. März 1969 kürzte das Bayerische Landesentschädigungsamt die monatliche Rente wegen Schaden am Leben auf 25% auf nur noch 83 Deutsche Mark pro Monat.[106] Vom 1. April 1969 an erhöhte das Bayerische Landesentschädigungsamt auf 87 Deutsche Mark und vom 1. September 1969 an auf 94 Deutsche Mark.[107]

Anschließend erhöhte das Bayerische Landesentschädigungsamt die Rente wegen Schaden am Leben vom 1. Januar 1971 an auf 105 Deutsche Mark, vom 1. Januar 1972 an auf 113 Deutsche Mark, vom 1. Januar 1973 an auf 124 Deutsche Mark, vom 1. Januar 1974 an auf 139 Deutsche Mark, vom 1. Januar 1975 an auf 147 Deutsche Mark, vom 1. Februar 1976 an auf 161 Deutsche Mark, vom 1. Februar 1977 auf 177 Deutsche Mark und vom 1. März 1978 auf 189 Deutsche Mark.[108]

Vom 1. März 1979 an war die Rente wegen des Schadens am Leben die höhere Rente, sodass das Bayerische Landesentschädigungsamt diese zu 100 % ansetzte und die Rente wegen des Schadens im beruflichen Fortkommen auf 25 % kürzte.[109] Das Bayerische Landesentschädigungsamt setzte die Rente wegen des Schadens am Leben mit monatlich 800 Deutsche Mark an und passte diese jeweils entsprechend den gesetzlichen Änderungen an, und zwar vom 1. März 1980 an auf 860 Deutsche Mark, vom 1. März 1981 an auf 903 Deutsche Mark, vom 1. Juli 1982 an auf 939 Deutsche Mark, vom 1. Juli 1983 an auf 958 Deutsche Mark, vom 17. April 1985 an auf 995 Deutsche Mark, vom 1. Januar 1986 an auf 1.025 Deutsche Mark, vom 1. Januar 1987 an auf 1.061 Deutsche Mark, vom 1. März 1988 an auf 1.086 Deutsche Mark und vom 1. Januar 1990 an auf 1.148 Deutsche Mark erhöht.[110] Die Rente wegen Schadens im beruflichen Fortkommen kürzte das Bayerische Landesentschädigungsamt vom 1. März 1979 an auf 199 Deutsche Mark und passte

---

[104] LAfF, EG 7703, Bayerisches Landesentschädigungsamt, Mitteilung vom 15.8.1970, vom 16.8.1970, vom 29.12.1971, vom 28.12.1972, vom 17.7.1973, vom 20.8.1974, vom 20.8.1975, vom 19.10.1976, vom 21.11.1977, vom 21.11.1978,

[105] Zur Höhe siehe oben C. XI. 5. b. cc.

[106] LAfF, EG 7703, Bayerisches Landesentschädigungsamt, Rentenänderungsbescheide vom 9.3.1969, S. 3, und vom 13.10.1969, S. 3.

[107] LAfF, EG 7703, Bayerisches Landesentschädigungsamt, Mitteilung vom 15.8.1970; LAfF, EG 7703, Bayerisches Landesentschädigungsamt, Mitteilung vom 16.8.1970.

[108] LAfF, EG 7703, Bayerisches Landesentschädigungsamt, Mitteilungen vom 29.12.1971, vom 28.12.1972, vom 17.7.1973, vom 20.8.1974, vom 20.8.1975, vom 19.10.1976, vom 21.11.1977 und vom 21.11.1978.

[109] LAfF, EG 7703, Bayerisches Landesentschädigungsamt, Rentenänderungsbescheid vom 4.12.1979.

[110] LAfF, EG 7703, Bayerisches Landesentschädigungsamt, Rentenänderungsbescheide vom 4.12.1979, vom 12.12.1980, vom 17.11.1981, vom 11.2.1983, vom 20.9.1983, vom 17.4.1985, vom 16.6.1986, vom 20.7.1987, vom 18.10.1988 und vom 17.9.1990.

diesen Betrag vom 1. März 1980 an auf 210 Deutsche Mark, vom 1. März 1981 an auf 218 Deutsche Mark, vom 1. Juli 1982 an auf 225 Deutsche Mark, vom 1. Juli 1983 an auf 229 Deutsche Mark, vom 1. Januar 1985 an auf 237 Deutsche Mark, vom 1. Januar 1986 an auf 245 Deutsche Mark, vom 1. Januar 1987 an auf 253 Deutsche Mark, vom 1. März 1988 an auf 259 Deutsche Mark und vom 1. Januar 1990 an auf 270 Deutsche Mark an.[111]

d. Gesamtbetrag der Renten wegen Schaden am Leben und im beruflichen Fortkommen

Das Bayerische Landesentschädigungsamt zahlte die Renten für Schaden am Leben und im beruflichen Fortkommen an Oberbrunners Witwe bis zu ihrem Tod am 21. Juni 1991 aus. Aus beiden Renten erhielt Oberbrunners Witwe insgesamt 431.600 Deutsche Mark, wovon 121.100 Deutsche Mark auf die Rente wegen Schadens im beruflichen Fortkommen und 310.500 Deutsche Mark auf den Schaden am Leben entfielen.

e. Schaden an Freiheit

Über die von Oberbrunners Witwe bei dem Bayerischen Landesentschädigungsamt mit Antrag vom 27. März 1957 gemäß §§ 43 -46 BEG geltend gemachte Entschädigung für den Schaden an Freiheit schloss sie am 6. Dezember 1960 mit dem Freistaat Bayern, vertreten durch das Bayerische Landesentschädigungsamt einen Vergleich, in dem sich dieser zur Zahlung von insgesamt 4.500 Deutsche Mark an Oberbrunners Witwe verpflichtete.[112] Das Bayerische Landesentschädigungsamt war von der Richtigkeit der von Oberbrunners Witwe vorgebrachten Haftzeiten (ein Monat „Schutzhaft" und 29 Monaten Inhaftierung in unterschiedlichen Konzentrationslagern), durch ein von der United Restitution Organization vorgelegtes Schreiben der Schwester von Oberbrunners Witwe und einer Inhaftierungsbescheinigung des International Tracing Service des Comité International de la Croix-Rouge überzeugt.[113] Die Inhaftierung in Frankreich erkannte das Bayerische Landesentschädigungsamt erst nach der Besetzung Frankreichs durch das Deutsche Reich als Gewaltmaßnahme der Nationalsozialisten im Sinne des § 1 Absatz 1 BEG an.[114] Das Bayerische Landesentschädigungsamt bot Oberbrunners Witwe eine Kapitalentschädigung für den Schaden für 30 Monate Freiheitsentziehung gemäß §§ 3, 1 Absatz 1, 43 Absatz Satz 1, 45 BEG in Höhe von 4.500 Deutsche Mark (30 Monate × 150 Deutsche

---

[111] LAfF, EG 7703, Bayerisches Landesentschädigungsamt, Rentenänderungsbescheid vom 4.12.1979, vom 12.12.1980, vom 17.11.1981, vom 11.2.1983, vom 20.9.1983, vom 17.4.1985, vom 16.6.1986, vom 20.7.1987, vom 18.10.1988 und vom 17.9.1990.

[112] LAfF, EG 7703, Lieselotte Oberbrunner (Obert), Antrag an das Bayerische Landesentschädigungsamt, vom 25.3.1957; LAfF, EG 7703, Vergleich zwischen Lieselotte Oberbrunner (Obert) und dem Freistaat Bayern vom 5./6.12.1960.

[113] LAfF, EG 7703, Bayerisches Landesentschädigungsamt, Aktenvormerkung vom 15.11.1960; LAfF, EG 7703, International Tracing Service, Inhaftierungsbescheinigung vom 28.1.1955; LAfF, EG 7703, Erna Weil, Schreiben an die United Restitution Organization vom 18.2.1958.

[114] LAfF, EG 7703, Bayerisches Landesentschädigungsamt, Aktenvormerkung vom 15.11.1960.

Mark) an.[115] Oberbrunners Witwe nahm das Angebot gegenüber dem Bayerischen Landesentschädigungsamt an, welches ihr die Vergleichssumme am 14. Dezember 1960 ausbezahlte.[116]

f. Goodwillschaden

Oberbrunners Witwe erhielt zusammen mit der Witwe von Neumark eine Entschädigung für den Schaden im Vermögen in Form des Goodwillschadens (§§ 3, 1 Absatz 1, 56 Absatz 1 BEG) in Höhe von 6.500 Deutsche Mark.[117]

g. Auswanderungsschaden

aa. Antrag und Bescheid

Oberbrunners Witwe beantragte beim Bayerischen Landesentschädigungsamt gemäß §§ 18 – 24 Bundesergänzungsgesetz am 26. April 1954 eine Entschädigung des ihr durch die Auswanderung entstandenen Schadens.[118] Am 11. Februar 1958 gab Oberbrunners Witwe gegenüber dem Bayerischen Landesentschädigungsamt in einer eidesstattlichen Versicherung einen Schaden in Höhe von 575 US-Dollar an, der durch die Überfahrt von Frankreich in die Vereinigten Staaten entstanden sei, und von 1.000 US-Dollar, die sie an einen Rechtsanwalt in den Vereinigten Staaten habe zahlen müssen, damit dieser die Einwanderungsvisa beantragte.[119] Oberbrunners Witwe gab gegenüber dem Bayerischen Landesentschädigungsamt an, dass ihr Vater sowohl die Kosten der Überfahrt als auch die Rechtsanwaltsgebühren bezahlt und sie beide Beträge ihrem Vater zurückgezahlt habe.[120]

Das Bayerische Landesentschädigungsamt entschädigte nur die reinen Fahrtkosten von Oberbrunners Witwe und Tochter von Frankreich in die Vereinigten Staaten.[121] Den von dem Bayerischen Landesentschädigungsamt aufgrund der Angaben von Oberbrunners Witwe für die Fahrtkosten angenommenen Betrag in Höhe von 575 US-Dollar rechnete das Bayerische Landesentschädigungsamt gemäß

---

115 LAfF, EG 7703, Bayerisches Landesentschädigungsamt, Schreiben an Kanzlei Raff vom 22.11.1960; LAfF, EG 7703, Bayerisches Landesentschädigungsamt, Aktenvormerkung vom 15.11.1960.

116 LAfF, EG 7703, Bayerisches Landesentschädigungsamt, Vergleich zwischen Lieselotte Oberbrunner (Obert) und dem Freistaat Bayern vom 5./6.12.1960.

117 Siehe zu den Einzelheiten oben bei Neumark unter C. IX. 4. b.

118 LAfF, EG 7703, Lieselotte Oberbrunner (Obert), Antrag an das Bayerische Landesentschädigungsamt vom 26.4.1954.

119 LAfF, EG 7703, Lieselotte Oberbrunner (Obert), Antrag an das Bayerische Landesentschädigungsamt vom 26.4.1954; LAfF, EG 7703, Lieselotte Oberbrunner (Obert), eidesstattliche Versicherung vom 11.2.1958.

120 LAfF, EG 7703, Lieselotte Oberbrunner (Obert), Antrag an das Bayerische Landesentschädigungsamt vom 26.4.1954; LAfF, EG 7703, Lieselotte Oberbrunner (Obert), eidesstattliche Versicherung vom 11.2.1958.

121 LAfF, EG 7703, Bayerisches Landesentschädigungsamt, Bescheid vom 8.10.1958.

§ 57 Absatz 3 BEG in Reichsmark um.[122] Bei einem Wechselkurs zum Zeitpunkt der Entscheidung von 1 US-Dollar zu 2,49 Reichsmark errechnete sich ein Betrag in Höhe von 1.431,75 Reichsmark, was im Verhältnis 10 : 2 umgestellt (§ 11 Absatz 1 BEG) einen Entschädigungsbetrag in Höhe von 286,35 Deutsche Mark ergab.[123]

bb. Klage gegen den Bescheid vor dem Landgericht München I

Gegen den Bescheid des Bayerischen Landesentschädigungsamt vom 8. Oktober 1958 erhob Oberbrunners Witwe Klage vor dem Landgericht München I.[124] Sie begehrte mit dieser Klage neben den von dem Bayerischen Landesentschädigungsamt zugesprochenen Entschädigungsbetrag zusätzlich – und erstmals mit der Klage vorgebracht – Kosten für die Reise von Deutschland nach Frankreich.[125] Die Rechtsanwaltsgebühren für die Beantragung der Einwanderung[126] verfolgte sie – vermutlich aufgrund der offensichtlichen Unbegründetheit des diesbezüglich geltend gemachten Antrages – nicht weiter. Die Klage wies das Landgericht München I mit der Begründung ab, dass die Umstände dafür sprächen, dass die Ausreise in die Vereinigten Staaten nicht von Anfang an geplant gewesen sei, sondern die eigentliche Emigration in Frankreich geendet habe, sodass das Bayerisches Landesentschädigungsamt nur die Kosten für die Auswanderung der Familie Oberbrunner aus dem Deutschen Reich nach Frankreich hätte zusprechen dürfen.[127] Die tatsächlich zugesprochenen Kosten für die Reise von Frankreich in die Vereinigten Staaten lagen nach Ansicht des Landgerichts München über den Kosten der Auswanderung aus dem Deutschen Reich nach Frankreich, sodass es die Klage abwies, da kein zusätzlicher Anspruch über die bereits von dem Bayerischen Landesentschädigungsamt zugesprochene Entschädigung gegeben war.[128]

cc. Neuerlicher Bescheid aufgrund der Änderung der Rechtslage durch das „BEG-Schlußgesetz"

Mit dem Inkrafttreten des „BEG-Schlußgesetzes" änderte sich die Rechtslage für die Entschädigung der Auswanderungskosten. Durch den neu eingefügten § 57 Absatz 2 BEG[129] waren auch die Kosten einer Weiterwanderung zu erstatten, sofern die Weiterwanderung durch drohende nationalsozialistische Gewaltmaßnahmen veranlasst war. Raff beantragte für Oberbrunners Witwe mit Antrag vom 19. April 1966 eine Entschädigung der Kosten für die Auswanderung aus dem Deutschen

---

122 Siehe die Ausführungen bei Adler unter C. I. 4. c. für das Erfordernis der Umrechnung ausländischer Währungen zunächst in Reichsmark und dann in Deutsche Mark.

123 LAfF, EG 7703, Bayerisches Landesentschädigungsamt, Bescheid vom 8.10.1958.

124 LAfF, EG 7703, Bayerisches Landesentschädigungsamt, Aktenvermerk vom 12.8.1969.

125 LAfF, EG 7703, Bayerisches Landesentschädigungsamt, Aktenvermerk vom 12.8.1969.

126 Siehe oben C. XI. 5. g. aa.

127 LAfF, EG 7703, Bayerisches Landesentschädigungsamt, Aktenvermerk vom 12.8.1969.

128 LAfF, EG 7703, Bayerisches Landesentschädigungsamt, Aktenvermerk vom 12.8.1969.

129 Siehe zu der Einfügung des § 57 Absatz 2 BEG durch das BEG Schlußgesetz die Ausführungen bei Auerbach unter C. II. 4 d. bb (2.).

Reich nach Frankreich und von Frankreich in die Vereinigten Staaten.[130] Das Bayerische Landesentschädigungsamt machte Oberbrunners Witwe einen Vergleichsvorschlag für die Entschädigung für den Schaden im Vermögen in Form der Auswanderungskosten (§§ 3, 1 Absatz 1, 57 Absatz 1 BEG) in Höhe von 2.233,65 Deutsche Mark.[131] In diesem Vergleichsvorschlag schätzte (§§ 191 Absatz 2 BEG, 287 ZPO) das Bayerische Landesentschädigungsamt die von Oberbrunners Witwe geltend gemachten Kosten für die Reise aus dem Deutschen Reich nach Frankreich in Höhe von 250 Reichsmark (umgerechnet gemäß § 11 Absatz 1 BEG auf 50 Deutsche Mark) und die Kosten für die Mehraufwendungen in Frankreich mit 5.000 Französische Franc (umgerechnet gemäß §§ 57 Absatz 3, 11 Absatz 1 BEG auf 50 Deutsche Mark).[132] Die in dem Bescheid des Bayerischen Landesentschädigungsamt vom 8. Oktober 1958 für die Weitereisekosten von Frankreich in die Vereinigten Staaten zugesprochene Entschädigung in Höhe von 575 US-Dollar rechnete das Bayerische Landesentschädigungsamt mit einem Umrechnungsfaktor im Zeitpunkt der neuerlichen Entscheidung von 1 US-Dollar zu 4 Deutsche Mark um, was einen Betrag in Höhe von 2.300 Deutsche Mark ergab.[133] Insgesamt errechnete sich ein Betrag in Höhe von 2.400 (2.300 + 50 + 50) Deutsche Mark.[134] Diesem Betrag war eine Nutzungsentschädigung in Höhe von 5 % gemäß § 56 Absatz 2 BEG hinzuzurechnen, sodass sich eine Entschädigung für Schaden im Vermögen durch Auswanderung gemäß §§ 3, 1 Absatz 1, 57 Absatz 1, Absatz 2, 56 Absatz 2 BEG in Höhe von 2.520 Deutsche Mark ergab.[135] Von diesem Entschädigungsbetrag waren die bereits erhaltene Entschädigung in Höhe von 286,35 Deutsche Mark abzuziehen, sodass sich ein Entschädigungsbetrag in Höhe von 2.233,65 Deutsche Mark ergab.[136]

Den Vergleich unterschrieb Raff für Oberbrunners Witwe bereits am 22. September 1969; die Entschädigungsakte befand sich zu diesem Zeitpunkt jedoch bei dem Landgericht München I, das auf ein Übersendungsgesuch des Bayerischen

---

130 LAfF, EG 7703, Hans Raff, Schreiben an das Bayerische Landesentschädigungsamt vom 19.4.1966.

131 LAfF, EG 7703, Bayerisches Landesentschädigungsamt, Schreiben an Hans Raff vom 12.8.1969.

132 LAfF, EG 7703, Bayerisches Landesentschädigungsamt, Aktenvermerk vom 12.8.1969.

133 LAfF, EG 7703, Bayerisches Landesentschädigungsamt, Schreiben an Hans Raff vom 12.8.1969; LAfF, EG 7703, Bayerisches Landesentschädigungsamt, Aktenvermerk vom 12.8.1969.

134 LAfF, EG 7703, Bayerisches Landesentschädigungsamt, Schreiben an Hans Raff vom 12.8.1969; LAfF, EG 7703, Bayerisches Landesentschädigungsamt, Aktenvermerk vom 12.8.1969.

135 LAfF, EG 7703, Bayerisches Landesentschädigungsamt, Schreiben an Hans Raff vom 12.8.1969; LAfF, EG 7703, Bayerisches Landesentschädigungsamt, Aktenvermerk vom 12.8.1969.

136 LAfF, EG 7703, Bayerisches Landesentschädigungsamt, Schreiben an Hans Raff vom 12.8.1969; LAfF, EG 7703, Bayerisches Landesentschädigungsamt, Aktenvermerk vom 12.8.1969.

Landesentschädigungsamts nicht reagierte, sodass das Bayerische Landesentschädigungsamt den Vergleich erst am 12. Mai 1971 gegengezeichnet konnte.[137] Das Bayerische Landesentschädigungsamt zahlte den Entschädigungsbetrag in Höhe von 2.233,65 Deutsche Mark am 13. Mai 1971 an Oberbrunners Witwe aus.[138]

h. Gesamtentschädigung

Das Bayerische Landesentschädigungsamt zahlte an Oberbrunners Witwe eine Witwenrente wegen des Schadens am Leben ihres Ehemannes sowie eine Rente wegen des Schadens in Oberbrunners beruflichem Fortkommen, welche beide zusammen bis zu dem Tod von Oberbrunners Witwe 431.309,38 Deutsche Mark betrug. Darüber hinaus erhielt Oberbrunner von dem Bayerischen Landesentschädigungsamt Kapitalentschädigungen in Höhe von 9.983,65 Deutsche Mark zugesprochen.

---

137 LAfF, EG 7703, Bayerisches Landesentschädigungsamt, Schreiben an das LG München I vom 22.9.1969; LAfF, EG 7703, Vergleich zwischen Lieselotte Oberbrunner (Obert) und dem Freistaat Bayern vom 22.9.1969/12.5.1971; LAfF, EG 7703, Bayerisches Landesentschädigungsamt, Aktenvermerk vom 11.5.1971.

138 LAfF, EG 7703, Bayerisches Landesentschädigungsamt, Auszahlungsverfügung vom 13.5.1971.

XII. Julius Prochownik (27. Januar 1873 bis 2. Juni 1945)

1. Leben vor der Verfolgung

a. Schulzeit und Studium

Julius Prochownik war am 27. Januar 1873 in Bromberg (heute: Bydgoszcz, Polen) als Sohn des Kaufmannes Bernhard Prochownik und dessen Ehefrau Cecilie geboren.[1]

Prochownik besuchte in Bromberg die Grundschule und absolvierte dort auch das Gymnasium.[2] Anschließend studierte er an den Universitäten in Göttingen, München Rechtswissenschaften und absolvierte seinen Vorbereitungsdienst in Berlin.[3]

Prochowniks Eltern waren jüdischen Glaubens, dem auch Prochownik selbst angehörte, bis er sich während seiner Studienzeit evangelisch taufen ließ.[4]

b. Beruflicher Werdegang

Nach ein paar Jahren in einer Tätigkeit als angestellter Rechtsanwalt in Passau und Nürnberg eröffnete Prochownik 1905 in Donauwörth eine eigene Kanzlei.[5]

Gemäß der eidesstattlichen Versicherungen von Prochowniks ehemaligem Buchhalter und einem ehemaligen Kollegen, der ebenfalls zu Prochowniks Zeit in Donauwörth Rechtsanwalt gewesen war, war Prochowniks Kanzlei die größte und einträglichste im damaligen Landgerichtsbezirk Neuburg an der Donau.[6] Die Einträglichkeit der Kanzlei zeigte sich auch daran, dass sich Prochownik bereits bald ein Anwesen in der Reichsstraße 392 in Donauwörth leisten konnte.[7] Ehemalige Kollegen und Angestellte beschrieben Prochownik als besonders guten Rechtsanwalt, den Rechtsanwaltskollegen und Richter gleichermaßen sehr schätzten.[8] Sein ehemaliger

---

1 Entschädigungsamt Berlin, Reg.-Nr. 120.233, Standesamt Berlin-Schöneberg, Sterbeurkunde vom 6.6.1945; Entschädigungsamt Berlin, Reg.-Nr. 120.233, Landratsamt Donauwörth, Abschrift der Heiratsurkunde vom 14.12.1950.

2 Entschädigungsamt Berlin, Reg.-Nr. 120.233, Maria Prochownik, Schreiben mit Lebenslauf von Julius Prochownik vom 25.9.1955.

3 Entschädigungsamt Berlin, Reg.-Nr. 120.233, Maria Prochownik, Schreiben mit Lebenslauf von Julius Prochownik vom 25.9.1955.

4 Entschädigungsamt Berlin, Reg.-Nr. 120.233, Landratsamt Donauwörth, Abschrift der Heiratsurkunde vom 14.12.1950; Entschädigungsamt Berlin, Reg.-Nr. 120.233, Alois Barthelme, eidesstattliche Versicherung vom 2.12.1954.

5 Entschädigungsamt Berlin, Reg.-Nr. 120.233, Maria Prochownik, Schreiben mit Lebenslauf von Julius Prochownik vom 25.9.1955.

6 Entschädigungsamt Berlin, Reg.-Nr. 120.233, Maria Prochownik, Antrag (Formblatt E) an das Bayerische Landesamt für Wiedergutmachung vom 15.3.1950; Daimer (Vorname unbekannt), Bestätigung vom 16.3.1950; Ernst Stowasser, eidesstattliche Versicherung vom 22.8.1948.

7 Ernst Stowasser, eidesstattliche Versicherung vom 15.11.1954.

8 Ernst Stowasser, eidesstattliche Versicherung vom 15.11.1954; Daimer (Vorname unbekannt), Bestätigung vom 23.10.1954.

Buchhalter führte weiter aus, dass Prochownik nicht nur über wertvollen Hausrat, sondern auch über eine sehr große juristische Bücherei verfügt habe, die er auch Kollegen und Richtern zur Verfügung gestellt habe.[9]

c. Privatleben

Prochownik war zweimal verheiratet. Seine erste Ehefrau starb 1913 an einem Hirntumor, woraufhin Prochownik an Depressionen erkrankte.[10] Vier Jahre später, am 10. Januar 1917, heiratete Prochownik seine zweite Ehefrau Maria, die am 16. Juli 1892 geboren war.[11] Maria Prochownik war Katholikin, sodass Prochownik während der Zeit des Nationalsozialismus in einer sogenannten privilegierten Mischehe lebte.[12] Prochownik hatte mit seiner zweiten Ehefrau drei Töchter, die 1918, 1919 und 1927 zur Welt gekommen waren.[13]

2. Leben während der Verfolgung

a. Erste Verfolgungsmaßnahmen

Zwischen 1932 und 1933 kam in Donauwörth das Gerücht auf, dass Prochownik Jude sei.[14] Unbekannte beschmierten das Haus der Familie Prochownik mehrfach mit Beleidigungen wie zum Beispiel *„Judenschwein"*.[15]

Nach der „Machtergreifung" der Nationalsozialisten überprüften die Finanzbehörden laut Maria Prochownik die alten Steuerunterlagen von Prochowniks mehrfach, um Fehlangaben zu finden, die sie nach der Vermutung von Prochowniks Witwe zum Anlass genommen hätten, Prochownik in einem Konzentrationslager zu

---

9 Ernst Stowasser, eidesstattliche Versicherung vom 15.11.1954.

10 Entschädigungsamt Berlin, Reg.-Nr. 120.233, Maria Prochownik, Schreiben an das LG Berlin vom 11.4.1964, S. 2.

11 Entschädigungsamt Berlin, Reg.-Nr. 120.233, Landratsamt Donauwörth, Abschrift der Heiratsurkunde vom 14.12.1950; Entschädigungsamt Berlin, Reg.-Nr. 120.233, Maria Prochownik, Schreiben mit Lebenslauf von Julius Prochownik, vom 25.9.1955.

12 Entschädigungsamt Berlin, Reg.-Nr. 120.233, Landratsamt Donauwörth, Abschrift der Heiratsurkunde vom 14.12.1950; Entschädigungsamt Berlin, Reg.-Nr. 120.233, Maria Prochownik, Schreiben mit Lebenslauf von Julius Prochownik, vom 25.9.1955.

13 Entschädigungsamt Berlin, Reg.-Nr. 120.233, Maria Prochownik, Schreiben mit Lebenslauf von Julius Prochownik, vom 25.9.1955; Entschädigungsamt Berlin, Reg.-Nr. 120.233, Stadt Donauwörth, Schreiben an das Bayerische Landesentschädigungsamt vom 22.11.1951.

14 Entschädigungsamt Berlin, Reg.-Nr. 120.233, Maria Prochownik, Schreiben an das LG Berlin vom 11.4.1964, S. 4.

15 Entschädigungsamt Berlin, Reg.-Nr. 120.233, Maria Prochownik, Schreiben an das Entschädigungsamt Berlin vom 11.4.1964, S. 4; Entschädigungsamt Berlin, Reg.-Nr. 120.233, Maria Prochownik, Schreiben mit Lebenslauf von Julius Prochownik vom 25.9.1955.

inhaftieren.[16] Aufgrund von Prochowniks Gewissenhaftigkeit konnten sie jedoch keine Fehler finden.[17]

b. Auswirkungen der Verfolgung auf Prochowniks berufliche Situation

Maria Prochownik und Prochowniks ehemaliger Buchhalter konnten sich an die genauen Einkünfte von Prochownik nicht erinnern, gaben Prochowniks Jahreseinnahmen im Zeitraum 1930 bis 1933 jedoch mit ungefähr 30.000 Reichsmark an.[18] Maria Prochownik gab weiter an, dass die Einkünfte 1934 nur noch *„circa 15.000 Reichsmark"* betrugen und später ganz ausblieben.[19] Bei dem Finanzamt Donauwörth waren nach dem Zweiten Weltkrieg keine Steuerunterlagen mehr vorhanden, welche diesen Rückgang belegen konnten.[20] Der ehemals bei Prochownik angestellte Rechtsanwalt Josef Loibl bestätigte die Verringerung der Einnahmen bei Prochownik jedoch und führte den Rückgang auf Prochowniks Verfolgung und nicht auf dessen erneute psychische Erkrankung zurück.[21]

c. Prochowniks psychische Erkrankung

Prochownik erkrankte mit den zunehmenden Verfolgungsmaßnahmen der Nationalsozialisten an einer schweren Depression, woraufhin er sich am 27. Februar 1936 in das Sanatorium Obersendling zur stationären Behandlung begab.[22] Zwei Wochen später verlegten ihn die behandelnden Ärzte in dem Sanatorium Obersendling in die Abteilung für Geisteskranke, bis sie ihn am 30. März 1936 als *„ungeheilt"* entließen.[23] Prochownik ließ sich immer wieder in verschiedenen Nervenheilanstalten stationär behandeln, wie zum Beispiel vom 13. Juni 1936 bis zum 1. Juli 1936 in München, vom 24. Dezember 1936 bis zum 1. Oktober 1937 in der Heil- und Pflegeanstalt Günzburg, vom 1. Oktober 1937 bis zum 1. Januar 1938 und vom 3. Oktober 1938

---

16 Entschädigungsamt Berlin, Reg.-Nr. 120.233, Maria Prochownik, Schreiben mit Lebenslauf von Julius Prochownik vom 25.9.1955.

17 Entschädigungsamt Berlin, Reg.-Nr. 120.233, Maria Prochownik, Schreiben mit Lebenslauf von Julius Prochownik vom 25.9.1955.

18 Entschädigungsamt Berlin, Reg.-Nr. 120.233, Maria Prochownik, Antrag (Formblatt E) an das Bayerische Landesamt für Wiedergutmachung vom 15.3.1950; Ernst Stowasser, eidesstattliche Versicherung vom 22.8.1948.

19 Entschädigungsamt Berlin, Reg.-Nr. 120.233, Maria Prochownik, Antrag (Formblatt E) an das Bayerische Landesamt für Wiedergutmachung vom 15.3.1950.

20 Entschädigungsamt Berlin, Reg.-Nr. 120.233, Finanzamt Donauwörth, Schreiben an Maria Prochownik vom 18.11.1948.

21 Entschädigungsamt Berlin, Reg.-Nr. 120.233, Josef Loibl, Bestätigung vom 3.12.1954.

22 Entschädigungsamt Berlin, Reg.-Nr. 120.233, Sanatorium Obersendling, Schreiben vom 9.10.1948; Entschädigungsamt Berlin, Reg.-Nr. 120.233, Maria Prochownik, Schreiben mit Lebenslauf von Julius Prochownik vom 25.9.1955.

23 Entschädigungsamt Berlin, Reg.-Nr. 120.233, Sanatorium Obersendling, Schreiben vom 9.10.1948; Entschädigungsamt Berlin, Reg.-Nr. 120.233, Maria Prochownik, Schreiben mit Lebenslauf von Julius Prochownik vom 25.9.1955.

bis zum 18. Oktober 1938 wieder in München.[24] Gemäß einem ärztlichen Gutachten litt Prochownik an einer manisch-depressiven Geisteskrankheit, zu deren üblichen Symptomen bei Prochownik paranoide Gedanken hinzugekommen seien.[25]

d. Prochowniks Entmündigung

1936 leitete Maria Prochownik – gegen den Willen ihres zu dieser Zeit erkrankten Ehemannes – ein Entmündigungsverfahren vor dem Amtsgericht Donauwörth ein.[26] Prochownik wehrte sich in dem Entmündigungsverfahren mit verschiedenen Rechtsanwälten, konnte die Entmündigung und die Einsetzung von Rechtsanwalt Daimer aus Donauwörth als Vormund durch das Amtsgericht Donauwörth 1937 jedoch nicht verhindern.[27] Gegen die Entmündigung beschwerte sich Prochownik mehrmals vergeblich bei dem Amtsgericht Donauwörth.[28] Prochowniks Witwe gab später an, dass sie ihren Ehemann entmündigen ließ, weil sie gehofft habe, auf diese Weise ihren Ehemann und dessen Vermögen besser vor den Nationalsozialisten schützen zu können.[29] Die Vormundschaft und Entmündigung endete 1940.[30]

e. Prochowniks Sterilisation

1936 musste sich Prochownik wegen seiner Erkrankung nach dem „Gesetz zur Verhütung erbkranken Nachwuchses“ einer Sterilisation unterziehen.[31] Ob diesen Antrag gemäß §§ 2, 3 des „Gesetzes zur Verhütung erbkranken Nachwuchses“ die Ärzte, welche Prochownik behandelt hatten, oder Prochownik beziehungsweise sein Vormund gemäß § 2 Absatz 1 des „Gesetzes zur Verhütung erbkranken Nachwuchses“ gestellt hatte, ergibt sich aus den überlieferten Akten nicht.

---

24 Entschädigungsamt Berlin, Reg.-Nr. 120.233, Nervenheilanstalt München, Schreiben an Maria Prochownik vom 18.10.1948; Entschädigungsamt Berlin, Reg.-Nr. 120.233, Direktion der Heil- und Pflegeanstalt des Bezirksverbands Schwaben in Günzburg vom 5.10.1948.

25 Entschädigungsamt Berlin, Reg.-Nr. 120.233, Entschädigungsamt Berlin, ärztliche Stellungnahme zur Entmündigungsakte des AG Donauwörth vom 31.5.1956.

26 Entschädigungsamt Berlin, Reg.-Nr. 120.233, Entschädigungsamt Berlin, ärztliche Stellungnahme zur Entmündigungsakte des AG Donauwörth vom 31.5.1956; Entschädigungsamt Berlin, Reg.-Nr. 120.233, Entschädigungsamt Berlin, Vermerk vom 20.1.1956; Entschädigungsamt Berlin, Reg.-Nr. 120.233, Daimer, (Vorname unbekannt), Schreiben an das Bayerische Landesentschädigungsamt vom 27.11.1951.

27 Entschädigungsamt Berlin, Reg.-Nr. 120.233, Entschädigungsamt Berlin, ärztliche Stellungnahme zur Entmündigungsakte des AG Donauwörth vom 31.5.1956;

28 Entschädigungsamt Berlin, Reg.-Nr. 120.233, Entschädigungsamt Berlin, ärztliche Stellungnahme zur Entmündigungsakte des AG Donauwörth vom 31.5.1956.

29 Entschädigungsamt Berlin, Reg.-Nr. 120.233, Maria Prochownik, Erklärung vom 4.12.1954.

30 Entschädigungsamt Berlin, Reg.-Nr. 120.233, Daimer, (Vorname unbekannt), Schreiben an das Bayerische Landesentschädigungsamt vom 27.11.1951; Die Hintergründe für das Ende der Vormundschaft ergeben sich aus den vorliegenden Akten nicht.

31 Entschädigungsamt Berlin, Reg.-Nr. 120.233, H. Herxheimer, fachärztliches Gutachten vom 28.10.1963, S. 3; Entschädigungsamt Berlin, Reg.-Nr. 120.233, Maria Prochownik, Schreiben mit Lebenslauf von Julius Prochownik vom 25.9.1955; Weber, Schicksal jüdischer Rechtsanwälte in Bayern, S. 189.

f. Flucht nach Berlin

Nach Donauwörth konnte Prochownik aufgrund der in seiner Heimatstadt schon erlittenen Verfolgungsmaßnahmen nach seinen Sanatoriumsaufenthalten nicht mehr zurückkehren; außerdem hatte Prochownik aus gut informierten Kreisen die Warnung erhalten, dass ihn die Geheime Staatspolizei in Donauwörth sofort inhaftieren würde.[32] Prochownik wohnte eine Zeit lang am Starnberger See und nach den Novemberpogromen in Berlin, während er durchgehend in Donauwörth gemeldet war.[33] In Berlin lebte Prochownik in einer Notunterkunft.[34] Seine Ehefrau zog kurz darauf ebenfalls nach Berlin, um ihn zu unterstützen.[35] Die drei Kinder hingegen blieben in dem Anwesen in Donauwörth, das 1945 Fliegerbomben der Alliierten zerstörten.[36]

g. Weitere Verfolgungsmaßnahmen

aa. Schulverweis der Tochter

1942 verwies die Oberschule Donauwörth Prochowniks Tochter Maria trotz guten Benehmens auf Anweisung des Staatsministeriums für Unterricht und Kultus von der Schule, weil sie *„Mischling I. Grades"* sei.[37]

bb. Entrichtung der Judenvermögensabgabe

Prochownik entrichtete nach dem Novemberprogrom durch den Einzug von Wertpapieren eine Judenvermögensabgabe[38] in Höhe von insgesamt 55.599,50 Reichsmark.[39] Die Gesamtsumme setzte sich aus insgesamt fünf Raten zusammen. Die erste Rate zahlte er in Höhe eines Gegenwerts von 13.332,85 Reichsmark am 4. Januar 1939, die zweite Rate in Höhe eines Gegenwerts von 8.980,55 Reichsmark am 1. März 1939 und die dritte bis fünfte Rate in Höhe eines Gegenwerts von je

---

32 Entschädigungsamt Berlin, Reg.-Nr. 120.233, Maria Prochownik, Schreiben mit Lebenslauf von Julius Prochownik vom 25.9.1955.

33 Entschädigungsamt Berlin, Reg.-Nr. 120.233, Maria Prochownik, Schreiben mit Lebenslauf von Julius Prochownik vom 25.9.1955; Entschädigungsamt Berlin, Reg.-Nr. 120.233, Stadt Donauwörth, Bescheinigung vom 26.11.1954.

34 Entschädigungsamt Berlin, Reg.-Nr. 120.233, Rechtsanwalt Daimer (Vorname unbekannt), Bestätigung vom 23.11.1954; Entschädigungsamt Berlin, Reg.-Nr. 120.233, Maria Prochownik, Schreiben an das Bayerische Landesentschädigungsamt vom 30.7.1948.

35 Entschädigungsamt Berlin, Reg.-Nr. 120.233, Rechtsanwalt Daimer (Vorname unbekannt), Bestätigung vom 23.11.1954; Entschädigungsamt Berlin, Reg.-Nr. 120.233, Maria Prochownik, Schreiben an das Bayerische Landesentschädigungsamt vom 30.7.1948.

36 Entschädigungsamt Berlin, Reg.-Nr. 120.233, Rechtsanwalt Daimer (Vorname unbekannt), Bestätigung vom 23.11.1954; Entschädigungsamt Berlin, Reg.-Nr. 120.233, Maria Prochownik, Schreiben an das Bayerische Landesentschädigungsamt vom 30.7.1948.

37 Entschädigungsamt Berlin, Reg.-Nr. 120.233, Leiter der Oberschule Donauwörth, Bestätigung vom 23.10.1948.

38 Siehe hierzu die Ausführungen unter B. V. 4.

39 Entschädigungsamt Berlin, Reg.-Nr. 120.233, Maria Prochownik, Antrag an das Zentralmeldeamt Bad Nauheim vom 12.11.1948.

11.100 Reichsmark im Zeitraum vom 15. Mai 1939 bis zum 12. Dezember 1939.[40] Der im Vergleich zu den anderen Rechtsanwälten in dieser Arbeit hohe Betrag der Judenvermögensabgabe zeigt Prochowniks großes Vermögen, welches die Grundlage für den Bescheid über die Judenvermögensabgabe war.[41]

cc. Inhaftierung und Internierung im Sammellager Rosenstraße in Berlin

Die Geheime Staatspolizei inhaftierte Prochownik 1943 zusammen mit anderen in privilegierten Mischehen lebenden Juden im Sammellager Rosenstraße in Berlin.[42] Die Geheime Staatspolizei entließ Prochownik zusammen mit einigen anderen Gefangenen am 5. März 1943 nach nur wenigen Tagen Haft wieder, nachdem zuvor die „arischen" Ehefrauen der Inhaftierten für die Freilassung protestiert hatten.[43]

3. Tod

Prochownik starb am 2. Juni 1945 in Berlin.[44] Seine Ehefrau beerbte Prochownik gemäß dem Erbschein des Amtsgerichts Donauwörth als Alleinerbin.[45]

4. Entschädigung

a. Örtliche Zuständigkeit des Entschädigungsamts Berlin

Prochowniks Witwe stellte am 15. März 1950 Entschädigungsanträge bei dem Bayerischen Landesentschädigungsamt, welches die Anträge zunächst bearbeitete.[46] Zwar bestanden bereits unmittelbar nach der Antragstellung Zweifel an der örtlichen Zuständigkeit des Bayerischen Landesentschädigungsamts; dennoch gab dieses die

---

40 Entschädigungsamt Berlin, Reg.-Nr. 120.233, Maria Prochownik, Antrag an das Zentralmeldeamt Bad Nauheim vom 12.11.1948; Entschädigungsamt Berlin, Reg.-Nr. 120.233, Bayerische Vereinsbank, Abrechnungen vom 4.1.1939, vom 1.3.1939, vom 15.5.1939, vom 14.8.1939 und vom 12.12.1939.

41 Seuffert, Die Zerstörung eines Menschen in Donauwörth, Donauwörther Zeitung vom 1.8.2015, S. 26.

42 Entschädigungsamt Berlin, Reg.-Nr. 120.233, Landratsamt Donauwörth, beglaubigte Abschrift (der Originalbestätigung des SS-Hauptscharfführer vom 5.3.1943) vom 10.2.1950.

43 Entschädigungsamt Berlin, Reg.-Nr. 120.233, Landratsamt Donauwörth, beglaubigte Abschrift (der Originalbestätigung des SS-Hauptscharfführer vom 5.3.1943) vom 10.2.1950.

44 Entschädigungsamt Berlin, Reg.-Nr. 120.233, AG Donauwörth, Erbschein vom 18.1.1947; Entschädigungsamt Berlin, Reg.-Nr. 120.233, Standesamt Berlin-Schöneberg, Sterbeurkunde vom 6.6.1945.

45 Entschädigungsamt Berlin, Reg.-Nr. 120.233, AG Donauwörth, Erbschein vom 18.1.1947; Entschädigungsamt Berlin, Reg.-Nr. 120.233, Standesamt Berlin-Schöneberg, Sterbeurkunde vom 6.6.1945.

46 Entschädigungsamt Berlin, Reg.-Nr. 120.233, Maria Prochownik, Anträge (Formblatt D und E) an das Bayerische Landesentschädigungsamt für Wiedergutmachung vom 15.3.1950; Entschädigungsamt Berlin, Reg.-Nr. 120.233.

Entschädigungssache erst 1955 – und somit fünf Jahre nach der Antragstellung – an das Entschädigungsamt Berlin ab.[47]

Das Entschädigungsamt Berlin war zur Übernahme der Angelegenheit bereit, sofern Prochownik gemäß § 89 Absatz 2a Alternative 2 Bundesergänzungsgesetz seinen letzten inländischen Wohnsitz in Berlin hatte, was der Fall war.[48] Zwar war Prochownik in beiden Städten, das heißt sowohl in Donauwörth als auch in Berlin, polizeilich gemeldet; jedoch war er seit 1938 fast durchgehend in Berlin[49].[50] Gemäß § 89 Absatz 2 a Alternative 1 Bundesergänzungsgesetz kam es für die örtliche Zuständigkeit der Entschädigungsbehörde auf den Wohnsitz oder dauernden Aufenthalt des Verfolgten nach dem 1. Januar 1947 an. Prochownik war jedoch bereits 1945 gestorben, sodass es gemäß § 89 Absatz 2a Alternative 2 Bundesergänzungsgesetz auf den Wohnsitz oder dauernden Aufenthalt zum Todeszeitpunkt ankam. In Prochowniks Fall war dies Berlin, das – wenn auch erzwungen – bis zu seinem Tod seinen Lebensmittelpunkt darstellte.

b. Schaden im beruflichen Fortkommen

Maria Prochownik stellte am 15. März 1950 beim Bayerischen Landesentschädigungsamt (vormals Bayerisches Landesamt für Wiedergutmachung)[51] mittels des Formblattes E[52] einen Antrag gemäß §§ 21 - 34 USEG[53] auf Entschädigung für den Schaden im beruflichen Fortkommen ihres verstorbenen Ehemannes.[54] Sie beantragte eine Kapitalentschädigung, welche sie auf 27.500 Deutsche Mark bezifferte.[55]

---

47 BayHStA, LEA 28961, Bayerisches Landesentschädigungsamt, Schreiben an die Landesregistratur des Bayerischen Landesentschädigungsamts vom 25.10.1950; BayHStA, LEA 28961, OFD München, Schreiben an das Bayerische Landesentschädigungsamt vom 27.12.1954; Entschädigungsamt Berlin, Reg.-Nr. 120.233, Bayerisches Landesentschädigungsamt, Schreiben an das Entschädigungsamt Berlin vom 28.1.1955.

48 Entschädigungsamt Berlin, Reg.-Nr. 120.233, Entschädigungsamt Berlin, Schreiben an das Bayerische Landesentschädigungsamt vom 18.2.1955.

49 Siehe oben C. XII. 2. f.

50 Entschädigungsamt Berlin, Reg.-Nr. 120.233, Stadt Donauwörth, Schreiben an das Bayerische Landesentschädigungsamt vom 22.11.1951; Entschädigungsamt Berlin, Reg.-Nr. 120.233, Stadt Donauwörth, Bescheinigung vom 26.11.1954.

51 Siehe oben C. I. 4. a.

52 Siehe zu der Verwendung von Formblättern oben C. I. 4. a. aa.

53 Siehe oben C. I. 4. a. aa., dass es gemäß § 231 BEG nach dem Inkrafttreten des BEG keiner neuen Antragstellung bedurfte.

54 Entschädigungsamt Berlin, Reg.-Nr. 120.233, Maria Prochownik, Antrag (Formblatt E) an das Bayerische Landesamt für Wiedergutmachung vom 15.3.1950.

55 Entschädigungsamt Berlin, Reg.-Nr. 120.233, Maria Prochownik, Antrag (Formblatt E) an das Bayerische Landesamt für Wiedergutmachung vom 15.3.1950.

aa. Ablehnung des Antrags durch das Entschädigungsamt Berlin

Das Entschädigungsamt Berlin[56] lehnte den Antrag von Prochowniks Witwe ab.[57] Als Begründung führte das Entschädigungsamt Berlin aus, dass ein Schaden im beruflichen Fortkommen von Prochownik (§§ 1 Absatz 1, § 64 Absatz 1 Satz 1, Absatz 3, 65, 66 Absatz 1, 3 BEG) vorlag und somit ein Anspruch auf eine Kapitalentschädigung nach §§ 3, 74 Satz 1, Satz 2 Alternative 1, 76 Absatz 2 BEG dem Grunde nach gegeben sei, sich der Höhe nach jedoch auf null Deutsche Mark belaufe.[58] Das Entschädigungsamt Berlin setzte den Entschädigungszeitraum vom 1. Februar 1933 bis zum 30. April 1936 an.[59] Das Ende des Entschädigungszeitraums begründete das Entschädigungsamt Berlin mit dem Eintritt der Berufsunfähigkeit von Prochownik – welche nach Ansicht des Entschädigungsamts Berlin nicht verfolgungsbedingt war.[60] Zur Berechnung der Entschädigung ordnete das Entschädigungsamt Berlin Prochownik in die vergleichbare Besoldungsgruppe des höheren Diensts ein (§ 76 Absatz 1 Satz 3 BEG in Verbindung mit § 14 3. DV-BEG[61]).[62]

Das Entschädigungsamt Berlin führte weiter aus, dass Prochownik in der Ausübung seiner selbstständigen Tätigkeit als Rechtsanwalt wesentlich beschränkt war (§ 76 Absatz 2 BEG) eine Kapitalentschädigung jedoch nur dann gerechtfertigt sei, wenn das durch die Verfolgung verringerte Einkommen dem Verfolgten keine ausreichende Lebensgrundlage mehr gesichert habe (§ 75 Absatz 1, 2 BEG).[63] Dies wäre nach § 75 Absatz 1 Satz 2 und 2 BEG in Verbindung mit § 12 und Anlage 1 der 3. DV-BEG bei der Einstufung in die vergleichbare Beamtengruppe des höheren Diensts bei einem Jahreseinkommen in Höhe von 12.960 Reichsmark der Fall.[64]

Zwar hatte sich das Berufseinkommen nach Maria Prochowniks Angaben im Schadenszeitraum von 30.000 Reichsmark auf 15.000 Reichsmark halbiert.[65] Die

---

[56] Siehe zu der örtlichen Zuständigkeit des Entschädigungsamts Berlin oben C. XII. 4. a.

[57] Entschädigungsamt Berlin, Reg.-Nr. 120.233, Entschädigungsamt Berlin, Bescheid vom 24.10.1958.

[58] Entschädigungsamt Berlin, Reg.-Nr. 120.233, Entschädigungsamt Berlin, Bescheid vom 24.10.1958.

[59] Entschädigungsamt Berlin, Reg.-Nr. 120.233, Entschädigungsamt Berlin, Bescheid vom 24.10.1958.

[60] Entschädigungsamt Berlin, Reg.-Nr. 120.233, Entschädigungsamt Berlin, Bescheid vom 24.10.1958.

[61] Siehe zur Eingruppierung in eine vergleichbare Beamtengruppe gemäß § 76 Absatz 1 Satz 3 BEG die Ausführungen bei Adler unter C. I. 4. a. dd. (2.).

[62] Entschädigungsamt Berlin, Reg.-Nr. 120.233, Entschädigungsamt Berlin, Bescheid vom 24.10.1958.

[63] Entschädigungsamt Berlin, Reg.-Nr. 120.233, Entschädigungsamt Berlin, Bescheid vom 24.10.1958.

[64] Entschädigungsamt Berlin, Reg.-Nr. 120.233, Entschädigungsamt Berlin, Bescheid vom 24.10.1958.

[65] Entschädigungsamt Berlin, Reg.-Nr. 120.233, Entschädigungsamt Berlin, Bescheid vom 24.10.1958.

Grenze von 12.960 Reichsmark war jedoch trotz des Einkommensrückgangs noch überschritten.[66]

bb. Klageverfahren vor dem Landgericht Berlin

Prochowniks Witwe legte gegen diesen Bescheid Klage vor dem Landgericht Berlin mit dem Antrag ein, den Bescheid aufzuheben und eine Kapitalentschädigung gemäß § 76 BEG für den Zeitraum vom 1. Februar 1933 bis zum 2. Juni 1945 neu festzusetzen.[67] In ihrer Begründung führte Prochowniks Witwe selbst aus, dass der Bescheid fälschlicherweise von einem Ende des Entschädigungszeitraums am 30. April 1936 ausgehe; richtigerweise ende die Schadenszeit jedoch erst mit Prochowniks Tod.[68] Dies ergab sich nach Maria Prochowniks Ansicht daraus, dass Prochowniks Erkrankung verfolgungsbedingt und Prochownik spätestens von 1940 an wieder arbeitsfähig gewesen sei, jedoch 1938 seine Rechtsanwaltszulassung verloren habe und somit seinen Beruf wegen des Entzugs der Rechtsanwaltszulassung nicht mehr habe ausüben können.[69]

cc. Außergerichtliche Vergleichsverhandlungen

Die Klage veranlasste das Entschädigungsamt Berlin zum Umdenken. Ein interner Vermerk des Entschädigungsamt Berlin sah die Überprüfung des Bescheids des Entschädigungsamts Berlin vom 24. Oktober 1958 vor.[70] In diesem Vermerk gab der Verfasser zu bedenken, dass Prochownik bis 1938 mit einem Jahreseinkommen in Höhe von 15.000 Reichsmark über eine ausreichende Lebensgrundlage verfügt habe, diese jedoch 1938 mit dem Entzug seiner Rechtsanwaltszulassung weggefallen sei.[71] Das Entschädigungsamtes Berlin teilte nun aber die Ansicht von Prochowniks Witwe, dass Prochownik 1940 seine Berufstätigkeit nach dem Ende seiner Entmündigung ohne den Entzug seiner Rechtsanwaltszulassung wieder aufnehmen hätte können.[72]

Das Entschädigungsamt Berlin nahm daraufhin außergerichtliche Vergleichsverhandlungen mit Maria Prochownik auf und bot ihr eine Kapitalentschädigung gemäß §§ 3, 74 Satz 1, Satz 2 Alternative 2, 76 Absatz 1 BEG in Höhe von

---

66 Entschädigungsamt Berlin, Reg.-Nr. 120.233, Entschädigungsamt Berlin, Bescheid vom 24.10.1958.

67 Entschädigungsamt Berlin, Reg.-Nr. 120.233, Maria Prochownik, Klage vor dem LG Berlin vom 5.3.1959, S. 2.

68 Entschädigungsamt Berlin, Reg.-Nr. 120.233, Maria Prochownik, Klage vor dem LG Berlin vom 5.3.1959.

69 Entschädigungsamt Berlin, Reg.-Nr. 120.233, Maria Prochownik, Klage vor dem LG Berlin vom 5.3.1959, S. 2.

70 Entschädigungsamt Berlin, Reg.-Nr. 120.233, Entschädigungsamt Berlin, Vermerk vom 24.4.1959.

71 Entschädigungsamt Berlin, Reg.-Nr. 120.233, Entschädigungsamt Berlin, Vermerk vom 24.4.1959.

72 Entschädigungsamt Berlin, Reg.-Nr. 120.233, Entschädigungsamt Berlin, Vermerk vom 24.4.1959.

10.000 Deutsche Mark an.[73] Das Angebot basierte darauf, dass das Entschädigungsamt Berlin den Entschädigungszeitraum bis zum 2. Juni 1945 erweitert hatte, obwohl Prochownik am 27. Januar 1943 bereits 70 Jahre alt geworden war.[74] Die Summe ergab sich aus Prochowniks Einstufung in die vergleichbare Besoldungsgruppe des höheren Diensts,[75] woraus sich aufgrund von Prochowniks Alter (67) bei Schadenseintritt (vierte Lebensaltersstufe (ab Vollendung des 55. Lebensjahres) der Anlage 2 der 3. DV-BEG) ein Betrag in Höhe von 946 Reichsmark pro Monat[76] ergab.[77]

Bei einer Schadenszeit vom 1. Juli 1940 (Ende der Entmündigung) bis zum 2. Juni 1945 (Prochowniks Tod), mithin für 59 Monate, ergab sich eine Gesamtsumme in Höhe von 55.814 Reichsmark (59 Monate × 946 Reichsmark), die, im Verhältnis 10 : 2 umgestellt (§ 11 Absatz 1 BEG), einem Betrag in Höhe von 11.162,80 Deutsche Mark ergab.[78] Der Anspruch auf Kapitalentschädigung war auf Prochowniks Witwe, die Prochownik ausweislich des Erbscheines[79] des Amtsgerichts Donauwörth, Nachlassgericht, Prochownik als Alleinerbin beerbt hatte,[80] gemäß §§ 13 Absatz 1, 140 BEG übergegangen. Das Vergleichsangebot des Entschädigungsamtes Berlin an Prochowniks Witwe sah letztlich einen Betrag in Höhe von 10.000 Deutsche Mark bei einer Anrechnung von Vorleistungen in Höhe von 600 Deutsche Mark vor, die Prochowniks Witwe zuvor aus einem Sonderfonds als Beihilfe erhalten hatte.[81]

dd. Ablehnung der Anrechnung von Vorleistungen durch Prochowniks Witwe

Maria Prochownik war vergleichsbereit, wollte jedoch nicht die Anrechnung von Vorleistungen in Höhe von 600 Deutsche Mark akzeptieren.[82] Sie argumentierte, dass die Anrechnungsvorschrift ihrer Meinung nach eine Sollvorschrift war und das Landesentschädigungsamt Berlin somit davon abweichen konnte; als Alternative schlug sie vor, dass das Landesentschädigungsamt Berlin den Entschädigungsbetrag auf 10.600 Deutsche Mark erhöhen solle, damit sie eine Auszahlung von 10.000

---

73 Entschädigungsamt Berlin, Reg.-Nr. 120.233, Entschädigungsamt Berlin, Schreiben an Maria Prochownik vom 20.5.1959.

74 Entschädigungsamt Berlin, Reg.-Nr. 120.233, Entschädigungsamt Berlin, Aktenvermerk vom 14.10.1959.

75 Siehe oben C. XII. 4. b. aa.

76 Drei Viertel der Dienstbezüge eines vergleichbaren Bundesbeamten (§ 76 Absatz 1 Satz 1 BEG) + 20 % (§ 76 Absatz 3 BEG). Siehe zu der Erhöhung nach § 76 Absatz 3 BEG die Ausführungen bei Adler unter C. I. 4. a. dd. (2).

77 Entschädigungsamt Berlin, Reg.-Nr. 120.233, Entschädigungsamt Berlin, Vermerk vom 6.5.1959.

78 Entschädigungsamt Berlin, Reg.-Nr. 120.233, Entschädigungsamt Berlin, Vermerk vom 6.5.1959.

79 Siehe zu der amtlichen Beweiswirkung des Erbscheines oben C. I. 4. a. ee.

80 Entschädigungsamt Berlin, Reg.-Nr. 120.233, AG Donauwörth, Erbschein vom 18.1.1947.

81 Entschädigungsamt Berlin, Reg.-Nr. 120.233, Entschädigungsamt Berlin, Vergleichsvorschlag vom 3.12.1959; Entschädigungsamt Berlin, Reg.-Nr. 120.233, Regierungspräsident Köln, Schreiben an das Entschädigungsamt Berlin vom 4.9.1959.

82 Entschädigungsamt Berlin, Reg.-Nr. 120.233, Maria Prochownik, Schreiben an das Entschädigungsamt Berlin vom 7.10.1959 und vom 5.11.1959.

Deutsche Mark erhalte.[83] Das Landesentschädigungsamt Berlin lehnte den Vorschlag von Prochowniks Witwe unter dem Hinweis, dass der Vorschlag großzügig und es zu keinen weiteren Zugeständnissen bereit sei, endgültig ab.[84]

ee. Abschluss des Vergleichs

Prochowniks Witwe nahm den Vergleichsvorschlag in Höhe von 10.000 Deutsche Mark unter Anrechnung der aus dem Sonderfonds erhaltenen 600 Deutsche Mark an, sodass das Bayerische Landesentschädigungsamt 9.400 Deutsche Mark am 21. Januar 1960 an Prochowniks Witwe auszahlte.[85]

c. Schaden an Eigentum und Vermögen in Form der Sanatoriumskosten und durch Entrichtung von Sonderabgaben

Maria Prochownik stellte am 15. März 1950 beim Bayerischen Landesentschädigungsamt (vormals Bayerisches Landesamt für Wiedergutmachung)[86] gemäß §§ 17, 18, 19 und 20 USEG[87] einen Antrag auf Entschädigung des Schadens an Eigentum und Vermögen wegen der Entrichtung der Judenvermögensabgabe in Höhe von 55.599,50 Reichsmark und wegen des Schadens durch verfolgungsbedingte Sanatoriumsaufenthalte und den Kosten für die doppelte Haushaltsführung während des Aufenthalts Prochowniks in Berlin.[88]

aa. Sanatoriumskosten

Über die geltend gemachten Sanatoriumskosten und die Kosten für die notwendige doppelte Haushaltsführung verglich sich Maria Prochownik nach der Verweisung an das Entschädigungsamt Berlin mit diesem am 25. Januar 1958 auf eine Entschädigung in Höhe von 2.500 Deutsche Mark.[89] Das Entschädigungsamt Berlin hatte ursprünglich Prochowniks Witwe einen Vergleichsvorschlag in Höhe von 2.000 Deutsche Mark unterbreitet.[90] Als Begründung für diesen Vorschlag führte es das Fehlen von Nachweisen über die Höhe der von Prochowniks Witwe geltend gemachten

---

83 Entschädigungsamt Berlin, Reg.-Nr. 120.233, Maria Prochownik, Schreiben an das Entschädigungsamt Berlin vom 7.10.1959 und vom 5.11.1959.

84 Entschädigungsamt Berlin, Reg.-Nr. 120.233, Entschädigungsamt Berlin, Schreiben an Maria Prochownik, vom 15.10.1959 und vom 16.11.1959.

85 Entschädigungsamt Berlin, Reg.-Nr. 120.233, Vergleich zwischen Maria Prochownik und dem Land Berlin vom 3.12.1959; Entschädigungsamt Berlin, Reg.-Nr. 120.233, Entschädigungsamt Berlin, Verfügung vom 9.1.1960.

86 Siehe oben C. I. 4. a.

87 BayHStA, LEA 2971, Maria Prochownik, Antrag (Formblatt D) an das Bayerische Landesamt für Wiedergutmachung vom 15.3.1950.

88 Entschädigungsamt Berlin, Reg.-Nr. 120.233, Maria Prochownik, Antrag (Formblatt D) an das Bayerische Landesamt für Wiedergutmachung vom 15.3.1950.

89 Entschädigungsamt Berlin, Reg.-Nr. 120.233, Vergleich zwischen Maria Prochownik und dem Land Berlin vom 25.1.1958.

90 Entschädigungsamt Berlin, Reg.-Nr. 120.233, Entschädigungsamt Berlin, Schreiben an Maria Prochownik vom 30.11.1957.

Ansprüche an.[91] Prochowniks Witwe lehnte dieses Vergleichsangebot ab, weil sie zwar die geltend gemachten Ansprüche im Einzelnen nicht belegen könne, sich jedoch sicher sei, dass diese einer gerichtlichen Überprüfung standhalten würden.[92] Sie bot ihrerseits einen Vergleich in Höhe von 3.000 Deutsche Mark an.[93] Prochowniks Witwe einigte sich schließlich mit dem Entschädigungsamt Berlin auf eine Kapitalentschädigung für Schaden im Vermögen in Form der Kosten für verfolgungsbedingte Sanatoriumsaufenthalte und doppelte Haushaltsführung gemäß §§ 3, 1 Absatz 1, 56 Absatz 1 Satz 1 BEG in Höhe von 2.500 Deutsche Mark, welche das Bayerische Landesentschädigungsamt am 30. Januar 1958 an Prochowniks Witwe auszahlte.[94]

bb. Judenvermögensabgabe

Hinsichtlich der von Prochownik entrichteten Judenvermögensabgabe erging am 31. August 1957 ein Bescheid des Entschädigungsamts Berlin, in dem es Maria Prochownik eine Kapitalentschädigung für den Schaden durch Zahlung einer Sonderabgabe in Form der von Prochownik (§§ 3, 1 Absatz 1, 59 Absatz 1 BEG) in fünf Raten gezahlten Judenvermögensabgabe in Höhe von insgesamt 55.544,20 Reichsmark und für die von Prochownik gezahlte Börsenumsatzsteuer in Höhe von 41,90 Reichsmark zusprach.[95] Diesen Gesamtbetrag stellte es im Verhältnis 10 : 2 (§ 11 Absatz 1 BEG) auf 11.117,22 Deutsche Mark um.[96] Von diesem Betrag zog das Entschädigungsamt Berlin ein Darlehen, welches Prochownik auf den Schaden wegen Zahlung der Judenvermögensabgabe am 29. November 1956 in Höhe von 5.000 Deutsche Mark von der Oberfinanzdirektion München erhalten hatte, sowie allgemeine Vorschüsse auf Entschädigungszahlungen des Bayerischen Landesentschädigungsamt in Höhe von 4.495 Deutsche Mark ab.[97] Das Entschädigungsamt Berlin zahlte am 24. Juli 1957 nur einen Betrag in Höhe von 1.622,22 Deutsche Mark an Prochowniks Witwe aus.[98]

---

91 Entschädigungsamt Berlin, Reg.-Nr. 120.233, Entschädigungsamt Berlin, Schreiben an Maria Prochownik vom 30.11.1957.

92 Entschädigungsamt Berlin, Reg.-Nr. 120.233, Maria Prochownik, Schreiben an das Entschädigungsamt Berlin vom 18.11.1957.

93 Entschädigungsamt Berlin, Reg.-Nr. 120.233, Maria Prochownik, Schreiben an das Entschädigungsamt Berlin vom 18.11.1957.

94 Entschädigungsamt Berlin, Reg.-Nr. 120.233, Vergleich zwischen Maria Prochownik und dem Land Berlin vom 25.1.1958; Entschädigungsamt Berlin, Reg.-Nr. 120.233, Entschädigungsamt Berlin, Anrechnungsübersicht, undatiert.

95 Entschädigungsamt Berlin, Reg.-Nr. 120.233, Entschädigungsamt Berlin, Bescheid vom 31.8.1957.

96 Entschädigungsamt Berlin, Reg.-Nr. 120.233, Entschädigungsamt Berlin, Bescheid vom 31.08.1957.

97 Entschädigungsamt Berlin, Reg.-Nr. 120.233, Entschädigungsamt Berlin, Bescheid vom 31.8.1957, S. 3 f; Entschädigungsamt Berlin, Reg.-Nr. 120.233, OFD München, Schreiben an Entschädigungsamt Berlin vom 7.12.1956.

98 Entschädigungsamt Berlin, Reg.-Nr. 120.233, Entschädigungsamt Berlin, Bescheid vom 31.8.1957, S. 3 f; Entschädigungsamt Berlin, Reg.-Nr. 120.233, Entschädigungsamt Berlin, Anrechnungsübersicht, undatiert.

d. Schaden am Leben

aa. Einreichung und Begründung des Antrags

Prochowniks Witwe stellte am 15. März 1950 einen Antrag beim Bayerischen Landesentschädigungsamt[99] auf Entschädigung für den Schaden am Leben ihres verstorbenen Ehemannes gemäß § 13 USEG[100] (Formblatt A) wegen Schaden am Leben.[101] Am 20. Mai 1954 wiederholte Prochowniks Witwe den Antrag nach §§ 14, 15 Absatz 6 Bundesergänzungsgesetz.[102] Sie führte in dem Antrag aus, dass ihr Ehemann körperlich gesund gewesen sei, ihn die Verfolgungsmaßnahmen in seiner Heimatstadt Donauwörth jedoch so sehr psychisch beeinträchtigt hätten, dass er gezwungen gewesen sei, nach Berlin umzuziehen.[103] Bei der Belagerung von Berlin habe das Ehepaar Prochownik unter den schweren Bedingungen insbesondere fehlender Nahrung gelitten.[104] Prochownik sei kurz nach dem Ende des Krieges aufgrund seines schlechten Gesamtzustands gestorben.[105] Als Beleg der Kausalität zwischen Prochowniks Tod und einem verfolgungsbedingten Erschöpfungszustand Prochowniks reichte Prochowniks Witwe ein ärztliches Attest bei dem Entschädigungsamt Berlin ein.[106]

bb. Ablehnung durch das Entschädigungsamt Berlin

Das Entschädigungsamt Berlin beauftragte eine gutachterliche Stellungnahme, welche keinen Kausalzusammenhang zwischen Prochowniks Tod und seiner Verfolgung feststellte.[107] Das Entschädigungsamt Berlin erließ am 10. September 1958 einen Bescheid, in dem es einen Schaden an Prochowniks Leben mit der Argumentation ablehnte, dass Prochownik *„weder zur Zwangsarbeit verpflichtet"* noch *„einer besonders harten Freiheitsentziehung ausgesetzt"* gewesen sei und außerdem laut dem ärztlichen Gutachten die Kausalität im Sinne der §§ 15 Absatz 1 und 41 Absatz 1 BEG zwischen Verfolgung und Tod fehle.[108]

---

99 Siehe oben C. I. 4. a.

100 Siehe oben C. I. 4. a. aa., dass es gemäß § 231 BEG nach dem Inkrafttreten des BEG keiner neuen Antragstellung bedurfte.

101 Entschädigungsamt Berlin, Reg.-Nr. 120.233, Maria Prochownik, Antrag (Formblatt A) an das Bayerische Landesamt für Wiedergutmachung vom 15.3.1950.

102 Entschädigungsamt Berlin, Reg.-Nr. 120.233, Maria Prochownik, Antrag an das Bayerische Landesentschädigungsamt vom 20.5.1954.

103 Entschädigungsamt Berlin, Reg.-Nr. 120.233, Maria Prochownik, Anlage zum Antrag an das Bayerische Landesentschädigungsamt vom 20.5.1954.

104 Entschädigungsamt Berlin, Reg.-Nr. 120.233, Maria Prochownik, Anlage zum Antrag an das Bayerische Landesentschädigungsamt vom 20.5.1954.

105 Entschädigungsamt Berlin, Reg.-Nr. 120.233, Maria Prochownik, Anlage zum Antrag an das Bayerische Landesentschädigungsamt vom 20.5.1954, S. 2.

106 Entschädigungsamt Berlin, Reg.-Nr. 120.233, Else Eggert, ärztliches Attest vom 11.7.1945.

107 Entschädigungsamt Berlin, Reg.-Nr. 120.233, H. Meyer-Dreßler, gutachtliche ärztliche Äußerung vom 11.8.1962.

108 Entschädigungsamt Berlin, Reg.-Nr. 120.233, Entschädigungsamt Berlin, Bescheid vom 10.9.1958.

cc. Einbeziehung des Berliner Innensenators

Nach der Ablehnung des Anspruchs wandte sich Prochowniks Tochter Susanne an den Berliner Innensenator mit der Bitte um Intervention, weil sie die Entscheidung des Entschädigungsamts Berlin nicht nachvollziehen könne.[109] Der Innensenator antwortete mit Schreiben an Prochowniks Tochter vom 29. Oktober 1958, dass er gegen die Entscheidung des Entschädigungsamts Berlin bezüglich des Schadens an Prochowniks Leben keine Bedenken habe und Prochowniks Witwe der Rechtsweg gegen diese Entscheidung offenstehe.[110]

dd. Klageverfahren vor dem Landgericht Berlin

(1.) Klagebegründung

Prochowniks Witwe legte gegen die Entscheidung des Entschädigungsamts Berlin Klage vor dem Landgericht Berlin ein.[111] In ihrer Klage führte sie erneut aus, dass sich ihr Ehemann monatelang an verschiedenen Orten habe verstecken müssen, in der ständigen Angst, dass ihn die Geheime Staatspolizei inhaftierte.[112] Insbesondere in Donauwörth, wo er der einzige Jude gewesen sei und sich der damalige Bürgermeister gern dessen haben rühmen wollen, dass „seine" Stadt „judenfrei" sei, habe er nur selten sein können.[113] Weiter führte Prochowniks Witwe in der Klagebegründung aus:

> *„Wenn allerdings eine Verfolgung nur dann anerkannt wird, wenn sie in körperlicher Misshandlung bestand, bestünde der Bescheid vom 10. September 1958 zu Recht. Mein Mann hat wenig körperliche Misshandlung erfahren. Er hat nur 12 Jahre nicht mehr als Mensch gelebt, er hat nur tagtäglich, so oft die Glocke im Hausflur angeschlagen hat, damit rechnen müssen, dass die SS, die ihn bereits einmal geholt hatte und ins Lager gesteckt hatte, wieder käme und ihn abholte, er hat nur seinen Beruf und seine Kinder entbehren müssen, er hat sich nur als Freiwild gejagt und gehetzt und verachtet vor den Nazis verstecken müssen, er hat nur in einer armseligen Bude in Berlin hungern und frieren und menschenunwürdig hausen müssen."*[114]

---

[109] Entschädigungsamt Berlin, Reg.-Nr. 120.233, Susanne Prochownik, Schreiben an den Berliner Innensenator vom 22.9.1958.

[110] Entschädigungsamt Berlin, Reg.-Nr. 120.233, Berliner Innensenator, Schreiben an Susanne Prochownik vom 29.10.1958.

[111] Entschädigungsamt Berlin, Reg.-Nr. 120.233, Maria Prochownik, Klage vor dem LG Berlin vom 11.11.1958.

[112] Entschädigungsamt Berlin, Reg.-Nr. 120.233, Maria Prochownik, Klage vor dem LG Berlin vom 11.11.1958, S. 2.

[113] Entschädigungsamt Berlin, Reg.-Nr. 120.233, Maria Prochownik, Klage vor dem LG Berlin vom 11.11.1958, S. 2.

[114] Entschädigungsamt Berlin, Reg.-Nr. 120.233, Maria Prochownik, Klage vor dem LG Berlin vom 11.11.1958, S. 2 f.

(2.) Klageerwiderung des Entschädigungsamts Berlin und neuerlicher Bescheid

Das Entschädigungsamt Berlin hielt an seiner Argumentation fest, beantragte aber aufgrund gesetzlicher Überarbeitungen des Entschädigungsrechts das vorläufige Ruhen des Verfahrens und behielt sich vor, den angefochtenen Bescheid zu überprüfen.[115] Am 25. September 1962 erließ es einen neuen – fast inhaltsgleichen – Ablehnungsbescheid, gegen den Maria Prochownik Klage erhob.[116] Die beiden Verfahren legte das Landgericht Berlin zusammen und holte ein gerichtliches Sachverständigengutachten ein.[117]

(3.) Gerichtliches Sachverständigengutachten

Das vom Gericht beauftragte Gutachten musste der Sachverständige nach Aktenlage erstellen, wobei er auch die Akten von den Sanatoriumsaufenthalten im Zeitraum Juni 1936 bis Oktober 1938[118] heranzog.[119] Den gesamten Akten entnahm er unter anderem, dass Prochownik in der Vergangenheit mehrmals an depressiven Schüben erkrankt gewesen war und in Berlin in einem möblierten Zimmer sowie teilweise auch in Stendal gelebt hatte.[120] Insgesamt schloss der Gutachter daraus, dass Prochownik zwar unter den Verfolgungsmaßnahmen gelitten habe und diese mitunter auch kausal für seine neuerlichen depressiven Schübe von 1933 an gewesen seien, es ihm während der Belagerung von Berlin jedoch nicht wesentlich schlechter gegangen sei als der gesamten Bevölkerung in Berlin.[121] Die gesamten Angaben von Prochowniks Witwe stellte der Gutachter infrage, weil zum Beispiel Angaben von Prochowniks Witwe, dass ihr Mann nur zweimal an einer Depression gelitten habe – nämlich nach dem Tod seiner ersten Ehefrau und 1933 zu Beginn der Verfolgung –, nach der Aktenlage nicht stimme.[122]

---

115 Entschädigungsamt Berlin, Reg.-Nr. 120.233, Entschädigungsamt Berlin, Klageerwiderung vom 20.1.1959; Entschädigungsamt Berlin, Reg.-Nr. 120.233, Entschädigungsamt Berlin, Schreiben an das LG Berlin vom 17.4.1959.

116 Entschädigungsamt Berlin, Reg.-Nr. 120.233, Entschädigungsamt Berlin, Bescheid vom 25.9.1962; Entschädigungsamt Berlin, Reg.-Nr. 120.233, Maria Prochownik, Klage vor dem LG Berlin vom 18.12.1962.

117 Entschädigungsamt Berlin, Reg.-Nr. 120.233, LG Berlin, Beschluss vom 30.5.1963; Entschädigungsamt Berlin, Reg.-Nr. 120.233, LG Berlin, Beweisbeschluss vom 20.9.1963.

118 Siehe oben C. XII. 2. c.

119 Entschädigungsamt Berlin, Reg.-Nr. 120.233, H. Herxheimer, fachärztliches Gutachten vom 28.10.1963.

120 Entschädigungsamt Berlin, Reg.-Nr. 120.233, H. Herxheimer, fachärztliches Gutachten vom 28.10.1963, S. 3 f.

121 Entschädigungsamt Berlin, Reg.-Nr. 120.233, H. Herxheimer, fachärztliches Gutachten vom 28.10.1963, S. 8.

122 Entschädigungsamt Berlin, Reg.-Nr. 120.233, H. Herxheimer, fachärztliches Gutachten vom 28.10.1963, S. 8 f.

Prochownik starb ausweislich des Totenscheins an einer Lungenentzündung als Folge einer Grippe.[123] Der gerichtliche Sachverständige zog die Schlussfolgerung, dass Prochowniks Tod nicht auf seinen aus der Verfolgung resultierenden schlechten Gesundheitszustand zurückzuführen sei, sondern aufgrund seines Alters (bei seinem Tod war Prochownik 73 Jahre alt) schicksalhaft eingetreten sei.[124] Ein Kausalzusammenhang zwischen Prochowniks Verfolgung und seinem Tod lehnte der Gutachter ab.[125]

Prochowniks Witwe lehnte dieses Gutachten und auch das Gutachten ab, das das Entschädigungsamt Berlin eingeholt hatte.[126] Sie wies in einem weiteren Schriftsatz auf wesentliche Mängel hin, die – ihrer Meinung nach – an beiden Gutachten bestanden.[127] Sie brachte vor, dass zum Beispiel das vom Gericht eingeholte Gutachten Akten aus der Zeit des „Dritten Reichs" zugrunde gelegt habe, die die wahren Gründe für Prochowniks Erkrankung nicht enthielten.[128] Des Weiteren führte Maria Prochownik aus, dass ihr Mann nicht in der Lage gewesen wäre, eine so bedeutende Rechtsanwaltskanzlei aufzubauen, wenn er bereits vor der Machtergreifung der Nationalsozialisten unter Depressionen gelitten hätte.[129] Prochowniks Witwe argumentierte weiter, dass es ihrem Ehemann auch nicht möglich gewesen wäre, ein so großes Vermögen aufzubauen, aus dem sich später eine Judenvermögensabgabe in Höhe von 55.613,40 Reichsmark ergeben hätte, wenn er andauernd krank gewesen wäre.[130] Maria Prochownik benannte auch erneut den Hausarzt aus Donauwörth und die Ärztin, die Prochownik – teilweise illegal während des „Dritten Reichs" – in Berlin behandelt hatte, als Zeugen.[131]

(4.) Klageabweisung

Das Landgericht Berlin wies die Klage von Prochowniks Witwe ab.[132] Gemäß §§ 41 Absatz 1, 15 Absatz 1 BEG musste der Verfolgte aufgrund der Schädigung des Körpers oder der Gesundheit gestorben sein, und die Verfolgung musste zumindest

---

123 Entschädigungsamt Berlin, Reg.-Nr. 120.233, H. Herxheimer, fachärztliches Gutachten vom 28.10.1963, S. 9 f.

124 Entschädigungsamt Berlin, Reg.-Nr. 120.233, H. Herxheimer, fachärztliches Gutachten vom 28.10.1963, S. 9 f.

125 Entschädigungsamt Berlin, Reg.-Nr. 120.233, H. Herxheimer, fachärztliches Gutachten vom 28.10.1963, S. 9 f.

126 Entschädigungsamt Berlin, Reg.-Nr. 120.233, Maria Prochownik, Schreiben an das LG Berlin vom 11.4.1964, S. 1.

127 Entschädigungsamt Berlin, Reg.-Nr. 120.233, Maria Prochownik, Schreiben an das LG Berlin vom 11.4.1964, S. 1.

128 Entschädigungsamt Berlin, Reg.-Nr. 120.233, Maria Prochownik, Schreiben an das LG Berlin vom 11.4.1964, S. 1.

129 Entschädigungsamt Berlin, Reg.-Nr. 120.233, Maria Prochownik, Schreiben an das LG Berlin vom 11.4.1964, S. 2.

130 Entschädigungsamt Berlin, Reg.-Nr. 120.233, Maria Prochownik, Schreiben an das LG Berlin vom 11.4.1964, S. 2.

131 Entschädigungsamt Berlin, Reg.-Nr. 120.233, Maria Prochownik, Schreiben an das LG Berlin vom 11.4.1964, S. 1.

132 Entschädigungsamt Berlin, Reg.-Nr. 120.233, LG Berlin, Urteil vom 23.4.1964.

überwiegend wahrscheinlich kausal für die Schädigung gewesen sein. Letzteres sah das Landgericht Berlin als nicht gegeben.[133] Das Landgericht berief sich bei seiner Urteilsbegründung auf die ärztlichen Gutachten und führte aus, dass Prochowniks Tod allenfalls möglicherweise auf die Verfolgung zurückzuführen sei.[134] Eine für das Gericht laut dem ärztlichen Gutachten ebenfalls mögliche Alternative wäre jedoch auch, dass Prochownik auch ohne Verfolgung aufgrund seines für damalige Verhältnisse hohen Alter und der allgemeinen Situation im Krieg an der Grippe beziehungsweise der Lungenentzündung gestorben wäre.[135]

(5.) Berufung vor dem Kammergericht

Prochowniks Witwe legte beim Kammergericht Berlin Berufung unter Beantragung der Bewilligung des Armenrechts – das der heutigen Prozesskostenhilfe entsprach – ein.[136] Das Kammergericht lehnte durch einen Beschluss zunächst die Bewilligung des Armenrechts ab, weil die Klage keine hinreichende Aussicht auf Erfolg habe, und wies die Berufung anschließend bereits aus formalen Gründen als unzulässig zurück, weil vor dem Kammergericht Anwaltszwang bestand und daher ein Rechtsanwalt die Klage hätte einreichen müssen und nicht Prochowniks Witwe selbst.[137]

e. Gesamtentschädigung

Das Entschädigungsamt zahlte an Prochowniks Witwe insgesamt Kapitalentschädigungen in Höhe von 23.617,22 Deutsche Mark aus.

[133] Entschädigungsamt Berlin, Reg.-Nr. 120.233, LG Berlin, Urteil vom 23.4.1964, S. 4.
[134] Entschädigungsamt Berlin, Reg.-Nr. 120.233, LG Berlin, Urteil vom 23.4.1964, S. 4 f.
[135] Entschädigungsamt Berlin, Reg.-Nr. 120.233, LG Berlin, Urteil vom 23.4.1964, S. 4 f.
[136] Entschädigungsamt Berlin, Reg.-Nr. 120.233, Maria Prochownik, Berufungsschrift an das Kammergericht vom 10.7.1964.
[137] Entschädigungsamt Berlin, Reg. Nr. 120.233, Kammergericht Berlin, Beschluss vom 10.8.1964; Entschädigungsamt Berlin, Reg.-Nr. 120.233; Kammergericht, Beschluss vom 16.9.1964.

XIII. Leopold Rieser (10. März 1880 bis 13. November 1938)

1. Leben vor der Verfolgung

a. Geburt und Studium

Rieser war am 10. März 1880 in Ichenhausen bei Günzburg als Sohn eines Kaufmannes geboren.[1] Er war das älteste von insgesamt acht Kindern.[2]

b. Fronteinsatz während des Ersten Weltkrieges

Im Ersten Weltkrieg diente Rieser als Soldat für das Deutsche Reich, erhielt mehrere Orden für besondere Tapferkeit und stieg bis zum Leutnant eines Frontlandwehrregiments auf.[3]

c. Rechtsanwaltszulassung und beruflicher Werdegang

Sein Studium der Rechtswissenschaften und den Vorbereitungsdienst absolvierte Rieser in München und Würzburg, bevor er sich mit 28 Jahren als Rechtsanwalt zulassen ließ.[4]

Rieser war einer der erfolgreichsten Strafverteidiger in Augsburg und genoss in der Bevölkerung auch über die Grenzen von Augsburg hinaus einen ausgezeichneten Ruf.[5] Sein guter Ruf beruhte auch auf seiner wohltätigen Art. Er beriet nicht nur teilweise unentgeltlich ärmere Bauern in juristischen Angelegenheiten, sondern kaufte mittellosen Familien Kommunionkleider für ihre Kinder, obwohl er selbst jüdischen Glaubens war.[6]

Rieser betrieb seine Kanzlei – die ihm als Gründungspartner zu zwei Dritteln anteilig gehörte – gemeinsam mit seinem Kanzleipartner Auerbach,[7] zwei angestellten Rechtsanwälten und sechs Bürokräften.[8] Eine Bürokraft war Berta Haas. Sie hatte Rieser in seiner gesamten beruflichen Zeit als Mitarbeiterin begleitet. Sie hatte

---

1 Weber, Schicksal jüdischer Rechtsanwälte in Bayern, S. 253 f.; Stadtarchiv Augsburg, Meldekarte, MK 2, Leopold Rieser.

2 Weber, Schicksal jüdischer Rechtsanwälte in Bayern, S. 253 f.

3 Jüdisches Kulturmuseum Augsburg, Ordner „Jüdische Rechtsanwälte“, Ludwig Mayer, Memorandum Rieser, undatiert, BayHStA, LEA 2971, Berta Haas, Schreiben an das Bayerische Landesentschädigungsamt vom 18.11.1958.

4 Weber, Schicksal jüdischer Rechtsanwälte in Bayern, S. 253 f.

5 Jüdisches Kulturmuseum Augsburg, Ordner „Jüdische Rechtsanwälte“, Ludwig Mayer, Brief an Gernot Römer, vom 9.11.1988.

6 Jüdisches Kulturmuseum Augsburg, Ordner „Jüdische Rechtsanwälte“, Ludwig Mayer, Brief an Gernot Römer, vom 9.11.1988.

7 Siehe hierzu die Ausführungen bei Auerbach unter C. II. 1. c.

8 BayHStA, LEA 2971, Berta Haas, Schreiben an das Bayerische Landesentschädigungsamt vom 18.11.1958.

in seiner Kanzlei am 11. November 1910 angefangen, war seit 1924 Riesers Bürovorsteherin und auch dann noch an seiner Seite, als die Geheime Staatspolizei die Kanzlei am 9. November 1938 schloss.[9]

Riesers Auftreten vor Gericht beschrieb der bereits dargestellte und bei Rieser angestellte Rechtsanwalt Mayer wie folgt:

> *„Sein Auftreten vor Gericht – eine stattliche und aufrechte Gestalt – war eindrucksvoll, besonders in den großen Strafsachen wie Mord, Totschlag, Brandstiftung und ähnlichen Gewaltdelikten, die Gesprächsstoff der Öffentlichkeit waren und die Medien beschäftigte[n].“*[10]

Darüber hinaus betonte Mayer zum einen das herausragende Gedächtnis von Rieser, der während eines Prozesses meist überhaupt keine Aufzeichnungen gemacht habe und dennoch in seinen Plädoyers, die weniger von rechtlichen Aspekten als von Tatsachen gehandelt hätten, Zeugen häufig wörtlich habe zitieren können, und zum anderen Riesers Gabe, sich bei Zeugenbefragungen und im gesamten Prozess auf neue Situationen einstellen zu können.[11] Auf Mandate in politischen Prozessen verzichtete Rieser weitestgehend.[12]

Neben seinen großen juristischen Fähigkeiten war er insgesamt eine sehr gebildete Persönlichkeit, die mitunter einen *„tiefschürfenden Vortrag über Heinrich Heine hielt“*[13], vor allem aber auch eine herausragende Menschenkenntnis hatte und des Öfteren mit allgemeinen Ratschlägen half.[14] Den Zusammenbruch der deutschen Wirtschaft und den damit einhergehenden Aufstieg rechter Kräfte sagte er lange zuvor voraus, ohne jedoch die Auswirkungen für sich persönlich vorherzusehen.[15]

d. Privatleben

Rieser lebte in der Fuggerstraße 4 in Augsburg, in demselben Haus, in welchem sich im Parterre auch seine Kanzlei befand.[16] Rieser wohnte nicht in einer seinen beruflichen und wirtschaftlichen Verhältnissen entsprechenden großen Wohnung, sondern zur Miete in einem bescheidenen Einzimmerapartment.[17] Rieser blieb bis zu

---

[9] BayHStA, LEA 2971, Berta Haas, Schreiben an das Bayerische Landesentschädigungsamt vom 18.11.1958; BayHStA, LEA 2971, Berta Haas, eidesstattliche Versicherung vom 28.9.1950.

[10] Jüdisches Kulturmuseum Augsburg, Ordner „Jüdische Rechtsanwälte“, Ludwig Mayer, Memorandum Rieser, undatiert.

[11] Jüdisches Kulturmuseum Augsburg, Ordner „Jüdische Rechtsanwälte“, Ludwig Mayer, Memorandum Rieser, undatiert.

[12] Jüdisches Kulturmuseum Augsburg, Ordner „Jüdische Rechtsanwälte“, Ludwig Mayer, Brief an Gernot Römer, vom 3.10.1994.

[13] Jüdisches Kulturmuseum Augsburg, Ordner „Jüdische Rechtsanwälte“, Ludwig Mayer, Memorandum Rieser, undatiert.

[14] Jüdisches Kulturmuseum Augsburg, Ordner „Jüdische Rechtsanwälte“, Ludwig Mayer, Memorandum Rieser, undatiert.

[15] Jüdisches Kulturmuseum Augsburg, Ordner „Jüdische Rechtsanwälte“, Ludwig Mayer, Brief an Gernot Römer, vom 10.9.1988.

[16] Jüdisches Kulturmuseum Augsburg, Ordner „Jüdische Rechtsanwälte“, Ludwig Mayer, Memorandum Rieser, undatiert.

[17] Jüdisches Kulturmuseum Augsburg, Ordner „Jüdische Rechtsanwälte“, Ludwig Mayer, Memorandum Rieser, undatiert.

seinem Tod unverheiratet und hatte eine nicht eheliche Tochter, die aus einer Beziehung mit einer Christin aus Buchloe stammte und am 9. März 1928 geboren war.[18]

Nach alter jüdischer Tradition unterstützte er außerdem als ältester unverheirateter Sohn seine jüngste Schwester in finanziellen Angelegenheiten.[19]

2. Leben während der Verfolgung

a. Auswirkungen der „Machtergreifung“ durch die Nationalsozialisten auf Riesers private Entwicklung

Riesers Zurückhaltung bei der Vertretung von Mandanten in politischen Prozessen und die Tatsache, dass er selbst keiner Partei nahestand, verschonten ihn offensichtlich von frühen „Schutzhaft“-Inhaftierungen während des Judenboykotts[20]. Als die Situation für die jüdische Bevölkerung im Deutschen Reich gefährlicher wurde, machte sich Rieser Gedanken über eine Emigration. Drei seiner Geschwister waren bereits vor der „Machtergreifung“ der Nationalsozialisten in die Vereinigten Staaten ausgewandert, zwei weitere folgten 1937 und 1938.[21] Die Geschwister gaben für ihren Bruder vier Affidavits ab, die Rieser zur Auswanderung in die Vereinigten Staaten berechtigt hätten.[22] Doch Rieser war *„ein Mann, der zu sehr an Deutschland hing‘*[23], und ließ alle Affidavits verfallen.[24]

Nach der „Machtergreifung“ durch die Nationalsozialisten verurteilte die nationalsozialistische Presse Riesers nicht eheliche Beziehung zu einer Nichtjüdin, die aus der Sicht der Nationalsozialisten eine „Blutschande“ war.[25] Eine Heirat – die Rieser ihr nach Aussage seiner Lebensgefährtin mehrmals versprochen hatte – war aufgrund der politischen Lage nicht mehr denkbar.[26] Rieser konnte die gemeinsame Tochter nie adoptieren, sodass diese nicht nur als „Halbjüdin“, sondern auch als nicht eheliches Kind antisemitischen Anfeindungen ausgesetzt war und die Schule

---

[18] BayHStA, LEA 2971, Standesamt Buchloe, beglaubigte Abschrift des Geburtsregisters vom 12.3.1928.

[19] BayHStA, LEA 2971, Lina Rieser, Antrag an das Bayerische Landesentschädigungsamt vom 12.11.1954; BayHStA, LEA 2971, Josefa Müller, Bestätigung vom 18.5.1957; BayHStA, LEA 2971, Lina Löwenstein, Bestätigung vom 27.5.1957; BayHStA, LEA 2971, Marta Weimer, Bestätigung vom 27.6.1957.

[20] Siehe oben Teil B VI. 2.

[21] StA Augsburg, NA Augsburg 1012/1938, Eugen Betz, Schreiben an den Oberfinanzpräsidenten München vom 20.5.1943.

[22] Römer, „Ein Mann, der zu sehr an Deutschland hing“, Augsburger Allgemeine vom 5.11.1988, S. 3.

[23] Römer, „Ein Mann, der zu sehr an Deutschland hing“, Augsburger Allgemeine vom 5.11.1988, S. 3.

[24] Römer, „Ein Mann, der zu sehr an Deutschland hing“, Augsburger Allgemeine vom 5.11.1988, S. 3.

[25] Römer, „Ein Mann, der zu sehr an Deutschland hing“, Augsburger Allgemeine vom 5.11.1988, S. 3.

[26] BayHStA, LEA 2971, Josefa Müller, Schreiben an das AG Augsburg vom 8.10.1945.

Anfang 1943 verlassen musste.[27] Riesers Lebensgefährtin verließ gemeinsam mit der Tochter Buchloe, nachdem die Presse ihren vollständigen Namen genannt hatte.[28] Der ursprüngliche Lebensplan von Riesers Tochter, Pharmazie zu studieren, um Apothekerin zu werden und in die Apotheke ihres Onkels in Nürnberg zu arbeiten, war wegen der „Rassengesetzgebung" der Nationalsozialisten nicht zu verwirklichen.[29] Dennoch wanderte Riesers Tochter erst nach dem Krieg, am 31. Dezember 1946, in die Vereinigten Staaten zu den Geschwistern von Rieser aus.[30]

b. Auswirkungen der Verfolgung auf Riesers berufliche Situation

Hitlers „Machtergreifung" erlebte Rieser auf dem Höhepunkt seiner Karriere als Rechtsanwalt.

aa. Kein Entzug der Rechtsanwaltszulassung 1933 aufgrund von § 1 Absatz 2 des Rechtsanwaltszulassungsgesetzes

1933 durfte Rieser aufgrund von beiden Ausnahmen des § 1 Absatz 2 des Rechtsanwaltszulassungsgesetzes[31] seine Rechtsanwaltszulassung – genau wie sein Kanzleipartner Auerbach – behalten. Anders als Rieser wanderte Auerbach 1937 aus dem Deutschen Reich aus.[32] Rieser sicherte Auerbach zu, dass die Flucht keine Auswirkungen auf das Partnerschaftsverhältnis zwischen ihnen haben werde.[33] Diese Zusicherung umfasste, dass Auerbach weiterhin im Verhältnis 2 : 1, an der Kanzlei beteiligt bleiben sollte.[34]

bb. Verringerung von Riesers Einkommen

Wie sich die „Machtergreifung" der Nationalsozialisten auf Riesers berufliche Existenz auswirkte, zeigt sich an dem Vergleich der Einkommenssituation davor und danach. In den Jahren 1930 bis 1932 betrugen Riesers Einkünfte zwischen 24.000 und 35.000 Reichsmark pro Jahr, 1933 sanken die Jahreseinnahmen auf 15.000

---

27 BayHStA, LEA 2971, Lieselotte Kobell-Rieser, Erläuterung zum Entschädigungsantrag vom 24.8.1954.

28 Römer, „Ein Mann, der zu sehr an Deutschland hing", Augsburger Allgemeine vom 5.11.1988, S. 3.

29 BayHStA, LEA 2971, Lieselotte Kobell-Rieser, Erläuterung zum Entschädigungsantrag vom 24.8.1954.

30 BayHStA, LEA 2971, Lieselotte Kobell-Rieser, Antrag an das Bayerische Landesentschädigungsamt vom 24.8.1954.

31 Siehe oben B. VI. 1. a. b.

32 Siehe Ausführungen bei Auerbach unter C. II. 2. b.

33 BayHStA, LEA 2971, Bayerisches Landesentschädigungsamt, Aktenvermerk vom 19.10.1961; BayHStA, LEA 2971, Berta Haas, Schreiben an das Bayerische Landesentschädigungsamt vom 18.11.1958.

34 BayHStA, LEA 2971, Bayerisches Landesentschädigungsamt, Aktenvermerk vom 19.10.1961; BayHStA, LEA 2971, Berta Haas, Schreiben an das Bayerische Landesentschädigungsamt vom 18.11.1958.

Reichsmark und somit um mehr als 50 % und 1934 auf 10.000 Reichsmark,[35] bis sich Riesers Einkommen 1935 (26.000 Reichsmark) und 1936 (22.000 Reichsmark) wieder erhöhte.[36]

3. Riesers Tod und Beschlagnahme seiner Wertgegenstände

a. Riesers Internierung im Konzentrationslager Dachau und sein Tod

Die Geheime Staatspolizei inhaftierte Rieser am 13. November 1938 im Konzentrationslager Dachau.[37] Es gibt unterschiedliche Versionen dessen, was bei Riesers Ankunft im Konzentrationslager Dachau geschehen ist; das Ergebnis – Riesers Tod – steht jedenfalls fest. Die Spekulationen über die Todesursache gehen von Selbstmord in einem Bus durch eine Giftampulle, um einer Ermordung durch die Nationalsozialisten zuvorzukommen, über *„von den Aufsehern der SS bei der Ankunft zu Tode geprügelt"*, weil er sich geweigert haben soll, aus dem Bus auszusteigen, bis hin zur Erschießung auf dem Schießplatz 3 in Prittlbach (Hebertshausen, bei Dachau).[38]

Als offizielle Todesursache gab die SS auf dem Standesamt Hebertshausen bei Dachau eine Lungenentzündung an.[39] Riesers Tochter erinnerte sich daran, dass die SS bei der Beerdigung von Rieser angeordnet hatte, den Sarg unter allen Umständen geschlossen zu halten.[40] Es spricht daher viel dafür, dass die SS Rieser erschossen oder totgeschlagen hatte und den Sarg nicht öffnen lassen wollte, damit niemand die körperlichen Misshandlungen erkennen konnte.

b. Beschlagnahme von Riesers Wertgegenständen

Nach Riesers Tod beschlagnahmten und versteigerten die Nationalsozialisten neben seinen Gold- und Silberwertgegenständen das gesamte Mobiliar seiner Wohnung sowie die gesamte für die geplante Auswanderung gekaufte Kleidung und Wäsche.[41] Einen Tag nach Riesers Deportation durchsuchte die Geheime Staatspolizei auch seine Kanzlei; seine Angestellte Berta Haas konnte noch aussagen, dass die Gelder

---

35 BayHStA, LEA 2971, Steueramt der Stadtverwaltung Augsburg, Schreiben an Berta Haas vom 4.7.1957; BayHStA, LEA 2971, Berta Haas, Anmeldung von Ansprüchen beim Bayerischen Landesentschädigungsamt vom 28.9.1950, S. 2.

36 BayHStA, LEA 2971, Steueramt der Stadtverwaltung Augsburg, Schreiben an Berta Haas vom 4.7.1957.

37 Jüdisches Kulturmuseum Augsburg, Ludwig Mayer, Memorandum Rieser, undatiert; Römer, „Ein Mann, der zu sehr an Deutschland hing", Augsburger Allgemeine vom 5.11.1988, S. 3.

38 Jüdisches Kulturmuseum Augsburg, Ludwig Mayer, Memorandum Rieser, undatiert; Römer, „Ein Mann, der zu sehr an Deutschland hing", Augsburger Allgemeine vom 5.11.1988, S. 3.; BayHStA, LEA 2971, Comité international de la Croix Rogue, Schreiben an das Bayerische Landesentschädigungsamt vom 28.5.1955.

39 Römer, „Ein Mann, der zu sehr an Deutschland hing", Augsburger Allgemeine vom 5.11.1988, S. 3.

40 Römer, „Ein Mann, der zu sehr an Deutschland hing", Augsburger Allgemeine vom 5.11.1988, S. 3.

41 BayHStA, LEA 2971, Bayerisches Landesentschädigungsamt, Bescheid vom 2.11.1962.

im Panzerschrank vor allem Mandantengelder seien und sie die Verantwortung für deren ordnungsgemäße Weiterleitung trage.[42] Dies bewirkte, dass die Geheime Staatspolizei die Gelder nach der Beschlagnahmung nach Abzug eines *„Unkostenanteils der Judenaktion"* in Höhe von 10 % wieder freigab.[43]

Das Mobiliar der Kanzlei, das Rieser anlässlich ihrer fast 30-jährigen Dienstzeit für den Fall seiner Auswanderung an Haas verschenkt hatte, beschlagnahmte die Geheime Staatspolizei ebenfalls.[44] Als Haas versuchte, gegen diese Beschlagnahme unter dem Hinweis auf die Schenkung Einspruch zu erheben, drohte ihr ein Beamter der Geheimen Staatspolizei mit der Internierung im Konzentrationslager Ravensbrück und sagte ihr, dass sie sich schämen solle, jüdisches Eigentum anzunehmen.[45]

4. Entschädigung

Gemäß dem Erbschein[46] des Amtsgerichts Augsburg vom 9. Mai 1950 beerbten die sieben Geschwister Rieser nach seinem Tod.[47] Neben den Geschwistern stellten die uneheliche Tochter und Riesers Verlobte Entschädigungsansprüche. Bis auf eine Schwester von Rieser ließen sich alle Antragsteller bei der Geltendmachung ihrer Ansprüche durch Haas vertreten.[48] Nach ihren eigenen Ausführungen vertrat sie die Erben nicht geschäftsmäßig, sondern aufgrund ihrer langjährigen Verbindung zu Rieser.[49]

a. Ansprüche aufgrund des Todes auf die Erben übergegangen

Bei der Geltendmachung der Ansprüche bestand für die Geschwister von Rieser das Problem des Nachweises darüber, dass sie die Erben nach Rieser waren. Die Nachlassakte hatte die Geheime Staatspolizei am 21. April 1944 angefordert und nie an das Nachlassgericht (Amtsgericht Augsburg) zurückgegeben.[50] Auf Anfrage erklärte das Münchner Polizeipräsidium nach dem Krieg gegenüber dem Nachlassgericht, dass die Geheime Staatspolizei die Akte vernichtet habe.[51]

---

42 StA Augsburg, VA 892, Berta Haas, Schreiben an das LG Augsburg vom 31.10.1949, S. 1.

43 StA Augsburg, VA 892, Berta Haas, Schreiben an das LG Augsburg vom 31.10.1949, S. 1.

44 StA Augsburg, Va 892, LG Augsburg, Protokoll der öffentlichen Sitzung vom 16.7.1951, S. 2; StA Augsburg, VA 892, Berta Haas, Schreiben an das LG Augsburg vom 31.10.1949, S. 2.

45 StA Augsburg, VA 892, Berta Haas, Schreiben an das LG Augsburg vom 31.10.1949, S. 2.

46 Siehe zu der amtlichen Beweiswirkung des Erbscheines oben C. I. 4. a. ee.

47 BayHStA, LEA 2971, Amtsgericht Augsburg, Erbschein vom 9.5.1950.

48 BayHStA, LEA 2971, Berta Haas, Anlage zu Haas Antrag an das Bayerische Landesamt für Wiedergutmachung vom 28.9.1950; die zweitjüngste Schwester ließ sich von Rechtsanwalt und Notar Fidel Ott aus Sigmaringen vertreten (Vollmacht zu Gunsten von Fidel Ott vom 4.4.1950).

49 BayHStA, LEA 2971, LG München I, Protokoll der öffentlichen Sitzung vom 8.4.1960.

50 StA Augsburg, NA Augsburg 1012/1938, AG Augsburg – Nachlassgericht, Schreiben an das Polizeipräsidium München vom 21.12.1948.

51 StA Augsburg, NA Augsburg 1012/1938, AG Augsburg – Nachlassgericht, Schreiben an das Polizeipräsidium München, handschriftlicher Hinweis auf das Originalschreiben vom 21.12.1948.

Den mit der Akte vernichteten ursprünglichen Erbschein musste das Nachlassgericht erneut ausfertigen. Sämtliche Unterlagen über den Erbfall Rieser hatten entweder die Geheime Staatspolizei oder Kriegsereignisse vernichtet, sodass es auf die mündlichen Aussagen von Haas und dem Nachlassverwalter ankam, der sich jedoch kaum noch erinnern konnte.[52] Das Nachlassgericht stellte anhand der Aussagen fest, dass kein Testament vorliege und nach der gesetzlichen Erbfolge die sieben Geschwister (§§ 1924 Absatz 3, 2032 BGB) Erben nach Rieser geworden seien.[53] Riesers Tochter hatte ihren Vater nicht beerbt. Die damalige Rechtslage sah für nicht eheliche Kinder keine Erbansprüche vor.[54]

b. Schaden im beruflichen Fortkommen

Haas beantragte für die Erbengemeinschaft nach Rieser, bestehend aus seinen sieben Geschwistern, am 28. September 1950 mittels des Formblattes E[55] eine Entschädigung gemäß §§ 21 - 34 USEG[56] bei dem Bayerischen Landesentschädigungsamt (vormals Bayerisches Landesamt für Wiedergutmachung)[57] wegen des Schadens, der Rieser im beruflichen Fortkommen entstanden war.[58] Sämtliche Einkommens- und Umsatzbelege der Kanzlei Rieser-Auerbach hatten Kriegsereignisse sowohl beim Finanzamt als auch beim Nachlasspfleger zerstört, sodass Haas als ehemalige Bürovorsteherin der Kanzlei eine eidesstattliche Versicherung abgab, in der sie den durchschnittlichen Jahresumsatz der Kanzlei ihrer Erinnerung nach auf 100.000 Reichsmark und das Jahreseinkommen der Kanzleipartner vor der „Machtergreifung" auf 35.000 Reichsmark bezifferte.[59] Von 1933 an – insbesondere nach dem Judenboykott am 1. April 1933 – sei eine Vielzahl von Riesers Mandaten weggebrochen, was sich unmittelbar auf seine Einkommenssituation ausgewirkt habe.[60] Haas gab weiter an, dass Riesers Jahreseinkommen fortan nur noch *„etwa 24.000 Reichsmark"* betragen und sich jedes Jahr verringert habe.[61] Ohne Verfolgung wären die Einkünfte vermutlich noch weiter gestiegen; Haas schätzte den Schaden im beruflichen Fortkommen insgesamt auf mindestens 72.000 bis 82.000 Reichsmark.[62]

---

52 StA Augsburg, NA Augsburg 1012/1938, AG Augsburg – Nachlassgericht, Aktenvermerk vom 27.10.1949; StA Augsburg, NA Augsburg 1012/1938, AG Augsburg, Niederschrift vom 11.1.1950.

53 BayHStA, LEA 2971, AG Augsburg – Nachlassgericht, Beschluss vom 9.5.1950.

54 Dies änderte sich erst mit dem Erlass des Gesetzes über die rechtliche Stellung der nichtehelichen Kinder von 1969, das am 1.7.1970 in Kraft trat.

55 Siehe zu der Verwendung von Formblättern oben C. I. 4. a. aa.

56 Siehe oben C. I. 4. a. aa., dass es gemäß § 231 BEG nach dem Inkrafttreten des BEG keiner neuen Antragstellung bedurfte.

57 Siehe oben C. I. 4. a.

58 BayHStA, LEA 2971, Berta Haas, Antrag (Formblatt E) an das Bayerische Landesamt für Wiedergutmachung vom 28.9.1950.

59 BayHStA, LEA 2971, Berta Haas, eidesstattliche Versicherung vom 28.9.1950.

60 BayHStA, LEA 2971, Berta Haas, eidesstattliche Versicherung vom 28.9.1950.

61 BayHStA, LEA 2971, Berta Haas, eidesstattliche Versicherung vom 28.9.1950.

62 BayHStA, LEA 2971, Berta Haas, eidesstattliche Versicherung vom 28.9.1950.

Eine später vom Steueramt der Stadtverwaltung Augsburg an Haas herausgegebene Bürgerliste bestätigte die aus Hass' Erinnerung gemachten Angaben zumindest für die Jahre 1932 bis 1936.[63] Laut der Bürgerliste verfügte Rieser 1932 über ein Einkommen in Höhe von 32.000 Reichsmark, während es bereits 1933 nur noch fast die Hälfte (15.000 Reichsmark) war und 1934 mit nur noch 10.000 Reichsmark den niedrigsten Stand erreichte.[64]

Das Bayerische Landesentschädigungsamt wies Haas mit Schreiben vom 25. Januar 1961 ohne genauere Begründung darauf hin, dass der Anspruch wegen des Schadens im beruflichen Fortkommen offensichtlich unbegründet sei, und legte ihr nahe, den diesbezüglichen Antrag zurückzunehmen, was Haas mit Schreiben vom 2. November 1961 auch tat.[65] Der Hintergrund war offensichtlich, dass auch das verringerte Einkommen Riesers immer noch eine ausreichende Lebensgrundlage (§ 75 Absatz 1 Satz 2 und 2 BEG in Verbindung mit § 12 und Anlage 1 der 3. DV-BEG) für Rieser bot. Ein Anspruch auf Kapitalentschädigung (§§ 3, 74 Satz 1, Satz 2 Alternative 1, 76 Absatz 2 BEG) wegen Schadens im beruflichen Fortkommen in Form von einer wesentlichen Beschränkung in der Ausübung der selbstständigen Tätigkeit als Rechtsanwalt war daher unbegründet.

c. Schaden an Eigentum und Vermögen

aa. Anspruchsanmeldung für den Schaden durch Entzug von Möbeln, Wäsche und Schmuck sowie durch eingezogenes Bargeld

Haas meldete am 24. Juni 1950 außerdem zu dem Bayerischen Landesentschädigungsamt Ansprüche gemäß §§ 17, 18, 19 und 20 USEG[66] für die Erben nach Rieser zur Entschädigung des Schaden an Eigentum und Vermögen durch die entzogenen Möbel, die entzogene Wäsche, den entzogenen Schmuck und das entzogene Bargeld[67] an und bezifferte den Anspruch auf 9.400 Reichsmark.[68]

---

63 BayHStA, LEA 2971, Steueramt der Stadtverwaltung Augsburg, Schreiben an Berta Haas vom 4.7.1957.

64 BayHStA, LEA 2971, Steueramt der Stadtverwaltung Augsburg, Schreiben an Berta Haas vom 4.7.1957.

65 BayHStA, LEA 2971, Bayerisches Landesentschädigungsamt, Schreiben an Berta Haas vom 25.1.1961; BayHStA, LEA 2971, Berta Haas, Schreiben an das Bayerische Landesentschädigungsamt vom 2.11.1961.

66 Siehe oben C. I. 4. a. aa., dass es gemäß § 231 BEG nach dem Inkrafttreten des BEG keiner neuen Antragstellung bedurfte.

67 Siehe hierzu oben C. XIII. 3. b.

68 BayHStA, LEA 2971, Berta Haas, Antrag (Formblatt D) an das Bayerische Landesamt für Wiedergutmachung vom 24.6.1950.

bb. Ablehnung durch das Bayerische Landesentschädigungsamt

Die geltend gemachten Ansprüche lehnte das Bayerische Landesentschädigungsamt ab, weil es sich um eine Entziehung gehandelt habe, sodass das Bundesrückerstattungsgesetz anzuwenden und das Bayerische Landesentschädigungsamt somit sachlich nicht zuständig sei.[69]

cc. Rückerstattungsverfahren

In dem Rückerstattungsverfahren hat die Oberfinanzdirektion München durch den Befriedigungsbescheid gemäß §§ 38, 39 Bundesrückerstattungsgesetz den Erben nach Rieser eine Entschädigung in Höhe von insgesamt 4.900 Deutsche Mark (4.000 Deutsche Mark für die entzogenen Möbelstücke und die entzogene Wäsche und 900 Deutsche Mark für die entzogenen Wertgegenstände) zugesprochen.[70] Die Gegenstände waren nicht mehr auffindbar, sodass eine Herausgabe in natura nicht mehr möglich war und die Entschädigung den Wertersatz für die abhandengekommenen Gegenstände darstellte. Wann die Oberfinanzdirektion München die Entschädigungen an die Erben ausbezahlt hat, ergibt sich aus der überlieferten Akte nicht.

d. Schaden durch Entrichtung von Sonderabgaben

Haas beantragte darüber hinaus mit dem Antrag vom 24. Juni 1950[71] für Riesers Geschwister gemäß §§ 17, 18, 19 und 20 USEG[72] beim Bayerischen Landesentschädigungsamt eine Entschädigung für den Schaden wegen der Entrichtung der Reichsfluchtsteuer und der Judenvermögensabgabe und bezifferte diesen Schaden auf 78.000 Reichsmark (davon 38.000 Reichsmark für die Judenvermögensabgabe und 40.000 Reichsmark für die Reichsfluchtsteuer).[73]

aa. Judenvermögensabgabe

Nach weiteren Recherchen korrigierte Haas den Betrag für die entrichtete Judenvermögensabgabe von den ursprünglich geltend gemachten 38.000 Reichsmark auf fünf Raten zu jeweils 3.400 Reichsmark und somit auf 17.000 Reichsmark.[74]

---

69 BayHStA, LEA 2971, Bayerisches Landesentschädigungsamt, Bescheid vom 2.11.1962.

70 BayHStA, LEA 2971, OFD München, Bescheid vom 12.7.1967.

71 Siehe oben unter C. XIII. 4. c.

72 Siehe oben C. I. 4. a. aa., dass es gemäß § 231 BEG nach dem Inkrafttreten des BEG keiner neuen Antragstellung bedurfte.

73 BayHStA, LEA 2971, Berta Haas, Antrag (Formblatt D) an das Bayerische Landesamt für Wiedergutmachung vom 24.6.1950.

74 BayHStA, LEA 2971, Berta Haas, Schreiben an das Bayerische Landesentschädigungsamt vom 23.7.55.

(1.) Bescheid des Bayerischen Landesentschädigungsamts

Das Bayerische Landesentschädigungsamt ging jedoch davon aus, dass Rieser nur vier der ursprünglich fünf vorgesehenen Raten der Judenvermögensabgabe entrichtet habe, weil die fünfte Rate erst am 15. November 1939 und somit erst nach seinem Tod fällig gewesen sei, und sprach der Erbengemeinschaft nach Rieser in einem Bescheid vom 30. Januar 1958 eine Entschädigung in Höhe von 2.720 Deutsche Mark zu.[75]

Dem Grunde nach war der Anspruch gemäß §§ 3, 1 Absatz 1, 59 Absatz 1 BEG begründet, weil Rieser als Verfolgter im Sinne des § 1 Absatz 1 BEG einen Schaden durch Zahlung von Sonderabgaben hatte und § 63 BEG die Kausalität zwischen den nationalsozialistischen Gewaltmaßnahmen und dem Schaden vermutete.[76] Der Höhe nach entschädigte das Bayerische Landesentschädigungsamt vier Raten je 3.400 Reichsmark mithin insgesamt 13.600 Reichsmark umgestellt im Verhältnis 10 : 2 (§ 11 Absatz 1 BEG) auf 2.720 Deutsche Mark.[77] Das Bayerische Landesentschädigungsamt zahlte die Kapitalentschädigung am 11. Februar 1958 an Haas für die Erbengemeinschaft nach Rieser aus.[78]

(2.) Klage vor dem Landgericht München I

Haas erhob für die Erbengemeinschaft nach Rieser Klage vor dem Landgericht München I mit dem Ziel, auch für die fünfte Rate der Judenvermögensabgabe eine Entschädigung gemäß §§ 3, 1 Absatz 1, 59 Absatz 1 BEG zugesprochen zu bekommen.[79] Nach der Besprechung der Sach- und Rechtslage durch das Gericht schloss das Bayerische Landesentschädigungsamt im Namen des Freistaats Bayern mit der Erbengemeinschaft Rieser einen Vergleich.[80] Der Vergleich sah eine Kapitalentschädigung für die fünfte Rate der Judenvermögensabgabe in Höhe von 680 Deutsche Mark vor (§§ 3, 1 Absatz 1, 59 Absatz 1 BEG).[81] Das Bayerische Landesentschädigungsamt veranlasste am 20. Mai 1960 die Auszahlung des Entschädigungsbetrages in Höhe von 680 Deutsche Mark an Haas für die Erbengemeinschaft nach Rieser.[82]

bb. Reichsfluchtsteuer

Ihren Antrag auf Entschädigung für den Schaden durch Zahlung von Sonderabgaben in Form der geleisteten Reichsfluchtsteuer (§§ 3, 1 Absatz 1, 59 Absatz 1, Absatz 2 Satz 1 Ziffer 3 BEG) zog Haas mit Schreiben vom 27. August 1957 vor dem Bay-

---

75 BayHStA, LEA 2971, Bayerisches Landesentschädigungsamt, Bescheid vom 30.1.1958.
76 BayHStA, LEA 2971, Bayerisches Landesentschädigungsamt, Bescheid vom 30.1.1958.
77 BayHStA, LEA 2971, Bayerisches Landesentschädigungsamt, Bescheid vom 30.1.1958.
78 BayHStA, LEA 2971, Bayerisches Landesentschädigungsamt, Kontenblatt, undatiert.
79 BayHStA, LEA 2971, LG München I, Protokoll der öffentlichen Sitzung vom 8.4.1960.
80 BayHStA, LEA 2971, LG München I, Protokoll der öffentlichen Sitzung vom 8.4.1960.
81 BayHStA, LEA 2971, LG München I, Protokoll der öffentlichen Sitzung vom 8.4.1960.
82 BayHStA, LEA 2971, Bayerisches Landesentschädigungsamt, Auszahlungsverfügung, vom 20.5.1960.

erischen Landesentschädigungsamt zurück, weil das Finanzamt Augsburg einen Betrag in Höhe von 40.000 Reichsmark auf Riesers Konto zwar gesperrt, jedoch nie eingezogen hatte.[83] Eine Entziehung lag daher nicht vor, sondern die Bank gab den Betrag später für Riesers Erben wieder frei.

e. Goodwillschaden

Ende 1958 machten Haas für Riesers Geschwister als auch für den ehemaligen Kanzleipartner von Rieser, Auerbach[84], einen Anspruch auf Ausgleich des Schadens am Vermögen in Form des Goodwillschadens durch den Verlust der Rechtsanwaltskanzlei Rieser-Auerbach gemäß §§ 3, 1 Absatz 1, 56 Absatz 1 BEG bei dem Bayerischen Landesentschädigungsamt geltend.[85] Hinsichtlich der Schadensberechnung wies Haas erneut auf den exzellenten Ruf der Kanzlei hin, der dieser über die Grenzen von Augsburg hinaus bedeutende Mandate eingebracht und dafür gesorgt habe, dass sich die Kanzlei selbst während der antijüdischen Verfolgungsmaßnahmen mit guten Einnahmen habe halten können.[86]

Haas brachte vor, dass die Kanzlei Rieser-Auerbach 100.000 Reichsmark[87] pro Jahr erzielt habe, wovon die Hälfte für Gehälter verwendet und der Rest die beiden Partner Rieser und Auerbach im Verhältnis ihrer Beteiligung (zwei Drittel zu einem Drittel) untereinander aufgeteilt hätten.[88]

Das Bayerische Landesentschädigungsamt erkannte einen Anspruch der Erbengemeinschaft nach Rieser auf Entschädigung für den Schaden im Vermögen in Form eines Goodwillschaden dem Grunde nach gemäß §§ 3, 1 Absatz 1, 56 Absatz 1 BEG an und legte bei seiner Schadensberechnung Riesers Gesamteinkommen von 1932 bis 1936 zugrunde, das es den Unterlagen des Steueramts der Stadtverwaltung Augsburg mit 106.000 Reichsmark entnahm.[89] Aus den Angaben errechnete es ein jährliches Durchschnittseinkommen in Höhe von 21.200 Reichsmark (106.000 Reichsmark : fünf Jahre).[90] Aus diesem Durchschnittseinkommen von Rieser errechnete es aufgrund von Riesers Beteiligung an der Kanzlei in Höhe von zwei Dritteln ein durchschnittliches Jahreseinkommen beider Kanzleipartner in Höhe von

---

[83] BayHStA, LEA 2971, Wiedergutmachungsbehörde für Schwaben, Niederschrift der nicht öffentlichen Sitzung vom 27.5.1952.

[84] Siehe oben C. XIII. 4 e.

[85] BayHStA, LEA 2971, Berta Haas, Schreiben an das Bayerische Landesentschädigungsamt vom 18.11.1958.

[86] BayHStA, LEA 2971, Berta Haas, Schreiben an das Bayerische Landesentschädigungsamt vom 18.11.1958.

[87] Siehe oben C. XIII. 4. b).

[88] BayHStA, LEA 2971, Berta Haas, Schreiben an das Bayerische Landesentschädigungsamt vom 18.11.1958.

[89] BayHStA, LEA 2971, Bayerisches Landesentschädigungsamt, Aktenvermerk vom 19.10.1961.

[90] BayHStA, LEA 2971, Bayerisches Landesentschädigungsamt, Aktenvermerk vom 19.10.1961.

31.800 (21.200 : 2/3) Reichsmark.[91] Von diesem Betrag zog das Bayerische Landesentschädigungsamt den fiktiven Unternehmerlohn[92], den das Bayerische Landesentschädigungsamt anhand einer vergleichbaren Beamtenbesoldung in Höhe von insgesamt 19.700 Reichsmark pro Jahr (11.500 Reichsmark für Rieser und 8.200 Reichsmark für Auerbach) berechnete, ab.[93] Bei der vergleichbaren Beamtenbesoldung orientierte sich das Bayerische Landesentschädigungsamt offensichtlich an der Anlage 2 der 3. DV-BEG, ohne diese in dem Bescheid zu erwähnen. Bei einer Eingruppierung von Rieser und Auerbach in die vergleichbare Gruppe eines Bundesbeamten des höheren Diensts[94] ergab sich für Auerbach in der Altersgruppe bis zum vollendeten 45. Lebensjahr ein Betrag in Höhe von 8.376 Reichsmark jährlich und für Rieser in der Altersgruppe ab dem vollendeten 55. Lebensjahr ein Betrag in Höhe von 11.352 Reichsmark jährlich. Die Summe in Höhe von 19.728 Reichsmark rundete das Bayerische Landesentschädigungsamt anschließend offensichtlich ab und kam im Ergebnis auf einen fiktiven Unternehmerlohn in Höhe von 19.700 Reichsmark pro Jahr für beide Kanzleipartner.

Die Differenz zwischen Gesamteinkommen der Kanzleipartner und dem fiktiven Unternehmerlohn in Höhe von 12.100 (31.800 – 19.700) Reichsmark war der Anteil, der die Kanzlei über die gewöhnliche unternehmerische Tätigkeit der Partner hinaus aufgrund ihres Rufs ausmachte. Diesen Betrag vervielfachte das Bayerische Landesentschädigungsamt mit dem Faktor vier.[95] Dieser Faktor ergab sich für das Bayerische Landesentschädigungsamt aus dem Alter der Partner bei der Auflösung der Kanzlei (Rieser: 58 Jahre, Auerbach: 44 Jahre) und aus dem der Kanzlei (elf Jahre).[96] Rechnerisch ergab sich ein Schaden in Höhe von 48.400 Reichsmark, der umgestellt im Verhältnis 10 : 2 (§ 11 Absatz 1 BEG) 9.680 Deutsche Mark betrug, sodass der Sachbearbeiter des Bayerischen Landesentschädigungsamt einen Vergleich in Höhe von 9.500 Deutsche Mark für angemessen hielt.[97] Dem Vorgesetzten des Sachbearbeiters hingegen war dieser Betrag zu hoch; er notierte hand-

---

91 BayHStA, LEA 2971, Bayerisches Landesentschädigungsamt, Aktenvermerk vom 19.10.1961.

92 Siehe zu Unternehmerlohn und Berechnung des Goodwillschadens die Ausführungen bei Dreifuß unter C. IV. 5. c.

93 BayHStA, LEA 2971, Bayerisches Landesentschädigungsamt, Aktenvermerk vom 19.10.1961.

94 Siehe oben für Auerbach unter C. II.4. a. bb; das Bayerische Landesentschädigungsamt hat Rieser aufgrund der Ablehnung des Schadens im beruflichen Fortkommen nicht in eine vergleichbare Beamtengruppe eingestuft. Wenn jedoch das Bayerische Landesentschädigungsamt Auerbach als „Juniorpartner" in die höchste der vergleichbaren Beamtengruppen des höheren Diensts eingestuft hatte, hätte dies für Rieser erst recht gegolten.

95 BayHStA, LEA 2971, Bayerisches Landesentschädigungsamt, Aktenvermerk vom 19.10.1961.

96 BayHStA, LEA 2971, Bayerisches Landesentschädigungsamt, Aktenvermerk vom 19.10.1961.

97 BayHStA, LEA 2971, Bayerisches Landesentschädigungsamt, Aktenvermerk vom 19.10.1961.

schriftlich unter die interne Berechnung des Sachbearbeiters, dass dieser einen Vergleich in Höhe von 9.000 Deutsche Mark vorschlagen solle.[98] Diesen Vergleichsvorschlag nahmen Riesers Erben am 11. Januar 1962 an.[99] Das Bayerische Landesentschädigungsamt veranlasste die Auszahlung des Entschädigungsbetrages an Haas für Auerbach und die Erben von Rieser am 17. Januar 1962.[100]

f. Schaden an Versicherungen außerhalb der Sozialversicherung

Haas stellte im Namen der Erbengemeinschaft nach Rieser am 24. Juni 1950 einen Antrag beim Bayerischen Landesentschädigungsamt auf Entschädigung für Riesers Schaden an Versicherungen außerhalb der Sozialversicherung gemäß §§ 35 – 37 U-SEG[101].[102] Sie begründete den Antrag damit, dass Rieser bei der Deutschen Anwalt- und Notar-Versicherung eine Altersvorsorgeversicherung abgeschlossen habe, auf die er erhebliche Einzahlungen geleistet habe.[103] Die Höhe konnte Haas nicht berechnen, weil ihr die Versicherungsunterlagen fehlten.[104] Später erweiterte Haas den Antrag gegenüber dem Bayerischen Landesentschädigungsamt um Versicherungen bei der Karlsruher Lebensversicherungsbank AG und bei der Victoria Versicherung AG.[105] Haas schrieb dem Bayerischen Landesentschädigungsamt vorsorglich, dass sie nicht gewusst habe, ob der Versicherer diese Versicherungen aufgelöst habe und was aus ihnen geworden sei.[106] Auch auf zweimalige Nachfrage des Bayerischen Landesentschädigungsamts bei Haas legte sie keine Nachweise über das Bestehen der Versicherungen vor, sodass das Bayerische Landesentschädigungsamt das Verfahren nicht weiterbetrieb.[107]

---

98 BayHStA, LEA 2971, Bayerisches Landesentschädigungsamt, Aktenvermerk vom 19.10.1961.

99 BayHStA, LEA 2971, Vergleich zwischen der Erbengemeinschaft nach Leopold Rieser und dem Freistaat Bayern vom 11.1.1962.

100 BayHStA, LEA 2971, Bayerisches Landesentschädigungsamt, Auszahlungsverfügung vom 17.1.1962 auf dem Vergleich vom 10./11.1.1962.

101 Siehe oben C. I. 4. a. aa., dass es gemäß § 231 BEG nach dem Inkrafttreten des BEG keiner neuen Antragstellung bedurfte.

102 BayHStA, LEA 2971, Berta Haas, Antrag (Formblatt F) an das Bayerische Landesamt für Wiedergutmachung vom 24.6.1950.

103 BayHStA, LEA 2971, Berta Haas, Antrag (Formblatt F) an das Bayerische Landesamt für Wiedergutmachung vom 24.6.1950.

104 BayHStA, LEA 2971, Berta Haas, Antrag (Formblatt F) an das Bayerische Landesamt für Wiedergutmachung vom 24.6.1950.

105 BayHStA, LEA 2971, Berta Haas, Schreiben an das Bayerische Landesentschädigungsamt vom 28.9.1950.

106 BayHStA, LEA 2971, Berta Haas, Schreiben an das Bayerische Landesentschädigungsamt vom 28.9.1950.

107 BayHStA, LEA 2971, Bayerisches Landesentschädigungsamt, Schreiben an Berta Haas vom 25.1.1961 und vom 13.10.1961; BayHStA, LEA 2971, Bayerisches Landesentschädigungsamt, Schreiben an Berta Haas vom 25.1.1961; BayHStA, LEA 2971, Berta Haas, Schreiben an das Bayerische Landesentschädigungsamt vom 2.11.1961.

g. Ansprüche von Riesers jüngster Schwester

Hass machte darüber hinaus für Riesers jüngste Schwester, die vor der Emigration in Nürnberg gewohnt hatte, gegenüber dem Bayerischen Landesentschädigungsamt mit Antrag vom 12. November 1954 Schadensersatzansprüche auf entgangenen Unterhalt geltend.[108] Eine rechtliche Grundlage für den Antrag nannte Haas in dem Antrag nicht.[109] Rieser hatte sie nach alter jüdischer Tradition als unverheiratete Schwester bis zu seinem Tod finanziell unterstützt.[110] Dieser Unterhalt war durch Riesers gewaltsamen Tod entfallen. Das Bayerische Landesentschädigungsamt äußerte sich bezüglich des Antrages von Lina Rieser bis 1965 nicht, so dass Rieser Schwester Ende 1965 nachfragte.[111] Vier weitere Jahre später lehnte das Bayerische Landesentschädigungsamt Lina Riesers Antrag auf Entschädigung wegen Schaden am Leben von Rieser gemäß §§ 3, 1 Absatz 1, 15 Absatz 1 BEG mit der Begründung ab, dass sie als Schwester des Verstorbenen nicht zu den anspruchsberechtigten Hinterbliebenen gemäß § 17 BEG gehöre.[112] Gemäß § 17 BEG waren nur der überlebende Ehepartner (§ 17 Absatz 1 Ziffer 1 und 2 BEG), Kinder in dem Zeitraum, in dem sie bedürftig sind (§ 17 Absatz 1 Ziffer 3 BEG), und aufsteigende Verwandte (§ 17 Absatz 1 Ziffer 4 BEG) anspruchsberechtigt, Geschwister hingegen nicht.

h. Ansprüche von Riesers Tochter

Anders verhielt es sich bei Riesers Tochter. Für sie stellte Haas am 24. August 1954 einen Antrag an das Bayerische Landesentschädigungsamt auf Entschädigung für den ihr durch Riesers Tod entgangenen Unterhalt.[113] Ihre Mutter erhielt zu Lebzeiten von Rieser Unterhalt, von dem ein Betrag in Höhe von 250 Reichsmark als Unterhalt für die Tochter bestimmt war, bis Rieser kurz vor dem zwölftem Geburtstag seiner Tochter ums Leben kam.[114]

---

108 BayHStA, LEA 2971, Berta Haas, Antrag an das Bayerische Landesentschädigungsamt vom 12.11.1954.

109 BayHStA, LEA 2971, Berta Haas, Antrag an das Bayerische Landesentschädigungsamt vom 12.11.1954.

110 BayHStA, LEA 2971, Berta Haas, Antrag an das Bayerische Landesentschädigungsamt vom 12.11.1954; BayHStA, LEA 2971, Josefa Müller, Bestätigung vom 18.5.1957; BayHStA, LEA 2971, Lina Löwenstein, Bestätigung vom 27.5.1957; BayHStA, LEA 2971, Marta Weimer, Bestätigung vom 27.6.1957.

111 BayHStA, LEA 2971, Lina Rieser, Schreiben an das Bayerische Landesentschädigungsamt vom 6.12.1965.

112 BayHStA, LEA 2971, Bayerisches Landesentschädigungsamt, Bescheid vom 22.10.1969.

113 BayHStA, LEA 2971, Lina Rieser, Antrag an das Bayerische Landesentschädigungsamt vom 24.8.1954.

114 BayHStA, LEA 2971, Lina Rieser, Antrag an das Bayerische Landesentschädigungsamt vom 24.8.1954.

aa. Bescheid des Bayerischen Landesentschädigungsamts

Als Tochter erfüllte Riesers Tochter – anders als ihre Tante – die Voraussetzungen des § 17 Absatz 1 Ziffer 3 BEG. Des Weiteren stand fest, dass Rieser durch verfolgungsbedingte Gewalt ums Leben gekommen war, sodass Rieser Verfolgter im Sinne des § 1 Absatz 1 BEG war und der Anspruch gemäß §§ 3, 1 Absatz 1, 15 Absatz 1, 17 Absatz 1 Ziffer 3 begründet war.[115] Das Bayerische Landesentschädigungsamt sprach Riesers Tochter gemäß § 18 Absatz 1 BEG als Entschädigung die Rente einer Halbwaise eines vergleichbaren, bei einem Dienstunfall verstorbenen Bundesbeamten zu.[116] Das Bayerische Landesentschädigungsamt stufte Rieser aufgrund seiner sozialen Stellung in die vergleichbare Beamtengruppe des höheren Diensts ein (§ 18 Absatz 1 BEG in Verbindung mit § 11 Absatz 1 der 1. DV-BEG).[117] Das Waisengeld eines Kindes eines vergleichbaren Bundesbeamten des höheren Diensts betrug 183,33 Reichsmark pro Monat (§ 10, Anlage 1 der 1. DV-BEG).[118] Von diesem Betrag ging das Bayerische Landesentschädigungsamt gemäß § 25 Absatz 2 BEG für die Berechnung der Kapitalentschädigung aus und errechnete für die Dauer vom 1. Dezember 1938 bis zum Ende des Monats in dem die Tochter Riesers das 16. Lebensjahres vollendet hatte[119] und somit für 65 Monate, einen Entschädigungsbetrag in Höhe von 11.916,45 Reichsmark (65 Monate × 183,33 Reichsmark).[120] Umgestellt im Verhältnis von 10 : 2 (§ 25 Absatz 23 BEG) ergab sich ein Betrag in Höhe von 2.383,29 Deutsche Mark.[121]

Die Zahlung einer lebenslangen Waisenrente lehnte das Bayerische Landesentschädigungsamt mit der Begründung ab, dass Kinder von ermordeten Verfolgten die Voraussetzungen des § 17 Absatz 1 Ziffer 3 BEG nur bis zum Erreichen des 16. Lebensjahr erfüllten.[122] Die Auszahlung der Kapitalentschädigung an Riesers Tochter erfolgte durch das Bayerische Landesentschädigungsamt am 25. März 1953.[123]

bb. Klage vor dem Landgericht München I

Gegen diesen Bescheid ging Riesers Tochter mit einer Klage zu dem Landgericht München I vor. In diesem Verfahren vor dem Landgericht München I schloss Riesers Tochter mit dem Freistaat Bayern einen gerichtlichen Vergleich, wonach sie weitere 440 Deutsche Mark erhielt.[124] Weder die Klagebegründung noch die Gründe für den Vergleichsschluss gehen aus den überlieferten Akten hervor. Das Bayerische

---

115 BayHStA, LEA 2971, Bayerisches Landesentschädigungsamt, Bescheid vom 8.5.1958.

116 BayHStA, LEA 2971, Bayerisches Landesentschädigungsamt, Bescheid vom 8.5.1958.

117 BayHStA, LEA 2971, Bayerisches Landesentschädigungsamt, Bescheid vom 8.5.1958.

118 BayHStA, LEA 2971, Bayerisches Landesentschädigungsamt, Bescheid vom 8.5.1958.

119 Das Bayerische Landesentschädigungsamt gab für die Vollendung des 16. Lebensjahres den 30. April 1944 an. Richtigerweise hat Rieser Tochter jedoch am 9. März 1944 das 16. Lebensjahr vollendet, so dass das Bayerische Landesentschädigungsamt den 31. März 1944 ansetzen hätte müssen.

120 BayHStA, LEA 2971, Bayerisches Landesentschädigungsamt, Bescheid vom 8.5.1958.

121 BayHStA, LEA 2971, Bayerisches Landesentschädigungsamt, Bescheid vom 8.5.1958.

122 BayHStA, LEA 2971, Bayerisches Landesentschädigungsamt, Bescheid vom 8.5.1958.

123 BayHStA, LEA 2971, Bayerisches Landesentschädigungsamt, Kontostandblatt, undatiert.

124 BayHStA, LEA 2971, LG München I, Protokoll der öffentlichen Sitzung vom 2.3.1959.

Landesentschädigungsamt zahlte diesen zusätzlichen Betrag mit Auszahlungsanordnung vom 20. April 1959 an Riesers Tochter aus.[125]

i. Ansprüche von Riesers Verlobter

Schließlich stellte Haas am 24. März 1958 auch für die Mutter von Riesers Tochter einen Antrag gemäß § 17 Absatz 2, 3 BEG auf Rente wegen des Schadens an Riesers Leben beim Bayerischen Landesentschädigungsamt.[126] Als Verlobte war sie jedoch ebenfalls gemäß § 17 Absatz 1 BEG nicht anspruchsberechtigt, sodass Haas den Antrag mit Schreiben vom 22. Januar 1960 wieder zurückzog.[127]

j. Gesamtentschädigung

Das Bayerische Landesentschädigungsamt und die Oberfinanzdirektion München zahlten an die Geschwister und die Tochter von Rieser insgesamt Kapitalentschädigungen in Höhe von 17.123,29 Deutsche Mark aus.

---

125 BayHStA, LEA 2971, Bayerisches Landesentschädigungsamt, Auszahlungsanordnung vom 20.4.1959.

126 BayHStA, LEA 2971, Berta Haas, Antrag an das Bayerische Landesentschädigungsamt vom 24.3.1958.

127 BayHStA, LEA 2971, Berta Haas, Schreiben an das Bayerische Landesentschädigungsamt vom 22.1.1960.

XIV. Dr. iur. Paul Rosenberg (30. März 1901 bis 9. Oktober 1958)

1. Leben vor der Verfolgung

a. Geburt

Rosenberg war am 30. März 1901 in Augsburg als Sohn eines Geschäftsmannes geboren.[1]

b. Studium und Rechtsanwaltszulassung

Rosenberg absolvierte sein Studium der Rechtswissenschaften und den Vorbereitungsdienst in München und Würzburg.[2] Er bestand den ersten Versuch seines Assessorexamens im April 1928 nicht und unternahm 1930 einen zweiten, erfolgreichen Versuch.[3] Am 1. Dezember 1930 erhielt er die Zulassung als Rechtsanwalt beim Landgericht Augsburg.[4]

c. Beruflicher Werdegang

Rosenberg arbeitete zunächst in der Kanzlei von Rieser-Auerbach und war dort Mayers Vorgänger[5], bis er sich in einer kleineren Einzelkanzlei in Augsburg selbstständig machte.[6] Er erzielte laut der Erinnerung seiner Schwester zunächst Einnahmen von *„etwa 400 bis 500 Reichsmark pro Monat"*, die später auf *„etwa 700 bis 800 Reichsmark pro Monat"* anstiegen.[7]

Rosenberg war vor allem als Strafverteidiger tätig und vertrat viele Kommunisten.[8]

---

1 LAfF, EG 64 868, Stadtverwaltung Augsburg, Meldebescheinigung vom 19.1.1953; LAfF, EG 64 868, Elisabeth Guggenheim, eidesstattliche Versicherung vom 14.1.1953, S. 1; Ludwig Dreifuß, Erklärung vom 28.6.1950.

2 Weber, Das Schicksal der jüdischen Rechtsanwälte in Bayern nach 1933, S. 254; Römer, An meine Gemeinde in der Zerstreuung, S. 335.

3 BayHStA, MJU 21728, Geheime Registratur, Vormerkung vom 24.10.1930.

4 BayHStA, MJU 21728, Präsident des OLG Augsburg, Schreiben an Paul Rosenberg vom 1.12.1930; BayHStA, MJU 21728, Präsident des LG Augsburg, Schreiben an das Staatsministerium der Justiz vom 2.1.1931.

5 Siehe oben C. VIII. 1. c.

6 Jüdisches Kulturmuseum Augsburg, Ordner „Jüdische Rechtsanwälte", Ludwig Mayer, Schreiben an Gernot Römer, vom 1.10.1991.

7 LAfF, EG 64 868, Elisabeth Guggenheim, eidesstattliche Versicherung vom 14.1.1953, S. 1.; LAfF, EG 64 868, Berta Haas, eidesstattliche Versicherung vom 2.4.1953.

8 Jüdisches Kulturmuseum Augsburg, Ordner „Jüdische Rechtsanwälte", Ludwig Mayer, Schreiben an Gernot Römer, vom 1.10.1991.

Abbildung 8: Bild von Dr. Paul Rosenberg[9]

2. Leben während der Verfolgung

a. „Schutzhaft"

Die Geheime Staatspolizei nahm Rosenberg vom 23. März 1933 bis zum 28. April 1933 im Gefängnis am Katzenstadel in Augsburg in „Schutzhaft", was für ihn besonders schwerwiegend war, da er pflegebedürftige Eltern hatte, um die er sich allein kümmern musste.[10] Seine Schwester reiste schließlich aus Leipzig an, um die Eltern zu versorgen.[11] Der Hintergrund der „Schutzhaft" war offensichtlich die politische Nähe Rosenbergs zum Kommunismus.

b. Vertretungsverbot

Nach seiner Entlassung aus der Haft verschlechterte sich Rosenbergs wirtschaftliche Situation, da viele Mandanten Rosenberg nicht mehr beauftragten.[12]

---

9 Jüdisches Kulturmuseum, Ordner Jüdische Rechtsanwälte.

10 LAfF, EG 64 868, Elisabeth Guggenheim, eidesstattliche Versicherung vom 14.1.1953, S. 1; LAfF, EG 64 868, Ludwig Dreifuß, Erklärung vom 28.6.1950; BayHStA, MJU 21728, Bayerisches Staatsministerium der Justiz, Schreiben an den Präsidenten des OLG München vom 12.9.1933.

11 LAfF, EG 64 868, Elisabeth Guggenheim, eidesstattliche Versicherung vom 14.1.1953, S. 1; LAfF, EG 64 868, Ludwig Dreifuß, Erklärung vom 28.6.1950.

12 LAfF, EG 64 868, Elisabeth Guggenheim, eidesstattliche Versicherung vom 14.1.1953, S. 1; LAfF, EG 64 868, Berta Haas, eidesstattliche Versicherung vom 2.4.1953; BayHStA, MJU, 21728, Bayerisches Staatsministerium der Justiz, Schreiben an den Präsidenten des OLG München vom 10.8.1933.

c. Entzug der Rechtsanwaltszulassung 1933

Am 12. September 1933 entzog das Bayerische Staatsministerium der Justiz Rosenberg die Rechtsanwaltszulassung und ließ ihn vier Tage später, am 16. September 1933, aus der Liste der beim Landgericht Augsburg zugelassenen Rechtsanwälte löschen.[13] Vor dem Entzug der Zulassung hatte das Bayerische Staatsministerium der Justiz Rosenberg angehört.[14] In dieser Anhörung brachte Rosenberg vor, dass sein Vater insolvent und sprachgelähmt sei und der Fürsorge zur Last fallen würde, wenn Rosenberg seiner Tätigkeit als Rechtsanwalt nicht mehr nachgehen könnte.[15] Außerdem gab er an, zwar in verschiedenen Fällen Kommunisten vertreten zu haben, sich jedoch nie mit deren Zielen identifizieren gekonnt zu haben.[16] Das Bayerische Staatsministerium der Justiz führte demgegenüber aus, dass es Rosenberg aufgrund seines jungen Alters möglich sei, einen neuen Beruf zu erlernen, und seine Eltern im Übrigen durch die Wohlfahrt vor unmittelbarer Not geschützt seien.[17] Es hätten auch keine Ausnahmetatbestände nach § 1 Absatz 2 des Rechtsanwaltszulassungsgesetzes [18] vorgelegen.[19] Insbesondere stütze das Bayerische Staatsministerium der Justiz den Entzug der Zulassung auf seine Nähe zum Kommunismus, die aufgrund der Vertretung Rosenbergs von Kommunisten in mindestens elf Fällen für das Bayerische Staatsministerium der Justiz feststand.[20]

d. Auswanderung in die Vereinigten Staaten

Rosenberg beantragte angesichts der sich zusehends verschlechternden Situation für Juden im Deutschen Reich am 28. Mai 1934 einen Reisepass.[21] Am 27. August 1934 emigrierte er in die Vereinigten Staaten nach New York City.[22] In New York City

---

[13] BayHStA, MJU 21728, Bayerisches Staatsministerium der Justiz, Schreiben an den Präsidenten des OLG München vom 12.9.1933; LAfF, EG 64 868, Präsident des OLG Augsburg, Schreiben an Paul Rosenberg vom 18.9.1933.

[14] BayHStA, MJU 21728, Bayerisches Staatsministerium der Justiz, Schreiben an den Präsidenten des OLG München vom 12.9.1933.

[15] BayHStA, MJU 21728, Bayerisches Staatsministerium der Justiz, Schreiben an den Präsidenten des OLG München vom 12.9.1933.

[16] BayHStA, MJU 21728, Bayerisches Staatsministerium der Justiz, Schreiben an den Präsidenten des OLG München vom 12.9.1933.

[17] BayHStA, MJU 21728, Bayerisches Staatsministerium der Justiz, Schreiben an den Präsidenten des OLG München vom 12.9.1933.

[18] Siehe oben B. VI. 1. a. b.

[19] BayHStA, MJU 21728, Bayerisches Staatsministerium der Justiz, Schreiben an den Präsidenten des OLG München vom 12.9.1933.

[20] BayHStA, MJU 21728, Bayerisches Staatsministerium der Justiz, Schreiben an den Präsidenten des OLG München vom 12.9.1933 (die Mitteilung der Polizeidirektion Augsburg vom 26.8.1933, die das Ministerium zitiert, ist – offensichtlich infolge der Kriegseinwirkungen – nicht mehr vorhanden).

[21] LAfF, EG 64 868, Stadtverwaltung Augsburg, Schreiben an das Bayerische Landesentschädigungsamt vom 10.2.1953.

[22] LAfF, EG 64 868, Stadtverwaltung Augsburg, Meldebescheinigung vom 19.1.1953; LAfF, EG 64 868, Stadtverwaltung Augsburg, Schreiben an das Bayerische Landesentschädigungsamt vom 10.2.1953.

war Rosenberg von September 1934 bis Dezember 1934 arbeitslos.[23] Erst 1935 fand er Arbeit bei der Ludwig Scherk Incorporated, die unter anderem Parfüms herstellte und bei der er von 1935 bis 1947 blieb.[24] Rosenberg arbeitete zunächst bei der Ludwig Scherk Incorporated als Arbeiter und Packer (1935 bis 1936) bis ihn sein Arbeitgeber als Büromitarbeiter (1937 bis 1938) und schließlich ab 1939 zum Reisevertreter für verschiedene Bezirke beförderte.[25] Rosenbergs Jahresgehalt entwickelte sich in dieser Zeit von 676 US-Dollar pro Jahr (1935) auf 1.040 US-Dollar jährlich (1938) relativ konstant.[26] Bei seiner Tätigkeit als Reisevertreter konnte Rosenberg von 1939 an hingegen deutlich mehr erwirtschaften und verdiente 1939 mit 1.417 US-Dollar pro Jahr fast 40 % mehr als im Vorjahr.[27] 1942 konnte Rosenberg 2.080 US-Dollar jährlich erwirtschaften, was einem Einkommen in Höhe von 8.700 Reichsmark entsprach.[28] Auch die Folgejahre waren von Gehaltssteigerungen gekennzeichnet. Die erfolgreichsten Jahre waren die von 1944 bis 1946, in denen Rosenberg durchschnittlich 3.868 US-Dollar pro Jahr verdiente.[29]

Aufgrund notwendiger wirtschaftlicher Einsparungen kündigte die Ludwig Scherk Incorporated Rosenberg 1947.[30] Erst 1950 fand er eine neue Anstellung, wobei seine neuen Einkünfte als Provisionsvertreter kaum noch ausreichten, um sein Automobil zu unterhalten.[31] In der Zeit von 1950 bis 1952 verdiente er durchschnittlich 2.259,69 US-Dollar im Jahr; sein Einkommen stieg 1953 auf 3.426,17 US-Dollar pro Jahr und sank 1954 wieder auf fast die Hälfte, nämlich auf nur noch 1.741,54 US-Dollar jährlich, bis es 1955 wieder 2.458,30 US-Dollar betrug.[32] Das Existenzminimum lag in den Vereinigten Staaten zu dieser Zeit bei 2.280 US-Dollar pro Jahr.[33]

---

[23] LAfF, EG 64 868, Paul Rosenberg, eidesstattliche Versicherung vom 13.4.1953; Jüdisches Kulturmuseum Augsburg, Ordner „Jüdische Rechtsanwälte", Ludwig Mayer, Schreiben an Gernot Römer, vom 1.10.1991.

[24] LAfF, EG 64 868, Paul Rosenberg, eidesstattliche Versicherung vom 13.4.1953.

[25] LAfF, EG 64 868, Scherk Incorporated, Schreiben an Paul Rosenberg vom 13.4.1953.

[26] LAfF, EG 64 868, Paul Rosenberg, eidesstattliche Versicherung vom 13.4.1953; LAfF, EG 64 868, Scherk Incorporated, Schreiben an Paul Rosenberg, vom 13.4.1953; LAfF, EG 64 868, Berta Haas, Schreiben an das Bayerische Landesentschädigungsamt vom 29.4.1953, S. 1 f.

[27] LAfF, EG 64 868, Paul Rosenberg, eidesstattliche Versicherung vom 13.4.1953; LAfF, EG 64 868, Scherk Incorporated, Schreiben an Paul Rosenberg, vom 13.4.1953.

[28] LAfF, EG 64 868, Berta Haas, Schreiben an das Bayerische Landesentschädigungsamt vom 29.4.1953, S. 1 f.

[29] LAfF, EG 64 868, Paul Rosenberg, eidesstattliche Versicherung vom 13.4.1953; LAfF, EG 64 868, Scherk Incorporated, Schreiben an Paul Rosenberg vom 13.4.1953.

[30] LAfF, EG 64 868, Paul Rosenberg, eidesstattliche Versicherung vom 13.4.1953.

[31] LAfF, EG 64 868, Berta Haas, Schreiben an das Bayerische Landesentschädigungsamt vom 29.4.1953, S. 2.

[32] LAfF, EG 64 868, Paul Rosenberg, eidesstattliche Versicherung vom 6.4.1956.

[33] LAfF, EG 64 868, Berta Haas, Schreiben an das Bayerische Landesentschädigungsamt vom 22.6.1954, S. 2; LAfF, EG 64 868, Generalkonsulat der Bundesrepublik Deutschland, Schreiben an das Bayerische Landesentschädigungsamt vom 16.6.1955.

Von 1953 an litt Rosenberg an einer Lungenblähung und einer arteriosklerotischen Gefäßstörung in beiden Beinen, wodurch seine Erwerbsfähigkeit um mindestens 50 % gemindert war.[34] Rosenbergs Ehefrau war zudem gesundheitlich angeschlagen und musste sich um ihre kranke Mutter kümmern, sodass sie keiner Erwerbstätigkeit nachgehen konnte.[35]

e. Privatleben

Rosenberg heiratete am 22. August 1939 in New York City Resi Rosenberg, mit der er bereits vor seiner Auswanderung in der heutigen Bürgermeister-Fischer-Straße zusammengelebt hatte.[36]

3. Tod

Rosenberg starb am 9. Oktober 1958 im Alter von 57 Jahren im Mercy-Hospital in New York City an einem Koronarverschluss.[37]

4. Entschädigung

a. Schaden im beruflichen Fortkommen

aa. Einreichung und Begründung des Antrags

Rosenberg stellte durch seinen Rechtsbeistand Berta Haas[38], die er noch aus seiner Zeit in der Kanzlei Rieser-Auerbach kannte, am 24. Juni 1950 einen Antrag gemäß §§ 21 - 34 USEG[39] beim Bayerischen Landesentschädigungsamt (vormals Bayerisches Landesamt für Wiedergutmachung)[40] auf Entschädigung für den Schaden, der ihm im beruflichen Fortkommen entstanden war.[41] Haas leitete den Schaden dem Grunde nach aus dem Vertretungsverbot und dem anschließenden Entzug der Rechtsanwaltszulassung her.[42] Die Höhe des Schadens berechnete Haas anhand des Jahreseinkommens von Rosenberg im Jahr 1931, das sich nach ihren Angaben auf mindestens 6.000 Reichsmark belaufen hatte, 1932 auf 8.000 Reichsmark gestiegen

---

34 LAfF, EG 64 868, Siegbert Kamnitzer, vertrauensärztliche Bescheinigung vom 14.4.1956.

35 LAfF, EG 64 868, Berta Haas, Schreiben an das Bayerische Landesentschädigungsamt vom 22.6.1954, S. 2.

36 Römer, An meine Gemeinde in der Zerstreuung, S. 335; Stadtarchiv Augsburg, MK 1, Paul Rosenberg.

37 LAfF, EG 64 868, Berta Haas, Schreiben an das Bayerische Landesentschädigungsamt vom 25.11.1958; LAfF, EG 64 868, Certificate of Death vom 10.10.1958.

38 Siehe oben C. XIII 1. c.

39 Siehe oben C. I. 4. a. aa., dass es gemäß § 231 BEG nach dem Inkrafttreten des BEG keiner neuen Antragstellung bedurfte.

40 Siehe oben C. I. 4. a.

41 LAfF, EG 64 868, Berta Haas, Antrag (Formblatt E) an das Bayerische Landesamt für Wiedergutmachung vom 24.6.1950.

42 LAfF, EG 64 868, Berta Haas, Antrag (Formblatt E) an das Bayerische Landesamt für Wiedergutmachung vom 24.6.1950, S. 2.

war und fortan ohne Verfolgungsmaßnahmen weiter gestiegen wäre.[43] Haas brachte weiter vor, dass Rosenberg aufgrund der Verfolgungsmaßnahmen in die Vereinigten Staaten habe auswandern müssen, wo er die englische Sprache habe lernen müssen und fast ein Jahr lang überhaupt keinen Einkünfte erzielt habe.[44]

Bei der Schadenberechnung nahm Haas ein fiktives Einkommen Rosenbergs ohne Verfolgung in Höhe von 9.000 Reichsmark pro Jahr an, und berechnete im Zeitraum von 1935 bis 1943 und von 1948 bis 1950 (Arbeitslosigkeit[45]) aus der Differenz zwischen den fiktiven und den tatsächlichen Einnahmen von Rosenberg einen Gesamtschaden in Höhe von 68.508 Reichsmark.[46]

bb. Bescheid des Bayerischen Landesentschädigungsamts und fehlende Auszahlung

Das Bayerische Landesentschädigungsamt bot Rosenberg einen Vergleich in Höhe von 9.000 Deutsche Mark an, den Rosenberg am 17. Juni 1953 annahm.[47] Der Vergleich vom 17. Juni 1953 enthielt keine Rechtsausführungen des Bayerischen Landesentschädigungsamtes.[48] Auch aus dem restlichen Inhalt der Entschädigungsakte ergibt sich weder die vergleichbare Beamtengruppe noch die Entschädigungsdauer, welche das Bayerische Landesentschädigungsamt in dem Vergleich vom 17. Juni 1953 angenommen hatte. Das Bayerische Landesentschädigungsamt veranlasste in den folgenden Monaten jedoch keine Auszahlung, weil es vor der Auszahlung das Inkrafttreten des Bundesergänzungsgesetzes abwartete.[49]

Haas schrieb in der Folgezeit dem Bayerischen Landesentschädigungsamt immer häufiger, weil Rosenberg die Kapitalentschädigung aufgrund seiner beruflichen und gesundheitlichen Situation[50] dringend benötigte.[51] Haas stellte Rosenbergs Notlage gegenüber dem Bayerischen Landesentschädigungsamt dar. Sie wies darauf hin, dass Rosenberg als Reisevertreter auf sein Fahrzeug angewiesen sei und, obwohl das von ihm genutzte Automobil noch nicht abbezahlt sei, dieser bereits so weit

---

43 LAfF, EG 64 868, Berta Haas, Antrag (Formblatt E) an das Bayerische Landesamt für Wiedergutmachung vom 24.6.1950, S. 2.

44 LAfF, EG 64 868, Berta Haas, Antrag (Formblatt E) an das Bayerische Landesamt für Wiedergutmachung vom 24.6.1950, S. 2.

45 Siehe oben C. XIV. 2. e.

46 LAfF, EG 64 868, Berta Haas, Schreiben an das Bayerische Landesentschädigungsamt vom 29.4.1953, S. 2.

47 LAfF, EG 64 868, Vergleich zwischen Paul Rosenberg und dem Bayerischen Freistaat vom 17.6.1953 (überschrieben mit Erklärung).

48 LAfF, EG 64 868, Vergleich zwischen Paul Rosenberg und dem Bayerischen Freistaat vom 17.6.1953 (überschrieben mit Erklärung).

49 LAfF, EG 64 868, Vergleich zwischen Paul Rosenberg und dem Bayerischen Freistaat vom 17.6.1953 (überschrieben mit Erklärung); LAfF, EG 64 868, Bayerisches Landesentschädigungsamt, Schreiben an Berta Haas vom 24.9.1953.

50 Siehe zu der wirtschaftlichen und gesundheitlichen Situation die Ausführungen unter C. XIV. 2. d.

51 LAfF, EG 64 868, Berta Haas, Schreiben an das Bayerische Landesentschädigungsamt vom 22.6.1954, S. 2; LAfF, EG 64 868, Generalkonsulat der Bundesrepublik Deutschland, Schreiben an das Bayerische Landesentschädigungsamt vom 16.6.1955.

abgenutzt war, dass Rosenberg dringend ein neues Fahrzeug brauche, um seiner Tätigkeit, bei der er ohnehin weniger als das Existenzminimum verdiene, überhaupt nachkommen zu können.[52]

cc. Bescheid des Bayerischen Landesentschädigungsamts

Das Bayerische Landesentschädigungsamt sprach Rosenberg Ende 1955 auf der Grundlage der nunmehr geltenden Regelungen des Bundesergänzungsgesetzes eine Kapitalentschädigung für seinen Schaden im beruflichen Fortkommen in Höhe von 25.000 Deutsche Mark zu (§§ 1, 25 Absatz 1, Absatz 3, 26, 30 Absatz 1 Satz 1, Satz 2 Alternative 1, 31 Absatz 1 Bundesergänzungsgesetz).[53] Die Berechnung der Kapitalentschädigung in dem Bescheid vom 30. Dezember 1955 war für Rosenberg günstiger als in dem Vergleich vom 17. Juni 1953 nach den Regelungen des USEG. Warum der Bescheid vom 30. Dezember 1955 Rosenberg wirtschaftlich besser stellte, ist mangels näherer Rechtsausführungen in dem Vergleich vom 17. Juni 1953 unklar[54]. Einen Teilbetrag in Höhe von 10.000 Deutsche Mark sprach das Bayerische Landesentschädigungsamt Rosenberg zur sofortigen Auszahlung zu (§ 78 Absatz 3 Ziffer 1 a Bundesergänzungsgesetz), die Fälligkeit des Restbetrages richtete sich gemäß § 78 Absatz 3 Ziffer 6, Absatz 4 Bundesergänzungsgesetz nach der zukünftigen Zahlungsfähigkeit der Bundesrepublik Deutschland.[55]

Das Bayerische Landesentschädigungsamt setzte den Entschädigungszeitraum vom 23. März 1933 (dem Tag der Inhaftierung) bis zum 1. Juni 1950[56] fest.[57] Somit ergab sich ein Entschädigungszeitraum von 182 2/3 Monaten vor der Währungsreform vom 20. Juni 1948 und 23 1/3 Monaten danach.[58] Das Bayerische Landesentschädigungsamt stellte Rosenberg für die Berechnung der Kapitalentschädigung nach § 31 Absatz 1 Bundesergänzungsgesetzes in Verbindung mit §§ 17 Absatz 1, 18 Absatz 1, Absatz 2, Absatz 3 der 3. DV zum Bundesergänzungsgesetz nach seiner sozialen und wirtschaftlichen Stellung vor der Verfolgung in die vergleichbare

---

52 LAfF, EG 64 868, Berta Haas, Schreiben an das Bayerische Landesentschädigungsamt vom 22.6.1954, S. 2.

53 LAfF, EG 64 868, Bayerisches Landesentschädigungsamt, Bescheid vom 30.12.1955.

54 Die Kapitalentschädigung berechnete sich sowohl nach dem USEG als auch nach dem Bundesrückerstattungsgesetz aus dem Entschädigungsbetrag multipliziert mit der Entschädigungsdauer. Die Entschädigungshöhe war gemäß §§ 17 Absatz 1, 18, Anlage der 3. DV zum Bundesergänzungsgesetz nicht höher als gemäß § 10 Absatz 1 der 3. DV-USEG, sofern man unterstellt, dass das Bayerische Landesentschädigungsamt Rosenberg in dem Vergleich vom 17.6.1953 in dieselbe vergleichbare Beamtengruppe eingestuft hatte wie später in dem Bescheid vom 30.12.1955 (höherer Dienst). Es ist daher davon auszugehen, dass der Grund für die Besserstellung von Rosenberg in dem Bescheid vom 30.12.1955 war, dass das Bayerische Landesentschädigungsamt in dem Bescheid vom 30.12.1955 eine längere Entschädigungsdauer angenommen hatte als in dem Vergleich vom 17.6.1953.

55 LAfF, EG 64 868, Bayerisches Landesentschädigungsamt, Bescheid vom 30.12.1955.

56 Ab diesem Zeitpunkt lag nach Ansicht des Bayerischen Landesentschädigungsamts wieder eine ausreichende Erwerbstätigkeit zur Bestreitung des eigenen Lebensunterhalts bei Rosenberg vor.

57 LAfF, EG 64 868, Bayerisches Landesentschädigungsamt, Bescheid vom 30.12.1955, S. 5.

58 LAfF, EG 64 868, Bayerisches Landesentschädigungsamt, Bescheid vom 30.12.1955, S. 5.

Gruppe von Bundesbeamten des höheren Diensts ein.[59] Aufgrund seines Alters zu Beginn der Verfolgung (31 Jahre) stufte das Bayerische Landesentschädigungsamt Rosenberg gemäß § 17 Absatz 2 der 3. DV zum Bundesergänzungsgesetz in die erste Lebensaltersstufe (bis zur Vollendung des 35. Lebensjahr) der Anlage der 3. DV zum Bundesergänzungsgesetz ein.[60] Aus diesen Feststellungen ergab sich gemäß der Anlage der 3. DV zum Bundesergänzungsgesetz ein für die Berechnung der Kapitalentschädigung anzusetzender Betrag in Höhe von 474 Reichsmark pro Monat vor der Währungsreform und 474 Deutsche Mark danach.[61] Die vorgenannten Beträge entsprachen 2/3 der Dienstbezüge eines vergleichbaren Bundesbeamten des höheren Dienst (§ 31 Absatz 1 Bundesergänzungsgesetz) zuzüglich einer pauschalen Hinzurechnung von 20 % für die bei Rosenberg fehlenden Alters- und Hinterbliebenenversorgung (§ 31 Absatz 1 Satz 2 Bundesergänzungsgesetz, §§ 19, 41 3. DV zum Bundesergänzungsgesetz).

Im Zeitraum vom 23. März 1933 (Tag der Inhaftierung von Rosenberg) bis zum 20. Juni 1948 (Währungsreform) ergab sich ein Teilbetrag in Höhe von 86.584 Reichsmark (182 2/3 Monate × 474 Reichsmark).[62] Das Bayerische Landesentschädigungsamt rechnete diesen Teilbetrag im Verhältnis 10 : 2 (§ 6 Absatz 1 Bundesergänzungsgesetz) auf 17.316,80 Deutsche Mark um.[63] Für den Schadenszeitraum nach der Währungsreform vom 20. Juni 1948 bis zum 31. Mai 1950 errechnete das Bayerische Landesentschädigungsamt einen Teilbetrag in Höhe von 11.060 Deutsche Mark (23 1/3 Monate × 474 Deutsche Mark).[64], Aus den beiden Teilbeträgen errechnete sich ein Gesamtbetrag in Höhe von 28.376,80 (17.316,80 + 11.060) Deutsche Mark.[65] Vom errechneten Entschädigungsbetrag war gemäß § 31 Absatz 2 Bundesergänzungsgesetz in Verbindung mit § 21 der 3. DV zum Bundesergänzungsgesetz Rosenbergs selbst erzieltes Einkommen nicht abzuziehen, da die Einkünfte *„zusammen mit der Summe der Versorgungsbezüge die Summe der Dienstbezüge eines vergleichbaren Beamten“* nicht überstiegen.[66]

Das Bayerische Landesentschädigungsamt begrenzte die Kapitalentschädigung auf den Höchstbetrag in Höhe von 25.000 Deutsche Mark (§ 25 Absatz 3 Bundesergänzungsgesetz).[67]

dd. Rentenwahlrecht

Anstelle der Kapitalentschädigung konnte Rosenberg auch eine lebenslange Rente wählen (§§ 30 Absatz 1 Satz 1, Satz 2 Alternative 2, 33 Absatz 1 Satz 2 Bundeser-

---

59 LAfF, EG 64 868, Bayerisches Landesentschädigungsamt, Bescheid vom 30.12.1955, S. 5.
60 LAfF, EG 64 868, Bayerisches Landesentschädigungsamt, Bescheid vom 30.12.1955, S. 5.
61 LAfF, EG 64 868, Bayerisches Landesentschädigungsamt, Bescheid vom 30.12.1955, S. 5.
62 LAfF, EG 64 868, Bayerisches Landesentschädigungsamt, Bescheid vom 30.12.1955, S. 5.
63 LAfF, EG 64 868, Bayerisches Landesentschädigungsamt, Bescheid vom 30.12.1955, S. 5 f.
64 LAfF, EG 64 868, Bayerisches Landesentschädigungsamt, Bescheid vom 30.12.1955, S. 5.
65 LAfF, EG 64 868, Bayerisches Landesentschädigungsamt, Bescheid vom 30.12.1955, S. 5 f.
66 LAfF, EG 64 868, Bayerisches Landesentschädigungsamt, Bescheid vom 30.12.1955, S. 5 f.
67 LAfF, EG 64 868, Bayerisches Landesentschädigungsamt, Bescheid vom 30.12.1955, S. 6.

gänzungsgesetz), wofür er sich mit Schreiben von Haas an das Bayerische Landesentschädigungsamt vom 12. März 1956 entschied.[68] Nach Ausübung des Rentenwahlrechts für Rosenberg durch Haas trat das BEG in Kraft, sodass die Regelungen des BEG für die Gewährung der Rente maßgeblich waren. Voraussetzung für die Rentengewährung war gemäß §§ 81, 82 Absatz 1 BEG in Verbindung mit § 12 und Anlage 1 der 3. DV-BEG[69], dass Rosenberg zum Zeitpunkt der Ausübung des Wahlrechts keine Erwerbstätigkeit ausübte, die ihm eine ausreichende Lebensgrundlage sicherte. Rosenberg hatte in den Vereinigten Staaten zwar wieder einen Beruf ergriffen, dieser sicherte ihm jedoch zum Zeitpunkt der Ausübung des Rentenwahlrechts nach Einschätzung des Bayerischen Landesentschädigungsamtes keine ausreichende Lebensgrundlage.[70] Eine Erwerbstätigkeit war Rosenberg aufgrund seiner Krankheit[71] auch nicht mehr zumutbar (§ 82 Absatz 1 Satz 1 Halbsatz 2 BEG).[72] Das Bayerische Landesentschädigungsamt stufte Rosenberg auch für die Rente in die vergleichbare Beamtengruppe des höheren Diensts ein (§§ 83 Absatz 1 Satz 3, 76 Absatz 1 Satz 3 BEG, 22, 14 3. DV-BEG).[73] Das Bayerische Landesentschädigungsamt stufte Rosenberg in die dritte Lebensaltersstufe (bis Vollendung des 55. Lebensjahr) der Anlage 5 a der 3. DV-BEG ein.[74] Auf Grundlage von zwei Dritteln der Dienstbezüge eines Bundesbeamten (§ 83 Absatz 1 Satz 1 BEG) des höheren Dienst ergab sich für Rosenberg eine monatliche Rente in Höhe von 590,33 Deutsche Mark, sodass sich eine Rentennachzahlung für den Zeitraum vom 1. November 1953 bis zum 30. November 1956, mithin für 37 Monate, in Höhe von 21.842,21 Deutsche Mark ergab.[75]

Darüber hinaus stand Rosenberg für die Zeit vor dem 1. November 1953 eine zusätzliche Kapitalentschädigung in Höhe eines Jahresbetrags, mithin 7.084 Deutsche Mark (§ 83 Absatz 3 BEG), zu, sodass sich insgesamt ein Betrag in Höhe von 28.926,33 Deutsche Mark ergab, den das Bayerische Landesentschädigungsamt mit dem bereits ausgezahlten Betrag in Höhe von 10.000 Deutsche Mark verrechnete.(§ 10 Absatz 1 BEG).[76]

---

68 LAfF, EG 64 868, Bayerisches Landesentschädigungsamt, Bescheid vom 30.12.1955, S. 6; LAfF, EG 64 868, Berta Haas, Schreiben an das Bayerische Landesentschädigungsamt vom 12.3.1956.

69 Siehe hierzu die Ausführungen bei Bellmann unter C. III. 4. a. cc. (2.) und bei Dreifuß unter C. IV. 5. a. bb.

70 LAfF, EG 64 868, Bayerisches Landesentschädigungsamt, Vorbehaltsbescheid vom 25.10.1956, S. 4.

71 Siehe C. XIV 2 e.

72 LAfF, EG 64 868, Bayerisches Landesentschädigungsamt, Vorbehaltsbescheid vom 25.10.1956, S. 4.

73 LAfF, EG 64 868, Bayerisches Landesentschädigungsamt, Vorbehaltsbescheid vom 25.10.1956, S. 5.

74 LAfF, EG 64 868, Bayerisches Landesentschädigungsamt, Vorbehaltsbescheid vom 25.10.1956, S. 5.

75 LAfF, EG 64 868, Bayerisches Landesentschädigungsamt, Vorbehaltsbescheid vom 25.10.1956, S. 5.

76 LAfF, EG 64 868, Bayerisches Landesentschädigungsamt, Vorbehaltsbescheid vom 25.10.1956, S. 5.

Den zunächst erlassenen Vorbehaltsbescheid passte das Bayerische Landesentschädigungsamt am 18. November 1957 mit dem dritten in dieser Sache ergangenen Bescheid nur minimal, nämlich dahin gehend an, dass Rosenberg vom 1. November 1953 an eine Rente in Höhe von 591 Deutsche Mark pro Monat und vom 1. Januar 1956 an in Höhe von 600 Deutsche Mark zustand.[77]

Rosenberg erhielt bis zu seinem Tod Rentenzahlungen in Höhe von 35.766 Deutsche Mark ausbezahlt. Zusammen mit der Kapitalentschädigung in Höhe von 7.084 Deutsche Mark für die Zeit vor dem 1. November 1953 ergab sich ein Gesamtbetrag in Höhe von 42.850 Deutsche Mark.

ee. Witwenrente

Nach Rosenbergs Tod beantragte Haas, welche auch Rosenbergs Witwe vertrat, bei dem Bayerischen Landesentschädigungsamt die Gewährung einer monatlichen Witwenrente wegen Schadens im beruflichen Fortkommen gemäß §§ 3, 74 Satz 1, Satz 2 Alternative 2, 81, 82, 83, 85 Absatz 1 BEG.[78] Das Bayerische Landesentschädigungsamt sprach die Witwenrente zu Gunsten von Rosenbergs Frau mit Bescheid vom 10. Februar 1959 zu.[79] Die Witwenrente wegen Schadens im beruflichen Fortkommen belief sich gemäß § 85 Absatz 1 und 2 BEG auf 60 % des Betrags, der dem Verfolgten nach § 83 BEG zugestanden hatte, in Rosenbergs Fall somit 360 Deutsche Mark (60 % von 600 Deutsche Mark).[80] Zeitlich stand Rosenbergs Ehefrau die Rente vom 1. November 1958 an (§ 25 Absatz 1 der 3. DV-BEG) bis zu ihrer Wiederverheiratung oder ihrem Tod zu (§ 85 Absatz 1 BEG).[81] Das Bayerische Landesentschädigungsamt passte die Rente mehrfach entsprechend den gesetzlichen Änderungen an.[82]

Am 30. Januar 1998 starb Resi Rosenberg im Alter von 91 Jahren in New York City.[83] Insgesamt erhielt sie in mehr als 39 Jahren 514.651,50 Deutsche Mark.

---

77 LAfF, EG 64 868, Bayerisches Landesentschädigungsamt, Bescheid vom 18.11.1957.

78 LAfF, EG 64 868, Berta Haas, Schreiben an das Bayerische Landesentschädigungsamt vom 25. November 1958.

79 LAfF, EG 64 868, Bayerisches Landesentschädigungsamt, Bescheid vom 10.2.1959.

80 LAfF, EG 64 868, Bayerisches Landesentschädigungsamt, Bescheid vom 10.2.1959, S. 1, 3 f.

81 LAfF, EG 64 868, Bayerisches Landesentschädigungsamt, Bescheid vom 10.2.1959, S. 4.

82 Siehe zu den genauen Anpassungen Tabelle 2, Entwicklung der Witwenrente für den Schaden im beruflichen Fortkommen von Dr. Paul Rosenberg.

83 LAfF, EG 64 868, New York City Department of Health, Certificate of Death vom 6.4.1998.

Datum	Rentenbetrag	Datum	Rentenbetrag
1.4.1959	378 DM	1.3.1979	1.170 DM
1.6.1960	396 DM	1.3.1981	1.233 DM
1.1.1961	420 DM	1.1.1982	1.279 DM
1.7.1962	441 DM	1.7.1982	1.320 DM
1.10.1964	471 DM	1.7.1983	1.343 DM
1.1.1966	541 DM	1.1.1985	1.391 DM
1.10.1966	559 DM	1.1.1986	1.434 DM
1.7.1968	579 DM	1.1.1987	1.483 DM
1.4.1969	668 DM	1.3.1988	1.518 DM
1.1.1971	786 DM	1.1.1990	1.578 DM
1.1.1972	825 DM	1.3.1991	1.668 DM
1.1.1973	883 DM	1.7.1992	1.748 DM
1.1.1974	963 DM	1.5.1993	1.812 DM
1.1.1975	1.012 DM	1.1.1995	1.848 DM
1.2.1976	1.050 DM	1.4.1995	1.907 DM
1.2.1977	1.093 DM	14.5.1997	1.938 DM
1.3.1978	1.133 DM		

Tabelle 2: Entwicklung der Witwenrente für den Schaden im beruflichen Fortkommen von Dr. Paul Rosenberg[84]

b. Auswanderungsschaden

Rosenberg stellte durch seinen Rechtsbeistand Haas am 24. Juni 1950 außerdem einen Antrag gemäß §§ 17, 18, 19 und 20 USEG[85] beim Bayerischen Landesentschädigungsamt[86] auf Entschädigung für den Schaden, der ihm wegen seiner Auswanderung an seinem Eigentum und Vermögen entstanden war.[87] Den Schaden bezifferte

84 LAfF, EG 64 868, Bayerisches Landesentschädigungsamt, Rentenänderungsbescheide, vom 9.5.1960, vom 19.6.1961, vom 13.9.1963, vom 20.1.1965, vom 13.9.1963, vom 20.1.1965, vom 7.7.1966, vom 16.12.1969; LAfF, EG 64 868, Bayerisches Landesentschädigungsamt, Mitteilungen vom 15.8.1970, vom 29.12.1971, vom 28.12.1972, vom 17.7.1973, vom 20.8.1974, vom 20.8.1975, vom 19.10.1976, vom 21.11.1977, vom 21.11.1978, vom 21.11.1979, vom 12.12.1980, vom 17.11.1981, vom 19.1.1983, vom 20.9.1983, vom 17.4.1985, vom 16.6.1986, vom 20.7.1987, vom 18.10.1988, vom 17.9.1990, vom 17.9.1991, vom 19.10.1992, vom 18.8.1993, vom 17.11.1994, vom 18.9.1995, vom 14.5.1997.

85 Siehe oben C. I. 4. a. aa., dass es gemäß § 231 BEG nach dem Inkrafttreten des BEG keiner neuen Antragstellung bedurfte.

86 Siehe oben C. I. 4. a.

87 LAfF, EG 64 868, Berta Haas, Antrag (Formblatt D) an das Bayerische Landesamt für Wiedergutmachung vom 24.6.1950.

Haas auf mindestens 2.000 Reichsmark.[88] Sie leitete den Schaden der Höhe nach aus der Besorgung der Reisepapiere und damit verbundenen Reisekosten, der Exportförderabgabe, den Schifffahrtkosten nach New York City und den Kosten der dringendsten Anschaffungen für die Reise her.[89] Nachweise über diese Kosten lagen Rosenberg 20 Jahre nach seiner Auswanderung zwar nicht mehr vor; jedoch führte Haas aus, dass die geltend gemachten 2.000 Reichsmark den Mindestschaden darstellen würden.[90]

Das Bayerische Landesentschädigungsamt stimmte dieser Argumentation zu und verglich sich mit Rosenberg gemäß §§ 1, 23 Absatz 1 Bundesergänzungsgesetz über einen Betrag in Höhe von 2.000 Reichsmark, was umgestellt im Verhältnis von 10 : 2 (§ 6 Absatz 1 Bundesergänzungsgesetz) 400 Deutsche Mark ergab.[91] Aufgrund von Rosenbergs Bedürftigkeit zahlte es den Betrag sofort an ihn aus (§ 78 Absatz 3 Nr. 1c Bundesergänzungsgesetz).[92]

c. Schaden an Freiheit

Für die Inhaftierung von Rosenberg vom 23. März 1933 bis zum 28. April 1934[93] sprach das Bayerische Landesentschädigungsamt Rosenberg mit Feststellungsbescheid vom 22. Juli 1953 für einen Monat Haft eine Kapitalentschädigung für den Schaden an Freiheit gemäß § 16 Absatz 1 Bundesergänzungsgesetz in Höhe von 150 Deutsche Mark zu.[94]

d. Gesamtentschädigung

Das Bayerische Landesentschädigungsamt zahlte an Rosenberg Kapitalentschädigungen in Höhe von insgesamt 550 Deutsche Mark aus. Darüber hinaus erhielt Rosenberg bis zu seinem Tod 42.850 Deutsche Mark als Rente für den Schaden im beruflichen Fortkommen ausbezahlt. Nach seinem Tod zahlte das Bayerische Landesentschädigungsamt seiner Witwe eine Witwenrente aus, welche bis zu dem Tod von Rosenbergs Witwe insgesamt 514.651,50 Deutsche Mark betrug.

---

88 LAfF, EG 64 868, Berta Haas, Antrag (Formblatt D) an das Bayerische Landesamt für Wiedergutmachung vom 24.6.1950, S. 2; LAfF, EG 64 868, Berta Haas, Schreiben an das Bayerische Landesentschädigungsamt vom 29.4.1953, S. 2.

89 LAfF, EG 64 868, Berta Haas, Antrag (Formblatt D) an das Bayerische Landesamt für Wiedergutmachung vom 24.6.1950, S. 2.

90 LAfF, EG 64 868, Berta Haas, Schreiben an das Bayerische Landesentschädigungsamt vom 29.4.1953, S. 2.

91 LAfF, EG 64 868, Bayerisches Landesentschädigungsamt, Bescheid vom 30.12.1955.

92 LAfF, EG 64 868, Bayerisches Landesentschädigungsamt, Bescheid vom 30.12.1955, S. 6.

93 Siehe oben C. XIV. 2. a.

94 LAfF, EG 64 868, Bayerisches Landesentschädigungsamt, Bescheid vom 22.7.1953.

XV. Dr. iur. Eugen Strauß (24. Juni 1879 bis 18. Oktober 1965)

1. Leben vor der Verfolgung

a. Geburt und Studium

Eugen Strauß war am 24. Juni 1879 in Ulm als Sohn des Kaufmannes Sigmund und seiner Ehefrau Phillizine Strauß, geborene Moos, auf die Welt gekommen.[1] Strauß absolvierte sein Studium der Rechtswissenschaften und den Vorbereitungsdienst in Berlin, München und Heidelberg und schloss seine Ausbildung 1905 mit dem Assessorexamen ab.[2] 1908 promovierte er an der Universität Würzburg.[3]

Nach seinem Assessorexamen zog Strauß am 17. April 1906 nach Augsburg und wohnte dort zunächst in der Prinzregentenstraße 1/III und später in einem Haus in der Nibelungenstraße 17, das ihm gehörte.[4]

b. Militärische Laufbahn und Fronteinsatz während des Ersten Weltkrieges

Strauß' militärische Laufbahn begann mit einem freiwilligen Jahr vom 1. Oktober 1901 bis zum 30. September 1902 im 12. Infanterie-Regiment.[5] Vom 4. August 1914 bis zum 2. Januar 1919 diente Strauß im Ersten Weltkrieg, während dessen er unter anderem in der Schlacht um Verdun kämpfte und zuletzt Kriegsgerichtsrat war.[6] In mehreren Kampfeinsätzen verletzte sich Strauß zweimal. Einmal erlitt er einen Schulterschuss in der linken Schulter (1914) und einmal (1916) einen Durchschuss im rechten Oberarm.[7] Für seinen Einsatz im Krieg erhielt Strauß das Ritterkreuz I. Klasse mit Schwertern.[8]

---

1 Stadtarchiv Augsburg, MK 2, Eugen Strauß; LAfF, EG 18548, Eugen Strauß, Antrag an das Bayerische Landesentschädigungsamt vom 29.11.1954, S. 1; Römer, An meine Gemeinde in der Zerstreuung, S. 358 f.

2 Weber, Das Schicksal der jüdischen Rechtsanwälte in Bayern nach 1933, S. 262.

3 Weber, Das Schicksal der jüdischen Rechtsanwälte in Bayern nach 1933, S. 262.

4 LAfF, EG 18548, Kriminalpolizei der Landespolizei von Bayern, Antwort vom 26.7.1951 auf das ursprüngliche Schreiben des Bayerischen Landesentschädigungsamts an die Kriminalpolizei der Landespolizei von Bayern vom 22.6.1951; Stadtarchiv Augsburg, MK 2, Eugen Strauß; LAfF, BEG 18548, Antrag an das Bayerische Landesentschädigungsamt vom 29.11.1954, S. 2.

5 LAfF, EG 18548, Zentralnachweiseamt für Kriegsverluste und Kriegsgräber, Militärdienstbescheinigung vom 10.3.1933.

6 LAfF, EG 18548, Zentralnachweiseamt für Kriegsverluste und Kriegsgräber, Militärdienstbescheinigung vom 10.3.1933; Weber, Das Schicksal der jüdischen Rechtsanwälte in Bayern nach 1933, S. 262; Römer, An meine Gemeinde in der Zerstreuung, S. 358 f.

7 LAfF, EG 18548, Leopold Hermann Worth, vertrauensärztliches Gutachten, 4.8.1955, S. 1.

8 LAfF, EG 18548, Zentralnachweiseamt für Kriegsverluste und Kriegsgräber, Militärdienstbescheinigung vom 10.3.1933.

c. Rechtsanwaltszulassung und beruflicher Werdegang

Strauß war seit 1906 als Rechtsanwalt in Augsburg zugelassen.[9] Zunächst arbeitete er als angestellter Rechtsanwalt[10], bis er – nach dem Abschluss seiner Promotion 1908 – seine eigene Kanzlei gründete und sehr erfolgreich aufbaute.[11] Strauß beriet insbesondere Handels- und Industrieunternehmen, mit denen er überwiegend Syndikusanwaltsverträge schloss, und weitere Dauermandanten, die Strauß vor allem auf dem Gebiet des Gesellschaftsrechts und bei Unternehmenssanierungen beriet.[12] 1923 stellte Strauß seinen in dieser Arbeit bereits dargestellten jüngeren Kollegen Adler für Hilfsarbeiten ein und machte ihn später zum Sozius seiner Kanzlei[13].[14]

Strauß' Kanzlei befand sich seit Ende 1923 in der Theaterstraße 196, unmittelbar neben dem alten Justizpalast in Augsburg.[15] Die alten Räume in diesem Gebäude baute Strauß für seine Kanzlei um und richtete sie modern ein.[16] Strauß hatte für die Räumlichkeiten einen nach eigener Aussage *„praktisch nicht zur Kündigung gelangenden Mietvertrag"* geschlossen.[17]

Die Kanzlei bestand aus zwei Rechtsanwälten (Adler mitgezählt) und zwei Referendaren.[18] Die Angestellten mussten teilweise bis 21 Uhr Überstunden machen, um die ganze Arbeit bewältigen zu können.[19] Ein ehemaliger Buchhalter der Kanzlei berichtete, dass Strauß und Adler an manchen Sitzungstagen 30 Termine wahrgenommen hätten und die Kanzlei allein durch die Gebührenabrechnung zwischen 8.000 und 12.000 Reichsmark pro Monat erzielt habe.[20] Den größten Teil des Kanzleiumsatzes machten die verschiedenen Syndikusanwaltsverträge mit namhaf-

---

9 LAfF, EG 18548, Eugen Strauß, Antrag an das Bayerische Landesentschädigungsamt vom 08.5.1956, S. 4.

10 Der Name der Kanzlei, in der Strauß angestellt war, ergibt sich aus den vorliegenden Akten nicht.

11 LAfF, EG 18548, Eugen Strauß, Antrag an das Bayerische Landesentschädigungsamt vom 8.5.1956, S. 4.

12 LAfF, EG 18548, Eugen Strauß, Antrag an das Bayerische Landesentschädigungsamt vom 8.5.1956, S. 4; LAfF, EG 18548, Eugen Strauß, Schreiben an das Bayerische Landesentschädigungsamt vom 16.7.1957, S. 2.

13 Siehe hierzu die Ausführungen bei Adler unter Teil C- I. 1. b.

14 LAfF, EG 18548, Eugen Strauß, Antrag an das Bayerische Landesentschädigungsamt vom 8.5.1956, S. 4.

15 LAfF, EG 18548, Eugen Strauß, Schreiben an das Bayerische Landesentschädigungsamt vom 16.7.1957, S. 1.

16 LAfF, EG 18548, Eugen Strauß, Schreiben an das Bayerische Landesentschädigungsamt vom 16.7.1957, S. 1.

17 LAfF, EG 18548, Eugen Strauß, Schreiben an das Bayerische Landesentschädigungsamt vom 16.7.1957, S. 1.

18 LAfF, EG 18548, Margarete Groll, Schreiben an Eugen Strauß vom 2.2.1950.

19 LAfF, EG 18548, Margarete Groll, Schreiben an Eugen Strauß vom 2.2.1950.

20 LAfF, EG 18548, Karl Wirsching, Schreiben an Eugen Strauß vom 5.8.1953.

ten Augsburger Unternehmen wie der Dresdner Bank aus, bei denen Strauß regelmäßige Honorarrechnungen in Höhe von 1.000 bis 5.000 Reichsmark stellte.[21] Die Kanzlei Strauß-Adler galt in Gerichtskreisen als Musterkanzlei.[22]

Neben dem bereits dargestellten Rechtsanwalt Rieser war Strauß der bedeutendste jüdische Rechtsanwalt in Augsburg.

d. Privatleben

Am 3. Januar 1910 heiratete Strauß in Stuttgart die dort wohnhafte Irma Strauß.[23] Strauß' Ehefrau war ebenfalls jüdischen Glaubens.[24] Aus der Ehe gingen insgesamt drei Kinder hervor. Am 23. Oktober 1910 war die erste Tochter geboren, am 12. September 1913 folgte ein Sohn und am 15. September 1923 die zweite Tochter, die jedoch bereits mit zwei Jahren starb.[25]

2. Leben während der Verfolgung

a. Tätigkeit als erster Vorstand der Jüdischen Gemeinde in Augsburg

Strauß war bis 1939 erster Vorstand der Israelitischen Kultusgemeinde Augsburg.[26] Zionist war Strauß nicht – auch wenn er die Werte, die der Zionismus hervorgebracht hatte, anerkannt hat.[27] Die Tätigkeit als erster Vorstand nahm Strauß sehr ernst und brachte sich bei der Ausübung dieser Tätigkeit nach der „Machtergreifung" durch die Nationalsozialisten auch häufig selbst in Gefahr, wie zum Beispiel als er beim bayerischen Ministerpräsidenten Heinrich Held vorsprach, um gegen die Parole *„Juden ist der Zutritt verboten"* auf verschiedenen nationalsozialistischen Plakaten zu protestieren.[28] Später stellte sich Strauß auch gegen die Geheime Staatspolizei, um für die Belange der Jüdischen Gemeinde Augsburg einzutreten, zum Beispiel als er nach einer Durchsuchung und Beschlagnahme in der Augsburger Synagoge im Juni 1935 persönlich in München bei der Geheimen Staatspolizei vorsprach.[29] Strauß

---

21 LAfF, EG 18548, Karl Wirsching, Schreiben an Eugen Strauß vom 5.8.1953; LAfF, EG 18548, Eugen Strauß, dritte Anlage zum Antrag von Eugen Strauß an das Bayerische Landesentschädigungsamt vom 29.11.1954, S. 3.

22 LAfF, EG 18548, Karl Wirsching, Schreiben an Eugen Strauß vom 5.8.1953.

23 LAfF, EG 18548, Standesamt Stuttgart, Heiratsurkunde vom 29.11.1965; Stadtarchiv Augsburg, MK 2, Eugen Strauß.

24 LAfF, EG 18548, Standesamt Stuttgart, Heiratsurkunde vom 29.11.1965.

25 Stadtarchiv Augsburg, MK 2, Eugen Strauß.

26 LAfF, EG 18548, Eugen Strauß, Erläuterungen und Beilagen zu Strauß' Antrag an das Bayerische Landesamt für Wiedergutmachung vom 18.3.1950, S. 4; LAfF, EG 18548, Albert Dann, Schreiben an Eugen Strauß vom 12.11.1954, S. 1; Eugen Strauß, dritte Anlage zum Antrag von Eugen Strauß an das Bayerische Landesentschädigungsamt vom 29.11.1954, S. 1.

27 Jüdisches Kulturmuseum Augsburg, Ordner „Jüdische Rechtsanwälte", Ludwig Mayer, Auskünfte an Gernot Römer, 1993, S. 3.

28 LAfF, EG 18548, Albert Dann, Schreiben an Eugen Strauß vom 12.11.1954, S. 1.

29 LAfF, EG 18548, Albert Dann, Schreiben an Eugen Strauß vom 12.11.1954, S. 1 f.; Eugen Strauß, dritte Anlage zum Antrag von Eugen Strauß an das Bayerische Landesentschädigungsamt vom 29.11.1954, S. 1.

wehrte sich auch aktiv gegen die Zweckentfremdung der Augsburger Synagoge als Postdienststelle, wie es der Vorsitzende der Geheimen Staatspolizei für Augsburg, Hugo Gold, ursprünglich vorgesehen hatte.[30]

Neben seiner Tätigkeit als Vorstand der Israelitischen Kultusgemeinde Augsburg war Strauß auch Mitglied des Rates des Verbands Bayerischer Israelitischer Gemeinden und Mitglied des Hauptvorstands des Zentralvereins der Staatsbürger jüdischen Glaubens in Berlin.[31]

Aufgrund der oben genannten Tätigkeiten und Posten schwebte Strauß in der dauernden Gefahr, dass ihn die nationalsozialistische Führung in Augsburg festnehmen ließ.[32] Die Nationalsozialisten inhaftierten Strauß vermutlich nur wegen des Einflusses des damaligen Vorstands des Wehrkreiskommandos, Major Karl Danzer, der sich für Strauß als alten Schulkameraden aus Ulm und als Offizier der Reserve einsetzte, nicht.[33]

b. Auswirkungen der „Machtergreifung" durch die Nationalsozialisten auf Strauß' berufliche Situation

aa. Kein Entzug der Rechtsanwaltszulassung 1933 aufgrund von § 1 Absatz 2 des Rechtsanwaltszulassungsgesetzes

Strauß durfte 1933 seine Rechtsanwaltszulassung behalten, weil er als Frontkämpfer und als Altanwalt beide Ausnahmetatbestände des § 1 Absatz 2 des Rechtsanwaltszulassungsgesetzes[34] erfüllte. Von 1933 an nahmen Strauß' Mandate jedoch ab.[35] Aufgrund des Rückgangs der Aufträge gab es für die beiden Referendare in der Kanzlei Strauß-Adler keine Arbeit mehr, und auch das restliche Personal mussten die Partner immer weiter abbauen.[36] Strauß' zu versteuerndes Einkommen sank ebenfalls. Während Strauß im Jahr 1932 noch 39.000 Reichsmark erwirtschaften konnte, betrug sein zu versteuerndes Einkommen 1934 nur noch 24.000 Reichsmark und halbierte sich bis 1936 auf nur noch 11.500 Reichsmark.[37]

---

30 LAfF, EG 18548, Eugen Strauß, dritte Anlage zum Antrag Eugen Strauß an das Bayerische Landesentschädigungsamt vom 29.11.1954, S. 1.

31 LAfF, EG 18548, Albert Dann, Schreiben an Eugen Strauß vom 12.11.1954, S. 2.

32 LAfF, EG 18548, Eugen Strauß, dritte Anlage zum Antrag von Eugen Strauß an das Bayerische Landesentschädigungsamt vom 29.11.1954, S. 1.

33 LAfF, EG 18548, Eugen Strauß, dritte Anlage zum Antrag von Eugen Strauß an das Bayerische Landesentschädigungsamt vom 29.11.1954, S. 1.

34 Siehe oben B. VI. 1. a. b.

35 LAfF, EG 18548, Margarete Groll, Schreiben an Eugen Strauß vom 2.2.1950.

36 LAfF, EG 18548, Margarete Groll, Schreiben an Eugen Strauß, vom 2.2.1950.

37 LAfF, EG 18548, Stadtverwaltung Augsburg, Schreiben an Eugen Strauß vom 28.7.1953.

Strauß betrieb die Kanzlei auch nach der Emigration seines Kanzleipartners Adler im Jahr 1936[38] bis zum Entzug seiner eigenen Rechtsanwaltszulassung 1938 weiter.[39]

bb. Unternehmen mit Dr. Willy Seck

Strauß gründete 1936 mit dem Chemiker Dr. Willy Seck in England ein Unternehmen, das Verfahren für die Textilindustrie entwickeln sollte, sodass er als *„Devisenproduzent"* bis zum Jahr 1938 einen Auslandspass besaß.[40] Aufgrund dieser Tätigkeit und mehrfachen Anzeigen wegen der Verschiebung von Geldern nach England durchsuchten Beamte der Geheimen Staatspolizei mehrmals Strauß' Wohnung.[41]

c. Verkauf des Anwesens in der Nibelungenstraße 17 in Augsburg

Kurz vor seiner Auswanderung verkaufte Strauß sein Anwesen in der Nibelungenstraße 17 in Augsburg aufgrund eines – wie er 1948 selbst bestätigte – ordnungsgemäßen, das heißt ohne Zwang geschlossenen Kaufvertrags.[42]

3. Emigration und Tod

a. Emigration nach England

Strauß wanderte im Juni 1939 gemeinsam mit seiner Ehefrau nach London aus, wohin sein Sohn zuvor bereits emigriert war.[43]

aa. Verlust der deutschen Staatsangehörigkeit und die wirtschaftlichen Folgen

Strauß verlor durch Bekanntmachung des Reichsministeriums des Inneren vom 10. Dezember 1939 die deutsche Staatsangehörigkeit.[44] Mit der Bekanntmachung im Reichsanzeiger Nummer 113 vom 17. Mai 1940 erklärte das Deutsche Reich sein Vermögen als dem Reich verfallen.[45] Von dem Vermögenverfall war auch Strauß' Anteil an der aus Michael Lesjak, Wilhelm Kehr und Strauß bestehenden Gesellschaft bürgerlichen Rechts (Lesjak-Gesellschaft), die den Gesellschaftszweck der

---

38 Siehe ausführlich die Ausführungen bei Adler unter C. I. 2. b.

39 LAfF, EG 18548, Vorstand der Rechtsanwaltskammer München, Schreiben an Eugen Strauß, vom 24.7.1956.

40 LAfF, EG 18548, Eugen Strauß, dritte Anlage zu dem Antrag von Eugen Strauß zum Bayerischen Landesentschädigungsamt vom 29.11.1954, S. 2.

41 LAfF, EG 18548, Eugen Strauß, dritte Anlage zu dem Antrag von Eugen Strauß zum Bayerischen Landesentschädigungsamt vom 29.11.1954, S. 2.

42 StA Augsburg, V 8878 – b 2378/98/48, Carl Benz, Schreiben an das Zentralmeldeamt Bad Nauheim vom 4.5.1948; StA Augsburg, V 8878 – b 2378/98/48, Eugen Strauß, Schreiben an Carl Benz vom 10.4.1948.

43 Weber, Das Schicksal der jüdischen Rechtsanwälte in Bayern nach 1933, S. 262; Römer, An meine Gemeinde in der Zerstreuung, S. 358 f.

44 LAfF, EG 18548, OFD München, Schreiben an Wilhelm Kehr vom 9.3.1949.

45 LAfF, EG 18548, OFD München, Schreiben an Wilhelm Kehr vom 9.3.1949.

„Ausbeutung von Patenten auf dem Fotogebiet" verfolgte und Inhaberin zahlreicher Patente auf diesem Gebiet war, betroffen.[46] Das Deutsche Reich zog Strauß' Gesellschafteranteil ein und übertrug diesen Anteil gegen einen Betrag in Höhe von 5.000 Reichsmark an Lesjak und Kehr.[47]

bb. Einkünfte in der Emigration

Im Exil erzielte Strauß zunächst keine Einkünfte, sondern lebte vom Einkommen seines Sohnes und anderer Verwandter sowie vom Verkauf von Wertgegenständen, die er mit dem ersten Liftvan[48] nach England hatte mitnehmen können.[49] Von 1945 an nahm er in England eine Tätigkeit als Rechtsberater beim Patentamt und von 1946 an als Consultant für deutsches und internationales Recht wahr.50

b. Gesundheitszustand in der Emigration

Strauß' Gesundheitszustand beschrieb sein Arzt in der Emigration wie folgt:

> *„[Strauß] wanderte im Jahr 1939 nach England aus, wo er als ein körperlich und seelisch gebrochener Mann ankam. Er hat sich von den in Deutschland durchgemachten Verfolgungen und Aufregungen nie wieder erholen können.'*[51]

Strauß litt vor allem an Gefäßerkrankungen, die immer wieder starke Kopfschmerzen und Herzrasen verursachten.[52] Aufgrund seines hohen Blutdrucks trat im März 1950 ein akuter Krankheitsanfall in Form von schweren Zirkulationsstörungen auf, die Strauß das Arbeiten ab diesem Zeitpunkt unmöglich machten.[53]

c. Strauß' Tod

Am 1. August 1965 erlitt Strauß eine linksseitige Hemiplegie (Halbseitenlähmung).[54] Sein Gesundheitszustand verschlechterte sich weiter, sodass ihn die behandelnden

---

46 LAfF, EG 18548, OFD München, Schreiben an Wilhelm Kehr vom 9.3.1949; StA Augsburg, V 107866 – a 31105/957, Eugen Strauß, Schreiben an das Zentralmeldeamt Bad Nauheim vom 21.12.1948.

46 Siehe hierzu ausführlich oben C. XV. 3. a. aa.

47 LAfF, EG 18548, OFD München, Schreiben an Wilhelm Kehr, vom 9.3.1949.

48 Ein Liftvan ist ein hölzerner Container, welcher bei Umzügen über weite Strecken und bei Überseefrachten als Transportbehältnis dient.

49 LAfF, EG 18548, Eugen Strauß, Erläuterungen und Beilagen zum Antrag von Eugen Strauß an das Bayerische Landesamt für Wiedergutmachung vom 18.3.1950, S. 3.

50 Weber, Das Schicksal der jüdischen Rechtsanwälte in Bayern nach 1933, S. 262; Römer, An meine Gemeinde in der Zerstreuung, S. 161, 358 f.

51 LAfF, EG 18548, Max Warner Grunstein, Medical Report vom 19.11.1954.

52 LAfF, EG 18548, Max Warner Grunstein, Medical Report vom 19.11.1954; LAfF, EG 18548, Eugen Strauß, dritte Anlage zum Antrag von Eugen Strauß, an das Bayerische Landesentschädigungsamt vom 29.11.1954, S. 7.

53 LAfF, EG 18548, Eugen Strauß, dritte Anlage zum Antrag von Eugen Strauß an das Bayerische Landesentschädigungsamt vom 29.11.1954, S. 7.

54 LAfF, EG 18548, Lucas Ernst, ärztliches Attest vom 23.10.1965; LAfF, EG 18548, Ärztlicher Dienst des Bayerischen Landesentschädigungsamts, ärztliche Stellungnahme vom 15.11.1965.

Ärzte sechs Tage darauf in das West Hendon Hospital in London verlegen mussten, wo er am 18. Oktober 1965 starb.[55] Seine Ehefrau Irma Strauß starb knapp elf Jahre später, am 6. Oktober 1976 ebenfalls in London.[56]

4. Entschädigung

a. Schaden im beruflichen Fortkommen

aa. Einreichung und Begründung des Anspruchs

Am 18. März 1950 stellte Strauß einen Antrag gemäß §§ 21 - 34 USEG[57] mittels des Formblattes E[58] beim Bayerischen Landesentschädigungsamt (vormals Bayerisches Landesamt für Wiedergutmachung)[59] auf Entschädigung für seinen Schaden im beruflichen Fortkommen.[60] Bei der Antragsbegründung führte Strauß aus, dass er in den Jahren vor 1932 Einkünfte in Höhe von 70.000 bis 80.000 Reichsmark hatte.[61] Steuerbescheide, die diese Zahlen belegten, lagen Strauß nicht vor; er leitete jedoch einen Brief seiner ehemaligen Buchhalterin an das Bayerische Landesentschädigungsamt weiter, die die Zahlen bestätigte.[62] Für die Berechnung der Kapitalentschädigung für den Schaden im beruflichen Fortkommen gemäß §§ 21 Absatz 2 Ziffer 2, 32 Absatz 1, Absatz 4 Satz 1, 6, 22 Absatz 1, Absatz 2 USEG § 9 Absatz 1 der 3. DV-USEG ging Strauß dennoch vorsorglich von einem Einkommen vor der Verfolgung in Höhe von 50.000 Reichsmark aus.[63] Erst 1953 erhielt Strauß Belege des Steueramts der Stadtverwaltung Augsburg, die er an das Bayerische Landesentschädigungsamt übersandte und die ein zu versteuerndes Einkommen in Höhe von 39.000 Reichsmark im Jahr 1932 belegten.[64] Aufgrund der Weiterleitung der Belege

---

55 LAfF, EG 18548, Ernst, Lucas, ärztliches Attest vom 23.10.1965; LAfF, EG 18548, Registrar of Births and Deaths for the Sub-District of Hendon, Certified copy of an entry of death vom 18.10.1965.

56 LAfF, EG 18548, Rudolf Strauß, Schreiben an das Bayerische Landesentschädigungsamt vom 9.10.1976; LAfF, EG 18548, Registrar of Births and Deaths for the Sub-District of Hendon, Certified copy of an entry of death vom 6.10.1976.

57 Siehe oben C. I. 4. a. aa., dass es gemäß § 231 BEG nach dem Inkrafttreten des BEG keiner neuen Antragstellung bedurfte.

58 Siehe zu der Verwendung von Formblättern oben C. I. 4. a. aa.

59 Siehe oben C. I. 4. a.

60 LAfF, EG 18548, Eugen Strauß Antrag an das Bayerische Landesamt für Wiedergutmachung (Formblatt E) vom 18.3.1950.

61 LAfF, EG 18548, Eugen Strauß, Erläuterungen und Beilagen zu Strauß' Antrag an das Bayerische Landesamt für Wiedergutmachung vom 18.3.1950, S. 1.

62 LAfF, EG 18548, Eugen Strauß, Erläuterungen und Beilagen zu Strauß' Antrag an das Bayerische Landesamt für Wiedergutmachung vom 18.3.1950, S. 2; LAfF, EG 18548, Margarete Groll, Schreiben an Eugen Strauß vom 2.2.1950.

63 LAfF, EG 18548, Eugen Strauß, Erläuterungen und Beilagen zu Strauß' Antrag an das Bayerische Landesamt für Wiedergutmachung vom 18.3.1950, S. 2.

64 LAfF, EG 18548, Stadtverwaltung Augsburg, Schreiben an Eugen Strauß vom 28.7.1953.

und seines insgesamt sehr korrekten Verhaltens während des Entschädigungsverfahrens ist davon auszugehen, dass Strauß nicht bewusst zunächst höhere Einkünfte angemeldet hatte, sondern lediglich seine Erinnerung verblasst war.

Nach der „Machtergreifung" durch die Nationalsozialisten sank Strauß' Jahreseinkünfte nach eigenen Angaben auf 26.000 Reichsmark im Jahr 1933, erholte sich 1934 zunächst wieder geringfügig auf 29.000 Reichsmark und verringerte sich in den Folgejahren auf 20.000 Reichsmark (1935) und 1936 auf 13.000 Reichsmark.[65] Diese Zahlen stimmten nahezu mit den von der Stadtverwaltung Augsburg später bestätigten Zahlen überein.[66] 1937 verdoppelte sich Strauß' Jahreseinkommen wieder auf 27.315 Reichsmark, weil er die *„Kollektivvertretung des jüdischen Sektors der deutschen Tuchindustrie, Konfektion und Tuchhandels und des Rohproduktenhandels beim Reichswirtschaftsministerium in Berlin"* übernommen hatte, bis seine Einkünfte 1938 auf dann nur noch 4.162 Reichsmark zurückgingen.[67]

In seinem Entschädigungsantrag an das Bayerische Landesentschädigungsamt berechnete Strauß aus den obigen Zahlen die jeweilige Differenz zu den Einkünften, die er seiner Meinung nach ohne Verfolgung mindestens in Höhe von 50.000 Reichsmark weiterhin hätte erzielen können.[68] Er errechnete einen Gesamtschaden in Höhe von 181.000 Reichsmark, was umgestellt im Verhältnis 10 : 2 einen Betrag in Höhe von 36.200 Deutsche Mark ergab.[69]

Für die Zeit nach dem Entzug seiner Rechtsanwaltszulassung und seiner damit einhergehenden Verdrängung aus dem Beruf des Rechtsanwalts setzte Strauß ebenfalls die fiktiven Einkünfte in Höhe von 50.000 Reichsmark pro Jahr an und berechnete für die Zeit von 1939 bis 1941 einen Schaden in Höhe von 150.000 Reichsmark und umgestellt in Höhe von 30.000 Deutsche Mark.[70]

bb. Entscheidung des Bayerischen Landesentschädigungsamts

Mit Bescheid vom 16. Juni 1953 sprach das Bayerische Landesentschädigungsamt Strauß gemäß §§ 21 Absatz 1, 2 Ziffer 2, 32 Absatz 1, Absatz 4 Satz 1, 6, 22 Absatz 1, Absatz 2 USEG § 9 Absatz 1, 10 Absatz 1 der 3. DV-USEG für seinen Schaden im beruflichen Fortkommen den Höchstbetrag in Höhe von 25.000 Deutsche Mark (§ 22 Absatz 4 USEG) zu.[71] Einen durch die Verfolgung bedingten ausgleichsfähigen

---

65 LAfF, EG 18548, Eugen Strauß, Erläuterungen und Beilagen zu Strauß' Antrag an das Bayerische Landesamt für Wiedergutmachung vom 18.3.1950, S. 1.

66 LAfF, EG 18548, Stadtverwaltung Augsburg, Schreiben an Eugen Strauß, vom 28.7.1953.

67 LAfF, EG 18548, Bayerisches Landesentschädigungsamt, Feststellungsbescheid vom 16.6.1953, S. 2.

68 LAfF, EG 18548, Eugen Strauß, Erläuterungen und Beilagen zu Strauß' Antrag an das Bayerische Landesamt für Wiedergutmachung vom 18.3.1950, S. 3.

69 LAfF, EG 18548, Eugen Strauß, Erläuterungen und Beilagen zu Strauß' Antrag an das Bayerische Landesamt für Wiedergutmachung vom 18.3.1950, S. 3.

70 LAfF, EG 18548, Eugen Strauß, Erläuterungen und Beilagen zu Strauß' Antrag an das Bayerische Landesamt für Wiedergutmachung vom 18.3.1950, S. 3.

71 LAfF, EG 18548, Bayerisches Landesentschädigungsamt, Feststellungsbescheid vom 16.6.1953, S. 1.

Schaden erkannte das Bayerische Landesentschädigungsamt erst ab dem 1. Januar 1939 an.[72] Das Bayerische Landesentschädigungsamt begründete diese Entscheidung damit, dass der Entzug der Rechtsanwaltszulassung bei Strauß mit Wirkung zum 30. November 1938 erfolgte.[73] Warum der Entschädigungszeitraum nicht zum 1. Dezember 1938, sondern nach der Auffassung des Bayerischen Landesentschädigungsamt erst einen Monat später begann, ergibt sich aus den überlieferten Akten nicht. Ein nach den Regelungen des USEG ausgleichsfähigen Schaden vor dem 1. Januar 1939 lehnte das Bayerische Landesentschädigungsamt ab, weil für den Einkommensrückgang der *„allgemeine Boykott jüdischer Anwälte"* verantwortlich gewesen sei.[74] Nach Meinung des Bayerischen Landesentschädigungsamt stellte der Boykott jüdischer Anwälte keine spezielle Verfolgungsmaßnahme gegen Strauß dar, welche nach Ansicht des Entschädigungsamtes Voraussetzung für eine Entschädigung gemäß § 21 Absatz 1 USEG war.[75] Das Bayerische Landesentschädigungsamt vertrat in keiner anderen Entscheidung der in dieser Arbeit dargestellten Rechtsanwälte wegen Schadens im beruflichen Fortkommen die Ansicht, dass eine Einkommensbuße durch allgemeine Boykottmaßnahmen kein zu ersetzenden Schaden war. Der Bescheid vom 16. Juni 1953 ist die früheste Entscheidung der in dieser Arbeit dargestellten Anwälte wegen Schadens im beruflichen Fortkommen und die einzige, welche auf Grundlage des USEG erging. Der Wortlaut von § 21 Absatz 1 USEG wich jedoch nicht wesentlich von dem Wortlaut des § 25 Absatz 1 Bundesergänzungsgesetz oder § 64 Absatz 1 BEG ab, so dass davon auszugehen ist, dass das Bayerische Landesentschädigungsamt die in dem Bescheid vom 16. Juni 1953 geäußerte Ansicht bei späteren Entscheidungen änderte.

Das Ende des Entschädigungszeitraum setzte das Bayerisches Landesentschädigungsamt mit Vollendung des 72. Lebensjahres von Strauß am 30. Juni 1951 an.[76] Bei der Berechnung der Kapitalentschädigung reihte das Bayerische Landesentschädigungsamt Strauß aufgrund seiner Ausbildung und seiner sozialen Lage in die vergleichbare Gruppe von Bundesbeamten des höheren Diensts (§§ 32 Absatz 4 USEG, 9 Absatz 1 der 3. DV-USEG)[77] mit einem Jahreseinkommen in Höhe von 9.000 Reichsmark vor der Währungsreform und von 9.000 Deutsche

---

72 LAfF, EG 18548, Bayerisches Landesentschädigungsamt, Feststellungsbescheid vom 16.6.1953, S. 2.

73 LAfF, EG 18548, Bayerisches Landesentschädigungsamt, Feststellungsbescheid vom 16.6.1953, S. 2.

74 LAfF, EG 18548, Bayerisches Landesentschädigungsamt, Feststellungsbescheid vom 16.6.1953, S. 1 f.

75 LAfF, EG 18548, Bayerisches Landesentschädigungsamt, Feststellungsbescheid vom 16.6.1953, S. 1 f.

76 LAfF, EG 18548, Bayerisches Landesentschädigungsamt, Feststellungsbescheid vom 16.6.1953, S. 1.

77 Eine Eingruppierung nach Altersstufe war gemäß § 10 Absatz 1 Satz 2 nicht erforderlich, siehe hierzu die Ausführungen bei Mayer unter C. VIII. 4. a. bb.

Mark danach ein (§ 10 Absatz 1 Satz 2 Buchstabe d) der 3. DV-USEG).[78] Dabei errechnete sich vom 1. Januar 1939 bis zur Währungsreform am 20. Juni 1948 eine Kapitalentschädigung in Höhe von 85.500 Reichsmark (9 ½ Jahre × 9.000 Reichsmark/Jahr) und umgestellt auf Deutsche Mark im Verhältnis 10 : 2 (§ 3 Absatz 1 USEG), in Höhe von 17.100 Deutsche Mark.[79] Für den Zeitraum vom 1. Juli 1948 bis zum 30. Juni 1951, mithin für einen Zeitraum von drei Jahren, ergab sich ein Schaden in Höhe von 27.000 Deutsche Mark (3 Jahre × 9.000 Deutsche Mark/Jahr).[80] Die sich aus den beiden vorgenannten Teilbeträgen ergebende Summe in Höhe von 44.100 (17.100 + 27.000) Deutsche Mark begrenzte das Bayerische Landesentschädigungsamt auf den Höchstbetrag für Kapitalentschädigungen für Schäden im beruflichen Fortkommen in Höhe von 25.000 Deutsche Mark (§ 22 Absatz 4 USEG).[81] Ein Teilbetrag in Höhe von 12.245 Deutsche Mark entfiel auf die Zeit vom 1. Januar 1939 bis zum 31. Dezember 1948 und ein Teilbetrag in Höhe von 12.755 Deutsche Mark, welchen das Bayerische Landesentschädigungsamt als Klasse- I Entschädigung klassifizierte, auf den Zeitraum vom 1. Januar 1949 bis zum 30. Juni 1951.[82] Der Hintergrund der Klassifizierung war, dass Verfolgte zum Zeitpunkt der Auszahlung bereits eine Vielzahl von Entschädigungsanträgen gestellt hatten, die sowohl die Leistungsfähigkeit des Freistaats Bayern als auch die der Bundesrepublik Deutschland überstieg. Das USEG teilte die unterschiedlichen Entschädigungsbeträge in § 38 USEG in insgesamt drei Klassen (Klasse I bis III) ein. Die für die Entschädigung zur Verfügung stehenden Deckungsmittel der Klasse I waren gemäß § 39 USEG Geldbeträge, die jedes Jahr der Freistaat Bayern im Staatshaushalt der Höhe nach festlegte. Den restlichen Betrag in Höhe von 6.122,50 Deutsche Mark klassifizierte das Bayerische Landesentschädigungsamt als Klasse-II- und Klasse-III-Schaden, deren Ersatz die Bayerische Staatsregierung gesondert regeln sollte.[83]

cc. Auszahlung des Klasse-I-Schadens

Strauß wies nach der Zustellung des Bescheids vom 16. Juni 1953 auf sein hohes Alter und seinen angeschlagenen Gesundheitszustand hin und bat dringend um die sofortige Auszahlung des als Klasse I klassifizierten Schadens.[84] Nur wenige Tage

---

78 LAfF, EG 18548, Bayerisches Landesentschädigungsamt, Feststellungsbescheid vom 16.6.1953, S. 2.

79 LAfF, EG 18548, Bayerisches Landesentschädigungsamt, Feststellungsbescheid vom 16.6.1953, S. 2.

80 LAfF, EG 18548, Bayerisches Landesentschädigungsamt, Feststellungsbescheid vom 16.6.1953, S. 2 f.

81 LAfF, EG 18548, Bayerisches Landesentschädigungsamt, Feststellungsbescheid vom 16.6.1953, S. 3.

82 LAfF, EG 18548, Bayerisches Landesentschädigungsamt, Feststellungsbescheid vom 16.6.1953, S. 3.

83 LAfF, EG 18548, Bayerisches Landesentschädigungsamt, Feststellungsbescheid vom 16.6.1953, S. 3.

84 LAfF, EG 18548, Eugen Strauß, Schreiben an das Bayerische Landesentschädigungsamt vom 2.7.1953.

darauf erließ das Bayerische Landesentschädigungsamt einen Abänderungsbescheid, wonach die Kapitalentschädigung, welche das Bayerische Landesentschädigungsamt für den Zeitraum vom 1. Januar 1949 bis zum 30. Juni 1951 Strauß in Höhe von 12.755 Deutsche Mark zugesprochen hatte, gemäß § 11 Absatz 2 3. DV-USEG innerhalb eines Monats nach der Zustellung des Abänderungsbescheids zur Auszahlung fällig war.[85]

dd. Klage vor dem Landgericht München I

Strauß reichte dies jedoch nicht aus. Er erhob am 7. August 1953 gegen den Ausgangsbescheid und gegen den Änderungsbescheid Klage zu dem Landgericht München I, mit welcher er eine über den zugesprochenen Betrag in Höhe von 25.000 Deutsche Mark hinausgehende Zahlung von 42.488 Deutsche Mark nebst 4 % Zinsen seit dem 9. Juli 1953 begehrte.[86] Strauß wehrte sich mit seiner Klage gegen die Argumentation des Bayerischen Landesentschädigungsamts, wonach im Zeitraum vom 1. Januar 1933 bis zum 31. Dezember 1938 kein Schaden wegen Beeinträchtigung im beruflichen Fortkommen vorliege, weil der Schaden in dieser Zeit auf den allgemeinen Judenboykott[87] zurückzuführen sei.[88] Strauß gab zu bedenken, dass, selbst wenn der Rückgang seiner Einkünfte ausschließlich auf den allgemeinen Judenboykott zurückzuführen gewesen sei, dieser Schaden dennoch zu entschädigen gewesen sei, weil der allgemeine Judenboykott eine der planmäßigen Verfolgungsmaßnahmen des damaligen Regimes gewesen sei.[89] Weiter wehrte sich Strauß gegen den für die Berechnung der Kapitalentschädigung gemäß § 10 Absatz 1 Satz 2 Buchstabe d) der 3. DV-USEG zu Grunde gelegten Betrag eines vergleichbaren Bundesbeamten in Höhe von jährlich nur 9.000 Deutsche Mark[90], weil ihm das Bayerische Landesentschädigungsamt seiner Meinung nach mit Schreiben vom 19. Dezember 1952 ursprünglich die Einordnung in eine Beamtenbesoldung in Höhe von 12.000 Deutsche Mark pro Jahr zugesichert hatte.[91] Der Hintergrund war, dass bei einer Einordnung in die Gruppe eines vergleichbaren Bundesbeamten des höheren Dienstes § 10 Absatz 1 Satz 2 Buchstabe d) der 3. DV-USEG ein jährliches Vergleichsgehalt von 9.000 Reichsmark vor und 9.000 Deutsche Mark nach der Währungsreform vorsah. Nur in Ausnahmefällen nämlich *„bei Verfolgten, die durch ihre beruflichen Erfolge und auf Grund ihrer wirtschaftlichen Stellung im Zeitpunkt der Verdrängung (…) den Durchschnitt der Verfolgten, die mit Beamten des höheren Diensts zu vergleichen sind, erheblich*

85 LAfF, EG 18548, Bayerisches Landesentschädigungsamt, Abänderungsbescheid vom 6.7.1953; das genaue Auszahlungsdatum ergibt sich aus der überlieferten Entschädigungsakte nicht.

86 LAfF, EG 18548, Eugen Strauß, Klage vor dem LG München I vom 7.8.1953.

87 Siehe oben Teil B VI. 2.

88 LAfF, EG 18548, Eugen Strauß, Klage vor dem LG München I vom 7.8.1953, S. 2.

89 LAfF, EG 18548, Eugen Strauß, Klage vor dem LG München I vom 7.8.1953, S. 2.

90 LAfF, EG 18548, Eugen Strauß, Klage vor dem LG München I vom 7.8.1953, S. 3.

91 LAfF, EG 18548, Eugen Strauß, Klage vor dem LG München I vom 7.8.1953, S. 3 f.

überragten" (§ 10 Absatz 2 der 3.DV-USEG) konnte das Bayerische Landesentschädigungsamt ein Vergleichsgehalt von 12.000 Reichsmark vor und 12.000 Deutsche Mark nach der Währungsreform ansetzen.

Bei der Berechnung des Bayerischen Landesentschädigungsamts spielte es keine Rolle, ob es einen Jahresbetrag von 9.000 Deutsche Mark oder von 12.000 Deutsche Mark ansetzte, weil die Kapitalentschädigung in beiden Fällen die Höchstgrenze von 25.000 Deutsche Mark erreichte. Gegen diese Höchstgrenze wehrte sich Strauß mit der Klage vom 7. August 1953 jedoch ebenfalls.[92] Strauß legte mit der Klage ein von ihm in Auftrag gegebenes Rechtsgutachten vom 29. Juli 1953 des Rechtsanwalts Otto Küster aus Stuttgart bei dem Landgericht München I vor, was die Ausführungen von Strauß belegen sollte, dass die Höchstgrenze nur für den Schaden von der Verdrängung bis zur Wiedereinstellung beziehungsweise, wenn, wie bei ihm, eine Wiedereinstellung nicht erfolgte, bis zur Wiederherstellung des Rechtsstaats am 1. Juni 1945 oder im äußersten Fall bis zum Inkrafttreten des USEG am 1. Januar 1949 gelte.[93] Strauß wies in seiner Klage auch darauf hin, dass dies nicht nur die Ansicht des vorgelegten Rechtsgutachtens, sondern auch die baden-württembergische Handhabung sei.[94]

ee. Vergleich zwischen Strauß und dem Freistaat Bayern, Ausübung des Rentenwahlrechts

Nach dem Inkrafttreten des BEG verglich sich Strauß am 26. Oktober 1956 mit dem Freistaat Bayern, vertreten durch das Bayerische Landesentschädigungsamt, vor dem Landgericht München I.[95] Aufgrund des Vergleichs erhielt Strauß vom 1. November 1953 an für den Schaden im beruflichen Fortkommen eine monatliche Rente in Höhe von 600 Deutsche Mark pro Monat (§§ 3, 74 Satz 1, Satz 2 Alternative 2, 81, 82 Absatz 1, 83 Absatz 1 und 2 BEG § 21 Absatz 1 3. DV-BEG) und für den Zeitraum vor dem 1. November 1953 einen Einmalbetrag in Höhe von 7.200 Deutsche Mark zugesprochen (§ 83 Absatz 3 BEG).[96] Eine Einstufung Strauß' in eine Beamtengruppe eines vergleichbaren Bundesbeamten oder Lebensaltersstufe enthielt der Vergleich nicht.[97] Der zugesprochene Betrag entsprach jedoch einer Einstufung gemäß § 76 Absatz 1 Satz 3 BEG[98] in die Gruppe eines vergleichbaren Bundesbeamten des höheren Diensts in die Lebensaltersstufe ab Vollendung des 55. Lebensjahr.

Es errechnete sich für Strauß eine Rentennachzahlung für den Zeitraum vom 1. November 1953 bis zum 31. Dezember 1956 in Höhe von 30.000 Deutsche Mark (38 Monate × 600 Deutsche Mark/Monat + 7.200 Deutsche Mark). Abzüglich

---

92 LAfF, EG 18548, Eugen Strauß, Klage vor dem LG München I vom 7.8.1953, S. 4.

93 LAfF, EG 18548, Eugen Strauß, Klage vor dem LG München I vom 7.8.1953, S. 4., LAfF, EG 18548, Otto Küster, Gutachten vom 29.7.1953.

94 LAfF, EG 18548, Eugen Strauß, Klage vor dem LG München I vom 7.8.1953, S. 4.

95 LAfF, EG 18548, LG München I, Protokoll der öffentlichen Sitzung vom 26.10.1956.

96 LAfF, EG 18548, LG München I, Protokoll der öffentlichen Sitzung vom 26.10.1956, S. 2.

97 LAfF, EG 18548, LG München I, Protokoll der öffentlichen Sitzung vom 26.10.1956, S. 2.

98 Siehe zur Eingruppierung in eine vergleichbare Beamtengruppe gemäß § 76 Absatz 1 Satz 3 BEG die Ausführungen oben C. I. 4. a. dd. (2.).

der bereits geleisteten Zahlung von 25.000 Deutsche Mark[99] verblieb somit eine Nachzahlung in Höhe von 5.000 (30.000 – 25.000) Deutsche Mark, die das Bayerische Landesentschädigungsamt am 22. November 1956 an Strauß ausgezahlt hatte.[100]

b. Schaden an Körper und Gesundheit

aa. Einreichung und Begründung des Antrags

Am 29. November 1954 meldete Strauß außerdem beim Bayerischen Landesentschädigungsamt einen Anspruch auf Entschädigung für den Schaden an Körper und Gesundheit gemäß § 15 Bundesergänzungsgesetz an.[101] Strauß litt nach seiner Auswanderung an Gefäßerkrankungen, die zu starken Kopfschmerzen und Herzrasen führten.[102] Strauß sah einen kausalen Zusammenhang zwischen den konkreten Verfolgungsmaßnahmen und den akuten Gesundheitsfolgen und legte für diesen Kausalzusammenhang zwei Atteste seiner Ärzte vor.[103] Seine Erwerbsfähigkeit war nach Ansicht einer seiner Ärzte, Dr. Max Warner Grunstein, in der Zeit von 1939 bis 1948 um 50 % gemindert.[104] In dem Zeitraum Januar 1949 bis Februar 1950 war es Strauß dann besser gegangen, so dass Weinstein keine Minderung der Erwerbstätigkeit mehr annahm.[105] Erst als Strauß seit März 1950 unter schweren Rückschlägen seiner Gefäßerkrankung litt, hatte Weinstein wieder eine Erwerbstätigkeitseinschränkung von März 1950 bis September 1950 um 100 % und von Oktober 1950 an um 75 % angenommen.[106]

bb. Bearbeitung des Antrags durch das Bayerische Landesentschädigungsamt

In einem Aktenvermerk gab ein Sachbearbeiter des Bayerischen Landesentschädigungsamts an, dass es nicht auszuschließen sei, dass die Minderung der Erwerbsfähigkeit altersbedingt sei, weil ein Rechtsanwalt regelmäßig nicht länger als bis zum

---

99 Siehe oben C. XV. 4. a. ee.

100 LAfF, EG 18548, Bayerisches Landesentschädigungsamt, internes Schreiben an das Sachgebiet II/7 vom 20.11.1956.

101 LAfF, EG 18548, Eugen Strauß, Antrag an das Bayerische Landesentschädigungsamt vom 29.11.1954.

102 Siehe ausführlich oben C. XV. 3. b.

103 LAfF, EG 18548, Eugen Strauß, dritte Anlage zum Antrag von Eugen Strauß an das Bayerische Landesentschädigungsamt vom 29.11.1954, S. 9; LAfF, EG 18548, Max Warner Grunstein, Medical Report vom 19.11.1954.

104 LAfF, EG 18548, Eugen Strauß, dritte Anlage zum Antrag von Eugen Strauß an das Bayerische Landesentschädigungsamt vom 29.11.1954, S. 10; LAfF, EG 18548, Max Warner Grunstein, Medical Report vom 19.11.1954.

105 LAfF, EG 18548, Max Warner Grunstein, Medical Report vom 19.11.1954.

106 LAfF, EG 18548, Eugen Strauß, dritte Anlage zum Antrag von Eugen Strauß an das Bayerische Landesentschädigungsamt vom 29.11.1954, S. 10; LAfF, EG 18548, Max Warner Grunstein, Medical Report vom 19.11.1954.

Alter von 75 Jahren arbeiten könne.[107] Das Bayerische Landesentschädigungsamt ließ Strauß in der Universitätsklinik München untersuchen, welche eine verfolgungsbedingte Einschränkung der Erwerbsfähigkeit bei Strauß bestätigte.[108] Die Universitätsklinik München schätzte Strauß‘ Erwerbsminderung in der Zeit von 1940 bis 1950 auf 30 %, von 1950 bis 1954 auf 40 % und von 1955 an auf 100 %.[109]

cc. Bescheid des Bayerischen Landesentschädigungsamt und Endvergleich

Am 31. Januar 1956 erließ das Bayerische Landesentschädigungsamt einen Bescheid zur Entschädigung von Strauß für seinen Schaden an Körper und Gesundheit wegen essenzieller Hypertonie mit dekomponiertem Myokardschaden und Koronarinsuffizienz.[110] Mit dem Bescheid vom 31. Januar 1956 sprach das Bayerische Landesentschädigungsamt Strauß eine Kapitalentschädigung in Höhe von 17.056,46 Deutsche Mark für den Zeitraum vom 1. Januar 1940 bis zum 31. Oktober 1953 (§§ 1 Absatz 1, 15 Absatz 1, Absatz 2 Ziffer 3 Bundesergänzungsgesetz) und ab dem 1. November 1953 eine monatliche Rente in Höhe von 506 Deutsche Mark (§§ 1 Absatz 1, 15 Absatz 1, Absatz 2 Ziffer 2 Bundesergänzungsgesetz) zu.[111]

Gegen den Bescheid vom 31. Januar 1956 ging Strauß gerichtlich vor[112] und einigte sich in einem Endvergleich vom 26. Oktober 1956 vor dem Landgericht München I mit dem Freistaat Bayern, vertreten durch das Bayerische Landesentschädigungsamt, auf eine Entschädigung nach den Regelungen des BEG.[113] In dem Endvergleich erklärten die Parteien den Bescheid des Bayerischen Landesentschädigungsamtes vom 31. Januar 1956 für gegenstandslos und einigten sich auf eine Kapitalentschädigung für Strauß für den Schaden an Körper und Gesundheit gemäß §§ 3, 1 Absatz 1, 28 Absatz 1, 29 BEG in Höhe von 38.287,34 Deutsche Mark sowie eine Rente in Höhe von 127 Deutsche Mark ab dem 1. November 1953.[114] Die Parteien gingen in dem Endvergleich vom 26. Oktober 1956 von einem Beginn der Schädigung am 1. Januar 1940 und einer Erwerbsminderung bei Strauß von 30 % vom 1. Januar 1940 bis zum 30. Juni 1950 und 40 % ab dem 1. Juli 1950 aus.[115]. Für

---

107 LAfF, EG 18548, Bayerisches Landesentschädigungsamt, Darlegung des Krankheitsfalls vom 5.5.1955.

108 LAfF, EG 18548, Lang, Erste Medizinische Klinik der Universität München, ärztliches Gutachten vom 18.11.1954, S. 4 f.

109 LAfF, EG 18548, Lang, Erste Medizinische Klinik der Universität München, ärztliches Gutachten vom 18.11.1954, S. 4 f.

110 LAfF, EG 18548, Bayerisches Landesentschädigungsamt, Bescheid vom 31.1.1956.

111 LAfF, EG 18548, Bayerisches Landesentschädigungsamt, Bescheid vom 31.1.1956.

112 Die überlieferte Entschädigungsakte enthält die Klageschrift von Strauß zu dem Landgericht München I nicht. Es ist jedoch davon auszugehen, dass Strauß die Klage gegen den Bescheid vom 31.1.1956 nach der Bekanntmachung des BEG am 29.6.1956 (siehe hierzu und dem rückwirkenden Inkrafttreten des BEG zum 1.10.1953 oben B. VII. 4.) erhoben hat, da die Regelungen zur Entschädigung des Schadens an Körper und Gesundheit in dem BEG für Strauß günstiger geregelt waren.

113 LAfF, EG 18548, LG München I, Protokoll der öffentlichen Sitzung vom 26.10.1956, S. 2.

114 LAfF, EG 18548, LG München I, Protokoll der öffentlichen Sitzung vom 26.10.1956, S. 2.

115 LAfF, EG 18548, LG München I, Protokoll der öffentlichen Sitzung vom 26.10.1956, S. 2.

die Berechnung der Höhe der Kapitalentschädigung und der Rente stuften die Parteien Strauß gemäß § 76 Absatz 1 Satz 3 BEG in Verbindung mit § 14 Absatz 1 3. DV-BEG[116] aufgrund seiner wirtschaftlichen Lage in die vergleichbare Gruppe von Bundesbeamten des höheren Diensts ein.[117] Aufgrund der Einstufung stand Strauß eine monatliche Rente in Höhe von 506 Deutsche Mark[118] vom 1. November 1953 an und in Höhe von 552 Deutsche Mark ab dem 1. Januar 1956 zu (§§ 12, 13 in Verbindung mit der Anlage zu der 2. DV-BEG).[119] Diese Rente war jedoch aufgrund der Tatsache, dass Strauß vom 1. November 1953 an bereits die Rente wegen des Schadens im beruflichen Fortkommen zugesprochen worden war[120], um 75 % zu kürzen (§ 141 e Absatz 1 Satz 1 BEG).[121] Aufgrund der Kürzung ergab sich vom 1. November 1953 an eine monatliche Rente wegen Schaden an Körper und Gesundheit in Höhe von 127 Deutsche Mark (25 % von 506 Deutsche Mark) und vom 1. Januar 1956 an in Höhe von 138 Deutsche Mark (25 % von 552 Deutsche Mark).[122]

Für den Schaden vom 1. Januar 1940 bis zum 31. Oktober 1953 erhielt Strauß aus dem Vergleich vom 26. Oktober 1956 eine Kapitalentschädigung (§§ 3, 1 Absatz 1, 28 Absatz 1, 29 Ziffer 3 BEG) in Höhe von 38.288 Deutsche Mark.[123] Bei der Berechnung der Höhe der Kapitalentschädigung war gemäß §§ 36, 37 Absatz 1 BEG von der Rente für den Monat November 1953 auszugehen (506 Deutsche Mark), wobei für die Zeit vor der Währungsreform nur zwei Zehntel des Monatsbetrages anszusetzen waren (§ 37 Absatz 3 BEG). Für den Zeitraum vom 1. Januar 1940 bis zum 20. Juni 1948 errechnete sich ein Teilbetrag in Höhe von 10.288,67 Deutsche Mark (101 2/3 Monate × 506 Deutsche Mark/Monat × 2/10) und für den Zeitraum nach der Währungsreform vom 20. Juni 1948 bis zum 31. Oktober 1952 ein weiterer Teilbetrag in Höhe von 26.480,67 Deutsche Mark (52 1/3 Monate × 506 Deutsche Mark/Monat).[124] Der dritte Teilbetrag für den Zeitraum vom 1. November 1952 bis zum 31. Oktober 1953 war auf 25 % zu kürzen, weil Strauß für diese Zeit bereits eine Entschädigung für den Schaden im beruflichen Fortkommen zustand, und betrug 1.518 Deutsche Mark[125].[126] Insgesamt errechnete sich eine Kapitalentschädigung für Schaden an Körper und Gesundheit

---

116 Siehe zur Eingruppierung in eine vergleichbare Beamtengruppe gemäß § 76 Absatz 1 Satz 3 BEG die Ausführungen oben C. I. 4. a. dd. (2.).

117 LAfF, EG 18548, LG München I, Protokoll der öffentlichen Sitzung vom 26.10.1956, S. 2.

118 Gemäß § 13, 14 in Verbindung mit der Anlage der 3. DV-BEG betrug das volle Diensteinkommen eines vergleichbaren Bundesbeamten des höheren Dienstes in der Lebensjahresstufe ab dem vollenden 55. Lebensjahr 15.180 Deutsche Mark pro Jahr beziehungsweise 1.265 Deutsche Mark pro Monat. Unter Berücksichtigung eines Erwerbsminderungsgrad von 40 % ergab sich eine monatliche Rente in Höhe von 506 Deutsche Mark (1.265 Deutsche Mark × 40 %).

119 LAfF, EG 18548, LG München I, Protokoll der öffentlichen Sitzung vom 26.10.1956, S. 2 f.

120 Siehe oben C. XV. 4. a.

121 LAfF, EG 18548, LG München I, Protokoll der öffentlichen Sitzung vom 26.10.1956, S. 2 f.

122 LAfF, EG 18548, LG München I, Protokoll der öffentlichen Sitzung vom 26.10.1956, S. 3.

123 LAfF, EG 18548, LG München I, Protokoll der öffentlichen Sitzung vom 26.10.1956, S. 3.

124 LAfF, EG 18548, LG München I, Protokoll der öffentlichen Sitzung vom 26.10.1956, S. 3.

125 12 Monate × 506 Deutsche Mark/Monat × 25 %.

126 LAfF, EG 18548, LG München I, Protokoll der öffentlichen Sitzung vom 26.10.1956, S. 3.

für den Zeitraum vom 1. Januar 1940 bis zum 31. Oktober 1953 (§§ 3, 1 Absatz 1, 28 Absatz 1, 29 Ziffer 3 BEG) in Höhe von 38.287,34 (10.288,67 + 26.480,67 + 1.518) Deutsche Mark.[127]

c. Rente wegen Schaden am Leben und im beruflichen Fortkommen

aa. Antragstellung

Am 25. Oktober 1965 und somit nur sieben Tage nach Strauß' Tod beantragte seine Ehefrau bei dem Bayerischen Landesentschädigungsamt die Zahlung einer Rente gemäß §§ 3, 1 Absatz 1, 16, 17 Nr. 1 BEG für den Schaden am Leben von Strauß.[128] Der Antrag war rechtskundig formuliert und setzte sich mit juristischen Fachaufsätzen und verschiedenen Urteilen zum Entschädigungsrecht auseinander, wobei alle Aufsätze und Urteile aus dem Jahr 1963 oder früher stammten.[129] Das Ergebnis der juristischen Fachartikel und Urteile war, dass eine Rente zuzusprechen sei, wenn ein Kausalzusammenhang zwischen den verfolgungsbedingten Gesundheitsschäden des Verfolgten und dessen Tod bestehe, was bereits dann der Fall sei, wenn die Verfolgungen das Leben des Verfolgten verkürzt hatten.[130] Den Antrag reichte Strauß' Witwe zusammen mit einem ärztlichen Attest vom 23. Oktober 1965 ein, welches einen Kausalzusammenhang zwischen Strauß' Verfolgung und seinem Tod bestätigte.[131] Es ist auffällig, dass sich der Antrag nur mit den theoretischen Fragen auseinandersetzte, die für die Entscheidung über die Rente entscheidend waren, ohne die konkrete Todesursache zu subsumieren.[132] Naheliegend ist, dass Strauß so vorausschauend war, dass er den Antrag vor seinem Tod selbst formuliert und seiner Ehefrau empfohlen hatte, diesen Antrag nach seinem Tod zusammen mit dem ärztlichen Attest einzureichen, das einen Kausalzusammenhang zwischen der Verfolgung und der konkreten Todesursache bestätigte. Dies ist insbesondere deswegen anzunehmen, weil Strauß selbst seine Ehefrau in einem Schreiben vom 23. Februar 1962 an das Bayerische Landesentschädigungsamt als in Wiedergutmachungssachen unerfahren beschrieben hatte.[133]

bb. Kausalität zwischen Strauß' Verfolgung und seinem Tod

Den Kausalzusammenhang zwischen den Verfolgungsmaßnahmen und Strauß' Tod bestätigte auch der Ärztliche Dienst des Bayerischen Landesentschädigungsamts –

---

127 LAfF, EG 18548, LG München I, Protokoll der öffentlichen Sitzung vom 26.10.1956, S. 3.

128 LAfF, EG 18548, Strauß, Irma, Schreiben an das Bayerische Landesentschädigungsamt vom 25.10.1965.

129 LAfF, EG 18548, Irma Strauß, Schreiben an das Bayerische Landesentschädigungsamt vom 25.10.1965.

130 LAfF, EG 18548, Irma Strauß, Schreiben an das Bayerische Landesentschädigungsamt vom 25.10.1965.

131 LAfF, EG 18548, Lucas Ernst, ärztliches Attest vom 23.10.1965.

132 LAfF, EG 18548, Lucas Ernst, ärztliches Attest vom 23.10.1965.

133 Siehe oben, C. XV. 3. c.

auch wenn nicht auszuschließen sei, dass Strauß' Tod altersbedingt auch ohne Verfolgung zu diesem Zeitpunkt eingetreten wäre.[134]

cc. Rente wegen Schaden an Strauß' Leben

Das Bayerische Landesentschädigungsamt erließ am 12. Januar 1966 einen Bescheid, der Strauß' Ehefrau eine monatliche Rente wegen des Schadens am Leben ihres Ehemannes gemäß §§ 3, 1 Absatz 1, 41 Absatz 1, 16 Ziffer 1, 17 Ziffer 1 BEG in Höhe von 743 Deutsche Mark zusprach.[135] Das Bayerische Landesentschädigungsamt passte die Rente in den Folgejahren immer wieder an. Vom 1. April 1969 an betrug die Rente zum Beispiel bereits 930 Deutsche Mark, vom 1. Januar 1974 an 1.399 Deutsche Mark und beim Tod von Strauß' Ehefrau 1.526 Deutsche Mark.[136]

Die Höhe der monatlichen Rente ergab sich gemäß § 10 der 1. DV-BEG aus der bereits im Vergleich vom 15. Mai 1959 vorgenommenen Einstufung Strauß' in die vergleichbare Besoldungsgruppe eines Bundesbeamten des höheren Diensts.[137]

dd. Witwenrente wegen Schaden in Strauß' beruflichem Fortkommen

Das Bayerische Landesentschädigungsamt sprach Strauß' Witwe mit Bescheid vom 13. Januar 1966 außerdem eine Witwenrente für den Schaden im beruflichen Fortkommen von Strauß gemäß §§ 3, 74 Satz 1, Satz 2 Alternative 2, 81, 82, 83, 85 Absatz 1 BEG in Höhe von 118 Deutsche Mark vom 1. November 1965 bis zum 31. Dezember 1965 und vom 1. Januar 1966 an in Höhe von 150 Deutsche Mark zu.[138] Die Rente hätte ursprünglich 471 Deutsche Mark betragen (60 %[139] der letzten Rente wegen des Berufsschadens in Höhe von 785 Deutsche Mark).[140] Strauß' Ehefrau erhielt jedoch auch eine Witwenrente wegen des Schadens an seinem Leben[141], die höher als die Witwenrente wegen des Berufsschadens war, so dass die Witwenrente wegen Schadens im beruflichen Fortkommen gemäß § 141d Absatz 4 in Verbindung mit § 141k BEG um 75 % auf 117,75 (gerundet 118) Deutsche Mark von dem Bayerischen Landesentschädigungsamt zu kürzen war.[142] Die Rente wegen Schadens im beruflichen Fortkommen passte das Bayerische Landesentschädigungsamt ebenfalls in den folgenden Jahren immer wieder an die gesetzlichen Änderungen an. Die

---

134 LAfF, EG 18548, Ärztlicher Dienst des Bayerischen Landesentschädigungsamts, ärztliche Stellungnahme vom 15.11.1965.

135 LAfF, EG 18548, Bayerisches Landesentschädigungsamt, Bescheid vom 12.1.1966.

136 LAfF, EG 18548, Bayerisches Landesentschädigungsamt, Mitteilungen vom 16.8.1970, vom 20.8.1974 und vom 19.10.1976.

137 LAfF, EG 18548, Bayerisches Landesentschädigungsamt, Bescheid vom 12.1.1966.

138 LAfF, EG 18548, Bayerisches Landesentschädigungsamt, Bescheid vom 13.1.1966.

139 Siehe zu der Kürzung der Witwenrente auf 60 % der dem Verfolgten zustehenden Rente die Ausführungen bei Adler unter C. I. 4. a. ee.

140 LAfF, EG 18548, Bayerisches Landesentschädigungsamt, Bescheid vom 13.1.1966, S. 3 f.

141 Siehe oben C. XV. 4. d. cc.

142 LAfF, EG 18548, Bayerisches Landesentschädigungsamt, Bescheid vom 13.1.1966, S. 3 f.

Rente betrug so zum 1. Januar 1970 179 Deutsche Mark, zum 1. Januar 1975 253 Deutsche Mark und beim Tod von Strauß' Ehefrau zuletzt 263 Deutsche Mark.[143]

d. Gesamtentschädigung für den Schaden im beruflichen Fortkommen, den Schaden an Körper und Gesundheit sowie den Schaden am Leben

Insgesamt sprach das Bayerische Landesentschädigungsamt dem Ehepaar Strauß für den Schaden im beruflichen Fortkommen, den Schaden an Körper und Gesundheit sowie den Schaden am Leben von Strauß Kapitalentschädigungen und Rentenzahlungen von 330.057,34 Deutsche Mark (davon 78.395 Deutsche Mark für den Schaden im beruflichen Fortkommen, 110.466,34 Deutsche Mark für den Schaden an Körper und Gesundheit und 141.196 Deutsche Mark für den Schaden am Leben) zu.[144]

e. Goodwillschaden

aa. Antragstellung und Begründung

Am 8. Mai 1956 stellte Strauß beim Bayerischen Landesentschädigungsamt einen Antrag auf Entschädigung seines Schadens im wirtschaftlichen Fortkommen aufgrund des Verlusts seiner Rechtsanwaltskanzlei (§§ 1 Absatz 1, 23 Bundesergänzungsgesetz).[145] Nach umfangreichen juristischen Ausführungen berechnete Strauß einen Schaden in Höhe von 250.000 Deutsche Mark.[146]

Bei der Herleitung des Goodwillschadens stellte Strauß vor allem auf die Zeit nach der fiktiven Aufgabe seiner Arbeitstätigkeit ab. Er sah den Schaden darin, dass er sich nach Vollendung seines 70. Lebensjahres aus der Kanzlei zurückgezogen hätte und anschließend von einem Käufer fünf Jahre lang mindestens 50 %, weitere fünf Jahre lang 25 % und schließlich weitere zehn Jahre lang (mithin bis zu seinem 90. Lebensjahr) 12 % seines bisherigen Kanzleieinkommens als Ausgleichszahlung

---

143 LAfF, EG 18548, Bayerisches Landesentschädigungsamt, Mitteilungen an Eugen und Irma Strauß vom 16.8.1970, vom 20.8.1975 und vom 19.10.1976.

144 LAfF, EG 18548, Vergleich zwischen Eugen Strauß und dem Freistaat Bayern vom 13.5.1959; LAfF, EG 18548, Bayerisches Landesentschädigungsamt, Rentenänderungsbescheide vom 17.11.1961, vom 22.1.1963 und vom 27.9.1963 (zwei Bescheide); LAfF, EG 18548, Mitteilungen vom 29.1.1965, vom 2.2.1965, vom 16.12.1969, vom 16.8.1970, vom 31.1.1970, vom 16.8.1970 (zwei Bescheide), vom 30.9.1970, vom 30.12.1971, vom 29.12.1972, vom 17.7.1973, vom 1.9.1973, vom 20.8.1974 (zwei Bescheide), vom 20.8.1975 (zwei Bescheide) und vom 19.10.1976 (zwei Bescheide); LAfF, EG 18548, Bayerisches Landesentschädigungsamt, Änderungsbescheide vom 1.9.1966 und vom 29.8.1966; LAfF, EG 18548, Bayerisches Landesentschädigungsamt, Bescheide vom 31.1.1956 und vom 13.1.1966; LAfF, EG 18548, Bayerisches Landesentschädigungsamt, Aktenvermerk vom 21.1.1963.

145 LAfF, EG 18548, Eugen Strauß, Antrag an das Bayerische Landesentschädigungsamt vom 08.5.1956.

146 LAfF, EG 18548, Eugen Strauß, Antrag an das Bayerische Landesentschädigungsamt vom 8.5.1956, S. 9.

erhalten hätte.[147] Er nahm auch insofern – wie bei der Herleitung seines Schadens im beruflichen Fortkommen – Bezug auf ein Einkommen in Höhe von mindestens 50.000 Reichsmark pro Jahr. Somit errechnete sich nach Ansicht von Strauß ein Schaden in Höhe von 250.000 Reichsmark[148], wobei Strauß ohne Begründung eine Umstellung im Verhältnis 1 : 1 auf Deutsche Mark vornahm.[149] Aufgrund der Höchstgrenze von 75.000 Deutsche Mark (§ 24 Absatz 1 BEG[150]) beantragte Strauß die Entschädigung nur in dieser Höhe.[151] Strauß erläuterte außerdem gegenüber dem Bayerischen Landesentschädigungsamt, dass er zum Zeitpunkt des Verlusts seiner Kanzlei einziger Partner der Kanzlei war, da Adler bereits 1936 ausgewandert war, sodass er die Entschädigung auch nur alleine und nicht gemeinschaftlich mit Adler geltend machte.[152]

bb. Bearbeitung des Antrags durch das Bayerische Landesentschädigungsamt

Die Angelegenheit war für das Bayerische Landesentschädigungsamt offensichtlich eine der ersten Entschädigungen für eine Rechtsanwaltskanzlei in Bayern, sodass der Sachbearbeiter beim zuständigen Regierungsrat in der internen Rechtsstelle des Bayerischen Landesentschädigungsamts und auf dessen Rat bei der Finanzmittelstelle Bayern nach der konkreten Behandlung des Falles und der künftigen allgemeinen Handhabung vergleichbarer Fälle fragte.[153]

Die Finanzmittelstelle empfahl, bei den Rechtsanwaltskammern München und Nürnberg eine Stellungnahme über die Ermittlung der Verkaufspreise von Kanzleien vor 1940 anzufordern.[154] Die Rechtsanwaltskammer München sah sich jedoch außerstande, eine solche Stellungnahme abzugeben, weil eine solche Einschätzung sehr von den individuellen Gegebenheiten abhängig gewesen sei.[155] Die Rechtsanwaltskammer Nürnberg reagierte überhaupt nicht.

---

147 LAfF, EG 18548, Eugen Strauß, Antrag an das Bayerische Landesentschädigungsamt vom 8.5.1956, S. 9.

148 50.000 Reichsmark × 50 % × 5 Jahre + 50.000 Reichsmark × 25 % × 5 Jahre + 50.000 Reichsmark × 12,5 % × 10 Jahre.

149 LAfF, EG 18548, Eugen Strauß, Antrag an das Bayerische Landesentschädigungsamt vom 8.5.1956, S. 9.

150 Das BEG lag zum Zeitpunkt der Antragstellung bereits im Entwurf vor.

151 LAfF, EG 18548, Eugen Strauß, Antrag an das Bayerische Landesentschädigungsamt vom 8.5.1956, S. 10; LAfF, EG 18548, Eugen Strauß, Schreiben an das Bayerische Landesentschädigungsamt vom 15,6,1957, S. 2.

152 LAfF, EG 18548, Eugen Strauß, Schreiben an das Bayerische Landesentschädigungsamt vom 15,6,1957, S. 1.

153 LAfF, EG 18548, Bayerisches Landesentschädigungsamt, Schreiben an die Rechtsstelle des Bayerischen Landesentschädigungsamts vom 2.5.1957; LAfF, EG 18548, Bayerisches Landesentschädigungsamt, Schreiben an die Finanzmittelstelle München vom 16.5.1957.

154 LAfF, EG 18548, Finanzmittelstelle München des Landes Bayern, Schreiben an das Bayerische Landesentschädigungsamt vom 14.6.1957.

155 LAfF, EG 18548, Rechtsanwaltskammer München, Schreiben an das Bayerische Landesentschädigungsamt vom 9.7.1957.

Strauß schloss mit dem durch das Bayerische Landesentschädigungsamt vertretenen Freistaat Bayern einen Vergleich, in dem sich der Freistaat Bayern zur Zahlung einer Entschädigung wegen Schadens im wirtschaftlichen Fortkommen in Höhe von 41.000 Deutsche Mark für den Goodwill an der Kanzlei von Strauß verpflichtete (§§ 3, 1 Absatz 1, 56 Absatz 1 BEG).[156] Eine Herleitung der Schadenshöhe enthält der Vergleich nicht. Am 29. Juli 1957 zahlte das Bayerische Landesentschädigungsamt die Entschädigung an Strauß aus.[157]

f. Schaden an Versicherungen außerhalb der Sozialversicherung

Strauß stellte am 12. November 1957 gemäß §§ 127, 128 Absatz 3 BEG einen Antrag beim Bayerischen Landesentschädigungsamt auf Entschädigung für einen Schaden an einer Versicherung außerhalb der Sozialversicherung in Form des verfolgungsbedingten vorzeitigen Rückkaufs von Lebensversicherungspolicen zum 1. Januar 1939 und der Überweisung der Rückkaufpreise auf ein Sperrkonto, über das Strauß nie selbst verfügen konnte.[158] Strauß machte Beträge in Höhe von 1.382,50 Deutsche Mark (inklusive Altsparerentschädigung) für die Todesfallversicherung und 2.148 Deutsche Mark für die Lebensversicherung geltend.[159] Mit Bescheid vom 5. Mai 1958 sprach das Bayerische Landesentschädigungsamt Strauß gemäß §§ 3, 1 Absatz 1, 127 Absatz 1 BEG eine Kapitalentschädigung für den Schaden an einer Versicherung außerhalb der Sozialversicherung in Höhe von 798,55 Deutsche Mark zu.[160] Der Betrag der Kapitalentschädigung ergab sich für das Bayerische Landesentschädigungsamt anhand einer Aufstellung der Versicherungsgesellschaft vom 15. Oktober 1957, die Strauß‘ Schaden gemäß § 128 Absatz 1 Satz 1 BEG[161] mit 798,55 Deutsche Mark bezifferte.[162] Das Bayerische Landesentschädigungsamt zahlte die Kapitalentschädigung am 14. Mai 1958 an Strauß aus.[163]

g. Schaden durch Verlust der Liftvans

aa. Anmeldung zum Zentralmeldeamt

Strauß hatte am 21. Dezember 1948 den Verlust dreier Liftvans, deren Inhalt das Finanzamt Nürnberg aufgrund von Vermögensverfall beschlagnahmt und verstei-

---

[156] LAfF, EG 18548, Vergleich zwischen Eugen Strauß und dem Freistaat Bayern vom 26.7.1957.

[157] LAfF, EG 18548, Bayerisches Landesentschädigungsamt, Auszahlungsanordnung vom 29.7.1957 auf dem Vergleich vom 26.7.1957, S. 2.

[158] LAfF, EG 18548, Eugen Strauß, Schreiben an das Bayerische Landesentschädigungsamt vom 8.11.1957, S. 1.

[159] LAfF, EG 18548, Eugen Strauß, Schreiben an das Bayerische Landesentschädigungsamt vom 8.11.1957, S. 3.

[160] LAfF, EG 18548, Bayerisches Landesentschädigungsamt, Bescheid vom 5.5.1958.

[161] Siehe zur Berechnung die Ausführungen bei Auerbach unter C. II. 4. e.

[162] LAfF, EG 18548, Bayerisches Landesentschädigungsamt, Bescheid vom 5.5.1958, S. 3.

[163] LAfF, EG 18548, Bayerisches Landesentschädigungsamt, Auszahlungsanordnung vom 14.5.1958 auf dem Bescheid vom 5.5.1958, S. 2.

gert hatte, am 21. Dezember 1948 beim Zentralmeldeamt Bad Nauheim angemeldet.[164] Vor der Wiedergutmachungsbehörde III für Mittel- und Oberfranken kam zwischen Strauß und dem Deutschen Reich, vertreten durch die Oberfinanzdirektion Nürnberg – die zuständig war, weil Strauß geltend gemacht hatte, dass die Geheime Staatspolizei die Liftvans in Nürnberg versteigert hatte –, keine gütliche Einigung zustande, sodass die Wiedergutmachungsbehörde III für Mittel- und Oberfranken die Angelegenheit am 8. Juni 1953 an die Wiedergutmachungskammer des Landgerichts Nürnberg-Fürth weiterverwies.[165]

bb. Schaden dem Grunde nach

Im Gerichtsverfahren bestritt das Deutsche Reich sowohl den Entziehungsvorgang – insbesondere dass die Geheime Staatspolizei die Liftvans in Nürnberg versteigert hätten – als auch die Höhe des geltend gemachten Schadens.[166] Dem ersten Teil der Argumentation lag zugrunde, dass das Deutsche Reich nicht zum Schadensersatz gemäß Artikel 2 MRG 59 verpflichtete gewesen wäre, wenn ein zufälliges Ereignis – wie Kriegseinwirkungen – und nicht die rassische Verfolgung für den Verlust der Liftvans ursächlich gewesen wäre. Die Oberfinanzdirektion Nürnberg, welche das Deutsche Reich vertrat, hielt es für wahrscheinlicher, dass ein Bombenangriff die Liftvans zerstört habe, wofür spreche, dass es keine Versteigerungsunterlagen gebe.[167] Das Landgericht folgte dieser Argumentation nicht und führte aus, dass die Tatsache, dass es keine Versteigerungsunterlagen gebe, nicht geeignet sei zu beweisen, dass Kriegsereignisse die Liftvans zerstört hätten, weil gerichtsbekannt sei, dass die Dokumente über die Verwertung des Umzugsgutes von Juden größtenteils nicht mehr vorhanden seien.[168] Darüber hinaus führte das Gericht aus, dass die Alliierten die Bombenangriffe vor allem Ende 1944 und Anfang 1945 geflogen seien, als die Verwertung der jüdischen Vermögen jedoch bereits weitestgehend abgeschlossen gewesen sei.[169] Schließlich würden sich Strauß' Ausführungen mit den Zeugenaussagen des Prokuristen des Spediteurs, der den Transport der Liftvans organisiert hatte, decken, was ebenfalls für eine Versteigerung in Nürnberg spreche.[170] Nach Ansicht des Landgerichts Nürnberg-Fürth lag somit kein zufälliger Untergang der Liftvans vor, sondern ein Entzug durch das Deutsche Reich in Form der Beschlagnahmung aufgrund des Vermögensverfalls (Artikel 2 Nr. 3 in Verbindung mit Artikel 2 Nr. 1 b) und a) MRG 59).[171]

---

164 LAfF, EG 18548, LG Nürnberg-Fürth, Beschluss vom 1.3.1955, S. 2.
165 LAfF, EG 18548, LG Nürnberg-Fürth, Beschluss vom 1.3.1955, S. 2.
166 LAfF, EG 18548, LG Nürnberg-Fürth, Beschluss vom 1.3.1955, S. 3.
167 LAfF, EG 18548, LG Nürnberg-Fürth, Beschluss vom 1.3.1955, S. 3.
168 LAfF, EG 18548, LG Nürnberg-Fürth, Beschluss vom 1.3.1955, S. 6.
169 LAfF, EG 18548, LG Nürnberg-Fürth, Beschluss vom 1.3.1955, S. 5 f.
170 LAfF, EG 18548, LG Nürnberg-Fürth, Beschluss vom 1.3.1955, S. 5.
171 LAfF, EG 18548, LG Nürnberg-Fürth, Beschluss vom 1.3.1955, S. 5 f.

cc. Schaden der Höhe nach

Die Berechnung der konkreten Schadenshöhe gestaltete sich für das Gericht schwieriger. Gemäß § 249 BGB war der Wiederbeschaffungswert zu ersetzen.[172] Doch diesen zu ermitteln, bereitete einige Probleme. Zum einen stützte sich das Gericht bei der Ermittlung des Wiederbeschaffungswerts auf – teilweise sehr weit voneinander abweichende – Gutachten, zum anderen auf die eigene Schätzung des Gerichts, aber auch auf die Angaben von Strauß selbst.[173] Zur allgemeinen Glaubwürdigkeit von Strauß' Angaben führte das Gericht Folgendes aus: *„Dem Gericht genügen jedoch insoweit die Angaben des Antragstellers, der sowohl durch sein persönliches Auftreten vor Gericht als auch durch die Art seiner Prozessführung keinen Zweifel daran aufkommen ließ, dass er ehrlich bestrebt ist, das Gericht mit der Wahrheit zu bedienen.*"[174]

Auf der anderen Seite übernahm das Gericht auch nicht Strauß' gesamtes Klagevorbringen, weil dieser das Preisniveau in Deutschland, auf das es für die Bestimmung des Wiederbeschaffungswerts ankam, teilweise falsch eingeschätzt hatte.[175] Das Gericht kam in seiner insgesamt 24-seitigen Urteilsbegründung auf einen Gesamtbetrag in Höhe von 31.005 Deutsche Mark, wovon 8.280 Deutsche Mark auf die Bibliothek und 22.725 Deutsche Mark auf das Mobiliar entfielen, sowie Zinsen auf den oben genannten Betrag in Höhe von 4 % seit dem Tag der Entscheidung (Artikel 2 Ziffer 3 in Verbindung mit 2 Ziffer 1 b) und a), 30 MRG 59, 823 Absatz 1 BGB).[176] Hinsichtlich der von Strauß eingeklagten 37.000 Deutsche Mark obsiegte Strauß somit nicht vollständig und musste ein Drittel der Gerichtskosten selbst tragen.[177]

h. Schaden durch die Entrichtung von Reichsfluchtsteuer, Exportförderabgabe sowie Auswanderungs- und Transportkosten

Strauß beantragte am 18. März 1950 beim Bayerischen Landesentschädigungsamt (vormals Bayerisches Landesamt für Wiedergutmachung)[178] gemäß §§ 17, 18, 19 und 20 USEG[179], eine Entschädigung für die von ihm bezahlten Sonderabgaben sowie für die Kosten, welche ihm durch die Auswanderung für Flug und Transport des Gepäcks des Ehepaars Strauß nach England entstanden waren.[180] Das Bayerische Landesentschädigungsamt ersetzte die von Strauß nachweislich gezahlte Reichsfluchtsteuer[181] in Höhe von 12.530 Reichsmark gemäß §§ 1 Absatz 1, 21

---

172 LAfF, EG 18548, LG Nürnberg-Fürth, Beschluss vom 1.3.1955, S. 7.

173 LAfF, EG 18548, LG Nürnberg-Fürth, Beschluss vom 1.3.1955, S. 7 f.

174 LAfF, EG 18548, LG Nürnberg-Fürth, Beschluss vom 1.3.1955, S. 7.

175 LAfF, EG 18548, LG Nürnberg-Fürth, Beschluss vom 1.3.1955, S. 18.

176 LAfF, EG 18548, LG Nürnberg-Fürth, Beschluss vom 1.3.1955, S. 23.

177 LAfF, EG 18548, LG Nürnberg-Fürth, Beschluss vom 1.3.1955, S. 23 f.

178 Siehe oben C. I. 4. a.

179 Siehe oben C. I. 4. a. aa., dass es gemäß § 231 BEG nach dem Inkrafttreten des BEG keiner neuen Antragstellung bedurfte.

180 LAfF, EG 18548, Eugen Strauß, Antrag (Formblatt D) an das Bayerische Landesamt für Wiedergutmachung vom 18.3.1950.

181 Siehe Abbildungen 9 und 10.

Absatz 5, § 6 Bundesergänzungsgesetz, was im Verhältnis 10 : 2 einen Entschädigungsbetrag in Höhe von 2.506 Deutsche Mark ergab.[182] Außerdem sprach das Bayerische Landesentschädigungsamt Strauß für die ebenfalls nachgewiesene Exportförderungsabgabe[183] eine Entschädigung in Höhe von 710,40 Deutsche Mark (3.552 Reichsmark) gemäß §§ 1 Absatz 1, 21 Absatz 1, 6 Bundesergänzungsgesetz zu.[184] Das Bayerische Landesentschädigungsamt ersetzte Strauß darüber hinaus gemäß §§ 1 Absatz 1, 23 Absatz 1, 6 Bundesergänzungsgesetz die von Strauß nachgewiesenen Kosten für den Transport des Umzugsgutes des Ehepaars Strauß von Augsburg nach London und die ohne Nachweis geltend gemachten, vom Gericht geschätzten (§§ 97 Bundesergänzungsgesetz, 287 Absatz 1 Zivilprozessordnung) Flugkosten aus dem Deutschen Reich nach England in Höhe von insgesamt 1.338,92 Deutsche Mark (6.694,61 Reichsmark).[185] Das Bayerische Landesentschädigungsamt zahlte am 10. Dezember 1955 an Strauß eine Kapitalentschädigung in Höhe von 4.555,32 (2.506 + 710,4 + 1.338,92) aus.[186]

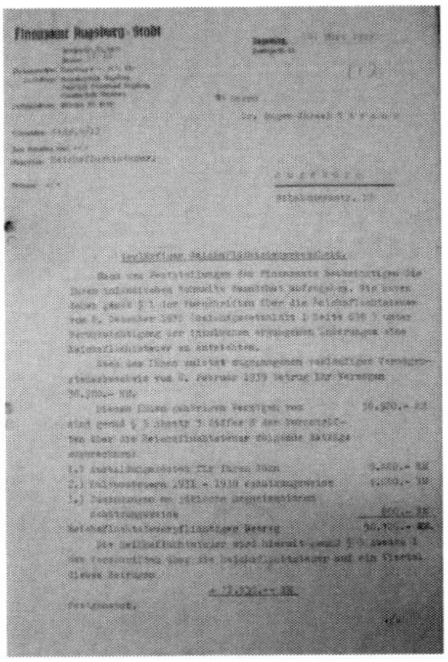

Abbildung 9: Bescheid über Reichsfluchtsteuer an Dr. Eugen Strauß, S. 1[187]

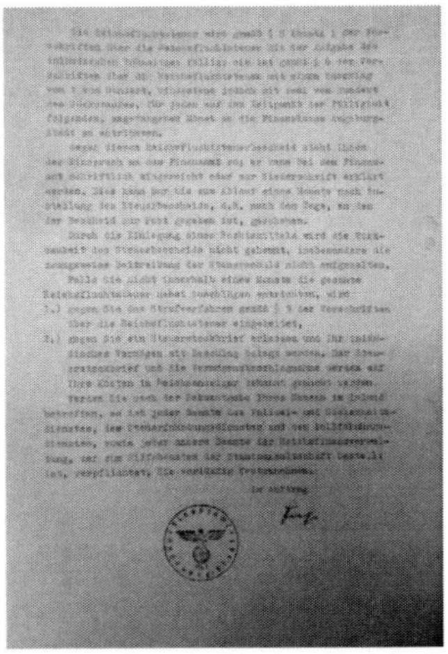

Abbildung 10: Bescheid über Reichsfluchtsteuer an Dr. Eugen Strauß, S. 2[188]

182 LAfF, EG 18548, Bayerisches Landesentschädigungsamt, Bescheid vom 10.11.1955, S. 1, 3; LAfF, EG 18548, Rhein-Main-Bank, Schreiben an Eugen Strauß vom 11.9.1954.

183 Siehe Abbildung 11.

184 LAfF, EG 18548, Bayerisches Landesentschädigungsamt, Bescheid vom 10.11.1955, S. 1, 3; LAfF, EG 18548, Rhein-Main-Bank, Schreiben an Eugen Strauß vom 11.9.1954.

185 LAfF, EG 18548, Bayerisches Landesentschädigungsamt, Bescheid vom 10.11.1955, S. 1, 3; LAfF, EG 18548, Brasch & Rothenstein, Rechnungen an Eugen Strauß vom 6.2.1939, vom 20.3.1939 und vom 5.5.1939; LAfF, EG 18548, British Commercial Transport, Rechnungen an Eugen Strauß vom 10.4.1939 und vom 23.8.1939.

186 LAfF, EG 18548, Bayerisches Landesentschädigungsamt, Auszahlungsanordnungen vom 10.12.1955.

187 LAfF, EG 18548, Finanzamt Augsburg Stadt, Bescheid über Reichsfluchtsteuer vom 18.3.1939, S. 1.

188 LAfF, EG 18548, Finanzamt Augsburg Stadt, Bescheid über Reichsfluchtsteuer vom 18.3.1939, S. 2.

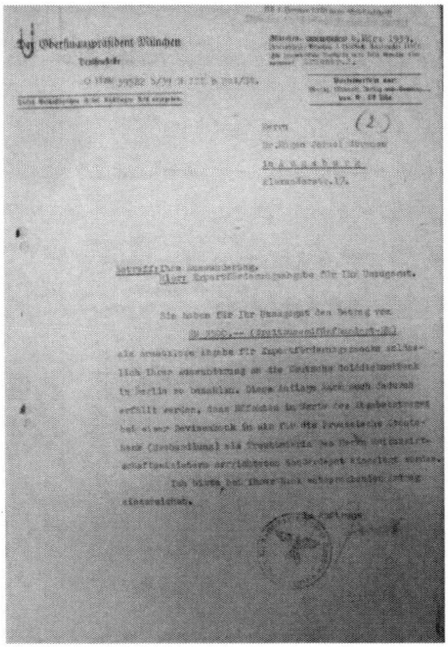

Abbildung 11: Bescheid über Exportförderagabe an Dr. Eugen Strauß[189]

i. Rückerstattung eines Persischen Teppichs

Strauß meldete am 21. Dezember 1948 die Rückerstattung eines wertvollen Persischen Teppichs mit den Maßen 3,5 Meter auf 6 Meter gemäß Artikel 55 Absatz 1 MRG 59 zum Zentralmeldeamt Bad Nauheim an.[190] Diesen Teppich, den er nicht ins Exil nach England hatte mitnehmen dürfen, weil es sich dabei um deutsches Kulturgut gehandelt habe, hatte Strauß für 1.350 Reichsmark, seiner Meinung nach unter Wert, an ein Ehepaar verkauft.[191] Strauß focht den Kaufvertrag an (Artikel 4 Absatz 1, 3 Absatz 1 (b) MRG 59) und verlangte von dem damaligen Käuferehepaar die Herausgabe des Teppichs (Artikel 1 Absatz 1 MRG 59) Zug um Zug gegen Rückzahlung des Kaufpreises (Artikel 44 Absatz 1 MRG 59) an die Käufer – umgerechnet in Deutsche Mark im Verhältnis 10 : 1, mithin in Höhe von 135 Deutsche Mark – zuzüglich der notwendigen Versendungskosten für den Teppich von Deutschland nach England, welche Strauß zu erstatten bereit war.[192] Das Käuferehepaar gab gegenüber der Wiedergutmachungsbehörde für Schwaben an, dass es den Teppich seinerzeit gekauft habe, um der Familie Strauß zu helfen, mit der es

[189] LAfF, EG 18548, Oberfinanzpräsident München, Bescheid über Exportförderabgabe vom 4.3.1939.

[190] StA Augsburg, V 107867 – a 31104/956, Eugen Strauß, Anmeldung beim Zentralmeldeamt Bad Nauheim vom 21.12.1948.

[191] StA Augsburg, V 107867 – a 31104/956, Eugen Strauß, Anmeldung beim Zentralmeldeamt Bad Nauheim vom 21.12.1948; StA Augsburg, V 107867 – a 31104/956, Otto Kolb, Schreiben an die Wiedergutmachungsbehörde für Schwaben vom 8.7.1949.

[192] StA Augsburg, V 107867 – a 31104/956, Eugen Strauß, Anmeldung beim Zentralmeldeamt Bad Nauheim vom 21.12.1948; StA Augsburg, V 107867 – a 31104/956, Otto Kolb, Schreiben an die Wiedergutmachungsbehörde für Schwaben vom 8.7.1949.

befreundet gewesen sei.[193] Aus diesem Grund habe es den Kaufpreis – entgegen den damaligen Gesetzen – in bar an Strauß gezahlt.[194] Die Käufer signalisierten zwar Vergleichsbereitschaft, jedoch wollten sie den Teppich nur gegen einen von Strauß an sie zu zahlenden Betrag in Höhe von 1.350 Deutsche Mark zuzüglich 200 bis 300 Deutsche Mark Naturalkosten für die Anstrengungen, die notwendig gewesen seien, um den Teppich trotz zweier Ausbombungen zu retten, herausgeben.[195]

Die Parteien einigten sich außergerichtlich auf die Zahlung von 600 Deutsche Mark durch Strauß an die damaligen Käufer Zug um Zug gegen Rücksendung des Teppichs.[196]

j. Rückerstattung der Gesellschaftsanteile an der Lesjak-Gesellschaft

Strauß meldete am 21. Dezember 1948 gemäß Artikel 55 Absatz 1 MRG 59 seinen Ausschluss als Gesellschafter der Lesjak-Gesellschaft[197] bürgerlichen Rechts zum Zentralmeldeamt Bad Nauheim an.[198] Lesjak und Kehr einigten sich mit Strauß in einem außergerichtlichen Vergleich, der 1950 durch die Protokollierung vor der Wiedergutmachungsbehörde I für Schwaben wirksam wurde.[199] Der Vergleich sah Strauß' Wiedereinsetzung in die Gesellschaft und den Gesellschaftsvertrag mit Rückwirkung zum Zeitpunkt des Austritts sowie die Klarstellung vor, dass er auch wieder zur Vertretung der Gesellschaft berechtigt war (Artikel 22 MRG 59).[200] Darüber hinaus verpflichteten sich die beiden Mitgesellschafter zur Abgeltung des Strauß während seiner Verdrängung aus der Gesellschafterstellung zugestandenen Gewinnausschüttungsanspruches zur Zahlung von insgesamt 10.000 Deutsche Mark an Strauß.[201] Mit dem Vergleich waren sämtliche Ansprüche von Strauß aufgrund der Verdrängung aus seiner Gesellschafterstellung der Lesjak-Gesellschaft nach dem MRG 59 abgegolten.[202]

---

[193] StA Augsburg, V 107867 – a 31104/956, Otto Kolb, Schreiben an die Wiedergutmachungsbehörde für Schwaben vom 8.7.1949.

[194] StA Augsburg, V 107867 – a 31104/956, Otto Kolb, Schreiben an die Wiedergutmachungsbehörde für Schwaben vom 8.7.1949.

[195] StA Augsburg, V 107867 – a 31104/956, Eugen Strauß, Anmeldung beim Zentralmeldeamt Bad Nauheim vom 21.12.1948; StA Augsburg, V 107867 – a 31104/956, Otto Kolb, Schreiben an die Wiedergutmachungsbehörde für Schwaben vom 8.7.1949.

[196] StA Augsburg, V 107867 – a 31104/956, Otto Kolb, Schreiben an die Wiedergutmachungsbehörde für Schwaben vom 7.10.1949; StA Augsburg, V 107867 – a 31104/956, Wiedergutmachungsbehörde für Schwaben, Niederschrift vom 25.10.1949.

[197] Siehe hierzu ausführlich oben C. XV. 3. a. aa.

[198] StA Augsburg, V 107866 – a 31105/957, Eugen Strauß, Schreiben an das Zentralmeldeamt Bad Nauheim vom 21.12.1948.

[199] StA Augsburg, V 107866 – a 31105/957, Wiedergutmachungsbehörde für Schwaben, Niederschrift vom 17.3.1950.

[200] StA Augsburg, V 107866 – a 31105/957, Wiedergutmachungsbehörde für Schwaben, Niederschrift vom 17.3.1950.

[201] StA Augsburg, V 107866 – a 31105/957, Wiedergutmachungsbehörde für Schwaben, Niederschrift vom 17.3.1950.

[202] StA Augsburg, V 107866 – a 31105/957, Wiedergutmachungsbehörde für Schwaben, Niederschrift vom 17.3.1950.

k. Rückerstattung von Schmuck und Edelmetallen

Mit seiner Anmeldung vom 21. Dezember 1948 beim Zentralmeldeamt Bad Nauheim (Artikel 55 Absatz 1 MRG 59) machte Strauß auch Ansprüche auf Rückerstattung mehrerer Gold- und Silberwertgegenstände gegen das Deutsche Reich und die Stadt Augsburg geltend (Artikel 1 Absatz 1, 2 Absatz 1 MRG 59), die er am 6. April 1939 beim Städtischen Leihamt Augsburg habe abliefern müssen.[203] Die Gegenstände ergaben sich aus einer Bestätigung des Städtischen Leihamts Augsburg vom 6. April 1939.[204] Nachdem sich vor der Wiedergutmachungsbehörde für Schwaben keine vergleichsweise Regelung ergab, verwies die Wiedergutmachungsbehörde das Verfahren an das Landgericht München I.[205] Vor dem Landgericht München I einigte sich Strauß mit dem Deutschen Reich vertreten durch die Oberfinanzdirektion München hinsichtlich der Entschädigung eines Teils der entzogenen Wertgegenstände auf Zahlung von 3.135 Deutsche Mark.[206] Bezüglich der restlichen entzogenen Wertgegenstände erging ein Beschluss des Landgerichts Augsburg, nach welchem das Deutsche Reich Strauß zusätzlich 13.500 Deutsche Mark Schadensersatz zu bezahlen hatte.[207]

l. Gesamtentschädigung

Insgesamt erhielt Strauß und nach seinem Tod seine Ehefrau von dem Bayerischen Landesentschädigungsamt und der Oberfinanzdirektion München 330.057,34 Deutsche Mark als Renten und 93.993,87 Deutsche Mark als Kapitalentschädigungen ausbezahlt.

---

[203] StA Augsburg, V WKV 201/50, Wi 116 145/54; Va 973 I WKV 7/57, Eugen Strauß, Anmeldung beim Zentralmeldeamt Bad Nauheim vom 21.12.1948.

[204] StA Augsburg, V WKV 201/50, Wi 116 145/54; Va 973 I WKV 7/57, Städtisches Leihamt Augsburg, Bestätigung vom 6.4.1939.

[205] StA Augsburg, V WKV 201/50, Wi 116 145/54; Va 973 I WKV 7/57, Wiedergutmachungsbehörde Schwaben Beschluss vom 29.12.1950.

[206] StA Augsburg, V WKV 201/50, Wi 116 145/54; Va 973 I WKV 7/57, LG Augsburg, Vergleich zwischen Eugen Strauß und dem Deutschen Reich vom 25.9.1952; LAfF, EG 18548, OFD München, Schreiben an das Bayerische Landesentschädigungsamt vom 16.5.1956.

[207] StA Augsburg, V WKV 201/50, Wi 116 145/54; Va 973 I WKV 7/57, LG Augsburg, Beschluss vom 3.2.1954; LAfF, EG 18548, OFD München, Schreiben an das Bayerische Landesentschädigungsamt vom 16.5.1956.

XVI. Dr. iur. Arthur Teutsch (21. Juni 1876 bis 21. Mai 1943)

1. Leben vor der Verfolgung

a. Geburt und Studium

Arthur Teutsch war am 21. Juni 1875 in Venningen (heute Rheinland-Pfalz) als Sohn eines Landwirtes geboren.[1]

Teutsch absolvierte 1901 das Referendar- und 1904 das Assessorexamen.[2] 1903 promovierte er an der Universität Erlangen.[3]

b. Rechtsanwaltszulassung und beruflicher Werdegang

Seine berufliche Laufbahn begann Teutsch als Rechtsanwalt am Amtsgericht Sankt Ingbert, wo er von Januar bis August 1905 blieb, bis er im November 1905 in den Landgerichtsbezirk Kempten und im September 1906 zu dem Landgericht Augsburg wechselte.[4] In Augsburg war Teutsch bis zur Rückgabe seiner Zulassung Rechtsanwalt und erhielt 1927 den Titel eines Justizrats.[5]

c. Fronteinsatz während des Ersten Weltkrieges

Teutsch kämpfte im Ersten Weltkrieg für das Deutsche Reich an der Front, wo er in den ersten Wochen des Krieges durch eine Verletzung ein Bein verlor.[6] Nach der Verletzung war Teutsch bis zum 28. Februar 1918 bei der Garnisionsverwaltung in Landsberg am Lech als Beamtenstellvertreter und vom 1. März 1918 bis zum 31. Dezember 1918 als Hilfsinspektor tätig.[7] Teutsch erhielt für seinen Einsatz im Ersten Weltkrieg das König-Ludwig-Kreuz und das Ehrenkreuz für Kriegsteilnehmer.[8]

Sein Enkel beschreibt Teutsch als einen *„getreuen Deutschen"*.[9]

---

1 BayHStA, MJU 22102, Arthur Teutsch, Erhebungsbogen, undatiert; Stadtarchiv Augsburg, MK 2, Arthur Teutsch.

2 BayHStA, MJU 22102, Arthur Teutsch, Erhebungsbogen, undatiert.

3 Weber, Das Schicksal der jüdischen Rechtsanwälte in Bayern nach 1933, S. 263.

4 BayHStA, MJU 22102, Arthur Teutsch, Erhebungsbogen; BayHStA, MJU 22102, Präsident des königlichen LG Kempten, Schreiben an das königliche Bayerische Staatsministerium der Justiz in München vom 7.11.1905; BayHStA, MJU 22102, Präsident des königlichen LG Augsburg, Schreiben an das königliche Bayerische Staatsministerium der Justiz in München vom 25.9.1906.

5 BayHStA, MJU 22102, Regierung des Freistaates Bayern, Bekanntmachung vom 22.12.1927; LAfF, EG 78969, Kanzlei Fraunholz, Schreiben an das Bayerische Landesentschädigungsamt vom 19.6.1957, S. 6.

6 Anhang, Pete Schwager, E-Mail an Florian Schwinger vom 21.7.2015.

7 BayHStA, MJU 22102, Arthur Teutsch, Erhebungsbogen, undatiert; Anhang, Pete Schwager, E-Mail an Florian Schwinger vom 21.7.2015.

8 BayHStA, MJU 22102, Arthur Teutsch, Erhebungsbogen, undatiert.

9 Anhang, Pete Schwager, E-Mail an Florian Schwinger vom 21.7.2015.

d. Privatleben

Teutsch heiratete am 7. Dezember 1908 in Erlangen Clara Teutsch..[10] Das Ehepaar hatte drei Kinder, welche 1909, 1912 und 1919 geboren waren.[11] Teutschs Enkel beschreibt Teutsch privat als ein netten und liebevollen Vater und Opa, der mit seinem Enkel viele Späße machte.[12]

Vom 1. April 1941 an war Teutsch mit seiner Familie in der Hallstraße 14 in Augsburg als wohnhaft gemeldet.[13] Zuvor war die Familie in der Bahnhofstraße 18 1/3 in Augsburg gemeldet gewesen, wobei es sich offenbar nur um die behördliche Anmeldung handelte; ihren Wohnsitz hatte sie auch zu dieser Zeit bereits in der Hallstraße 14.[14] Das Anwesen in der Hallstraße 14 zerstörten die Alliierten bei einer der Bombardierungen Augsburgs im Februar 1944.[15]

2. Leben während der Verfolgung

a. Kein Entzug der Rechtsanwaltszulassung 1933 aufgrund von § 1 Absatz 2 des Rechtsanwaltszulassungsgesetzes

1933 erfüllte Teutsch als Frontkämpfer und als Altanwalt beide Ausnahmetatbestände des § 1 Absatz 2 des Rechtsanwaltszulassungsgesetzes [16] und durfte seine Rechtsanwaltszulassung über 1933 hinaus behalten.

b. Rückgabe der Rechtsanwaltszulassung 1938

Wie sich die „Machtergreifung" wirtschaftlich für Teutsch auswirkte, ergibt sich aus den Akten nicht. Überliefert ist nur, dass er mit Schreiben vom 12. Juli 1938 der Rechtsanwaltskammer Augsburg mitteilte, dass er zum 31. Juli 1938[17] seine Rechtsanwaltszulassung zurückgebe.[18] Zum Zeitpunkt der Rückgabe der Zulassung führte

---

[10] LAfF, EG 78969, Erbengemeinschaft nach dem Ehepaar Teutsch, Formblatt über Clara Teutsch an das Bayerische Landesentschädigungsamt vom 1.8.1957; LAfF, EG 78969, Bayerisches Landesentschädigungsamt, Aktenvermerk vom 25.11.1958; Stadtarchiv Augsburg, Meldekarte, MK 2, Arthur Teutsch.

[11] Stadtarchiv Augsburg, MK 2, Arthur Teutsch; LAfF, EG 78969, Kanzlei Fraunholz, Anlage 1 zum Entschädigungsantrag vom 20.5.1957; Römer, An meine Gemeinde in der Zerstreuung, S. 335; BayHStA, MJU 22102, Arthur Teutsch, Erhebungsbogen, undatiert.

[12] Anhang, Pete Schwager, E-Mail an Florian Schwinger vom 21.7.2015.

[13] LAfF, EG 78969, Stadt Augsburg, Schreiben an das Bayerische Landesentschädigungsamt vom 2.10.1958.

[14] LAfF, EG 78969, Stadt Augsburg, Schreiben an das Bayerische Landesentschädigungsamt vom 2.10.1958.

[15] LAfF, EG 78969, Stadt Augsburg, Schreiben an das Bayerische Landesentschädigungsamt vom 2.10.1958.

[16] Siehe oben B. VI. 1. a. b.

[17] Der Rechtsanwalt von Teutschs Kindern ging später im Entschädigungsverfahren davon aus, dass die Zulassung erst im November 1938 entzogen worden sei, was nicht zutreffend war.

[18] BayHStA, MJU 22102, Arthur Teutsch, Schreiben an den Präsidenten des OLG München vom 12.7.1938; BayHStA, MJU 22102, Präsident des LG Augsburg, Schreiben an den Reichsminister der Justiz vom 1.8.1938.

Teutsch seine Kanzlei bereits von seiner Wohnung in der Bahnhofstraße 18 1/3 in Augsburg aus.[19]

c. Emigration von Teutschs Kindern und eigene vereitelte Auswanderung

Die Familie Teutsch merkte, dass die Situation für Juden im Deutschen Reich gefährlich wurde. Teutschs Kinder beschlossen, in die Vereinigten Staaten nach Salt Lake City auszuwandern. Der älteste Sohn ging 1938 voraus.[20] Die beiden Geschwister folgten ihm 1939.[21]

Nach ihrer erfolgreichen Emigration waren Teutschs Kinder bemüht, auch ihre Eltern in die Vereinigten Staaten nachzuholen. Teutsch wollte zunächst abwarten, bis seine Kinder sichere Anstellungen in den Vereinigten Staaten gefunden hatten, weil er immer noch davon ausging, dass sich die Situation für Juden im Deutschen Reich verbessern würde.[22] Schließlich erhielt Teutschs Tochter bei der amerikanischen Botschaft ein Ausreisevisum für die Eltern.[23] Es war jedoch zu spät. Juden konnten zu diesem Zeitpunkt aus dem Deutschen Reich nicht mehr ausreisen.[24]

d. Verfolgungsmaßnahmen

aa. Sonderabgaben

Arthur Teutsch gab aufgrund der „Verordnung über Anmeldung des Vermögens von Juden" sein Vermögen gegenüber der Regierung von Schwaben als höhere Verwaltungsbehörde (§ 4 der „Verordnung über Anmeldung des Vermögens von Juden) am 27. April 1938 mit 102.155 Reichsmark an, was zu dieser Zeit ein großes Vermögen darstellte.[25] Auf dieser Grundlage setzte das Finanzamt Augsburg eine Judenvermögensabgabe in Höhe von 22.250 Reichsmark, welche Teutsch in fünf Raten an das Deutsche Reich entrichte, fest.[26]

---

19 BayHStA, MJU 22102, Arthur Teutsch, Schreiben an den Präsidenten des OLG München vom 12.7.1938.

20 Anhang, Pete Schwager, E-Mail an Florian Schwinger vom 21.7.2015.

21 Anhang, Pete Schwager, E-Mail an Florian Schwinger vom 21.7.2015.

22 LAfF, EG 78969, Stadt Augsburg, Schreiben an das Bayerische Landesentschädigungsamt vom 2.10.1958.

23 Anhang, Pete Schwager, E-Mail an Florian Schwinger vom 21.7.2015.

24 Anhang, Pete Schwager, E-Mail an Florian Schwinger vom 21.7.2015.

25 LAfF, EG 78969, Finanzamt Augsburg-Stadt, Schreiben an das Bayerische Landesentschädigungsamt vom 14.1.1960.

26 LAfF, EG 78969, Kanzlei Fraunholz, Schreiben an das Bayerische Landesentschädigungsamt vom 19.6.1957, S. 2; LAfF, EG 78969, LG München I, Protokoll der öffentlichen Sitzung vom 15.2.1955, S. 2; LAfF, EG 78969, Bayerische Bank für Handel und Industrie, Schreiben an Ludwig Dreifuß vom 25.5.1949, S. 1.

bb. Ablieferung von Gold- und Silberwertgegenständen

Im März 1939 musste Teutsch gemäß § 1 Absatz 1 der „Dritten Anordnung auf Grund der Verordnung über die Anmeldung des Vermögens von Juden“[27] alle Gold- und Silberwertgegenstände bei einer von dem Deutschen Reich eingerichteten Pfandleihanstalt in Augsburg abliefern.[28] Die Wertgegenstände umfassten Schmuck wie eine handgehämmerte Goldkette, drei Ohrringpaare aus Gold mit Rubinen und Brillanten, wertvolle Manschettenknöpfe, Geschirr und Silberbesteck, das den überwiegenden Teil des Wertes der abgelieferten Gegenstände ausmachte.[29]

cc. Verpflichtung zum Tragen eines Judensterns

Vom 19. September 1941 an mussten Teutsch und seine Frau den Judenstern tragen.[30]

dd. Entrichtung sonstiger Sonderabgaben

Teutsch musste darüber hinaus am 11. November 1941 einen Betrag in Höhe von 2.023,13 Reichsmark an das Hauptzollamt München, Devisenstelle Überwachungsabteilung, zahlen.[31] Am 31. Juli 1942 entrichtete er eine Sonderabgabe in Höhe von 9.098,91 Reichsmark an die Reichsvereinigung der Juden in Deutschland und am 1. August 1942 eine Sonderabgabe in Höhe von 1.200 Reichsmark an die Jüdische Kultusvereinigung.[32]

3. Deportation und Tod

Die Nationalsozialisten deportierten Teutsch am 2. April 1942 in das Konzentrationslager Theresienstadt, wo er ein Jahr später, am 21. Mai 1943, starb.[33] Teutschs

---

27 Siehe oben B. V. 5.

28 LAfF, EG 78969, Erbengemeinschaft nach dem Ehepaar Teutsch, Antrag an das Bayerische Landesamt für Wiedergutmachung vom 3.1.1950, S. 2.

29 LAfF, EG 78969, Walther Teutsch, Schreiben an Ludwig Dreifuß vom 29.12.1950.

30 LAfF, EG 78969, Kanzlei Fraunholz, Schreiben an das Bayerische Landesentschädigungsamt vom 19.6.1957, S. 8.

31 LAfF, EG 78969, Bayerische Bank für Handel und Industrie, Schreiben an Ludwig Dreifuß vom 25.5.1949, S. 1 (der Grund für die Zahlung ist aus den vorliegenden Entschädigungsakten nicht ersichtlich).

32 LAfF, EG 78969, LG München I, Protokoll der öffentlichen Sitzung vom 15.2.1955, S. 3; LAfF, EG 78969, Kanzlei Fraunholz, Anlage „Erläuterung“ zum Antrag der Erbengemeinschaft nach dem Ehepaar Teutsch an das Bayerische Landesamt für Wiedergutmachung vom 3.1.1950; LAfF, EG 78969, Bayerische Bank für Handel und Industrie, Schreiben an Ludwig Dreifuß vom 25.5.1949, S. 2.

33 LAfF, EG 78969, AG Augsburg, Erbschein vom 5.7.1950; LAfF, EG 78969, Kanzlei Fraunholz, Schreiben an das Bayerische Landesentschädigungsamt vom 19.6.1957, S. 7; LAfF, EG 78969, Kanzlei Fraunholz, Schreiben an das Bayerische Landesentschädigungsamt vom 26.8.1957; LAfF, EG 78969, Comité international de la Croix Rogue, Schreiben an das Bayerische Landesentschädigungsamt vom 25.6.1958; LAfF, EG 78969, Israelitische Kultusgemeinde, Schreiben an Kanzlei Fraunholz vom 30.7.1957.

Ehefrau musste vom 8. Juni 1942 bis zum 21. Juli 1942 in der Ballonfabrik in Augsburg Zwangsarbeit leisten, bis die Nationalsozialisten sie ebenfalls in das Konzentrationslager Theresienstadt deportierten und später in Ausschwitz internierten, wo sie sie am 18. Mai 1944 ermordeten.[34] Die Meldekarte der Stadt Augsburg gab hingegen an, dass die Eheleute Teutsch erst nach der Zerstörung des Hauses Hallstraße 14 in Augsburg im Februar 1944[35] *„unbekannt verzogen"* seien.[36]

Nach der Deportation des Ehepaares Teutsch zog das Finanzamt Augsburg-Stadt am 27. August 1942 wegen Vermögensverfall (§§ 3 Absatz 1 Satz in Verbindung mit § 2 b der Elften Verordnung zum Reichsbürgergesetz) zugunsten des Deutschen Reichs durch zwei Überweisungen einen Betrag in Höhe von insgesamt 25.939 Reichsmark und am 21. Mai 1943 den noch vorhandenen Restbetrag in Höhe von 431 Reichsmark von Teutschs Konto ein.[37]

Teutschs Bank erhielt außerdem am 5. August 1942 die Aufforderung des Oberfinanzpräsidenten München, Dienststelle für Vermögensverwertung, aufgrund der Elften Verordnung zum Reichsbürgergesetz Teutschs Depotkonto aufzulösen, der die Bank durch die Ablieferung mehrerer Aktien mit einem Nennwert von 13.900 Reichsmark an die Reichsbank Berlin (Wertpapierabteilung) nachkam.[38]

4. Keine Rückkehrabsichten der Kinder

Überlegungen aufseiten von Teutschs Kindern, nach dem Krieg nach Deutschland zurückzukehren, gab es laut Teutschs Enkel nicht.[39] Teutschs Tochter reiste 1966 in einem Urlaub mit ihrem Sohn nach Deutschland, wobei sie vor der Einreise nach Deutschland so besorgt war, dass sie beinahe umgekehrt wäre.[40] Teutschs Enkel schrieb weiter, dass seine Mutter und er letztlich doch nach Deutschland eingereist seien und seine Mutter überglücklich gewesen sei, als sie ihre alten Freunde in Augsburg getroffen habe.[41]

---

34 LAfF, EG 78969, Ludwig Dreifuß, Schreiben an das Bayerische Landesentschädigungsamt vom 21.6.1957; LAfF, EG 78969, Kanzlei Fraunholz, Schreiben an das Bayerische Landesentschädigungsamt vom 26.8.1957; Römer, An meine Gemeinde in der Zerstreuung, S. 335.

35 Siehe oben C. XVI 1. d.

36 LAfF, EG 78969, Stadt Augsburg, Schreiben an das Bayerische Landesentschädigungsamt vom 2.10.1958.

37 LAfF, EG 78969, Bayerische Bank für Handel und Industrie, Schreiben an Ludwig Dreifuß vom 25.5.1949, S. 2.

38 LAfF, EG 78969, Bayerische Bank für Handel und Industrie, Schreiben an Ludwig Dreifuß vom 25.5.1949, S. 2.

39 Anhang, Pete Schwager, E-Mail an Florian Schwinger vom 21.7.2015.

40 Anhang, Pete Schwager, E-Mail an Florian Schwinger vom 21.7.2015.

41 Anhang, Pete Schwager, E-Mail an Florian Schwinger vom 21.7.2015.

5. Entschädigung

Die Erbengemeinschaft nach dem Ehepaar Teutsch, bestehend aus den drei Kindern, machte Entschädigungsansprüche wegen des Unrechts geltend, das ihren Eltern widerfahren war.[42] Gemäß den Erbscheinen[43] des Amtsgerichts Augsburg vom 5. Juli 1950 und vom 11. August 1953 beerbten die drei Kinder das Ehepaar Teutsch jeweils zu je 1/3.[44] Die Erbengemeinschaft ließ sich im Entschädigungsverfahren zunächst durch Ludwig Dreifuß[45] und ab dem 11. Augsburg 1953 durch Dreifuß' Kanzleipartner Anton Fraunholz[46] vertreten.[47]

a. Schaden im beruflichen Fortkommen

aa. Antragstellung

Am 3. Januar 1950 stellte die Erbengemeinschaft[48] nach dem Ehepaar Teutsch (mittels des Formblattes E[49]) einen Antrag beim Bayerischen Landesentschädigungsamt (vormals Bayerisches Landesamt für Wiedergutmachung)[50] auf Entschädigung für den Schaden im beruflichen Fortkommen gemäß §§ 21 - 34 USEG[51].[52] In dem Antrag machte sie einen Entschädigungsbetrag in Höhe von 150.000 Reichsmark geltend.[53] Dieser Betrag setzte sich aus 75.000 Reichsmark für den Einkommensschaden bis zu dem Entzug der Rechtsanwaltszulassung 1938 und weiteren 75.000 Reichsmark für den Einkommensschaden für die Zeit nach der Rückgabe der Rechtsanwaltszulassung bis zu Teutschs Tod zusammen.[54]

---

42 LAfF, EG 78969, Kanzlei Fraunholz, Anlage „Erläuterung" zum Antrag der Erbengemeinschaft nach dem Ehepaar Teutsch an das Bayerische Landesamt für Wiedergutmachung vom 3.1.1950.

43 Siehe zu der amtlichen Beweiswirkung des Erbscheines oben C. I. 4. a. ee.

44 LAfF, EG 78969, Amtsgericht Augsburg, Nachlassgericht, Erbschein vom 5.7.1950 (bezüglich Todesfall Arthur Teutsch); LAfF, EG 78969, Amtsgericht Augsburg, Nachlassgericht, Erbschein vom 11.8.1953 (bezüglich Todesfall Klara Teutsch).

45 Siehe oben C. IV. 3. b.

46 Siehe oben C. IV. 1. b.

47 LAfF, EG 78969, Walter Teutsch, Ruth Schwager, Eric Teutsch, Vollmacht zu Gunsten Ludwig Dreifuß vom 14.3.1950; LAfF, EG 78969, Walter Teutsch, Ruth Schwager, Eric Teutsch, Vollmacht zu Gunsten Kanzlei Fraunholz vom 11.3.1953.

48 Den Antrag haben die drei Kinder persönlich unterschrieben. Die Anlagen zu dem Antrag unterschrieb Dreifuß.

49 Siehe zu der Verwendung von Formblättern oben C. I. 4. a. aa.

50 Siehe oben C. I. 4. a.

51 Siehe oben C. I. 4. a. aa., dass es gemäß § 231 BEG nach dem Inkrafttreten des BEG keiner neuen Antragstellung bedurfte.

52 LAfF, EG 78969, Erbengemeinschaft nach dem Ehepaar Teutsch, Antrag an das Bayerische Landesamt für Wiedergutmachung vom 3.1.1950.

53 LAfF, EG 78969, Erbengemeinschaft nach dem Ehepaar Teutsch, Antrag an das Bayerische Landesamt für Wiedergutmachung vom 3.1.1950.

54 LAfF, EG 78969, Kanzlei Fraunholz/Dreifuß, Anlage „Erläuterung" zum Antrag an das Bayerische Landesamt für Wiedergutmachung vom 3.1.1950.

bb. Begründung nach den Regelungen des BEG

Über sieben Jahre nach der ursprünglichen Antragstellung begründete Fraunholz mit Schreiben vom 19. Juni 1957 die Kapitalentschädigung für den Schaden im beruflichen Fortkommen gemäß §§ 3, 74 Satz 1, Satz 2 Alternative 1 in Verbindung mit § 76 Absatz 1, 2 und 3 BEG gegenüber dem Bayerischen Landesentschädigungsamt entsprechend den nunmehr geltenden Regelungen des BEG[55].[56] Aufgrund der allgemeinen Boykottmaßnahmen gegen Juden sah Fraunholz eine wesentliche Beeinträchtigung der selbstständigen Tätigkeit von Teutsch und somit einen Schaden im beruflichen Fortkommen gemäß §§ 3, 1 Absatz 1, § 64 Absatz 1 Satz 1, Absatz 3, 65, 66 Absatz 1, 3 BEG vom 1. April 1933 bis zu Teutschs Tod am 21. Mai 1943 gegeben.[57]

Die Tatsache, dass Teutsch zur Berechnung des Schadens im beruflichen Fortkommen in die vergleichbare Besoldungsgruppe des höheren Diensts einzuordnen war (§§ 76 Absatz 1 Satz 3 BEG in Verbindung mit § 14 3. DV-BEG[58]), bedurfte nach Ansicht von Fraunholz keiner detaillierten Ausführung, weil Teutsch bekanntermaßen eine der führenden Kanzleien in Augsburg betrieben und den Titel eines Justizrats erhalten habe.[59] Nach Fraunholz' Berechnung war gemäß § 76 Absatz 1 Satz 1, Absatz 3 BEG in Verbindung mit § 13 und Anlage 2 der 3. DV-BEG ein Einkommen eines vergleichbaren Bundesbeamten in Höhe von 11.352 Reichsmark[60] pro Jahr (946 Reichsmark pro Monat) für die Berechnung der Kapitalentschädigung zu Grunde zu legen.[61] Fraunholz errechnete für den Zeitraum vom 1. April 1933 bis zum 21. Mai 1943 eine Kapitalentschädigung in Höhe von 114.466 Reichsmark (121 Monate × 946 Reichsmark).[62] Mit Schreiben vom 27. Januar 1960 kürzte Fraunholz die Berechnung des Schadens gegenüber dem Bayerischen Landesentschädigungsamt, indem er für die Zeit von Teutschs wesentlicher Beschränkung im beruflichen Fortkommen vom Beginn der Boykottmaßnahmen am 1. April 1933 bis zum Entzug seiner Rechtsanwaltszulassung, die Fraunholz zum 1. Dezember 1938 annahm, einen Erwerbsminderungssatz (§ 76 Absatz 2 Satz 3 BEG) von pauschal 60 % ansetzte, ohne auf konkrete Zahlen des Rückgangs der Einkünfte

---

55 Siehe oben B. VII. 4.

56 LAfF, EG 78969, Kanzlei Fraunholz, Schreiben an das Bayerische Landesentschädigungsamt vom 19.6.1957.

57 LAfF, EG 78969, Kanzlei Fraunholz, Schreiben an das Bayerische Landesentschädigungsamt vom 19.06.1957, S. 6.

58 Siehe zur Eingruppierung in eine vergleichbare Beamtengruppe gemäß § 76 Absatz 1 Satz 3 BEG die Ausführungen bei Adler unter C. I. 4. a. dd. (2.).

59 LAfF, EG 78969, Kanzlei Fraunholz, Schreiben an das Bayerische Landesentschädigungsamt vom 19.06.1957, S. 6.

60 Fraunholz hatte Teutsch bei dieser Berechnung in die letzte Lebensaltersstufe (ab Vollendung des 55. Lebensjahr) der Anlage 2 der 3. DV-BEG eingruppiert, ohne dies gesondert zu erwähnen.

61 LAfF, EG 78969, Kanzlei Fraunholz, Schreiben an das Bayerische Landesentschädigungsamt vom 19.6.1957, S. 6.

62 LAfF, EG 78969, Kanzlei Fraunholz, Schreiben an das Bayerische Landesentschädigungsamt vom 19.6.1957, S. 6.

von Teutsch einzugehen.[63] Bei der Höhe des angesetzten Erwerbsminderungssatzes von 60 % bezog sich Fraunholz auf das Entschädigungsverfahren seines Kollegen Dreifuß, in dem das Bayerische Landesentschädigungsamt denselben Erwerbsminderungssatz angenommen hatte.[64] Für die Zeit vom Entzug bis zu Teutschs Tod setzte Fraunholz aufgrund der Verdrängung aus der Erwerbstätigkeit 100 % an.[65] Fraunholz berechnete insgesamt aus diesen Zahlen eine Kapitalentschädigung in Höhe von umgerechnet im Verhältnis 10 : 2 (§ 11 Absatz 1 BEG) 18.212 Deutsche Mark[66].[67]

cc. Vergleich zwischen der Erbengemeinschaft und dem Freistaat Bayern

Das Bayerische Landesentschädigungsamt schlug einen Vergleich in Höhe von 16.460 Deutsche Mark vor.[68] Es ging – wie beantragt – für die Berufsbeeinträchtigung von einem Zeitraum vom 1. April 1933 bis zum 30. November 1938 aus, wobei es entgegen dem Antrag (60 %) nur einen Erwerbsminderungssatz (§ 76 Absatz 2 Satz 3 BEG) von 50 % veranschlagte.[69] Darüber hinaus nahm es vom 1. Dezember 1938 bis zum Ende des Monats, der dem Tod des Verfolgten vorausging, mithin bis zum 30. April 1943 (§ 76 Absatz 1 BEG), eine Verdrängung aus der selbstständigen Tätigkeit von Teutsch an.[70]

Bei der Einstufung in eine vergleichbare Besoldungsgruppe folgte das Bayerische Landesentschädigungsamt Fraunholz Antrag und stufte Teutsch in die vergleichbare Besoldungsgruppe des höheren Diensts (§ 76 Absatz 1 Satz 3 BEG in Verbindung mit § 14 3. DV-BEG) in die vierte Lebensaltersstufe (ab Vollendung des 55. Lebensjahr) der Anlage 2 der 3. DV-BEG ein.[71] Es ergab sich der Höhe nach – wie beantragt – gemäß §§ 76 Absatz 1 Satz 1, Absatz 3 BEG, § 13 in Verbindung mit Anlage 2 der 3. DV-BEG ein monatliches Einkommen eines vergleichbaren

---

63 LAfF, EG 78969, Kanzlei Fraunholz, Schreiben an das Bayerische Landesentschädigungsamt vom 27.1.1960, S. 2.

64 LAfF, EG 78969, Kanzlei Fraunholz, Schreiben an das Bayerische Landesentschädigungsamt vom 27.1.1960, S. 2.

65 LAfF, EG 78969, Kanzlei Fraunholz, Schreiben an das Bayerische Landesentschädigungsamt vom 27.1.1960, S. 2.

66 67 Monate × 946 Reichsmark × 60 % + 55 Monate × 946 Reichsmark × 100 % = 91.059,20 Reichsmark.

67 LAfF, EG 78969, Kanzlei Fraunholz, Schreiben an das Bayerische Landesentschädigungsamt vom 27.1.1960, S. 2 f.

68 LAfF, EG 78969, Bayerisches Landesentschädigungsamt, Schreiben an die Kanzlei Fraunholz vom 20.7.1960.

69 LAfF, EG 78969, Bayerisches Landesentschädigungsamt, Schreiben an die Kanzlei Fraunholz vom 20.7.1960; LAfF, EG 78969, Vergleich zwischen dem Bayerischen Freistaat und der Erbengemeinschaft nach dem Ehepaar Teutsch, vom 10.8.1960.

70 LAfF, EG 78969, Bayerisches Landesentschädigungsamt, Schreiben an die Kanzlei Fraunholz vom 20.7.1960; LAfF, EG 78969, Vergleich zwischen der Erbengemeinschaft nach dem Ehepaar Teutsch, und dem Freistaat Bayern vom 10.8.1960.

71 LAfF, EG 78969, Bayerisches Landesentschädigungsamt, Schreiben an die Kanzlei Fraunholz vom 20.7.1960; LAfF, EG 78969, Vergleich zwischen der Erbengemeinschaft nach dem Ehepaar Teutsch, und dem Freistaat Bayern vom 10.8.1960.

Bundesbeamten in Höhe von 946 Reichsmark[72].[73] Aus den vorgenannten Beträgen errechnete sich eine Entschädigung in Höhe von 82.302 Reichsmark[74]. Dieser Betrag ergab im Verhältnis 10 : 2 umgestellt (§ 11 Absatz 1 BEG), eine Kapitalentschädigung in Höhe von 16.460 Deutsche Mark.[75]

Die Erbengemeinschaft nahm diesen Vergleichsvorschlag des Bayerischen Landesentschädigungsamts an.[76] Den Betrag zahlte dieses am 23. August 1960 an die Erbengemeinschaft aus.[77]

b. Schaden durch Entrichtung von Sonderabgaben, entzogene Aktien, entzogene Wertpapiere, entzogene Edelmetalle und entzogenen Schmuck

aa. Bescheid der Oberfinanzdirektion München

Zu der von Teutsch entrichteten Judenvermögensabgabe[78], den Abgaben an die Reichsvereinigung der Juden in Deutschland und an die Jüdische Kultusvereinigung sowie den Devisenstrafen[79] dem entzogenen Kontokorrentguthaben, dem Schadensersatz für die entzogenen Aktien[80] und dem Schadensersatz für die entzogenen Wertgegenstände[81] erließ die Oberfinanzdirektion München am 6. Mai 1958 einen Befriedigungsbescheid gemäß §§ 38, 39, 32 Absatz 1 Bundesrückerstattungsgesetz zugunsten der Erbengemeinschaft nach dem Ehepaar Teutsch.[82]

Dieser Bescheid umfasste insgesamt vier gerichtliche Entscheidungen und Vergleiche, die Gerichte zugunsten der Erbengemeinschaft getroffen beziehungsweise die Parteien geschlossen hatten, und zwar

- den Vergleich vor dem Landgericht Augsburg vom 25. Juli 1952,
- den Beschluss des Landgerichts Augsburg vom 6. Juni 1953 in Verbindung mit dem Beschluss des Oberlandesgerichts München vom 16. August 1955,

---

72 Die Hinzurechnung eines Pauschalbetrages in Höhe von 20 % zum Ausgleich der fehlenden Alters- und Hinterbliebenenversorgung bei Teutsch (§ 76 Absatz 3 BEG) ist in diesem Betrag bereits enthalten.

73 LAfF, EG 78969, Bayerisches Landesentschädigungsamt, Schreiben an die Kanzlei Fraunholz vom 20.7.1960; LAfF, EG 78969, Vergleich zwischen der Erbengemeinschaft nach dem Ehepaar Teutsch und dem Freistaat Bayern vom 10.8.1960.

74 68 Monate × 946 Reichsmark/Monat × 50 % + 53 Monate × 946 Reichsmark/Monat × 100 %.

75 LAfF, EG 78969, Bayerisches Landesentschädigungsamt, Schreiben an die Kanzlei Fraunholz vom 20.7.1960; LAfF, EG 78969, Vergleich zwischen der Erbengemeinschaft nach dem Ehepaar Teutsch und dem Freistaat Bayern vom 10.8.1960.

76 LAfF, EG 78969, Vergleich zwischen der Erbengemeinschaft nach dem Ehepaar Teutsch und dem Freistaat Bayern vom 10.8.1960; LAfF, EG 78969, Anton Fraunholz, Schreiben an das Bayerische Landesentschädigungsamt vom 6.8.1960.

77 LAfF, EG 78969, Bayerisches Landesentschädigungsamt, Auszahlungsverfügung vom 23.8.1960.

78 Siehe oben C. XVI. 2. d. aa.

79 Siehe zur Abgabe an die Reichsvereinigung der Juden in Deutschland und an die Jüdische Kultusvereinigung sowie Devisenstrafe oben unter C. XVI. 2. d. dd.

80 Siehe oben C. XVI. 3.

81 Siehe zu dem Entzug von Wertgegenständen oben C. XVI. 2. d. bb.

82 LAfF, EG 78969, OFD München, Bescheid vom 6.5.1959.

- den Vergleich vor dem Landgericht München I vom 15. Februar 1955 und
- den Vergleich vor dem Landgericht München I vom 17. Januar 1956.[83]

bb. Teilbetrag für Sonderabgaben

Für die in bar entrichtete Judenvermögensabgabe (13.385 Reichsmark), die Abgaben an die Reichsvereinigung der Juden in Deutschland (9.098,91 Reichsmark) und an die ugsburg (1.200 Reichsmark), für die Devisenstrafe (2.023,13 Reichsmark) und für das durch Vermögensverfall entzogene Bankguthaben in bar (25.939 Reichsmark und 431 Reichsmark) sowie auf den Anspruch auf einen Teil der entzogenen Aktien, welche Teutsch teilweise für die erste Rate der Judenvermögensabgabe aufgewendet hatte (3.800 Reichsmark Wiederbeschaffungswert[84]) ergab sich insgesamt ein Schaden bei Teutsch in Höhe von 55.877,04 Reichsmark.[85] Diesen Schaden stellte die Oberfinanzdirektion in ihrem Bescheid vom 6. Mai 1959 im Verhältnis von 10 : 1 gemäß § 15 Absatz 1, 17 Absatz 1 Bundesrückerstattungsgesetz auf 5.587,70 Deutsche Mark um.[86] Dieser Betrag war gemäß § 15 Absatz 2 Bundesrückerstattungsgesetz mit einer Pauschalabgeltung in Höhe von 25 % (1.396,93 Deutsche Mark) zu verzinsen, sodass sich insgesamt ein Teilbetrag in Höhe von 6.984,63 Deutsche Mark ergab, welchen die Oberfinanzdirektion München den Erben von Teutsch zusprach.[87]

cc. Teilbetrag für entzogene Aktien

Für einen Teil der Teutsch aufgrund des Vermögensverfalls entzogenen Aktien (400 Aktien der Vereinigten Fränkischen Schuhfabriken) konnte die Oberfinanzdirektion München zum 1. April 1956 keinen Wiederbeschaffungswert ermitteln (§ 16 Absatz 1 Satz 3 Bundesrückerstattungsgesetz), sodass diesbezüglich gemäß § 17 Absatz 1 Bundesrückerstattungsgesetz der Wiederbeschaffungswert zum Zeitpunkt der Entziehung (613,63 Reichsmark) zu Grunde zu legen war.[88] Diesen Betrag rechnete die Oberfinanzdirektion München im Vehältnis 10 : 1 um und rechnete eine Pauschale für entgangene Nutzungen in Höhe von 10 % hinzu.[89] Insgesamt sprach

---

83 LAfF, EG 78969, OFD München, Bescheid vom 6.5.1959, S. 2.

84 Den Wiederbeschaffungswert für die als erste Rate der Judenvermögensabgabe eingezogenen Aktien (Unterfränkische Kreis-Elektronik Aktien mit einem Nennwert von 3.000 Reichsmark) konnte die OFD zum 1. April 1956 (§ 16 Absatz 1 Satz 3 BRüG) nicht ermitteln, so dass es gemäß § 17 Absatz 1 BRüG den Wiederbeschaffungswert zum Zeitpunkt der Entziehung zu Grunde legte.

85 LAfF, EG 78969, OFD München, Bescheid vom 6.5.1959, S. 4.

86 LAfF, EG 78969, OFD München, Bescheid vom 6.5.1959, S. 4.

87 LAfF, EG 78969, OFD München, Bescheid vom 6.5.1959, S. 4.

88 LAfF, EG 78969, OFD München, Bescheid vom 6.5.1959, S. 6.

89 LAfF, EG 78969, OFD München, Bescheid vom 6.5.1959, S. 6.

die Oberfinanzdirektion München Teutschs Erben einen Betrag in Höhe von 67,50 Deutsche Mark[90] zu.[91]

Bezüglich der restlichen entzogenen Aktien ermittelte die Oberfinanzdirektion München einen Wiederbeschaffungswert gemäß § 16 Absatz 1 Bundesrückerstattungsgesetz zum 1. April 1956 (§ 16 Absatz 1 Satz 3 Bundesrückerstattungsgesetz) in Höhe von 5.354 Deutsche Mark.[92] Gemäß § 16 Absatz 2 Satz 2 Bundesrückerstattungsgesetz war diesem Betrag eine pauschale Nutzungsentschädigung in Höhe von 10 % des Schadensersatzbetrages, mithin 535,40 Deutsche Mark hinzuzurechnen.[93] Es ergab sich somit gemäß § 16 Absatz 1 und 2 Bundesrückerstattungsgesetz ein Schadensersatz für entzogene Aktien in Höhe von 5.889,40 Deutsche Mark.[94]

dd. Teilbetrag für entzogene Wertpapiere

Gemäß §§ 20 Absatz 1 Satz 1 Bundesrückerstattungsgesetz, 13 Absatz 1, 22 Umstellungsgesetz sprach die Oberfinanzdirektion München der Erbengemeinschaft nach Arthur Teutsch für die Teutsch wegen Vermögensverfalls durch das Deutsche Reich entzogenen festverzinslichen Wertpapiere eine Entschädigung in Höhe von 1.362,50 Deutsche Mark zu.[95] Den zugesprochenen Betrag berechnete die Oberfinanzdirektion München durch Umstellung des Nominalwertes der Wertpapiere im Verhältnis 10 : 1 (§§ 20 Absatz 1 Satz 1 Bundesrückerstattungsgesetz, 13 Absatz 1, 22 Umstellungsgesetz), wodurch sich ein Betrag in Höhe von 1.090 Deutsche Mark ergab.[96] Diesem Betrag war eine pauschale Zinsentschädigung gemäß §§ 20 Absatz 3, 16 Absatz 2 Satz 2 Bundesrückerstattungsgesetz von 25 % (272,50 Deutsche Mark) hinzuzurechnen.[97]

ee. Teilbetrag für entzogene Edelmetalle und entzogenen Schmuck

Für die entzogenen Edelmetalle setzte die Oberfinanzdirektion München gemäß 18 Satz 1 Bundesrückerstattungsgesetz den in dem Beschluss des Landgerichts Augsburg vom 6. Juni 1953 bereits in Deutsche Mark zugesprochenen Betrag in Höhe

---

90 Der OFD unterlief in dem Bescheid vom 6.5.1959 bei der Umrechnung des Wiederbeschaffungswertes von Reichsmark in Deutsche Mark ein Schreibfehler. Der Wiederbeschaffungswert in Höhe von 613,63 Reichsmark ergibt umgerechnet im Verhältnis 10 : 1 einen Betrag in Höhe von 61,36 Deutsche Mark. Die OFD nahm in dem Bescheid vom 6.5.1959 hingegen fälschlicherweise einen Betrag in Höhe von 61,14 Deutsche Mark an. Die Zinspauschale berechnete die OFD in dem Bescheid vom 6.5.1959 mit 6,14 Deutsche Mark richtig (10% von 61,36 Deutsche Mark). Auch das Ergebnis des zugesprochenen Betrages in Höhe von 67,50 Deutsche Mark war richtig (61,36 Deutsche Mark + 6,14 Deutsche Mark).

91 LAfF, EG 78969, OFD München, Bescheid vom 6.5.1959, S. 6.

92 LAfF, EG 78969, OFD München, Bescheid vom 6.5.1959, S. 5.

93 LAfF, EG 78969, OFD München, Bescheid vom 6.5.1959, S. 5.

94 LAfF, EG 78969, OFD München, Bescheid vom 6.5.1959, S. 5.

95 LAfF, EG 78969, OFD München, Bescheid vom 6.5.1959, S. 6.

96 LAfF, EG 78969, OFD München, Bescheid vom 6.5.1959, S. 6.

97 LAfF, EG 78969, OFD München, Bescheid vom 6.5.1959, S. 6.

von 3.600 Deutsche Mark an und sprach diesen den Erben von Teutsch zu.[98] Eine Nutzungsentschädigung lehnte die Oberfinanzdirektion gemäß § 16 Absatz 2 Satz 1 Bundesrückerstattungsgesetz ab.[99]

ff. Gesamtentschädigung nach dem Bundesrückerstattungsgesetz

In der Summe ergab sich eine Gesamtentschädigung nach dem Bundesrückerstattungsgesetz in Höhe von 17.904,03 (6.984,63 + 67,50 + 5.889,40 + 1.362,50 + 3.600) Deutsche Mark.[100] Die Oberfinanzdirektion München zahlte den vorgenannten Betrag am 11. Mai 1959 an die Erben von Teutsch aus.[101]

gg. Weiteres Verfahren nach dem BEG

Die Erbengemeinschaft nach dem Ehepaar Teutsch machte hinsichtlich der Judenvermögensabgabe und der Sonderabgaben an die Reichsvereinigung der Juden in Deutschland und die Jüdische Kulturvereinigung Berlin nach dem Urteil des Bundesgerichtshofs vom 22. November 1954[102] zusätzliche Ansprüche wegen Schadens durch Zahlung von Sonderabgaben, Geldstrafen, Bußen und Kosten nach §§ 3, 1 Absatz 1, 59 Absatz 1 Satz 1 BEG geltend.[103] Der Freistaat Bayern vertreten durch das Bayerische Landesentschädigungsamt einigte sich mit der Erbengemeinschaft nach dem Ehepaar Teutsch in einem Vergleich vom 12. Oktober 1962 gemäß §§ 3, 1 Absatz 1, 59 Absatz 1 Satz 1 BEG auf eine Entschädigung wegen Schadens durch Zahlung von Sonderabgaben in Höhe von 6.915,14 Deutsche Mark.[104] In dem Vergleich vom 12. Oktober 1962 zog das Bayerische Landesentschädigungsamt gemäß § 10 Absatz 1 BEG einen Teilbetrag in Höhe von 3.812,10 Deutsche Mark ab, welchen die Oberfinanzdirektion München aufgrund des Bescheids vom 6. Mai 1959[105] bereits für die gezahlten Sonderabgaben nach den Regelungen des Bundesrückerstattungsgesetzes an die Erbengemeinschaft ausbezahlt hatte.[106] Das Bayerische Landesentschädigungsamt zahlte am 18. Oktober 1962 einen Restbetrag in Höhe von 3.103,04 Deutsche Mark an die Erbengemeinschaft nach dem Ehepaar Teutsch

---

98 LAfF, EG 78969, OFD München, Bescheid vom 6.5.1959, S. 6.

99 LAfF, EG 78969, OFD München, Bescheid vom 6.5.1959, S. 6.

100 LAfF, EG 78969, OFD München, Bescheid vom 6.5.1959.

101 LAfF, EG 78969, OFD München, Schreiben an das Bayerische Landesentschädigungsamt vom 5.7.1962, S. 2.

102 Siehe oben, C. VI. 4. b. bb. (3).

103 LAfF, EG 78969, Anton Fraunholz, Schreiben an das Bayerische Landesentschädigungsamt vom 19.6.1957; LAfF, EG 78969, Vergleich zwischen der Erbengemeinschaft nach dem Ehepaar Teutsch und dem Freistaat Bayern vom 6./12.10.1962.

104 LAfF, EG 78969, Vergleich zwischen der Erbengemeinschaft nach dem Ehepaar Teutsch und dem Freistaat Bayern vom 6./12.10.1962.

105 Siehe oben C. XVI. 5. b. bb.

106 LAfF, EG 78969, Vergleich zwischen der Erbengemeinschaft nach dem Ehepaar Teutsch und dem Freistaat Bayern vom 6./12.10.1962.

aus.[107] Der höhere Betrag nach dem BEG gegenüber dem nach dem Bundesrückerstattungsgesetz zugesprochenen Betrag resultierte aus dem unterschiedlichen Umrechnungsfaktor 10 : 2 (§ 11 Absatz 1 BEG) im Gegensatz zu 10 : 1 nach § 17 Absatz 1 Bundesrückerstattungsgesetz.

c. Schaden an Freiheit

Am 19. Juni 1957 stellte die Erbengemeinschaft nach dem Ehepaar Teutsch durch ihren Rechtsanwalt Fraunholz beim Bayerischen Landesentschädigungsamt gemäß §§ 3, 1 Absatz 1, 43 Absatz Satz 1, 45, 47 Absatz 1, 48 BEG einen Antrag auf Entschädigung für den Schaden an Teutschs Freiheit.[108] Der geltend gemachte Anspruch umfasste zum einen den Schaden an Freiheit durch Freiheitsbeschränkung in der Zeit vom 19. September 1941 bis zum 1. April 1942, mithin für sieben Monate, in der Teutsch einen Judenstern tragen musste (§ 47 Absatz 1 Alternative 1 BEG).[109] Zum anderen umfasste der Antrag von Fraunholz vom 19. Juni 1957 den Schaden an Freiheit in Form der Freiheitsentziehung in der Zeit von der Deportation am 2. April 1942 bis zum Tod im Konzentrationslager Theresienstadt am 21. Mai 1943, mithin für 13 Monate (§ 43 Absatz 1 BEG).[110] Fraunholz machte somit einen Schaden für 20 (7 + 13) Monate zu jeweils 150 Deutsche Mark (§§ 45 Satz 1, 48 Satz 2 BEG), mithin einen Betrag in Höhe von 3.000 Deutsche Mark (20 Monate × 150 Deutsche Mark), geltend.[111]

Eineinhalb Jahre nach der Antragstellung sprach das Bayerische Landesentschädigungsamt mit Bescheid vom 23. Dezember 1958 der Erbengemeinschaft für Schaden an Freiheit wegen Freiheitsentziehung und Freiheitsbeschränkung von Teutsch eine Entschädigung in der beantragten Höhe von 3.000 Deutsche Mark zu (§§ 3, 1 Absatz 1, 43 Absatz Satz 1, 45 Satz 1, 47 Absatz 1 Alternative 1, 48 Satz 2 BEG).[112]

---

107 LAfF, EG 78969, Vergleich zwischen der Erbengemeinschaft nach dem Ehepaar Teutsch und dem Freistaat Bayern vom 6./12.10.1962.

108 LAfF, EG 78969, Kanzlei Fraunholz, Schreiben an das Bayerische Landesentschädigungsamt vom 19.6.1957, S. 7; LAfF, EG 78969, Kanzlei Fraunholz, Schreiben an das Bayerische Landesentschädigungsamt vom 26.8.1957.

109 LAfF, EG 78969, Kanzlei Fraunholz, Schreiben an das Bayerische Landesentschädigungsamt vom 19.6.1957, S. 7 f.; LAfF, EG 78969, Kanzlei Fraunholz, Schreiben an das Bayerische Landesentschädigungsamt vom 26.8.1957; LAfF, EG 78969, Israelitische Kultusgemeinde, Schreiben an die Kanzlei Fraunholz vom 30.7.1957.

110 LAfF, EG 78969, Kanzlei Fraunholz, Schreiben an das Bayerische Landesentschädigungsamt vom 19.6.1957, S. 7 f.; LAfF, EG 78969, Kanzlei Fraunholz, Schreiben an das Bayerische Landesentschädigungsamt vom 26.8.1957; LAfF, EG 78969, Israelitische Kultusgemeinde, Schreiben an die Kanzlei Fraunholz vom 30.7.1957.

111 LAfF, EG 78969, Kanzlei Fraunholz, Schreiben an das Bayerische Landesentschädigungsamt vom 19.6.1957, S. 8.

112 LAfF, EG 78969, Bayerisches Landesentschädigungsamt, Bescheid vom 23.12.1958.

d. Goodwillschaden

Fraunholz stellte am 15. Mai 1961 für die Erbengemeinschaft nach dem Ehepaar Teutsch beim Bayerischen Landesentschädigungsamt außerdem einen Antrag auf Entschädigung für den Schaden am Vermögen in Form des Goodwillschadens, der durch die Entziehung der Kanzlei entstanden war (§§ 3, 1 Absatz 1, 56 Absatz 1 BEG).[113]

Das Bayerische Landesentschädigungsamt lehnte den Antrag vom 15. Mai 1961 mit der Begründung ab, dass die Erbengemeinschaft durch ihren damaligen Rechtsanwalt Dreifuß ursprünglich eine Entschädigung für den Schaden im beruflichen Fortkommen für die Zeit von 1938 bis 1943 in Höhe von 75.000 Reichsmark geltend gemacht habe, was einem jährlichen Einkommen in Höhe von 15.000 Reichsmark entsprochen habe.[114] Aus einem solchen Einkommen sei ein Goodwillschaden nicht ersichtlich.[115] Dennoch erachtete es das Bayerische Landesentschädigungsamt für zweckmäßig, eine vergleichsweise Regelung in Form einer Zahlung von 1.000 Deutsche Mark anzubieten.[116]

Fraunholz lehnte einen Vergleich über 1.000 Deutsche Mark mit der Argumentation ab, dass bei angenommenen Einkommen in Höhe von 15.000 Reichsmark pro Jahr mit dem bei der Entschädigung für den Schaden im beruflichen Fortkommen von dem Bayerischen Landesentschädigungsamt zugrunde gelegten Einkommen eines vergleichbaren Bundesbeamten des höheren Diensts in Höhe von 11.352 Reichsmark pro Jahr[117] eine Differenz von mehr als 3.500 Reichsmark verblieben wäre.[118] Diese Differenz würde den Goodwill, der über den reinen Unternehmerlohn[119] hinausgegangen sei, darstellen.[120] Bei einem Faktor fünf, der aufgrund des guten Rufs von Teutschs Kanzlei anzunehmen sei, ergebe sich in einer Umstellung von 10 : 2 eine umgerechnete Entschädigung in Höhe von 3.500 Deutsche Mark.[121]

---

113 LAfF, EG 78969, Anton Fraunholz, Schreiben an das Bayerische Landesentschädigungsamt vom 15.5.1961, S. 2.

114 LAfF, EG 78969, Bayerisches Landesentschädigungsamt, Schreiben an Anton Fraunholz vom 2.5.1963.

115 LAfF, EG 78969, Bayerisches Landesentschädigungsamt, Schreiben an Anton Fraunholz vom 2.5.1963.

116 LAfF, EG 78969, Bayerisches Landesentschädigungsamt, Schreiben an Anton Fraunholz vom 2.5.1963.

117 Siehe oben C. XVI. 5. a. cc.

118 LAfF, EG 78969, Kanzlei Fraunholz, Schreiben an das Bayerische Landesentschädigungsamt vom 16.7.1963.

119 Siehe hierzu und allgemein zu Berechnung des Goodwillschadens ausführliche die Ausführungen bei Dreifuß unter C. IV. 5. d. dd. (3.).

120 LAfF, EG 78969, Kanzlei Fraunholz, Schreiben an das Bayerische Landesentschädigungsamt vom 16.7.1963.

121 LAfF, EG 78969, Kanzlei Fraunholz, Schreiben an das Bayerische Landesentschädigungsamt vom 16.7.1963.

Das Bayerische Landesentschädigungsamt gab hingegen zu bedenken, dass für die Berechnung des Goodwillschadens bei dem anzusetzenden Unternehmerlohn nach Ansicht des Bayerischen Landesentschädigungsamt nur in Ausnahmefällen von dem gemäß §§ 76 Absatz 1, Absatz 3 BEG auf ¾ gekürzten und um 20 % erhöhten Einkommen eines vergleichbaren Bundesbeamten des höheren Diensts und im Regelfall von dem ungekürzten Einkommen auszugehen sei.[122] Dazu musste das Bayerische Landesentschädigungsamt nach ihrer Ansicht in jedem Fall fiktive Kanzleikosten in Höhe von 20 % des Unternehmerlohns berücksichtigen.[123] Das ungekürzte Einkommen eines Bundesbeamten des höheren Diensts betrug gemäß Anlage 2 zur 3. DV-BEG 12.600 Reichsmark.[124] Bei einer Berücksichtigung von fiktiven Kanzleikosten in Höhe von 20 % des angenommenen Unternehmerlohns ergibt sich nach der Berechnung des Bayerischen Landesentschädigungsamt ein Goodwillschaden in Höhe von null Reichsmark[125] beziehungsweise – sofern das Bayerische Landesentschädigungsamt ausnahmsweise den Unternehmerlohn auf 80% kürzen würde in Höhe von 2.760 Deutsche Mark[126] (bei einem Faktor fünf).[127] Das Bayerische Landesentschädigungsamt unterbreitete der Erbengemeinschaft nach dem Ehepaar Teutsch wegen des Schadens im Vermögen in Form des Goodwillschadens von Teutsch gemäß §§ 3, 1 Absatz 1, 56 Absatz 1 BEG einen Vergleichsvorschlag in Höhe von 2.000 Deutsche Mark, den die Erbengemeinschaft annahm.[128] Das Bayerische Landesentschädigungsamt zahlte der Erbengemeinschaft den Betrag am 6. September 1963 aus.[129]

---

122 LAfF, EG 78969, Bayerisches Landesentschädigungsamt, Schreiben an Anton Fraunholz vom 25.7.1963.

123 LAfF, EG 78969, Bayerisches Landesentschädigungsamt, Schreiben an Anton Fraunholz vom 25.7.1963.

124 LAfF, EG 78969, Bayerisches Landesentschädigungsamt, Schreiben an Anton Fraunholz vom 25.7.1963.

125 15.000 Reichsmark (von Dreifuß für Teutsch angenommenes Einkommen) − 12.600 Reichsmark (Unternehmerlohn) − 2.520 Reichsmark (fiktive Kanzleikosten).

126 15.000 Reichsmark (von Dreifuß für Teutsch angenommenes Einkommen) – 10.080 Reichsmark × 80 % (auf 80 % gekürzter Unternehmerlohn) – 2.160 Reichsmark (fiktive Kanzleikosten, welche das Bayerische Landesentschädigungsamt falsch berechnet hat, da 20 % von 10.080 Reichsmark eigentlich 2.016 Reichsmark ergibt). Es ergab sich insgesamt ein Betrag von 2.760 Reichsmark, den das Bayerische Landesentschädigungsamt gemäß § 11 Absatz 2 BEG im Verhältnis 10 : 2 auf 552 Deutsche Mark umgestellt hat und aufgrund des Ansehen der Kanzlei mal einem Faktor von fünf multiplizierte.

127 LAfF, EG 78969, Bayerisches Landesentschädigungsamt, Schreiben an Anton Fraunholz vom 25.7.1963.

128 LAfF, EG 78969, Bayerisches Landesentschädigungsamt, Schreiben an Kanzlei Fraunholz vom 25.7.1963; LAfF, EG 78969, Kanzlei Fraunholz, Schreiben an das Bayerische Landesentschädigungsamt vom 22.8.1963; LAfF, EG 78969, Vergleich zwischen der Erbengemeinschaft nach dem Ehepaar Teutsch und dem Freistaat Bayern vom 22.8./3.9.1963.

129 LAfF, EG 78969, Vergleich zwischen der Erbengemeinschaft nach dem Ehepaar Teutsch und dem Freistaat Bayern vom 22.8./3.9.1963.

e. Gesamtentschädigung

Das Bayerische Landesentschädigungsamt und die Oberfinanzdirektion München zahlten Teutschs Erben im Entschädigungs- und Rückerstattungsverfahren Kapitalentschädigungen in Höhe von insgesamt 42.467,07 Deutsche Mark aus.

D. Fazit

I. Anzahl der überlebenden Rechtsanwälte

Von den in der vorliegenden Arbeit behandelten 16 Rechtsanwälten starben mit Nördlinger und Prochownik zwei Rechtsanwälte während oder kurz nach dem Ende des „Dritten Reichs" eines natürlichen Todes. Von den übrigen 14 Rechtsanwälten ermordeten die Nationalsozialisten vier (Gunz, Oberbrunner, Rieser und Teutsch) in unterschiedlichen Konzentrationslagern. Nur Dreifuß, den die Nationalsozialisten aufgrund des Schutzes durch die „privilegierte Mischehe" mit einer Christin erst sehr spät deportierten, überlebte die Inhaftierung in einem Konzentrationslager. Die übrigen neun Rechtsanwälte überlebten die Schoah durch ihre rechtzeitige Flucht aus dem Deutschen Reich.

II. Kriegsteilnehmer

Von den 16 in der vorliegenden Arbeit behandelten Rechtsanwälten waren zwölf während des Ersten Weltkrieges im wehrfähigen Alter, von denen mindestens acht[1] für das Deutsche Reich kämpften. Für ihre Tapferkeit zeichnete das Deutsche Reich sieben (Adler, Auerbach, Dreifuß, Löffel, Rieser, Strauß und Teutsch) der acht Kriegsteilnehmer während des Krieges aus.

III. Wirtschaftlich erfolgreiche Kanzleien

Unter den in dieser Arbeit behandelten Rechtsanwälten ist auffällig, dass mit Prochownik[2], Rieser[3] zusammen mit Auerbach und Strauß[4] zusammen mit Adler fünf Rechtsanwälte wirtschaftlich sehr ertragreiche Kanzleien mit bestem Ruf aufbauen konnten, was sich an den hohen Einkünften der soeben genannten Anwälte vor 1933 wiederspiegelte.

IV. Auffälligkeiten des Rechtsanwaltszulassungsgesetzes

1. Früher Zeitpunkt des Erlasses des Rechtsanwaltszulassungsgesetzes im Vergleich zu anderen Gesetzen zur Verfolgung von Berufsgruppen

Die Nationalsozialisten hatten das Rechtsanwaltszulassungsgesetz[5] bereits wenige Wochen nach Hitlers „Machtergreifung" erlassen. Es war zusammen mit dem „Gesetz zur Wiederherstellung des Berufsbeamtentums" das erste Gesetz des „Dritten

---

1 Über acht Rechtsanwälte ergibt sich aus den Akten, dass sie für das Deutsche Reich kämpften. Diese Information lässt sich häufig nur Nebensätzen entnehmen. Ein Umkehrschluss, dass alle anderen Rechtsanwälte nicht im Krieg waren, ist nicht zulässig, weil sich eine solche Aussage aus den Akten nicht ergibt. Daher lässt sich nur eine Aussage über die Mindestanzahl treffen.

2 Siehe oben C. XII. 1. b.

3 Siehe oben C. XIII. 1. c.

4 Siehe oben C. XV. 1. c.

5 Siehe oben B. VI. 1.

Reichs" zur Beschränkung ganzer Berufsgruppen. Die Gründe für den frühzeitigen Erlass des Rechtsanwaltszulassungsgesetzes und des „Gesetzes zur Wiederherstellung des Berufsbeamtentums" lagen vor allem darin, dass die Rechtsanwaltschaft zusammen mit dem Beamtentum bei der Umgestaltung des Staates durch die Nationalsozialisten eine besondere Rolle einnahm und dem Ausbau der Diktatur im Wege stehen konnte.

2. Anzahl der Rechtsanwälte, die unter eine Ausnahme des Rechtsanwaltszulassungsgesetzes fielen

Elf der 16 in dieser Arbeit dargestellten Rechtsanwälte erfüllten mindestens einen der beiden Ausnahmetatbestände des § 1 Absatz 2 des Rechtsanwaltszulassungsgesetzes und durften ihre Rechtsanwaltszulassung über 1933 hinaus behalten.

V. Emigration

1. Zeitpunkt der Auswanderung

Von den fünf Rechtsanwälten, denen die Nationalsozialisten die Rechtsanwaltszulassungen bereits 1933 entzogen hatten, sind alle fünf kurze Zeit nach dem Entzug ausgewandert. Trotz Emigration konnte ein Anwalt (Oberbrunner) die Schoah nicht überleben, da die Nationalsozialisten ihn aus der Emigration in Frankreich deportierten und ermordeten.

Von den elf Rechtsanwälten, die ihre Zulassung aufgrund eines Ausnahmetatbestandes des § 1 Absatz 2 des Rechtsanwaltszulassungsgesetzes über 1933 hinaus behalten durften, flohen fünf Anwälte aus dem Deutschen Reich. Von den sechs Personen, welche nicht auswanderten, standen drei kurz vor der Emigration, als die Nationalsozialisten sie deportierten. Insgesamt ist auffallend, dass die Rechtsanwälte, welche 1933 ihre Zulassung aufgrund eines Ausnahmetatbestandes des § 1 Absatz 2 des Rechtsanwaltszulassungsgesetzes behalten durften, deutlich später auswanderten, als die, welchen die Nationalsozialisten die Zulassung bereits 1933 entzogen hatten.

2. Gründe für frühere Auswanderung der Rechtsanwälte, die keine Ausnahmeregelung im Sinne von § 1 Absatz 2 des Rechtsanwaltszulassungsgesetzes erfüllten

Die jüngeren Rechtsanwälte, die aufgrund ihres Alters keine Ausnahme des § 1 Absatz 2 des Rechtsanwaltszulassungsgesetzes erfüllen konnten, verloren mit dem Entzug ihrer Rechtsanwaltszulassung ihre wirtschaftliche Existenz. Sie hatten als Juden nach dem Entzug der Zulassung fast keine Möglichkeit, eine andere adäquate Arbeit zu finden. Ohne Rechtsanwaltszulassung und ohne berufliche Alternative konnten sie keine Einnahmen erwirtschaften und hatten aufgrund dessen, dass sie erst wenige Jahre den Anwaltsberuf ausübten, noch keine Möglichkeit, Vermögensreserven aufzubauen. Die Rechtsanwälte der jüngeren Generation waren daher früher gezwungen, aus dem Deutschen Reich auszuwandern, um im Ausland eine neue Arbeit zur Bestreitung ihres Lebensunterhalts zu finden.

3. Emigrationsziele

Sechs der zehn Rechtsanwälte, die emigrieren konnten (Adler, Löffel, Luchs, Mayer, Neumark und Rosenberg) wanderten in die Vereinigten Staaten aus. Zudem hatte auch Auerbach ursprünglich geplant, in die Vereinigten Staaten oder nach Palästina auszuwandern.

4. Rückkehr

Keiner der in dieser Arbeit dargestellten Rechtsanwälte, die emigrieren konnten, ist nach dem Krieg nach Deutschland zurückgekehrt. Nur Dreifuß, der nicht freiwillig auswanderte, sondern deportiert wurde, wohnte später wieder in Augsburg.

Das Desinteresse an einer Rückkehr nach Deutschland ist aus vielen Gründen nachvollziehbar. Viele der dargestellten Rechtsanwälte hatten sich in der Emigration eine neue Existenz aufgebaut, die sie nicht wieder aufzugeben bereit waren, um in das Land zurückzukehren, aus dem immer mehr Verbrechen gegen die jüdische Bevölkerung während des Krieges bekannt wurden. Außerdem herrschte in Deutschland auch nach dem Krieg eine teilweise antisemitische Stimmung. Schließlich lag Deutschland in Trümmern und bedurfte erst eines Wiederaufbaus. Insgesamt herrschte somit im Vergleich zu der Situation in den Ländern, in die die Verfolgten geflohen waren, – insbesondere im Vergleich zu den Vereinigten Staaten – in der Bundesrepublik Deutschland eine schlechtere Situation.

VI. Neue berufliche Existenz

1. Wiederzulassung als Rechtsanwalt

Dreifuß war der Einzige der in dieser Arbeit dargestellten Rechtsanwälte, der sich nach dem Zweiten Weltkrieg in Deutschland wieder als Rechtsanwalt zulassen ließ.

2. Aufnahme einer neuen beruflichen Tätigkeit in der Emigration

Von den neun Anwälten, die die Schoah in der Emigration überlebten, übten acht wieder eine neue berufliche Tätigkeit in der Emigration aus.

VII. Entschädigung

Für alle in dieser Arbeit dargestellten Rechtsanwälte – bis auf Nördlinger, der bereits im Mai 1935 starb – stellten die Anwälte selbst oder deren Erben nach dem Zweiten Weltkrieg Entschädigungsansprüche an das Bayerische Landesentschädigungsamt oder dem Entschädigungsamt Berlin.

1. Schaden im beruflichen Fortkommen

Bei zwölf[6] der 15 dargestellten Entschädigungsverfahren machte die Entschädigung für den Schaden im beruflichen Fortkommen den größten Anteil der zugesprochenen Entschädigungsbeträge aus.

a. Gründe für die hohen Entschädigungen für den Schaden im beruflichen Fortkommen

Die Gründe für die hohen Entschädigungen für den Schaden im beruflichen Fortkommen der in dieser Arbeit behandelten Rechtsanwälte liegen darin, dass die Zeiträume, in denen ein verfolgungsbedingter Berufsschaden vorlag, meist bereits wenige Jahre nach der „Machtergreifung" durch die Nationalsozialisten begannen und in vielen Fällen bis weit nach dem Ende des Zweiten Weltkrieges andauerten, sodass es zu langen Entschädigungszeiträumen kam.

Zudem stufte das Bayerische Landesentschädigungsamt beziehungsweise das Entschädigungsamt Berlin, bis auf Gunz und Löffel, alle dargestellten Rechtsanwälte, die eine Entschädigung für ihren Schaden im beruflichen Fortkommen erhielten, in die vergleichbare Besoldungsgruppe eines Bundesbeamten des höheren Diensts ein. Durch die Einstufung ergab sich ein hohes Vergleichseinkommen, welches die Entschädigungsämter gemäß § 76 Absatz 1 Satz 1 BEG zur Berechnung der Entschädigung für den Schaden im beruflichen Fortkommen zu Grunde legten.

b. Vergleich mit der Gesamtstatistik des Bundesministeriums der Finanzen

Eine Gesamtstatistik des Bundesministeriums der Finanzen für die von der Bundesrepublik Deutschland und den Bundesländern auf der Grundlage des BEG geleisteten Beträge zeigt, dass die Entschädigungsämter bis Ende 2018 Gesamtentschädigungen in Höhe von 47,32 Milliarden Euro ausbezahlt haben.[7] Von dem Gesamtbetrag der von der Bundesrepublik und den Bundesländern ausgezahlten Leistungen entfielen Entschädigungen in Höhe von 29,87 Milliarden Euro für Schäden an Körper und Gesundheit (63,1 % des ausgezahlten Gesamtbetrages), 10,12 Milliarden Euro für Schäden im beruflichen Fortkommen (21,4 % des ausgezahlten Gesamtbetrages) und 4,19 Milliarden Euro für Schäden am Leben (8,9 % des ausgezahlten Gesamtbetrages).[8] Den größten Anteil des Gesamtbetrages der von den Entschädigungsämtern ausbezahlten Leistungen machten somit Entschädigungen für Schäden

---

6 Die Erben von Rieser haben keine Entschädigung für den Schaden im beruflichen Fortkommen erhalten (siehe oben C. XIII. 4. b.). Strauß und die Erbin von Oberbrunner erhielten jeweils Entschädigungen für den Schaden im beruflichen Fortkommen, jedoch waren diese geringer als die Entschädigungen für den Schaden am Leben (siehe oben für Oberbrunner C. XI. 5. d. und für Strauß C. XV. 4. e.).

7 Bundesministerium der Finanzen, Entschädigung NS-Unrecht, Anlage 3.

8 Bundesministerium der Finanzen, Entschädigung NS-Unrecht, Anlage 3.

an Körper und Gesundheit aus, welche bei den in dieser Arbeit behandelten Rechtsanwälten nur eine untergeordnete Rolle spielten. Nur Strauß erhielt eine Entschädigung für den Schaden an Körper und Gesundheit.[9]

c. Hohe Entschädigungssummen aufgrund lebenslanger Rente

Zu der Höhe der Entschädigungen für Schaden im beruflichen Fortkommen (§§ 65, 66 Absatz 1 BEG) ist des Weiteren festzustellen, dass für die Anspruchsteller, bei denen die Voraussetzungen für ein Wahlrecht zwischen einer Kapitalentschädigung und der Zahlung einer lebenslangen Rente erfüllt waren (§§74 Satz 1, Satz 2 Alternative 2, 81, 82 Absatz 1 BEG), die Wahl der lebenslangen Rente die wirtschaftlich sinnvollere Entscheidung war. Die lebenslange Rente ergab in der Regel einen höheren Betrag als die Kapitalentschädigung. Darüber hinaus konnte die – in der Regel länger lebende – Ehefrau des Verfolgten die Rente in Form einer Witwenrente (§§ 85 Absatz 1, 86 Absatz 1, Absatz 2 BEG) auch nach dem Tod des Verfolgten in Höhe von 60 % der diesem selbst zustehenden Rente (§ 85 Absatz 2 BEG) weiter geltend machen. Je nach Lebensdauer der betroffenen Rechtsanwälte oder ihrer Witwen führte dies zu sehr hohen Entschädigungsbeträgen, die sich über die Rentenjahre aufsummiert ergaben (wie zum Beispiel bei Auerbach 720.000 Deutsche Mark[10] oder bei Rosenberg 515.000 Deutsche Mark).[11]

d. Probleme bei der Höhe der Entschädigung für den Schaden im beruflichen Fortkommen bei Freiberuflern

Der Gesetzgeber entschied sich bei der Entschädigung für den Schaden im beruflichen Fortkommen (§§ 65, 66 Absatz 1 BEG) zugunsten einer objektivierenden Lösung anhand der Einordnung des Verfolgten in die Besoldungsgruppe eines vergleichbaren Bundesbeamten. Die Entschädigung errechnete sich auf Grundlage des Einkommens eines Bundebeamten der vergleichbaren Besoldungsgruppe, wobei individuelle Fähigkeiten des Verfolgten unberücksichtigt blieben.

Dies führte zum Beispiel bei Rieser, der nachweislich einen hohen, verfolgungsbedingten Einkommensrückgang hatte, dazu, dass seinen Erben keine Entschädigung im beruflichen Fortkommen zustand, da Rieser trotz des Rückgangs stets mehr als ein vergleichbarer Bundesbeamter verdiente.[12] Auf der anderen Seite begünstigte §§ 3, 1 Absatz 1, 74 Satz 1, Satz 2 Alternative 1 BEG Rechtsanwälte wie Löffel oder Luchs, die das Bayerische Landesentschädigungsamt aufgrund ihrer beruflichen Ausbildung und ihrer sozialen Stellung in die gleiche Besoldungsgruppe wie Rieser eingruppierte. Sowohl Löffel (30.000 Deutsche Mark mehr als beantragt[13]) als auch

---

[9] Siehe oben C. XV. 4. b.

[10] Siehe oben C. II. 4. a. aa.

[11] Siehe oben C. XIV. 4. a. ee.

[12] Siehe oben C. XIII. 4. b.

[13] Siehe oben C. VI. 4. a. dd.

Luchs (34.000 Deutsche Mark mehr als beantragt[14]) sprach das Bayerische Landesentschädigungsamt deutlich höhere Entschädigungen für den Schaden im beruflichen Fortkommen zu, als Löffel und Luchs aufgrund ihres verfolgungsbedingten Einkommensrückgangs ursprünglich selbst berechnet hatten.

2. Kritik hinsichtlich der Entschädigungshöhe wegen Schadens an der Freiheit

Das BEG sieht in § 45 als Entschädigung für einen Schaden durch Entziehung der Freiheit eines Verfolgten (§ 43 Absatz 1 BEG) genauso wie in § 48 Satz 2 BEG für einen Schaden durch eine Freiheitsbeschränkung für die Dauer des Tragens des Judensterns (§ 47 Absatz 1 BEG) einen Entschädigungsbetrag in Höhe von 150 Deutsche Mark pro vollem Monat der Entziehung oder Beschränkung der Freiheit vor. Die Gleichstellung in der Entschädigungshöhe zwischen Schäden durch Freiheitsentziehung und -beschränkung erscheint nicht sachgerecht. Für das während einer Schutzhaftinhaftierung in einem Gefängnis der Geheimen Staatspolizei oder in Deportation in einem Konzentrationslager zugefügte Leid war der von dem Gesetzgeber gewählte Betrag in Höhe von 150 Deutschen Mark zu niedrig.

Bei den in dieser Arbeit dargestellten Anwälten zeigt sich, dass die Entschädigung für den Schaden an der Freiheit in den meisten Fällen nur einen geringen Anteil an der Gesamtentschädigung ausgemacht hat.

3. Dauer der Entschädigungsverfahren

Im Durchschnitt dauerte die Bearbeitung der einzelnen in dieser Arbeit dargestellten Entschädigungs- und Wiedergutmachungsansprüche von der Antragstellung bis zur Entscheidung durch einen Bescheid, ein Urteil oder einen Vergleich etwa sechs Jahre. Diese lange Verfahrensdauer hatte vielerlei Gründe. Zum einen ist die hohe Zahl von Anträgen zu nennen, die zu einer Überlastung der Behörden führte. Zum anderen reichten die Antragsteller nicht immer mit Antragsstellung die für die Bearbeitung notwendigen Unterlagen ein. Darüber hinaus waren auch bei den Behörden die Akten nicht immer verfügbar, weil eine Vielzahl anderer Behörden und Gerichte immer wieder Akten zur Einsicht anforderten. Außerdem erscheint die Bearbeitung innerhalb der Behörden schleppend erfolgt zu sein. Viele Verfolgte waren jedoch auf zügige Entschädigungszahlungen der Behörden angewiesen.

---

[14] Siehe oben C. VII. 4. a. cc.

Anhang

Emailschreiben Pete Schwager an Florian Schwinger vom 21.7.2015

Von: Schwager
Gesendet: Dienstag, 21. Juli 2015 09:42
An: Florian Schwinger
Betreff: Re: a little question

Dear Mr. Schwinger,

1. To the best of my knowledge, he was the only lawyer in his firm. There was mention of a Mr. Tischler, but I think he was a law clerk.
2. I was told that my father jumped out of a second floor window and ran into the woods, when the Gestapo knocked on the front door. Mom never mentioned any harassment regarding her father.
3. In early 1939, a limited number of Jews were permitted to leave Germany. My parents packed a big steamer trunk with household goods and clothing to help them start a new life. When they arrived in England, the Nazi's had removed everything except underwear and 3 spoons. My father knew some English as he worked as an apprentice in a British bank earlier in his life.
4. Neither Uncle Walter nor Uncle Eric were married at the time they left Germany. Walter came to America in 1938. Eric was on the same boat with us to America.
5. Mom said she tried to get her parents to go to the American Embassy in Frankfurt and get an exit visa. However, they did not initially think the situation would get that bad. After much insistence, they also went to the American Embassy and got an exit visa. Unfortunately, by the time their visa number could be used, the Nazi's had halted any Jewish departures.
6. We received the information regarding the death of my grandparents from a research request to the United States Holocaust Memorial Museum (www.ushmm.org).
7. Walter always loved music, however his father told him he could not earn a living in that field. To satisfy his father, Walter went to school and received a law degree, but never practiced a day of law. He went right back to school (in Germany) and received his doctor's degree in music.
8. No, there was never a thought of anyone returning to Germany. In 1966, my mother and I took a vacation to Israel and Europe. Mom was very apprehensive about going to Germany. To ease her mind, I told her we would make a U-turn and leave any time she wanted to. We entered Germany from the south and stopped for a meal in Füssen. Some friendly people were at the same table and Mom felt at ease. When we arrived in Augsburg and she met many of her old friends, she was very happy.

9. Arthur had 5 grandchildren. Eric had 2 sons, Walter had 2 daughters, and me. One of Walter's daughters died in 2007.
10. Being a loyal German, Arthur joined the Army in World War I, even though lawyers were exempt from military service. He lost a leg during the war. After many years of taking morphine to ease the pain, he did not want to be drug dependant and he quit. He was a kind and loving father. When I was little, he would amuse me by telling me his cane was naughty and would cut out a small piece with his pocket knife.

I hope these answers give you a sense of the type of individual my grandfather was.

Sincerely, Pete

----- Original Message -----

From: Florian Schwinger

To: Schwager

Sent: Monday, July 20, 2015 9:59 AM

Subject: Re: a little question

Dear Pete,

I´m very pleased to read your email and that you want to answer my questions. It´s fine for me to write in English, as long as my English is good enough that you can understand me.

It is absolutely no problem that your answers are based on tales of your mother or if you have no answer on some questions. I´m happy for any information that I get from you.

1. Do you know if Arthur Teutsch was the only lawyer in his law firm or did he have any employed attorneys or partners?
2. Did your mother tell you any tales how the Nazis harassed the family, especially Arthur Teutsch?
3. I read the story about the escape of your family in 1939 with the 6 months stop in England and then to New York on geni.com. Do you have any further information about the escape? It is so hard to imagine the situation how your family was forced to leave the home country to go in a foreign country where you probably can´t speak the language and probably could not take anything with you etc.
4. Did the families of your uncles and your family leave Nazi Germany together or each family by their own?

5. Do you know the reason why Arthur and Clara Teutsch could not leave Nazi Germany too?
6. Do you know how your mother got the information that her father was murdered in KZ Theresienstadt in 1943 by the Nazis and her mother died in KZ Auschwitz 1944? I´m interested if there was a public institution who informed the surviving relatives or had the relatives to find out the death of their dependants by their own?
7. Is it right that your uncle Walter studied law too but never became a lawyer but a very good composer and a professor of music in Salt Lake City? And if yes do you know why he did not study music in Germany? Was it the request of Arthur that Walter studied law?
8. Was there any thought of your family or the family of your uncles to go back to Germany after the war?
9. Can you tell me how many grandchildren Arthur has got? And are you the only one who Arthur got to know before his death?
10. Do you know any tale from your mother which characterizes the personality of Arthur Teutsch? I mean was Arthur a strict, humorous, lovely person a good lawyer, etc.?

I thank you so much for your time to answer my question.

Yours sincerly

Florian

Literaturverzeichnis

Barkai, Avraham, Vom Boykott zur Entjudung, Der wirtschaftliche Existenzkampf der Juden im Dritten Reich 1933–1943, Fischer Taschenbuch Verlag, Frankfurt am Main, 1988.

Bauer, Kurt, Nationalsozialismus, Böhlau Verlag Ges. m. b. H. und Co. KG, Wien u.a. 2008.

Ben-Sasson, Haim Hillel (Herausgeber), Geschichte des jüdischen Volkes, Von den Anfängen bis zur Gegenwart, 5. Auflage, Verlag C.H. Beck, München 2007.

Brechtken, Magnus, Die nationalsozialistische Herrschaft 1933–1939, 2. Auflage, Wissenschaftliche Buchgesellschaft, Darmstadt 2012.

Buchheim, Regine/ Basta Denis, Steuerrecht und Finanzverwaltung als Instrumente der Judenverfolgung und -enteignung im Nationalsozialismus, in: Deutsches Steuerrecht (DStR) 2016, Seite 705.

Bundesministerium der Finanzen (Herausgeber), Entschädigung NS-Unrecht, Stand 21. Mai 2019, abrufbar:

http://www.bundesfinanzministerium.de/Content/DE/Downloads/Broschueren_Bestellservice/2018-03-05-entschaedigung-ns-unrecht.pdf?__blob=publicationFile&v=4(letzter Abruf 2. März 2020).

Brenner, Michael, Zwischen Revolution und rechtlicher Gleichstellung, in: Meyer, Michael (Herausgeber), Deutsch-Jüdische Geschichte in der Neuzeit, Band II, Emanzipation und Akkulturation 1780–1871, Verlag C.H. Beck, München 1996, Seite 287–325.

Döscher, Hans-Jürgen, Reichskristallnacht, Die November-Pogrome 1938, Verlag Ullstein GmbH, Frankfurt am Main 1988.

Drabkin, Jakov, Die Entstehung der Weimarer Republik, Pahl-Rugenstein Verlag, Köln 1983.

Erb, Rainer/ Bergmann, Werner, Die Nachtseite der Judenemanzipation, Der Widerstand gegen die Integration der Juden in Deutschland 1780 -1860, Antisemitismus und jüdische Geschichte Band 1, Metropol Verlag, Berlin 1989.

Fassl, Peter, Die wirtschaftliche und soziale Stellung der Juden in Augsburg im 19. und beginnenden 20. Jahrhundert, in: Fassl, Peter (Herausgeber), Geschichte und Kultur der Juden in Schwaben, Wissenschaftliche Tagung der Heimatpflege des Bezirks Schwaben in Zusammenarbeit mit der Schwabenakademie Irsee am 14./ 15. Oktober 1989, Irseer Schriften, Band II, Jan Thorbecke Verlag, Sigmaringen 1994, Seite 129–146.

Faupel, Rainer, Gesetzliches Unrecht in der Zeit des Nationalsozialismus, Vor 60 Jahren: Erlaß der Nürnberger Gesetze, in: Faupel, Rainer/ Eschen, Klaus, Gesetzliches Unrecht in der Zeit des Nationalsozialismus, Vor 60 Jahren: Erlaß der Nürnberger Gesetze, Nomos Verlaggesellschaft, Baden-Baden 1997, Seite 9–61.

Filser, Karl/ Thieme, Hans (Herausgeber), Hakenkreuz und Zirbelnuß, Augsburg im Dritten Reich, Himmer Verlag, Augsburg 1983.

Von Gneist, Rudolf, Freie Advocatur, Die erste Forderung aller Justizreform in Preußen, Verlag von Julius Springer, Berlin 1867.

Grab, Walter, Der Deutsche Weg der Judenemanzipation 1789 – 1938, R. Piper GmbH & Co. KG, München 1991.

Häußler, Franz, Gedenktafeln erzählen Augsburger Geschichte, context Verlag Augsburg, Augsburg 2014.

Hirsch, Hans, Juden in Augsburg, in: Grünsteudel Günther/ Hägele Günter/ Frankenberger Rudolf (Herausgeber), Augsburger Stadtlexikon, 2. Auflage, Perlach Verlag, Augsburg 1998, Seite 135–145.

Hockerts, Hans Günter, Anwälte der Verfolgten, Die United Restitution Organization, in: Herbst Ludolf/ Goschler Constantin (Herausgeber), Widergutmachung in der Bundesrepublik Deutschland, R. Oldenbourg Verlag, München 1989.

Janetzko, Maren, Die „Arisierung" mittelständischer jüdischer Unternehmen in Bayern 1933 – 1939, Ein interregionaler Vergleich, Selbstverlag des historischen Vereins für Mittelfranken, Ansbach 2012.

Kießling, Rolf, Jüdische Geschichte in Bayern, Von den Anfängen bis zur Gegenwart, Walter de Gruyter, Berlin 2019.

Knopp Guido, Hitlers Manager, 2. Auflage, Wilhelm Goldmann Verlag, München 2007.

Kleine-Cosack, Dr. Michael, Rechtsberatungsgesetz, Kommentar, C.F. Müller Verlag, Heidelberg, 2004.

Kolb, Eberhard, Deutschland 1918 – 1933, Eine Geschichte der Weimarer Republik, R. Oldenbourg Verlag, München 2010.

Kolb, Eberhard, Der Frieden von Versailles, Verlag C.H. Beck, München 2005.

Koop, Volker, Wer Jude ist, bestimme ich, Ehrenarier im Nationalsozialismus, Böhlau Verlag, Köln u.a. 2014.

Kropat, Wolf-Arno, „Reichskristallnacht", Das Judenpogrom vom 7. bis 10. November 1938 – Urheber, Täter, Hintergründe, Kommission für die Geschichte der Juden in Hessen, Wiesbaden 1997.

Kuller, Christiane, Bürokratie und Verbrechen, Antisemitische Finanzpolitik und Verwaltungspraxis im nationalsozialistischen Deutschland, Oldenbourg Verlag, München 2013.

Lehmann-Richter, Arnold, Auf der Suche nach den Grenzen der Wiedergutmachung, Die Rechtsprechung zur Entschädigung für Opfer der nationalsozialistischen Verfolgung, Berliner Juristische Universitätsschriften Grundlage des Rechts Band 42, BWV Berliner Wissenschaftsverlag, Berlin 2007.

Longerich, Peter, Politik der Vernichtung, Eine Gesamtdarstellung der nationalsozialistischen Judenverfolgung, Piper Verlag GmbH, München u.a. 1998.

Lorenz, Ina/ Berkemann, Jörg, Die Hamburger Juden im NS-Staat 1933 bis 1938/39, Band VI – Dokumente, Wallstein Verlag, Göttingen 2016.

Mayen, Thomas, Freiheit der Advokatur im Spiegel des Verfassungsrechts, in: Anwaltsblatt, Jahrgang 61, Deutscher Anwaltsverlag und Institut der Anwaltschaft, Bonn 2011, Seite 405 ff.

Mayer, Ludwig, Der Dorfnarr, in: Mayer, Richard (Herausgeber), Umkämpfte Erde, Jüdische Novellen und Legenden, 3. Auflage, Edition Fischer Verlag, Frankfurt am Main 2014, Seite 53–62.

Mayer, Ludwig, Das Lichtwunder, in: Mayer, Richard (Herausgeber), Umkämpfte Erde, Jüdische Novellen und Legenden, 3. Auflage, Edition Fischer Verlag, Frankfurt am Main 2014, Seite 63–72.

Mayer, Ludwig, Segen der Bäume, in: Mayer, Richard (Herausgeber), Umkämpfte Erde, Jüdische Novellen und Legenden, 3. Auflage, Edition Fischer Verlag, Frankfurt am Main 2014, Seite 73–78.

Nerdinger, Winfried, Bauten erinnern, Augsburg in der NS-Zeit, Dietrich Reimer Verlag, Berlin 2012.

Piketty, Thomas, Kapital und Ideologie, C.H. Beck, München 2020.

Reinke, Andreas, Geschichte der Juden in Deutschland 1781 - 1933, Wissenschaftliche Buchgesellschaft, Darmstadt 2007.

Rousso, Henry, Frankreich unter Deutscher Besatzung 1940 – 1944, C.H. Beck, München 2009.

Rücker, Simone, Das Ende der Rechtsberatung durch jüdische Juristen, in: Anwaltsblatt, Jahrgang 57, Deutscher Anwaltsverlag und Institut der Anwaltschaft, Bonn 2007, Seite 801 ff.

Reifner, Udo, Die Zerstörung der freien Advokatur im Nationalsozialismus, in: Kritische Justiz, 1984, Nomos Verlag, Baden-Baden 1984, Seite 380 ff.

Ried, Claudia, Jüdisches Leben auf dem Land im Wandel, Zu den Auswirkungen des bayerischen Judenedikts von 1813 auf schwäbische Landjudengemeinschaften, in: Brenner Michael/ Ullmann Sabine (Herausgeber), Die Juden in Schwaben, Oldenbourg Verlag, München 2013, Seite 155–174.

Römer, Gernot, Ein Mann, der zu sehr an Deutschland hing, Augsburger Allgemeine, Ausgabe vom 5. November 1988, Seite 3.

Römer, Gernot, In der Fremde leben meine Kinder …, Lebensschicksale kindlicher jüdischer Auswanderer aus Schwaben unter der Naziherrschaft, Wißner Verlag, Augsburg 1996.

Schoene, Stefanie, Sie alle sollten den Tod finden, Augsburger Allgemeine, Ausgabe vom 25. Februar 2014, Seite 34.

Schönhagen, Benigna, Die zweite Jüdische Gemeinde von Augsburg 1861–1943, in: Michael Brenner/ Sabine Ullmann (Herausgeber), Die Juden in Schwaben, Oldenbourg Verlag, München 2013, Seite 225–250.

Schönhagen, Benigna, Zur Situation der Augsburger Juden nach der „Machtergreifung“, in: Cramer-Fürtig Michael/ Gotto Bernhard (Herausgeber), Ausstellungskatalog „Machtergreifung“ in Augsburg, Anfänge der NS-Diktatur 1933–1937, Wißner Verlag Augsburg, Augsburg 2008, Seite 150–158.

Segall, Jacob, Die deutschen Juden als Soldaten im Krieg 1914–1918, Hilo-Verlag, Berlin 1922.

Seuffert, Ottmar, Die Zerstörung eines Menschen in Donauwörth, Donauwörther Zeitung, Ausgabe vom 1. August 2015, Seite 26.

Vogt, Martin, Gibt es einen Deutschen Antisemitismus?, in: Michalka Wolfgang/ Vogt Martin (Herausgeber), Judenemanzipation und Antisemitismus in Deutschland im 19. und 20. Jahrhundert, Edition Isele Verlag, Eggingen 2003, Seite 9–38.

Weber, Reinhard, Das Schicksal der jüdischen Rechtsanwälte in Bayern nach 1933, Bayerisches Staatsministerium der Justiz/ Rechtsanwaltskammern München/ Nürnberg/ Bamberg/ Pfälzische Rechtsanwaltskammer Zweibrücken (Herausgeber), R. Oldenburg Verlag, München 2006.

Weis, Eberhard, Montgelas, Eine Biographie 1769–1838, Verlag C. H. Beck, München 2008.

Weißler, Adolf, Geschichte der Rechtsanwaltschaft, Verlag Sauer & Auvermann, Frankfurt/Main 1967, unveränderter Nachdruck der Ausgabe Leipzig 1905.

Winstel, Tobias, Verhandelte Gerechtigkeit, Rückerstattung und Entschädigung für jüdische NS-Opfer in Bayern und Westdeutschland, R. Oldenburg Verlag, München 2006.

Wrobel, Hans, Der Deutsche Richterbund im Jahre 1933, in: Deutsche Richterzeitung, 61. Jahrgang, Carl Heymanns Verlag KG, Köln 1983, Seite 160 ff.

Quellenverzeichnis

I. Gesetze und weitere Vorschriften (in chronologischer Reihenfolge)

Edikt betreffend die bürgerlichen Verhältnisse der Juden im preußischen Staate, vom 11. März 1812, Gesetzessammlung für die Königlich-Preußischen Staaten, Band 1812, 17.

Edikt über die Verhältnisse der jüdischen Glaubensgenossen im Königreiche Baiern, vom 17. Juli 1813, Königlich-Baierisches Regierungsblatt 1813, S. 922.

Verfassung des Deutschen Reichs (sogenannte Paulskirchenverfassung), vom 28. März 1849, Reichsgesetzblatt 1849, S. 101.

Gewerbeordnung für den Norddeutschen Bund von 1869, vom 1. Juli 1869, Bundesgesetzblatt des Norddeutschen Bundes 1869, S. 245.

Gesetz, betreffend die Gleichberechtigung der Konfessionen in bürgerlicher und staatsbürgerlicher Beziehung, vom 9. Juli 1869, Bundesgesetzblatt des Norddeutschen Bundes 1869, S. 292.

Vertrag, betreffend den Beitritt Bayerns zur Verfassung des Deutschen Bundes, vom 23. November 1870, Bundesgesetzblatt des Norddeutschen Bundes 1870, S. 9.

Gesetz, betreffend die Verfassung des Deutschen Reichs (sogenannte Bismarcksche Reichsverfassung von 1871), vom 16. April 1871, Bundesgesetzblatt des Norddeutschen Bundes 1871, S. 63.

Gesetz, betreffend die Einführung Norddeutscher Bundesgesetze in Bayern, vom 22. April 1871, Bundesgesetzblatt des Norddeutschen Bundes 1871, S. 87.

Gerichtsverfassungsgesetz, vom 27. Januar 1877, Reichs-Gesetzblatt 1877, S. 41.

Rechtsanwaltsordnung (RAO 1878), vom 1. Juli 1878, Reichs-Gesetzblatt 1878, S. 177.

Bürgerliches Gesetzbuch, vom 18. August 1896, Reichs-Gesetzblatt 1896, S. 195, im Stand der Änderungen vom 5. Januar 1950, Bundesgesetzblatt 1950, S. 1, und vom 28. Juni 1954, Bundesgesetzblatt 1954, S. 147 und vom 6. August 1957, Bundesgesetzblatt 1957, S. 861, und vom 29. Dezember 1959, Bundesgesetzblatt 1959, S. 781;

Einführungsgesetz zum Bürgerlichen Gesetzbuche, vom 18. August 1896, Reichs-Gesetzblatt 1896, S. 604, im Stand der Änderung vom 7. März 1953, Bundesgesetzblatt 1953 S. 33.

Verordnung über den Kraftfahrzeugverkehr, vom 15. Juli 1930, S. 276, Reichsgesetzblatt 1930 I, S. 276.

Verordnung des Reichspräsidenten zum Schutze des Deutschen Volkes, vom 4. Februar 1933, Reichsgesetzblatt 1933 I, S. 35.

Verordnung des Reichspräsidenten zum Schutz von Volk und Staat (sogenannte Reichstagsbrandverordnung), vom 28. Februar 1933, Reichsgesetzblatt 1933 I, S. 83.

Ermächtigungsgesetz, vom 24. März 1933, Reichsgesetzblatt 1933 I, S. 141.

Vorläufiges Gesetz zur Gleichschaltung der Länder mit dem Reich, vom 31. März 1933, Reichsgesetzblatt 1933 I, S. 153.

Gesetz zur Wiederherstellung des Berufsbeamtentums, vom 7. April 1933, Reichsgesetzblatt 1933 I, S. 175.

Gesetz über die Zulassung zur Rechtsanwaltschaft (Rechtsanwaltszulassungsgesetz), vom 7. April 1933 Reichsgesetzblatt 1933 I, S. 188.

Erste Verordnung zum Gesetz zur Wiederherstellung des Berufsbeamtentums, vom 11. April 1933, Reichsgesetzblatt 1933 I, S. 195.

Verordnung über die Zulassung von Ärzten zur Tätigkeit bei den Krankenkassen, vom 22. April 1933, Reichsgesetzblatt 1933 I, S. 222.

Gesetz zur Verhütung erbkranken Nachwuchses, vom 14. Juli 1933, Reichsgesetzblatt 1933 I, S. 529.

Reichsflaggengesetz, vom 15. September 1935, Reichsgesetzblatt 1935 I, S. 1145.

Reichsbürgergesetz, vom 15. September 1935, Reichsgesetzblatt 1935 I, S. 1146.

Gesetz zum Schutze des deutschen Blutes und der deutschen Ehre, vom 15. September 1935, Reichsgesetzblatt 1935 I, S. 1146.

Zweites Gesetz zur Änderung der Reichsrechtsanwaltsordnung, vom 13. Dezember 1935, Reichsgesetzblatt 1935 I, S. 1470.

Gesetz zur Verhütung von Missbräuchen auf dem Gebiet der Rechtsberatung, vom 13. Dezember 1935, Reichsgesetzblatt 1935 I, S. 1478.

Ausführungsverordnung zum Rechtsberatungsgesetz, vom 13. Dezember 1935, Reichsgesetzblatt 1935 I, S. 1481.

Reichsrechtsanwaltsordnung (RRAO 1936), vom 21. Februar 1936, Reichsgesetzblatt 1936 I, S. 107.

Verordnung über Anmeldung des Vermögens von Juden, vom 26. April 1938, Reichsgesetzblatt 1938 I, S. 414.

Allgemeiner Erlass Nr. 64/38 (vertraulich), vom 14. Mai 1938, abgedruckt in Lorenz, Ina/ Berkemann, Jörg, Die Hamburger Juden im NS-Staat 1933 bis 1938/39, Band VI – Dokumente, S. 33, Wallstein Verlag, Göttingen 2016.

Vierte Verordnung zum Reichsbürgergesetz, vom 25. Juli 1938, Reichsgesetzblatt 1938 I, S, 969.

Fünfte Verordnung zum Reichsbürgergesetz, vom 27. September 1938, Reichsgesetzblatt 1938 I, S. 1403.

Verordnung über eine Sühneleistung der Juden deutscher Staatsangehörigkeit, vom 12. November 1938, Reichsgesetzblatt 1938 I, S. 1579.

Durchführungsverordnung über die Sühneleistung der Juden, vom 21. November 1938, Reichsgesetzblatt 1938 I, S. 1638.

Achte Verordnung zum Reichsbürgergesetz, vom 17. Januar 1939, Reichsgesetzblatt 1939 I, S. 47.

Dritte Anordnung auf Grund der Verordnung über die Anmeldung des Vermögens von Juden, vom 21. Februar 1939, Reichsgesetzblatt 1939 I, S. 282.

Zweite Durchführungsverordnung über die Sühneleistung der Juden, vom 19. Oktober 1939, Reichsgesetzblatt 1939 I, S. 2059.

Elfte Verordnung zum Reichsbürgergesetz, vom 25. November 1941, Reichsgesetzblatt 1941 I, S. 722.

Militärregierungsgesetz Nummer 59 für das Amerikanische Kontrollgebiet in Deutschland (MRG 59), vom 29. Dezember 1947, Bayerisches Gesetz- und Verordnungsblatt 1947, S. 221.

Drittes Gesetz zur Neuordnung des Geldwesens (Umstellungsgesetz), vom 20.06.1948, WiGBl. 1948, Beilage Nr. 5, 13.

Verordnung über die Organisation der Wiedergutmachung, vom 3. November 1948, Bayerisches Gesetz- und Verordnungsblatt 1948, S. 248.

Zweite Verordnung über die Organisation der Wiedergutmachung, vom 22. November 1949, Bayerisches Gesetz- und Verordnungsblatt 1949, S. 276.

Gesetz zur Wiedergutmachung nationalsozialistischen Unrechts (Entschädigungsgesetz – USEG), vom 12. August 1949, Bayerisches Gesetz- und Verordnungsblatt 1949, S. 195.

Zivilprozessordnung, vom 20. September 1950, Bundesgesetzblatt 1950 I, S. 535.

Dritte Durchführungsverordnung zum USEG (3. DV-USEG), vom 23. August 1952, Bayerisches Gesetz- und Verordnungsblatt 1952, S. 251.

Bundesergänzungsgesetz zur Entschädigung für Opfer der nationalsozialistischen Verfolgung, vom 18. September 1953, Bundesgesetzblatt 1953 I, S. 1387.

Zweite Verordnung zur Durchführung des Bundesergänzungsgesetzes zur Entschädigung für Opfer der nationalsozialistischen Verfolgung (2. DV-BErgG), vom 24. Dezember 1954, Bundesgesetzblatt 1954 I, S. 510.

Dritte Verordnung zur Durchführung des Bundesergänzungsgesetzes zur Entschädigung für Opfer der nationalsozialistischen Verfolgung (3. DV-BErgG), vom 7. April 1955, Bundesgesetzblatt 1955 I, S. 157.

Bundesgesetz zur Entschädigung für Opfer der nationalsozialistischen Verfolgung (Bundesentschädigungsgesetz, BEG), vom 29. Juni 1956, Bundesgesetzblatt 1956 I, S. 559.

Erste Verordnung zur Durchführung des Bundesentschädigungsgesetzes (1. DV-BEG), vom 23. November 1956 Bundesgesetzblatt 1956 I, S. 865.

Zweite Verordnung zur Durchführung des Bundesentschädigungsgesetzes (2. DV-BEG), vom 23. November 1956 Bundesgesetzblatt 1956 I, S. 870.

Dritte Verordnung zur Durchführung des Bundesentschädigungsgesetzes (3. DV-BEG), vom 20. März 1957, Bundesgesetzblatt 1957 I, S. 270.

Bundesgesetz zur Regelung der rückerstattungsrechtlichen Geldverbindlichkeiten des Deutschen Reichs und gleichgestellter Rechtsträger (Bundesrückerstattungsgesetz, BRüG), vom 23. Juli 1957, Bundesgesetzblatt 1957 I, S. 734.

Gesetz über außergerichtliche Rechtsdienstleistungen, vom 12. Dezember 2007, Bundesgesetzblatt 2007 I, S. 2840.

Zweites Gesetz zur Änderung des BEG (BEG-Schlußgesetz), vom 18. September 1965, Bundesgesetzblatt 1965 I, S. 1315.

Gesetz über die rechtliche Stellung der nichtehelichen Kinder, vom 19. August 1969, Bundesgesetzblatt 1969 I, S. 1243.

Bundesrechtsanwaltsordnung, vom 1. August 1959, Bundesgesetzblatt 1959, S. 565.

Deutsches Richtergesetz, vom 8. September 1961, Bundesgesetzblatt 1961, S. 1665.

Rechtsdienstleistungsgesetz, vom 12. Dezember 2007, Bundesgesetzblatt 2007 I, S. 2840.

II. Weitere gedruckte Quellen

Fröhlich, Elke (Herausgeber), Die Tagebücher von Joseph Goebbels, Teil I Aufzeichnungen 1923 – 1941, Band 2/III. Oktober 1932–März 1934, KG Saur, München 2006.

Fröhlich, Elke (Herausgeber), Die Tagebücher von Joseph Goebbels, Teil I Aufzeichnungen 1923 – 1941, Band 6. August 1938–Juni 1939, KG Saur, München 1998.

Römer, Gernot, „An meine Gemeinde in der Zerstreuung", Die Rundbriefe des Augsburger Rabbiners Ernst Jacob 1941 - 1949, Materialien zur Geschichte des Bayerischen Schwaben, Wißner-Verlag, Augsburg 2007.

III. Archivalien

1. Bayerisches Hauptstaatsarchiv München (BayHStA)

a) **Bestand LEA** (enthält Akten des Bayerischen Landesentschädigungsamtes).
   - **LEA 794** (Entschädigungsakte Ludwig Dreifuß).

- **LEA 2423** (Entschädigungsakte Benno Löffel).
- **LEA 2655** (Entschädigungsakte Robert Neumark).
- **LEA 28961** (Entschädigungsakte Julius Prochownik).
- **LEA 2971** (Entschädigungsakte nach Leopold Rieser).
- **LEA 23846** (Entschädigungsakte Arthur Luchs).
- **LEA 27105** (Entschädigungsakt Clara Nördlinger).
- **LEA 42578** (Entschädigungsankte Dr. Richard Bellmann).

b) **Bestand MJU** (enthält Akten des Justizministeriums, insbesondere auch abgegebene Akten der Rechtsanwaltskammer).

- **MJU 20299** (Personalakte Hans Auerbach, vormals von Rechtsanwaltskammer München geführt).
- **MJU 20265** (Personalakte Dr. Siegfried Adler, vormals von Rechtsanwaltskammer München geführt).
- **MJU 20354** (Personalakte Dr. Richard Bellmann).
- **MJU 21401** (Personalakte Dr. Ludwig Mayer).
- **MJU 21516** (Personalakte Max Nördlinger).
- **MJU 21521** (Personalakte Stefan Oberbrunner).
- **MJU 21728** (Personalakte Dr. Paul Rosenberg).
- **MJU 22102** (Personalakte Dr. Arthur Teutsch).

2. Staatsarchiv Augsburg (StA Augsburg)

- **NA Augsburg 1012/1938** Nachlassakte beim Nachlassgericht Augsburg von Leopold Rieser (enthält insbesondere Erbschein und Informationen über den Tod von Leopold Rieser).
- **Va 832 (1)** Wiedergutmachungsakte im Verfahren Arthur Luchs gegen Deutsches Reich (enthält insbesondere Ansprüche wegen Sonderabgaben).
- **Va 832 (2) verbunden mit V 1116,** Wiedergutmachungsakte im Verfahren Arthur Luchs gegen Deutsches Reich (enthält insbesondere Ansprüche wegen Sonderabgaben Arthur Luchs, Sonderabgaben Jenny und Moritz Luchs, Vermögensverfalls Jenny und Moritz Luchs).
- **Va 892,** Wiedergutmachungsakte im Verfahren Berta Haas gegen Deutsches Reich (enthält Ansprüche Berta Haas wegen des Entzuges von Mobiliar, welches ihr von Leopold Rieser geschenkt wurde und nach dem Tod von Rieser entzogen wurde).
- **V 107866-a31105-957,** Wiedergutmachungsakte im Verfahren Dr. Eugen Strauß gegen Wilhelm Kehr und Michael Lesjak, Strauß (enthält Ansprüche auf Rückerstattung der Gesellschaftsanteile der Lesjak GbR).

- **V 107867- a 31104/956,** Wiedergutmachungsakte im Verfahren Dr. Eugen Strauß gegen H. Otto Kolb und Frau Günzburg (enthält Ansprüche auf Rückerstattung eines Perserteppichs).
- **V 8878-b 2378/98/48,** Wiedergutmachungsakte im Verfahren Carl Benz und Dr. Eugen Strauß (enthält Ansprüche auf Rückerstattung Anwesen Nibelungenstr. 9 in Augsburg).
- **V WKV 201/50, Wi 116, 145/54; Va 973 I WKV 7/57,** Wiedergutmachungsakte im Verfahren Strauß Eugen gegen Freistaat Bayern und Stadtgemeinde Augsburg (enthält Ansprüche auf Rückerstattung beziehungsweise Schadensersatz für entzogene Edelmetall- und Schmuckgegenstände).

3. Staatsarchiv München (StA München)

- **WB I/N 616** Auerbach Dr. Hans ./. Deutsches Reich (enthält Ansprüche bezüglich verlustig gegangener Hypothekenforderungen).
- **WB I/N 771** Erbengemeinschaft nach Auerbach Louis; Auerbach Dr. Hans (enthält Anspruchsgeltendmachung vor der Wiedergutmachungsbehörde Oberbayern).
- **WB I/N 900** Erben nach Gunz Eugen und Gunz Dora ./. Deutsches Reich (enthält Ansprüche zur Wiedergutmachung wegen Vermögensverfalls, Zahlungen an Reichsrechtsanwaltskammer, entzogener Wertpapiere, entzogenen Hausrates sowie wegen entzogener Schmuck- und Wertgegenstände).
- **WB I/N 6811 I WKN 150/65** 1.) Auerbach Dr. Hans 2) Freistaat Bayern ./. Deutsches Reich (enthält Ansprüche zur Wiedergutmachung von entzogenen Aktien und Wertpapieren).

4. Stadtarchiv Augsburg

Bestand MK (enthält amtliche Meldekarten mit persönlichen Daten).

a) MK 1

- MK 1 Bellmann Richard (amtliche Meldekarte von Dr. Richard Bellmann).
- MK 1 Dreifuß Rolf (amtliche Meldekarte von Dreifuß Rolf).
- MK 1 Nördlinger Werner (amtliche Meldekarte von Werner Nördlinger).
- MK 1 Rosenberg Paul (amtliche Meldekarte von Dr. Paul Rosenberg).

b) MK 2

- MK 2 Adler Siegfried (amtliche Meldekarte von Dr. Siegfried Adler).
- MK 2 Löffel Benno (amtliche Meldekarte von Löffel Benno).
- MK 2 Luchs Arthur (amtliche Meldekarte von Arthur Luchs).
- MK 2 Rieser Leopold (amtliche Meldekarte von Leopold Rieser).

- MK 2 Strauß Eugen (amtliche Meldekarte von Dr. Eugen Strauß).
- MK 2 Teutsch Arthur (amtliche Meldekarte von Arthur Teutsch).

5. Landesamt für Bürger- und Ordnungsangelegenheiten Entschädigungsamt Berlin

Register Nummer 120.233 Prochownik Julius (Entschädigungsakte der Antragstellerin Maria Prochownik; enthält insbesondere Ansprüche in Bezug auf Julius Prochownik).

6. Landesamt für Finanzen Bayern, Dienststelle München (LAfF)

- **EG 7703 Obert Lieselotte** (Entschädigungsakte der Antragstellerin Lieselotte Obert (vormals Oberbrunner); enthält insbesondere Ansprüche Stefan Oberbrunner betreffend).
- **EG 18548 Strauß Dr. Eugen** (Entschädigungsakte des Antragsstellers Dr. Eugen Strauß).
- **EG 19125 Gunz Eugen** (Entschädigungsakte des Antragsteller Franz Ludwig Gunz; enthält insbesondere Ansprüche in Bezug auf Eugen Gunz).
- **EG 54586 Auerbach Hans** (Entschädigungsakte des Antragsstellers Auerbach Hans).
- **EG 64 868 Rosenberg Dr. Paul** (Entschädigungsakte des Antragsstellers Dr. Paul Rosenberg).
- **EG 73052 Adler Margaret** (Entschädigungsakte der Antragstellerin Margaret Adler; enthält insbesondere Ansprüche in Bezug auf Siegfried Adler).
- **EG 78969 Teutsch Arthur** (Entschädigungsakte der Antragstellerin Erbengemeinschaft nach Dr. Arthur Teutsch).
- **EG 82 621 Mayer Ludwig** (Entschädigungsakte des Antragstellers Dr. Ludwig Mayer).

7. Jüdisches Kulturmuseum Augsburg-Schwaben, Augsburg

Ordner Jüdische Rechtsanwälte (enthält Briefverkehr und sonstige Schriftstücke zu verschiedenen jüdischen Rechtsanwälten).

8. Korrespondenz des Verfassers

E-Mail Pete Schwager (Enkel von Dr. Arthur Teutsch), Salt Lake City, 21. Juli 2015.

Register

Augsburger Schriften zur Rechtsgeschichte

hrsg. von Prof. Dr. iur. utr. Christoph Becker (Universität Augsburg)

Das Augsburger Stadtrecht von 1156
Eine zweisprachige Ausgabe des Augsburger Stadtrechts von 1156 mit Erläuterungen.
Herausgegeben von Christoph Becker und Matthias Ferber
Das in lateinischer Sprache verfasste Augsburger Stadtrecht von 1156 zählt zu den ältesten überlieferten mitteleuropäischen Stadtrechten. Seine Entstehung ist mit der Entwicklung des römischen Rechts zum gemeineuropäischen Recht verbunden. Zugleich ist es früher Ausdruck der Idee kommunaler Selbstverwaltung. Die vorliegende zweisprachige Edition erschließt Text und Entstehungsumstände. Sie geht aus einem gemeinsamen Forschungsprojekt von Universität Augsburg und Gymnasium bei Sankt Stephan Augsburg hervor.
Bd. 39, 2021, ca. 138 S., ca. 19,90 €, gb., ISBN 978-3-643-14806-3

Maximilian Schatz
Entwicklung und Zukunftsperspektive der Unternehmensrestrukturierung
Ein historischer Vergleich zwischen den Vereinigten Staaten von Amerika und Deutschland
Sowohl die Weltwirtschafts- und Finanzkrise im Jahr 2008 als auch die COVID-19-Pandemie im Jahr 2020 beweisen, dass in Krisensituationen ein funktionierendes nationales Insolvenzrecht für Unternehmen von immenser Bedeutung ist. Das deutsche Insolvenzrecht befindet sich angesichts der europäischen Richtlinie über Restrukturierung und Insolvenz im Wandel. Der Gesetzgeber muss einen präventiven Restrukturierungsrahmen in das Gesetz einfassen. Der Autor beleuchtet anhand der aktuellen Gesetzeslage in Deutschland und den Vereinigten Staaten von Amerika, welche Gestaltungsmöglichkeiten bestehen.
Bd. 38, 2020, 402 S., 49,90 €, gb., ISBN 978-3-643-14782-0

Nicola Birk
Die Gestaltung von Grundstücksübertragungen in der Reichsstadt Augsburg und in der Territorialstadt Neuss
Bd. 37, 2021, ca. 184 S., ca. 39,90 €, gb., ISBN 978-3-643-14781-5

Iring Christopeit
Ius Gentium. Zur Entwicklung internationalen Rechts
Eine Untersuchung von Rechtssubjekten, Rechtsobjekten und Normprinzipien
Das Buch widmet sich den Grundlagen des internationalen Rechts. Es verfolgt die Entwicklung des Begriffs „ius gentium" nach. Im antiken Rom und Mittelalter wird darunter ein international gültiger Moralkodex, ein allen Menschen natürlich eingegebenes, vereinheitlichtes Sachrecht verstanden, das Individuen in ihrem Miteinander nutzen. Die Moderne versteht unter dem Begriff die zwischen Staaten mit und ohne Niederlegung geltenden Regeln. Im Zuge der Darstellung des Bedeutungswandels werden die Besonderheiten der einzelnen Anwendungsbereiche gewürdigt, vergleichbar gemacht und schließlich in den Kontext ähnlicher Begriffe des internationalen Rechts gesetzt.
Bd. 36, 2021, ca. 280 S., ca. 44,90 €, gb., ISBN 978-3-643-14773-8

Dominik Lutz
Zusammenbrüche in der deutschen Textilwirtschaft
Krisen und Insovenzverfahren in Produktion und Einzelhandel unter Konkursordnung, Vergleichsordnung und Insolvenzordnung
Bd. 35, 2021, ca. 408 S., ca. 54,90 €, gb., ISBN 978-3-643-14771-4

LIT Verlag Berlin – Münster – Wien – Zürich – London
Auslieferung Deutschland / Österreich / Schweiz: siehe Impressumsseite

Caren Hertfelder
Der betrügerische Fallit in Mittelalter und Neuzeit
Zivil- und strafrechtliche Bestimmungen wider vorsätzliches gläubigerschädigendes Entziehen von Vermögenswerten vor und in der Insolvenz
Seit jeher versuchen manche Schuldner angesichts ihrer drohenden oder schon eingetretenen Insolvenz, ihr Vermögen dem Zugriff der Gläubiger zu entziehen. Die Reaktionsmöglichkeiten des Rechts hierauf sind vielfältig: Dem Schuldner und seinen Helfern drohen Erstattungspflichten, Haftung, strafrechtliche Sanktionen und der Ausschluss von Rechtswohltaten. Ausgehend vom römischen Recht über das italienische Stadtrecht des Mittelalters und die deutschen Partikularrechte in Mittelalter und Neuzeit bis hin zu den heutigen Regelungen legt die Autorin die Entwicklung dieser über die Jahrhunderte sich stetig verfeinernden Bestimmungen dar. Ein Schwerpunkt der Arbeit liegt dabei im Augsburger Recht.
Bd. 34, 2020, 412 S., 54,90 €, gb., ISBN 978-3-643-14635-9

Christoph Becker (Hg.)
Themen der Zeit
Vortragsveranstaltungen der Juristischen Gesellschaft Augsburg als rechtsgeschichtlicher Spiegel. Eine Dokumentation aus 30 Arbeitsjahren
Die Juristische Gesellschaft Augsburg, im Jahre 1988 mit der Zielsetzung eines Gedankenaustauschs zu rechtlichen Fragen jeglicher Art gegründet, nahm im Jahre 1989 ihren Veranstaltungsbetrieb auf. Drei Jahrzehnte später weisen mehrere hundert durchgeführte Vortragsabende, Diskussionen, Mittagsgespräche und andere Veranstaltungen die Gesellschaft mit ihren Damen und Herren Referenten, Diskutanten und Gästen als Zeitzeugin aus.
Der Herausgeber ließ in zwei Seminaren der Wintersemester 2017/2018 und 2018/2019 die nachwachsende Generation sich mit Themen der zurückgelegten Zeit und ihren Akteuren auseinandersetzen. Daraus entstand der vorliegende Band als Dokumentation jüngster Rechtsgeschichte und ihrer Reflexion.
Bd. 33, 2020, 428 S., 69,90 €, gb., ISBN 978-3-643-14630-4

Fabian Reiter
Zwischen Gläubigerbefriedigung und politischer Opportunität
Die Umgehung und Beeinflussung des Insolvenzverfahrens in der neueren deutschen Geschichte bis zur Gegenwart
Das Insolvenzverfahren dient der Gläubigerbefriedigung. Unter dieser Prämisse konzipierte der Gesetzgeber sowohl in der Vergangenheit die Konkurs- und die Vergleichsordnung als auch die seit 1999 geltende Insolvenzordnung. Insbesondere Unternehmensinsolvenzen erfuhren und erfahren jedoch immer wieder eine Behandlung, die von den gesetzlich vorgeschriebenen Verfahrensmechanismen abweicht. Häufig war und ist es die öffentliche Hand selbst, die versucht, aus arbeitsmarkt-, sozial-, oder kulturpolitischen Gründen Insolvenzverfahren zu umgehen oder zu beeinflussen.
Anhand ausgewählter Fallbeispiele aus der zweiten Hälfte des 20. Jahrhunderts und des beginnenden 21. Jahrhunderts zeigt diese Arbeit die Abläufe und Mechanismen auf, die im Einzelfall zur Abkehr von den staatlichen Verfahren führten.
Bd. 32, 2020, 248 S., 39,90 €, gb., ISBN 978-3-643-14614-4

Bettina Wirth-Duncan
Rechtsberatung in der römischen Antike
Von der Ehrentätigkeit zum Beruf
Die Autorin untersucht die Entwicklung der Rechtsberatung im Laufe der römischen Antike. Ausgehend von der Königszeit zeichnet sie das Bild eines Rechtsberatungswesens, das sich über die Jahrhunderte hinweg bis zum Erlass des Corpus Iuris Civilis im Jahr 533 n. Chr. allmählich professionalisierte: Von einer zunächst ehrenvollen, auf sozialen Bindungen beruhenden Beratungstätigkeit, die der Aristokratie vorbehalten war und für deren Erfüllung es zwar Anerkennung, nicht aber einen Lohn gab, hin zu einer bezahlten Rechtsdienstleistung, die durch verbandlich organisierte Berufsträger erbracht wurde.
Bd. 31, 2020, 312 S., 49,90 €, gb., ISBN 978-3-643-14319-8

LIT Verlag Berlin – Münster – Wien – Zürich – London
Auslieferung Deutschland / Österreich / Schweiz: siehe Impressumsseite

Stefan Müller

Aktiengesellschaften des 19. Jahrhunderts

Familienunternehmen zwischen Kapitalbedarf und Einflusswahrung

Statistiken zeigen, dass etwa neun von zehn Unternehmen der deutschen Privatwirtschaft in Familienhand sind. Jedoch sind weite Teile im Bereich der Familienunternehmen noch gänzlich unerforscht. Die Forschungen in diesem Bereich werden unter anderem dadurch erschwert, da Familienunternehmen regelmäßig nur spärliche Informationen über sich herausgeben.
Dieses Werk widmet sich der Umwandlung von Familienunternehmen in eine Aktiengesellschaft. Dabei konnte auf originale Archivunterlagen von Familienunternehmen zurückgegriffen werden. Bei den ausgewählten Familienunternehmen handelt es sich um die namhaften Betriebe Siemens, MAN und Momm.

Bd. 30, 2018, 280 S., 49,90 €, gb., ISBN 978-3-643-14049-4

Christoph Becker (Hg.)

Persönlichkeitsrecht und Persönlichkeit des Rechts

Gedächtnisschrift für Heinz Hübner (1914–2006)

Heinz Hübner (1914–2006), Universitätsprofessor für Bürgerliches Recht, Handelsrecht und Römisches Recht in Köln, wäre im Jahre 2014 einhundert Jahre alt geworden. Im Jahre 2016 jährte sich sein Tod zum zehnten Male. Die beiden Daten gaben den Anlaß zu dieser Gedächtnisschrift.
Der Band enthält Angaben zu Lebenslauf und Werken Hübners, einen bislang unpublizierten Vortrag Hübners über Friedrich II. von Hohenstaufen sowie sechs noch zu seinen Lebzeiten aus verschiedenen Ländern übersandte Beiträge zu einem unvollendet gebliebenen rechtshistorisch-rechtsvergleichenden Forschungsvorhaben über den Schutz des Persönlichkeitsrechts.

Bd. 29, 2017, 344 S., 59,90 €, gb., ISBN 978-3-643-13413-4

Britta Jilge

Kurkölnisches Erbrecht und *ius commune*

Das Erbrecht der kurkölnischen Rechtsordnung von 1663 ist zeittypisch. Dies ist deutlich erkennbar an der zentralen Rolle des Erbrechts innerhalb dieser Rechtsordnung und an seiner Prägung durch das *ius commune*. Der gemeinrechtliche Einfluss wirkte jedoch in jedem Teilbereich des kurkölnischen Erbrechts unterschiedlich deutlich. Es prägte die sozialen und rechtlichen Entwicklungen dieser Zeit in Kurköln nur insoweit, als es gegenüber dem Ortsrecht als vorteilhaft angesehen wurde.

Bd. 28, 2016, 208 S., 39,90 €, gb., ISBN 978-3-643-13176-8

Catherine Jilek

Priorität im bayerischen Konkurs seit der Frühen Neuzeit

Im heutigen Insolvenzverfahren kennt man Masseverbindlichkeiten, Aussonderungsrechte, Absonderungsrechte, Insolvenzforderungen und nachrangige Insolvenzforderungen. Doch wo sind die Wurzeln dieser für jedermann leicht erkennbaren Differenzierung zu verorten und welchem Wandel unterlagen die ursprünglichen Regelungen auf bayerischen Boden zwischen ihrer ersten Normierung im Jahr 1578 und der heutigen Fassung der deutschen Insolvenzordnung? Die Auswertung des Aktenmaterials des Bayerischen Hauptstaatsarchivs und die zeitgenössischen Normtexte zeigen, dass diese unterschiedliche Behandlung von Forderungen im Insolvenzverfahren als Spiegelbild gesellschaftlicher sowie verfahrensrechtlicher Bedürfnisse und Entwicklungen zu begreifen ist.

Bd. 27, 2015, 262 S., 39,90 €, gb., ISBN 978-3-643-12991-8

Sebastian Bachmann

Rudolf Callmann

Leben und Wirken eines jüdischen Wettbewerbs- und Kartellrechtsexperten im 20. Jahrhundert

Der ab dem Ende des 19. Jahrhunderts immer stärker aufkeimende Nationalsozialismus raubte jüdischen Rechtsexperten wie Rudolf Callmann nicht nur ihre Stellung als anerkannte Kommentatoren zum deutschen Recht, sondern vor allem auch deren Existenzgrundlage. Das Leben und Wirken Rudolf Callmanns muss daher aus zwei Perspektiven betrachtet werden. Erst das Zusammenspiel von fachlichem Werdegang und privatem Engagement formt ein Bild, das geeignet ist, das Schicksal eines der führenden Wettbewerbs-, Kartell- und Markenrechtsexperten des 20. Jahrhunderts darzustellen.

Bd. 26, 2015, 424 S., 44,90 €, gb., ISBN 978-3-643-12963-5

LIT Verlag Berlin – Münster – Wien – Zürich – London

Auslieferung Deutschland / Österreich / Schweiz: siehe Impressumsseite

Christoph Becker; Peter Fassl (Hg.)

Die Höheren Kommunalverbände in Deutschland – Modell der Zukunft

Tagung vom 19. bis zum 21. März 2014 im Schwäbischen Bildungszentrum Irsee

Zwischen dem 19. und dem 21. März 2014 fand im Schwäbischen Bildungszentrum Kloster Irsee aus Anlaß des sechzigjährigen Jubiläums der Wiedererrichtung der bayerischen Bezirke eine Tagung zu Geschichte und Bedeutung der Höheren Kommunalverbände (Bezirke, Landschaften, Landschaftsverbände) in Deutschland statt. Ein sechzigjähriges Jubiläum konnten in zeitlicher Nähe auch die beiden Landschaftsverbände Nordrhein-Westfalens begehen. Das Zusammentreffen der Jubiläen legte es nahe, den Bogen der Tagungsreferate zu Wesen und Wirken überörtlicher Kommunalverwaltung weit zu spannen und über Bayern hinauszublicken. Inhaltliche Schwerpunkte bildeten die Aufgabenfelder Psychiatrie, Soziales, Kultur sowie die rechtliche und politische Struktur der Höheren Kommunalverbände.

Bd. 25, 2018, 352 S., 44,90 €, gb., ISBN 978-3-643-12919-2

Sabrina Birnbaum

Konkursrecht der frühen Augsburger Neuzeit mit seinen gemeinrechtlichen Einflüssen

Am Anfang des Konkursrechts in der schwäbischen Handelsmetropole Augsburg stehen Fragen: Entwickelte sich das reichsstädtische Konkursrecht eigenständig aus der Not heraus und hatte es vielleicht sogar Vorbildfunktion für das Konkursrecht im deutschen Raum? Wurzelte dieses im 16. Jahrhundert entstehende Konkursrecht der Fuggerstadt vielleicht auch im Gemeinen Recht und damit letztlich im römischen *Corpus Juris Civilis*? Frühneuzeitliche Gerichtsakten aus dem Stadtarchiv Augsburg und zeitgenössische Normtexte liefern wertvolle Hinweise zur Beantwortung dieser Fragen und erweitern den Blick auf die Rezeptionsgeschichte.

Bd. 24, 2014, 264 S., 44,90 €, gb., ISBN 978-3-643-12685-6

Alexander Flechsig

Frühneuzeitlicher Erfindungsschutz

Eine Untersuchung unter besonderer Berücksichtigung der Reichsstadt Augsburg

Das Buch befasst sich mit den kaiserlichen Erfindungsprivilegien in der Reichsstadt Augsburg. Die Erfindungsprivilegien bilden eine der Hauptwurzeln des Patentrechts. Als Grundlage für die Untersuchung dienen dabei Aktenfunde aus mehreren bayerischen Archiven.

Es erfolgt eine Einordnung der Rechercheergebnisse in das frühneuzeitliche Erfindungsprivilegienwesen im Heiligen Römischen Reich sowie in den europäischen und transatlantischen Bezug. Im Schwerpunkt der Betrachtung werden Verfahrensfragen, die Schutzvoraussetzungen und Rechtsfolgen der kaiserlichen Privilegien dargestellt. Gleichzeitig werden auch individuelle Schicksale, wie das der Destillatorenfamilie Schaur und ihrem Balsam, nicht ausgeblendet.

Bd. 23, 2013, 232 S., 34,90 €, br., ISBN 978-3-643-12213-1

David Georg

Gesellschafterdarlehen in der Insolvenz

Die Entwicklung seit Schaffung des GmbH-Gesetzes im Jahre 1892

Das Buch thematisiert die Kontinuität im Wandel des Eigenkapitalersatzrechts vom Zeitpunkt der Schaffung des GmbH-Gesetzes im Jahre 1892 bis hin zum Inkrafttreten des MoMiG im Jahre 2008. Als Grundlage dienen dabei die jeweiligen Reformvorschläge, Gesetzesänderungen sowie die höchstrichterliche Rechtsprechung. Der Schwerpunkt der Untersuchung liegt in der Sonderbehandlung von Gesellschafterdarlehen und gesellschafterbesicherten Drittdarlehen. Darüber hinaus werden unter anderem die Bilanzierung von Gesellschafterdarlehen in der Überschuldungsbilanz, das Instrument des Finanzplankredits und die sich beim Cash-Pooling ergebenden Probleme dargestellt.

Bd. 22, 2011, 280 S., 34,90 €, gb., ISBN 978-3-643-11099-2

Abdellatif Dakkak
Der Kaufvertrag im marokkanischen und im deutschen Recht
Eine rechtsvergleichende Untersuchung unter Berücksichtigung des islamischen Rechts
Die Zivilrechtsordnung Marokkos ist geprägt von einer Vielgestaltigkeit der Einflüsse: traditionell islamisches Rechtsdenken, französisches Zivilrecht in Form des Code Civil und schließlich eine eigenständige Rechtsentwicklung seit Wiedererlangung der vollen Souveränität. Am Beispiel des Kaufrechts versucht diese Arbeit die verschiedenen Einflüsse kontrastierend darzustellen und in Bezug zum deutschen Recht zu setzen. Dabei fällt der Blick auch auf die gesellschaftlichen, sozialen, religiösen und kulturellen Hintergründe der jüngeren marokkanischen Zivilrechtsgeschichte.
Bd. 21, 2011, 216 S., 39,90 €, gb., ISBN 978-3-643-10988-0

Markus Antonius Mayer
Der Kauf nach dem Augsburger Stadtrecht von 1276 im Vergleich zum gemeinen römischen Recht
Die vorliegende Arbeit widmet sich dem Kauf nach dem Augsburger Stadtrecht von 1276. Neben der Darstellung der kaufrechtlichen Bestimmungen des Stadtrechts wird ein Vergleich zum gemeinen römischen Recht angestellt. Hierbei geht der Verfasser zum einen der Frage nach, ob ein Einfluss des gemeinen römischen Rechts auf die Augsburger Vorschriften erkennbar ist. Zum anderen zeichnet er ein Bild davon, wie kaufrechtliche Probleme, die im Stadtrecht nicht oder nicht ausreichend geregelt waren, möglicherweise unter Rückgriff auf das gemeine römische Recht gelöst wurden.
Bd. 20, 2009, 208 S., 24,90 €, gb., ISBN 978-3-643-10370-3

Ökonomie und Recht – Historische Entwicklungen in Bayern. 6. Tagung der Gesellschaft für Bayerische Rechtsgeschichte am 4. und 5. Juli 2008 in Augsburg
Herausgegeben von Christoph Becker und Hans-Georg Hermann im Auftrag der Bayerischen Gesellschaft für Rechtsgeschichte. Gewidmet Dr. Hans Schlosser, emeritiertem Universitätsprofessor in Augsburg, zur Vollendung seines 75. Lebensjahres am 29. Juli 2009
„Ökonomie und Recht – Historische Entwicklungen in Bayern“ war das Thema der 6. Tagung der Gesellschaft für Bayerische Rechtsgeschichte am 4. und 5. Juli 2008 in Augsburg. Im Blickpunkt standen die rechtlichen Rahmenbedingungen des Handelns in der Wirtschaftsregion Bayern zwischen Antike und jüngster Geschichte. Der Band versammelt die Tagungsvorträge. Er ist dem Gründungsvorsitzenden der Gesellschaft Hans Schlosser zur Vollendung seines 75. Lebensjahres gewidmet.
Bd. 19, 2009, 208 S., 34,90 €, gb., ISBN 978-3-643-10116-7

Peter M. Bauer
Der Insolvenzplan
Untersuchungen zur Rechtsnatur anhand der geschichtlichen Entwicklung
Die Insolvenzordnung ist das bislang letzte Glied einer langen Entwicklung des Insolvenzrechts, deren Wurzeln noch in das römische Recht zurückgreifen. Im aktuellen Recht eröffnet der Insolvenzplan eine Abweichung vom Regelinsolvenzverfahren auf der Grundlage der Gläubigerautonomie. Allein aus dem Wortlaut der Insolvenzordnung ergeben sich keine eindeutigen Hinweise auf dessen Rechtsnatur. Hier werden exemplarisch einige der wichtigsten Vorläufer der Insolvenzordnung vorgestellt, aus denen Rückschlüsse bezüglich der Überlegungen gewonnen werden, die Grundlage des aktuellen Rechts geworden sind.
Bd. 18, 2009, 424 S., 54,90 €, gb., ISBN 978-3-643-10115-0

Evelyn Bezler

Die Bedeutung des Stammkapitals für die GmbH

Eine rechtswissenschaftliche Untersuchung anhand der Entstehungs- und Entwicklungsgeschichte der GmbH, der dogmatischen Grundlagen und der praktischen Funktion des Stammkapitals

Mit der Abhandlung wurde die Bedeutung des Stammkapitals für die GmbH herausgearbeitet. Die Untersuchung erfolgte auf der Grundlage von drei verschiedenen Ebenen – der historischen, der dogmatischen und der praktischen Ebene. Der historische Teil beleuchtet die Entstehungsgeschichte der GmbH, die vom Gesetzgeber als ein künstliches Gebilde ins Leben gerufen wurde. Auf der zweiten Untersuchungsebene wird aufgezeigt, inwiefern die Eigenschaft der GmbH, juristische Person zu sein, die Rolle des Stammkapitals für die GmbH entscheidend beeinflusst. Schließlich werden die einzelnen praktischen Funktionen des Stammkapitals dargelegt und diskutiert. Zuletzt geht die Arbeit auf Defizite des geltenden Kapitalerhaltungsrechts ein und legt Verbesserungsansätze dar.

Bd. 17, 2009, 272 S., 24,90 €, br., ISBN 978-3-643-10114-3

Sascha Spiegel

Einführung der Gesellschaft mit beschränkter Haftung in das deutsche und Schweizer Recht

Die GmbH wurde ohne geschichtliches Vorbild in der zweiten Hälfte des 19. Jahrhunderts „erfunden", um vor allem dem Bedürfnis von kleineren und mittleren Unternehmen Rechnung zu tragen, die Haftung aller Gesellschafter zu beschränken. Der Autor zeigt die Entstehungsgeschichte der GmbH in Deutschland und in der Schweiz in ihrer rechts- und wirtschaftshistorischen Komplexität auf. Die Arbeit gibt dabei vor allem einen Einblick in die damalige rechtspolitische Diskussion zur Einführung dieser neuen Unternehmensform und stellt die Gründe für ihre Einführung in beiden Ländern dar. Gezeigt wird auch, wie die Schweizer GmbH aus der Kritik an der deutschen GmbH entstanden ist.

Bd. 16, 2010, 176 S., 29,90 €, gb., ISBN 978-3-643-90001-2

Sabrina Rückert

Die Einführung der obligatorischen Buchführung

Eine rechtshistorische Untersuchung über die Anfänge und die Entwicklung des Bilanzrechts in Frankreich und Deutschland

Die Buchführung hat in der heutigen Zeit viele Funktionen. Sie dient den Kaufleuten zur Informationsallokation und Kostenkontrolle, dem Staat zur Sicherung seines Steueraufkommens und dem Allgemeinwohl als Bestandteil des Gläubigerschutzes. Die Funktionen, welche die Buchführung erfüllt, haben sich im Zeitverlauf, korrespondierend mit den Anforderungen an die Buchführung aufgrund von gesteigerten Bedürfnissen der Wirtschaft, erweitert. Das Recht der Buchführung und Bilanzerstellung wird von Leitgedanken geprägt, die durch rechtshistorische Tradition vorgegeben sind.

Bd. 15, 2009, 216 S., 34,90 €, gb., ISBN 978-3-643-10003-0

„Consvetvdines almae Reipublicae Augustanae" von Matthaeus Laimann und Georg Tradel mit „Notwendigs Bedenckhen" von Georg Tradel

Eine Zusammenstellung Augsburger Stadtrechts mit einer Denkschrift zu seiner Reform vom Ende des sechzehnten Jahrhunderts (Handschrift der Staats- und Stadtbibliothek Augsburg 2° Cod. Aug. 168). Herausgegeben und bearbeitet von Christoph Becker

Im 16. Jahrhundert gab es in Augsburg – ähnlich wie in anderen Städten des Reichs – Bestrebungen, das Stadtrecht vom Jahre 1276 zu reformieren. Die bis heute in Augsburg bewahrten Entwürfe und Denkschriften städtischer Juristen bezeugen die frühneuzeitlichen Versuche, das mittelalterliche Rechtsbuch mit seinen Nachträgen, weiteren Satzungen der Reichsstadt, Beobachtungen aus anderen Ortsrechten und Regeln des gemeinen Rechts zu einem schlüssigen neuen Statutarrecht zu verschmelzen.

Ein endgültiger Beschluß zu einer Erneuerung des Stadtrechts gelang dem Augsburger Stadtrat bis zum Ende des Alten Reichs nicht. Doch belegen bereits die Konzepte den jeweils erreichten Entwicklungsstand des Stadtrechts. Die vorliegende Edition macht zwei von ihnen zugänglich.

Bd. 14, 2009, 136 S., 29,90 €, gb., ISBN 978-3-8258-1859-3

Birgit Susanne Müller
Kreditgenossenschaften in Bayern
Eine rechtsgeschichtliche Untersuchung der Kreditvergabe, der Kreditsicherung und der Kreditabwicklung von den Anfängen bis 1914
Mitte des 19. Jahrhunderts war der Kreditbedarf der Bauern und Handwerkern groß, die Kreditkapazitäten hingegen waren gering. Aus dieser Not gründeten rechtliche Laien nach der Idee von Raiffeisen und Schulze-Delitzsch Kreditgenossenschaften. Inwieweit dabei die rechtlichen Möglichkeiten ausgeschöpft wurden, hing meist von der örtlichen Tradition ab. Allerdings legten die Kreditgenossenschaften größten Wert darauf, dass sie nicht als Wohltätigkeitsverein angesehen wurden. Oberste Prinzipien waren eine regelmäßige Rückzahlung sowie eine solide Kreditsicherung.
Bd. 13, 2009, 400 S., 54,90 €, gb., ISBN 978-3-8258-1809-8

Michael Pils
Die rechtsgeschichtliche Entwicklung der Brandstiftung
Ein Beitrag zum Umgang mit Gefahren
Bd. 12, 2010, 624 S., 79,90 €, br., ISBN 978-3-8258-1538-7

Heinrich Gottfried Wilhelm Daniels
Vorlesungen des Herrn Geheimen Staatsraths Daniels über das Statutar Recht von Khur Köln Stadt Köln und Jülich und Berg, im Jahre 1800 zu Köln gehalten. Eine Vorlesungsnachschrift (Universitäts- und Stadtbibliothek Köln 5 P 233). Herausgegeben und bearbeitet von Christoph Becker
Die vorliegende kleine Edition ist Bestandteil eines größeren Vorhabens zur Erschließung des rheinischen Rechts aus dem Wirken des praktisch und akademisch tätigen Rechtsgelehrten Heinrich Gottfried Wilhelm Daniels (1754 – 1827). Der Band enthält eine anonyme Nachschrift zu einer Kölner Vorlesung Daniels' über die Geschichte kölnischen und benachbarten Rechts. Er gewährt Einblick in das zeitgenössische historische Selbstbewußtsein der Region mit ihrer Einbettung in das Alte Reich, welches sich während der Danielsschen Vorlesung seinem Ende zuneigte und auf dem linken Rheinufer bereits seine Herrschaft eingebüßt hatte.
Bd. 11, 2009, 120 S., 24,90 €, gb., ISBN 978-3-8258-1497-7

Volker von Danckelmann
Aus- und Absonderung im deutschen Konkursrecht
Eine Untersuchung über die Entwicklung des Verständnisses von Verwaltung und Verwertung fremdrechtbelasteter beweglicher Sachen und Immobilien im deutschen Konkursrecht seit 1855
Das Konkursverfahren dient der einheitlichen Vollstreckung in das Vermögen eines Schuldners. Der Schuldner verliert dabei die Rechtsmacht, über seine Vermögenswerte frei verfügen zu können. Dieser Rechtsmachtverlust des Schuldners ist jedoch zunächst nur der erste Schritt. Das eigentliche Ziel des Verfahrens ist es, die schuldnerischen Vermögenswerte in Geld umzusetzen, um den dadurch erzielten Erlös an die verfahrensbeteiligten Gläubiger zu verteilen. Auch wenn dieses Ziel in den verschiedenartigen Konkursrechten auf unterschiedlichen Wegen realisiert wird, steht am Verfahrensabschluss eines jeden Konkursverfahrens die „Versilberung des Vermögens", um eine gleichmäßige Befriedigung der am Verfahren beteiligten Konkursgläubiger zu erreichen. Der Autor stellt in seiner Untersuchung auf den Zeitraum des Geltungsbereiches der Preußischen Konkursordnung von 1855 bis zur Insolvenzordnung von 1999 ab. Er beschreibt die Verwaltung und Verwertung von Gegenständen, die bei Verfahrenseröffnung sich weitestgehend im Vermögen des Schuldners befinden. Er erörtert dabei die einzelnen Instrumentarien, die im Verfahren zur Erlöserzielung der Vermögenswertes angewandt werden. In diesem Zusammenhang durchleuchtet er auch die Besonderheiten, mit denen sich der heutige Insolvenzverwalter nach der Insolvenzordnung von 1999 bei der Verwaltung und Verwertung von Aus- und Absonderungsgegenständen zu befassen hat, insbesondere wie er seine persönliche Haftung und die der Masse reduzieren bzw. ausschließen kann.
Bd. 10, 2008, 368 S., 44,90 €, gb., ISBN 978-3-8258-1431-1

Silke Pettinger
Vermögenserhaltung und Sicherung der Unternehmensfortführung durch Verfügungen von Todes wegen
Eine Studie der Frühen Augsburger Neuzeit
Diese Ausgabe der Reihe „Augsburger Schriften zur Rechtsgeschichte" widmet sich der Bedeutung der Entwicklung der gewillkürten Erbfolge für die Organisation und Erhaltung des wirtschaftlich unterhaltenden Vermögens.
Ausgehend von der Entwicklung des Testamentsrechts auf dem Gebiet des Heiligen Römischen Reichs und insbesondere der Stadt Augsburg als einem bedeutenden Handelszentrum spannt die Autorin den Bogen über die allgemeinen rechtlichen Rahmenbedingungen des Wirtschaftslebens der frühen Neuzeit zu einer einzigartigen Quelle des Augsburger Stadtarchivs: Die Testamentsurkunden aus dem bislang unpublizierten Aktenbestand des Augsburger Notars Johann Spreng (1524 – 1601) geben mit ihrer akribischen Dokumentation der Nutzung der letztwilligen Verfügungen zur Ordnung des wirtschaftenden Vermögens einen lebendigen und äußerst interessanten Einblick in das Rechtsleben dieser sehr bewegten Epoche der Reichsstadt Augsburg.
Bd. 5, 2007, 296 S., 29,90 €, gb., ISBN 978-3-8258-0076-5

Hans-Peter Philipp Anlauf
Vorgänger der Restschuldbefreiung nach heutigem Insolvenzrecht
Von der landwirtschaftlichen Entschuldungsgesetzgebung der Weimarer Republik über die NS-Schuldenbereinigung zur heutigen Restschuldbefreiung
Bd. 4, 2006, 480 S., 34,90 €, gb., ISBN 3-8258-9170-4

Christian Strasser
Der Aufstand im bayerischen Oberland 1705 – Majestätsverbrechen oder Heldentat?
Eine Untersuchung der Strafprozesse gegen die Anführer der in der „Mordweihnacht von Sendling" gescheiterten Erhebung
Bd. 3, 2005, 352 S., 29,90 €, br., ISBN 3-8258-8623-9

Stephan Schill
Der Einfluß der Wettbewerbsideologie des Nationalsozialismus auf den Schutzzweck des UWG
Bd. 2, 2004, 112 S., 14,90 €, br., ISBN 3-8258-8235-7

Michael Spann
Der Haftungszugriff auf den Schuldner zwischen Personal- und Vermögensvollstreckung
Eine exemplarische Untersuchung der geschichtlichen Rechtsquellen ausgehend vom Römischen Recht bis ins 21. Jh. unter besonderer Berücksichtigung bayerischer Quellen
Bd. 1, 2004, 336 S., 29,90 €, gb., ISBN 3-8258-7718-3

LIT Verlag Berlin – Münster – Wien – Zürich – London
Auslieferung Deutschland / Österreich / Schweiz: siehe Impressumsseite